Stiftungen und Aufklärung

Rechtshistorische Reihe

BAND 505

Marlon Wehrenberg

Stiftungen und Aufklärung

Europäische Großmächte als Stiftungsfeinde?

PETER LANG
Berlin · Bruxelles · Chennai · Lausanne · New York · Oxford

Bibliografische Information der Deutschen Nationalbibliothek
Die Deutsche Nationalbibliothek verzeichnet diese Publikation in der Deutschen Nationalbibliografie; detaillierte bibliografische Daten sind im Internet über http://dnb.d-nb.de abrufbar.

Zugl.: Jena, Univ., Diss., 2025

DE-27

ISSN 0344-290X
ISBN 978-3-631-94103-4 (Print)
ISBN 978-3-631-94115-7 (E-PDF)
ISBN 978-3-631-94116-4 (E-PUB)
DOI 10.3726/b23082

info@peterlang.com - www.peterlang.com

Diese Publikation wurde begutachtet.

Gewidmet meiner Großmutter,
Ortrud Wehrenberg

Vorwort

Die vorliegende Arbeit wurde im April 2025 von der rechtswissenschaftlichen Fakultät der Friedrich-Schiller-Universität Jena als Dissertation angenommen. Die Drucklegung ist mir ein willkommener Anlass, all denen zu danken, die mich bei diesem Vorhaben unterstützt und begleitet haben.

Mein besonderer Dank gilt meinem Doktorvater, Prof. Dr. Gerhard Lingelbach, für seine Bereitschaft zum stetigen Austausch und für seine wertvollen Anregungen und stets sehr geschätzten Ratschläge.

Ebenso möchte ich mich bei meiner Frau, Rechtsanwältin Madeleine Wehrenberg, bedanken. Niemand sonst war so unmittelbar und über den gesamten Zeitraum hinweg am Gelingen dieses Projekts beteiligt.

Danken möchte ich zudem auch meinen Eltern, Diplomkaufmann Ralf Zgodzaj und Ministerialrätin Anke Gaudes. Neben ihrem stetigen Zuspruch und ihrer Unterstützung auf allen Ebenen bin ich vor allem Anke zu großem Dank verpflichtet. Ihre kritische Lektüre und wertvollen Anregungen haben zum Erfolg des Vorhabens maßgeblich beigetragen.

Inhaltsverzeichnis

Einleitung

A Grundwesen der Stiftungen

Die Stiftung ist nicht nur eine Erscheinung der europäischen Kultur, sondern vielmehr ist sie ein in vielen Kulturen anzutreffendes Phänomen, nach welchem die Menschheit seit jeher danach strebt, Teile ihres Vermögens in bestimmter Form und mit bestimmten Intentionen selbst gewählten Zwecken zur Verfügung zu stellen.[1] Im Mittelpunkt stand und steht nicht selten der Wunsch, dies dauerhaft, vor allem über den eigenen Tod hinaus, zu tun.[2]

Wenngleich der Wunsch des Stifters, über seinen Tod hinaus zu wirken, bei jeder Stiftung eine exponierte Stellung einnimmt, so ist die Institution der Stiftung ihrem Wesen nach dennoch so vielfältig, dass immer auch die Frage nach dem „Warum" der Stiftungserrichtung, dem Stiftungszweck, gestellt werden muss. Dies ist nämlich der Kern und das Wesen jeder Stiftung und in seinen Ausprägungen so unterschiedlich, dass deskriptive Oberbegriffe wie Karitas, Mildtätigkeit, Nächstenliebe, daneben auch eigenes Seelenheil, Familienstiftung, Unternehmensstiftung etc. zwar eine grobe Orientierung erlauben. Eine umfassende und zugleich den Einzelfall in seiner spezifischen Erscheinungsform treffende Einordnung stiftungsartiger

---

1 *Coing:* Handbuch des Stiftungsrechts, S. 73.

2 *Schulze:* Die Gegenwart des Vergangenen, S. 55.

Tätigkeit können solche Begrifflichkeiten jedoch in dieser Pauschalität nicht greifbar machen.

Hinzu kommt der Umstand, dass die Kategorisierung von stiftungsartigen Gebilden und deren Zwecksetzung auch immer abhängig von der Herangehensweise und der Anwendung einer jeweiligen Untersuchungsmethode ist. Nähert man sich dem historischen Stiftungswesen beispielsweise mit einem eher juristischen Deutungsansatz an, so wird man schnell die Frage nach der Rechtspersönlichkeit von Stiftungen aufwerfen müssen. Dies gestaltet sich schon angesichts einer diffizilen Rechtslage während einer über Jahrhunderte hinweg währenden Entwicklungsphase der Stiftungen schwierig, sodass eine Einordnung nach der heutigen Lehre von den juristischen Personen nicht ohne Weiteres möglich ist.[3]

Andererseits wird man unter Heranziehung eines eher sozial- und kulturwissenschaftlichen Deutungsansatzes schnell den Ausgangspunkt und einige grundsätzliche Kernregelungen des Stiftungswesens extrahieren können, beispielsweise die Hingabe von Vermögen und die damit verknüpfte Auflage an die Organe der Stiftung, dieses über den eigenen Lebenszeitraum hinaus wirken zu lassen. Jedoch wird man auch hiernach nicht unmittelbar in die Lage versetzt sein, das Stiftungswesen in all seiner Spezifität und in allen seinen Ausprägungen allgemeingültig darlegen zu können.[4]

Neben der schwierigen Einordnung stiftungsrechtlicher und -historischer Entwicklungen bereitet es auch Probleme, eine generelle Aussage über die soziokulturelle Bedeutung des Stiftungswesens über die Jahrhunderte hinweg zu treffen. Keinesfalls vergessen oder unterschätzt werden sollten zudem die Wirkungen des Stiftungswesens auf Staat und Gesellschaft. Durchaus können Stiftungen durch ihre (gemeinnützige) Tätigkeit eine nicht unerhebliche Rolle im sozialen Gefüge eines Staates und für die Lebensumstände der Bevölkerung selbst spielen.[5]

Dies sind einleuchtende Gründe, weshalb die Stiftung Gegenstand vielfältiger Forschungsbereiche war und ist. Nicht nur in der Rechtshistorie, sondern auch in der Religionsgeschichte, der Rechtsethnologie und -philosophie

---

3 *Borgolte:* Von der Geschichte des Stiftungsrechts zur Geschichte der Stiftungen, S. 14*; *Liermann:* Handbuch des Stiftungsrechts, S. 1f.

4 *Borgolte:* Von der Geschichte des Stiftungsrechts zur Geschichte der Stiftungen, S. 15*.

5 Ebenda, S. 13*.

sowie der Anthropologie stellt das Stiftungswesen seit geraumer Zeit einen vielbeachteten Themenkomplex dar, dessen Bearbeitung keinesfalls als abgeschlossen betrachtet werden kann.[6] Kaum verwundern kann daher auch, dass trotz dieser unterschiedlichen Forschungsansätze, insbesondere auf den Gebieten der Geschichtswissenschaft und der Rechtshistorie, bis heute gar nicht einmal abschließend untersucht ist, wo das Stiftungswesen seinen Ursprung nahm bzw. ob es überhaupt auf einzelne Wurzeln in bestimmten Territorien zurückgeführt werden kann.[7]

Schon hieraus wird ersichtlich, dass es nicht ohne Weiteres gelingen kann, sich dem inneren Wesen der Stiftungen mit generellen Ausführungen und epochenübergreifenden Einordnungen zu nähern; vielmehr ist es angezeigt, einzelne Teilaspekte und Zeitabschnitte der Stiftungsgeschichte zu separieren und diese eingehend zu untersuchen. Nicht außer Acht gelassen werden sollten wiederum der Gesamtkontext und die jeweiligen Begleitumstände des Zeitalters mit allen politischen, sozialen, kulturellen und religiösen Begebenheiten und Besonderheiten. Auf diese Weise können historische Entwicklungen des Stiftungswesens, welche einerseits überhaupt erst zur Entstehung und zu einer ersten Blütezeit, andererseits zu einem großflächigen Niedergang geführt haben, in der für ein tieferes Verständnis notwendigen Detailliertheit und Eindringtiefe untersucht werden.

Dies soll auch das Ziel der vorgelegten Arbeit sein.

B Gegenstand und Gang der Untersuchung

„Das Zeitalter der Aufklärung stellt die dem Stiftungswesen feindlichste Epoche in der gesamten Geschichte des Stiftungsrechts dar. Die Aufklärung hat mit der Säkularisation ein großes Stiftungssterben gebracht, das in der gesamten Rechts- und Geistesgeschichte als eine einmalige Erscheinung gewertet werden muss.“[8]

Mit dieser drastischen Formulierung beginnt das 6. Kapitel der *„Geschichte des Stiftungsrechts“* von *Hans Liermann* aus dem Jahr 1963. Noch heute handelt es sich bei diesem Werk um das bedeutendste zusammenfassende Standardwerk zum historischen Stiftungsrecht und ist in seiner Materialfülle

---

6 *Schulze:* Die Gegenwart des Vergangenen, S. 55.

7 *Borgolte:* Von der Geschichte des Stiftungsrechts zur Geschichte der Stiftungen, S. 13*.

8 *Liermann:* Geschichte des Stiftungsrechts, S. 169.

unerreicht.[9] Nachfolgende Abhandlungen haben die stiftungsrechtshistorische Forschung zwar in mannigfaltiger Weise befördert und neue Erkenntnisse hervorgebracht, diese können aber dieses Werk mit seiner umfassenden Betrachtung nicht ersetzen.[10] Dies hat *Axel Frhr. von Campenhausen* dazu bewogen, im Jahre 2002 einen unveränderten Nachdruck herauszugeben.[11] Um jedoch der kritischen Betrachtung einiger Ausführungen *Liermanns* aufgrund neuerer Erkenntnisse etwa 40 Jahre nach Erscheinen der Erstauflage gerecht zu werden, ist die Neuauflage bereichert um einen ergänzenden Beitrag *Michael Borgoltes*.[12] Diese Abhandlung dient dazu, Defizite der Auflage aus dem Jahre 1963 aufzuzeigen und den Stand der wissenschaftlichen Forschung mit den relevanten Abweichungen zu *Liermann* darzustellen.[13]

Nun soll die vorgelegte Dissertation allerdings nicht eine Zusammenfassung stiftungsrechtshistorischer Geschehnisse sein. Vielmehr wird das Ziel verfolgt, einen wichtigen Teilaspekt und abgesteckten Zeitraum der Stiftungsgeschichte zu untersuchen: die Aufklärung.

Hierzu soll das oben genannte Zitat *Liermanns* als Einfallstor für die Überprüfung dienen, ob tatsächlich während dieser Epoche eine so drängende Stiftungsantipathie vorherrschend war und wie sich eine solche auf das Stiftungswesen im Generellen, aber auch auf das kirchliche Stiftungswesen im Speziellen ausgewirkt haben könnte. Die Fokussierung auch und insbesondere auf das kirchliche Stiftungswesen erfolgt, weil kaum etwas die Epoche der Aufklärung so sehr prägte wie die voranschreitende Trennung von Kirche und Staat, die als Säkularisierung bekannt ist.[14] Festzustellen war ein Aufbegehren weltlicher Herrscher bzw. des Staates im Zuge sich

---

9 *Campenhausen*, Zum Geleit, in: *Liermann:* Geschichte des Stiftungsrechts, S. 6*.

10 Vgl. Fußnoten 2 und 3 in: *Campenhausen*, Zum Geleit, in: *Liermann:* Geschichte des Stiftungsrechts, S. 7*.

11 *Liermann:* Geschichte des Stiftungsrechts, 2. Auflage, unveränderter Nachdruck der ersten Auflage 1963, ergänzt durch ein Geleitwort von *Axel Frhr. von Campenhausen* und eine Abhandlung von *Michael Borgolte:* Von der Geschichte des Stiftungsrechts zur Geschichte der Stiftungen, für den Bundesverband Deutscher Stiftungen herausgegeben von *Axel Frhr. von Campenhausen* und *Christoph Mecking.*

12 *Borgolte:* Von der Geschichte des Stiftungsrechts zur Geschichte der Stiftungen, in: *Liermann:* Geschichte des Stiftungsrechts, S. 13*ff.

13 *Campenhausen*, Zum Geleit, in: *Liermann:* Geschichte des Stiftungsrechts, S. 6*.

14 Vgl. *Durchard:* Europa am Vorabend der Moderne, S. 132; *Kröber:* Die Zeit der Aufklärung – Eine Geschichte des 18. Jahrhunderts, S. 7f.

durchsetzender naturrechtlicher Ideen gegen nahezu alle Formen klerikaler Institutionen und deren umfassende Machtstellung in weiten Teilen des europäischen Kontinents.

Im Mittelpunkt stand ein Machtkampf zwischen Kirche und Staat. Hingegen wurde weniger ein derartiges Verhältnis zwischen Stiftungen und Staat thematisiert. Hier wird die Frage zu stellen sein, inwiefern die von *Liermann* angesprochene Stiftungsfeindlichkeit überhaupt vorlag und wie eine solche gegebenenfalls von einer reinen Kirchenfeindlichkeit abzugrenzen ist. Dazu bedarf es einer dezidierten Auseinandersetzung mit dem Konnex von kirchlichen Institutionen einerseits und rein kirchlichen Stiftungen sowie privaten Stiftungen unter dem Dach der Kirche andererseits.

Darüber hinaus ist dann das *„Stiftungssterben [...], das in der gesamten Rechts- und Geistesgeschichte als eine einmalige Erscheinung gewertet werden muss"*[15] zu untersuchen. Vor allem, ob ein solches in dieser Eindrücklichkeit generell konstatiert werden kann. Wenn dies der Fall sein sollte, stellt sich die Frage, in welchen Territorien und auf welche Weise weltliche Herrscher dies bewerkstelligen konnten. Dabei sollen neben den rechtlichen Voraussetzungen auch jeweils die politischen und soziokulturellen Begleitumstände in den Blick genommen werden, da das Stiftungswesen über seine ganze historische Entwicklung hinweg, wie kaum ein anderes Rechtsgebiet von diesen Umständen geprägt war und ist.

Unter Berücksichtigung der vorhandenen groben Einordnung gestaltet sich die Untersuchung wie folgt:

Um eine tragfähige Grundlage für die späteren Ausführungen zu Geschehnissen der Aufklärung in Bezug auf Stiftungen zu erhalten, sind zunächst die historischen Begebenheiten zur Entwicklung des Stiftungswesens zu erarbeiten. Zur Herstellung einer Verbindung der Stiftungen zu kirchlichen Institutionen sollte man sich einmal die Impulse zur Entstehung stifterischer Tätigkeiten vor Augen halten. Zu nennen sind insbesondere soziale Aufgaben und Karitas,[16] generell zu kirchlich-religiösen Zwecken[17] und die ich-bezogene Sorge um das Seelenheil.[18] Diese Bereiche lassen bereits einen ersten Schluss

---

15 *Liermann:* Geschichte des Stiftungsrechts, S. 169.

16 *Coing:* Europäisches Privatrecht, Band I, S. 594.

17 *Bruck:* Kirchenväter und soziales Erbrecht, S. 55.

18 *Coing:* Europäisches Privatrecht, Band I, S. 594.

auf den Konnex zwischen der Entwicklung stifterischer Tätigkeit und klerikalen Institutionen schon zu Zeiten des christlichen Altertums zu.[19] Hier ist dann, verbunden mit der Überleitung zum Stiftungswesen des Mittelalters, gesondert auf die rein kirchlichen Strukturen zuzuordnende Stiftungsform der *piae causae* einzugehen. Diese bildeten den Grundpfeiler des zunächst ausschließlich kirchlichen Stiftungswesens.[20]

Sodann wird ein Fortschreiten rechtlicher und karitativer Ansätze des Stiftungswesens nachvollzogen und herausgearbeitet, inwiefern Stiftungen im Mittelalter zunächst weiterhin exklusiv auf dem Boden der Kirche gediehen, in der Folge jedoch auch bürgerliche Bestrebungen Einzug in die Bereiche der Armen- und Krankenfürsorge, der Bildung und der Kultur hielten. Es wird ferner überprüft, ob während des (Spät-)Mittelalters von einer ersten Blütezeit sowohl des kirchlichen als auch des privaten Stiftungswesens gesprochen werden kann. Zudem wird überprüft, zu welchen Stiftungsarten in rechtlicher Hinsicht dies führte bzw. ob ein Vergleich zu heute geläufigen Stiftungsmodellen gezogen werden kann. Es ist weiterhin unter dem Aspekt der Herausbildung bürgerlicher Stiftungstätigkeiten fraglich, aus welchen Gründen und in welchem Umfang eine Abkehr vom kirchlichen Stiftungswesen – und von geistlichen Strukturen generell – stattfand und welche Rolle schon hierbei die bevorstehenden Umwälzungen der Aufklärung spielten. Innerhalb dieser Auseinandersetzung mit dem historischen Untersuchungsgegenstand wird zuletzt der Status quo des weltlichen und geistlichen Stiftungswesens am Ausgang des Mittelalters nachvollzogen. Dies soll als Ausgangsbasis für die Überprüfung weiterer Entwicklungen dienen, welche mit Beginn des Zeitalters der Aufklärung die Stiftungen tangierten.

Danach folgt der erste Hauptteil der Untersuchung. Nach einer zeitlich-historischen Einordnung der Aufklärung als Epochenbegriff schließt sich die Prüfung einer generellen Abneigung gegen das Stiftungswesen in dieser Zeit und eine Suche nach möglichen Ursachen an. Infrage kommt hier zunächst ein generelles Umdenken in Politik und Gesellschaft aufgrund neuer Ideen des Naturrechts und eine daraus resultierende Abkehr von Kirche

---

19 *Campenhausen:* Stiftungsrechtshandbuch, 3. Aufl., S. 78.

20 *Hagemann:* Die Stellung der Piae causae nach justinianischem Recht, S. 15f.; *Coing:* Handbuch des Stiftungsrechts, 2. Aufl., § 5 Rn. 6.

und Kultus.[21] Hier ist fraglich, auf welche Weise sich säkulares Denken zum Nachteil von Stiftungen auswirken konnte. Trägt man dem Umstand Rechnung, dass besonders kirchliche Stiftungen regelmäßig auf ewigen Bestand ausgelegt waren und die Kirche als sogenannte Dauerperson dies am ehesten gewährleisten konnte,[22] so ist auch nach einer womöglich äußerst kritischen Haltung staatlicher Institutionen und der Bevölkerung dieser Zeit gegenüber der „Bodenbelästigung durch die tote Hand"[23] zu fragen. Geht dies mit gegen die kirchlichen Stiftungen gerichteten Maßnahmen seitens des Staates einher, so ist auch ein Blick auf den Machtanspruch weltlicher Herrscher sowie in rechtlicher Hinsicht auf deren Vorgehensweise zu werfen.

Für eine solche Betrachtung eignet sich der preußische Staat in besonderer Weise. Zunächst handelte es sich nach der Reformation um einen größtenteils protestantischen Staat, in welchem katholische Gläubige eine ausgesprochene Minorität darstellten und sich katholische Institutionen in einer Position der Schwäche befanden. So wurden beispielsweise bereits im Zuge der Reformation im Jahre 1525 die Territorien des zuvor in Preußen wirkmächtigen, römisch-katholischen Deutschordens durch *Albrecht von Brandenburg-Ansbach* in ein erbliches Herzogtum umgewandelt, mithin der Säkularisation zugeführt.[24] Dies war der Beginn vieler solcher Vorgänge, die sich in der Epoche der Aufklärung besonders verstärken sollten.[25] Wie sich diese Praxis der Verweltlichung von Herrschaftsrechten und Vermögen kirchlicher Institutionen und Stiftungen generell gestaltete, wird in der Beleuchtung der exemplarischen Säkularisation des Klosters Lehnin in der Mark Brandenburg aus dem Jahre 1542 deutlich. Bei diesem Kloster im preußischen Kernland handelte es sich um eine Stiftung des weltlichen Fürsten *Otto I. von Brandenburg*.[26]

Preußen eignet sich auch, weil über einen langen Zeitraum Säkularisationstendenzen auszumachen waren und so unterschiedliche staatspolitische

---

21 *Wenzel:* Naturrecht und materiale Gerechtigkeit, S. 7ff.

22 *Schulze:* Die Gegenwart des Vergangenen, S. 59.

23 *Werkmüller:* Klage mit dem toten Mann, in: HRG, Band II, S. 849; *Brunner:* Abhandlungen zur Rechtsgeschichte, Band II, S. 345f.

24 *Köhler:* Säkularisationen in Ostmitteleuropa, S. 10f.; *Stallmann:* Was ist Säkularisierung?, S. 5f.

25 *Liermann:* Geschichte des Stiftungsrechts, S. 185.

26 *Warnatsch:* Geschichte des Klosters Lehnin, S. 31.

Motivationen und Ziele im ausgebildeten Verwaltungsstaat untersucht werden können. Schon in den Kompensations- und Arrondierungsgeschäfte des Westfälischen Friedens im Jahre 1648 sah man sich nur unzureichend berücksichtigt.[27] Mit dem Regierungsantritt *Friedrichs II.* im Jahre 1740 herrschte sodann für viele Jahrzehnte ein Mann der Aufklärung, der beispielsweise in Briefwechseln mit *Voltaire* keine Scheu zeigte, seine Ansichten hinsichtlich der Vorgehensweise betreffend die klerikalen Institutionen zu offenbaren: *„Dieser Augenblick ist gekommen; denn Frankreich und Österreich sind verschuldet [...] die Lockspeise, welche reiche Abteien und gut fundierte Klöster darbieten, ist verführerisch."*[28] Friedrich II. schmiedete über Jahrzehnte diverse Säkularisationspläne. Hier wird zu untersuchen sein, inwiefern sie zur Umsetzung gelangten, welche staatspolitischen und finanziellen Motive dahinterstanden und wie sich dies letztendlich auf das preußische Stiftungswesen auswirkte.

Friedrichs aufgeklärte Haltung schlug sich aufgrund der Machtstellung des Monarchen auch auf die preußische Gesetzgebung nieder. Das Allgemeine Landrecht für die Preußischen Staaten trat am 01.06.1794 in Kraft und gilt als Meilenstein auf dem Weg zur Sicherung bürgerlicher Grundrechte sowie als entscheidende Weichenstellung für die Entstehung der liberalen staatsbürgerlichen Eigentümergesellschaft des 19. Jahrhunderts.[29] Unter Heranziehung der einschlägigen Normen wird sodann untersucht, ob diese Ansicht auch auf das Stiftungswesen übertragen werden kann, oder ob sich nicht viel eher auch im Rahmen dieser Gesetzgebung eine stiftungskritische und damit aufklärungstypische Haltung herausarbeiten lässt. Zudem wird überprüft, inwiefern sich innerhalb des Landrechts moderne Züge des Stiftungsrechts ausmachen lassen, die unter Umständen Wegbereiter für die heutige Rechtslage sein konnten.

Im letzten Teil dieses Kapitels wird der Blick auf das stiftungsrechtliche Wirken des Preußen *Immanuel Kant* geworfen. Dieser hat sich besonders in einem Anhang der Zweitauflage seiner Metaphysik der Sitten – Metaphysische

---

27 *Raab:* Reich und Kirche in der frühen Neuzeit, S. 369.

28 *Erzberger:* Die Säkularisation in Württemberg von 1802–1810, S. 3f.

29 *Luig:* Das Privatrecht im „Allgemeinen Landrecht für die preußischen Staaten" von 1794, S. 528; *Wienfort:* Partimonialgerichte in Preußen, S. 30; *Kosellek:* Preußen zwischen Reform und Reformation, S. 32.

Anfangsgründe der Rechtslehre – dezidiert dem Stiftungswesen gewidmet.[30] Auch er war ein Mann der Aufklärung. Fraglich ist, ob auch bei ihm eine ablehnende Haltung gegenüber Stiftungen festgestellt werden kann und falls dies der Fall sein sollte, wie sie entstand und wie er diese philosophisch zu begründen versuchte. Abermals im Fokus stehen eine genaue Separierung von Kirchen- und Stiftungswesen sowie die Frage, ob sich eine etwaige Ablehnungshaltung gegen die Stellung der Kirche als Widersacherin des weltlichen Staates – und damit nur mittelbar – oder unmittelbar gegen die Institution der kirchlichen Stiftung richtete.

Sodann folgt der zweite Hauptteil dieser Arbeit. Er behandelt die großen Säkularisationen europäischer Großmächte mit der übergeordneten Frage nach einem Niedergang des gesamten Stiftungswesens in dieser Zeit. Auch hier wird auf der Grundlage der Zitate *Liermanns* untersucht, ob tatsächlich im Ergebnis eine unmittelbare Stiftungsfeindlichkeit in den großen Ereignissen während der Aufklärung aufgefunden werden kann, oder ob sich Handlungen weltlicher Territorialherren nicht in erster Linie gegen Kirche und Ordenswesen richteten. Wäre Letzteres der Fall, so käme es auf das genaue Verständnis des Begriffes der Feindlichkeit an. Begreift man diesen dahin gehend, dass in den Gedanken des Handelnden das Ansinnen vorhanden sein muss, sich gegen die Stiftungen als solche zu wenden, so könnte man gegebenenfalls zu dem Resultat gelangen, angesichts einer reinen aufgeklärten Kirchen- und Ordensfeindlichkeit liege dem eine solche nicht zugrunde. Versteht man demgegenüber die Stiftungsfeindlichkeit in dem Sinne, dass diese durch eine reine Aufhebung bzw. Vernichtung kirchlicher Institutionen und infolgedessen auch der zugehörigen Stiftungen als gegeben anzusehen wäre, so käme man unter Umständen zu einem anderen Ergebnis. Dies ist an gegebenen Stellen jeweils genauer untersucht und herausgearbeitet worden.

Der Komplex ist hierzu dreigeteilt und setzt sich mit den relevanten Ereignissen der Geschichte in den jeweiligen Territorien auseinander: den Klosteraufhebungen in Österreich, der Französischen Revolution und dem Reichsdeputationshauptschluss. Diese drei historischen Ereignisse werden

---

[30] Anhang erläuternder Bemerkungen zu den metaphysischen Anfangsgründen der Rechtslehre, 8. Von den Rechten des Staates in Ansehung ewiger Stiftungen für seine Untertanen; *Weischedel (Hrsg.):* Immanuel Kant, Werke in sechs Bänden, Band IV, S. 492ff.

unter Einbeziehung der Begleitumstände – also politischer, religiöser, revolutionärer und soziokultureller Belange – einer tiefgehenden Auseinandersetzung mit den Konsequenzen für das Stiftungswesen dieser Zeit unterzogen. Ziel soll dabei nicht sein, historische Geschehnisse umfassend wiederzugeben, sondern vielmehr den Blick auf das Stiftungswesen zu richten und all jene staatsrechtlichen, politischen und religiösen Umwälzungen der Aufklärung miteinzubeziehen, die die Stiftungen unmittelbar oder mittelbar berührten.

Allen Bearbeitungsgegenständen ist dabei immanent, dass die Ausführungen in vielen Fällen einen unmittelbaren Bezug zu kirchlichen Strukturen herstellen müssen. Dies ist notwendig angesichts des Umstandes, dass sich das Wirken weltlicher Kräfte zunächst einmal weitestgehend an bzw. gegen das Kirchenwesen richtete und sich die Stiftungstätigkeiten dieser Zeit noch immer zu einem weit überwiegenden Teil in einem dem kirchlichen Milieu zugehörigen Sektor abspielten. Gleichwohl wird, sofern Darstellungen sich dem Anschein nach nur mit rein klerikalen Vorgängen und Vorkommnissen auseinandersetzen, immer der unmittelbare Bezug zu den Stiftungen hergestellt und überprüft, ob nicht vielleicht doch Handlungen und Maßnahmen weltlicher Herrscher sich direkt an die Stiftungen richteten.

Die Untersuchung der drei oben genannten, relevanten Ereignisse österreichischer, französischer und reichsdeutscher Geschichte erfolgt zur Vergleichbarkeit – und um ein für die Stiftungsrechtshistorie nutzbares Resultat zu erzielen – in gleichartigen Vorgehensschritten.

Die einzelnen Abschnitte sind demnach schwerpunktartig folgendermaßen gegliedert: Zu Beginn erfolgt eine in gebotener Kürze abgehandelten Einführung in den jeweiligen Untersuchungsgegenstand. Anschließend wird zunächst der Status des jeweiligen Territoriums im Hinblick auf politische Begebenheiten, staatliche Organisation, Bedürfnisse und Bestrebungen, äußere Einflüsse sowie der Status des Stiftungswesens selbst analysiert, bevor nach den Ursachen für gefundene Umwälzungstendenzen innerhalb des staatlichen und kirchlichen Aufbaus geforscht wird. Wurden vorliegend derartige Vorgänge ausgemacht und untersucht, so wird der Fokus anschließend zunächst auf die praktische Umsetzung etwaiger Maßnahmen gelegt. Hierbei wird insbesondere hervorgehoben, wie sich der Umgang mit den Stiftungen im Einzelnen gestaltete und inwiefern mildtätigen Institutionen vonseiten des Staates respektive weltlicher Herrscher mit Akzeptanz oder Ablehnung begegnet wurde. Bringt die Untersuchung das Ergebnis hervor, dass das Stiftungswesen keine Toleranz erfuhr oder sich gar direkten Angriffen ausgesetzt sah, so wird hier die rechtspolitische Vorgehensweise unter Heranziehung der zeitgenössischen Begleitumstände politischer und soziokultureller Art analysiert. Zuletzt wird jeweils der Blick darauf gerichtet, welche Konsequenzen weltliche Eingriffe in das Stiftungswesen mit sich brachten. Hier wird abermals eine Unterteilung dahin gehend vorzunehmen sein, wie sich Maßnahmen auf die Stellung der Stiftungen in der Gesellschaft und innerhalb des Staates auswirkten; zudem welche Folgen sich ergaben für die Einhaltung und Beachtung der Zwecksetzung des Stifters sowie für den Bestand des Stiftungsvermögens als tätigkeitsermöglichendes Substrat der Stiftungen.

Die Untersuchung der drei oben genannten Säkularisationen erfolgt in ihrer historisch gegebenen zeitlichen Abfolge. Dies scheint insofern sinnvoll, da die österreichische Klosteraufhebung (1781–1783) sowie die französische Nationalisierung des Kirchenguts durch königliches Säkularisationsdekret (1789), bei welchen sich die Intentionen der Akteure durchaus voneinander unterschieden, zeitlich vorgelagert waren und gemeinsam das Vorbild für die große deutsche Säkularisation ab dem Jahre 1803 bildeten.[31]

---

31 *Liermann:* Geschichte des Stiftungsrechts, S. 193.

Historische Grundlagen

A Gegenstand der Darstellung

Um das Ziel dieser Arbeit erreichen zu können, nämlich die umfassende Untersuchung stiftungsrechtlicher Entwicklungen über den abgesteckten Zeitraum der Aufklärung, soll zunächst in gebotener Kürze die zugrunde liegende Stiftungsrechtshistorie bis zum Beginn der aktuellen Epoche dargelegt werden. Dies dient dazu, einerseits den Status quo des Stiftungswesens am Ausgang des Mittelalters zu bestimmen, andererseits den Konnex zwischen Stiftungen und dem Kirchen- bzw. Klosterwesen zu untersuchen und herauszuarbeiten. So soll ein Verständnis dafür entwickelt werden, inwiefern sich die an späterer Stelle behandelten Eingriffe weltlicher Herrscher in kirchliche Institutionen so unmittelbar auf das Stiftungswesen auswirken konnten. Folglich umfasst dieses Kapitel zunächst einleitend eine Erörterung des historisch gewachsenen und nicht immer einheitlichen Stiftungsbegriffs (B.) und weiterhin eine Gesellschaftsanalyse hinsichtlich der Frage, aus welchen Gründen dem Menschen seit jeher der Wunsch innewohnt „etwas zu stiften" (C.).

Es werden nachfolgend erste Stiftertätigkeiten und insbesondere deren Formen in der Antike (D.) beleuchtet, bevor eine in Teilen ausführlichere Darstellung des stiftungsrechtlichen Fortschritts im Mittelalter unter justinianischem und kanonischem Recht bis hin zu einer ersten Blütezeit des Stiftungswesens am Ausgang des Mittelalters Gegenstand sein soll (E.).

B Begriff und Definition der Stiftung und des Stiftens

In unserer modernen Rechtslehre hat sich eine allgemeingültige Legaldefinition der rechtsfähigen Stiftung des Privatrechts bisher nicht durchsetzen können.[32] Dennoch bejaht die herrschende Meinung das Vorliegen eines formalen Stiftungsbegriffs und somit einer Definition im Rechtssinne, wonach eine Stiftung eine von einem Stifter (oder mehreren Stiftern) errichtete Organisation ist, welche mithilfe des der Stiftung gewidmeten Vermögens einen vom Stifter festgelegten Zweck dauernd erfüllen soll.[33] Allerdings konturiert hier der Stiftungsbegriff nur unscharf den eigentlichen juristischen Inhalt und ist damit in besonderer Weise einer privatautonomen Ausgestaltung zugänglich. Darüber hinaus ist anzumerken, dass der Begriff der Stiftung nach diesem Verständnis nicht nur Institutionen des Privatrechts gemäß der §§ 80 ff. BGB umfasst; auch Stiftungen des öffentlichen Rechts können zum Teil hier mit inbegriffen sein.[34]

Dass die Stiftungsbegrifflichkeit bis heute nicht einheitlich ist und die Definitionen oftmals vom Blickwinkel des jeweiligen Verfassers abhängen, unterstreicht beispielsweise auch die eher nach der Rechtspersönlichkeit ausgerichtete Definition *Hübners*, nach dessen Verständnis eine Stiftung eine auf Ausstattung mit einem Vermögen angelegte, nicht in einem Personenverband bestehende, als selbstständiger Rechtsträger anerkannte Einrichtung zur Erreichung eines dauernden Zwecks ist, der durch den im Errichtungsgeschäft niedergelegten Willen des Errichters bestimmt wird.[35]

Wenngleich viele der Streitfragen um das Stiftungsrecht und vor allem um die Rechtspersönlichkeit von Stiftungen heutzutage weitestgehend geklärt sind, so ist die immer noch vorliegende Uneinheitlichkeit des Stiftungsbegriffes mitnichten etwas Neues. Vielmehr ist es die Fortsetzung stiftungshistorischer Entwicklungen über Jahrhunderte hinweg und ein Anzeichen dafür,

---

32 MüKoBGB/*Weitemeyer* § 80 Rn. 1.
33 *Campenhausen:* Stiftungsrechtshandbuch, 3. Aufl. § 1 Rn. 6.
34 *Schlüter/Stolte:* Stiftungsrecht, Kapitel 1, Rn. 2.
35 *Hübner*: BGB AT, § 15 I, Rn. 274.

dass es nach wie vor an einer eingehenden wort- und begriffsgeschichtlichen Untersuchung des Begriffes der Stiftung fehlt. Insbesondere ungenügend aufgeklärt ist bis heute, wann und wie sich der Terminus Stiftung in seine heutige Bedeutung hineinentwickelte.[36]

Abzugrenzen von dem Terminus Stiftung sind zunächst die Begriffe „Stift" und „stiften". Deren Vorkommen ist bereits zu Zeiten des frühen Mittelalters nachgewiesen.[37] Jedoch kann das Substantiv „Stift"[38] bei weitem nicht alle Einrichtungen beschreiben, denen das Wesen einer Stiftung nach neuerem Verständnis innewohnen kann.[39]

Auf der anderen Seite wäre es bei dem Verb „stiften" zu kurz gegriffen, hier nur von der Beschreibung des Errichtungsaktes einer Stiftung oder der reinen Verfügung über Vermögensgegenstände in Form der Hingabe an einen anderen Träger aus dem eigenen Vermögen heraus auszugehen. Dafür ist der Begriff des Stiftens zu umfassend und vor allem in seiner Anwendung zu weit ausgedehnt.[40]

Historisch betrachtet wurde der Terminus der Stiftung selbst erstmals im 14. Jahrhundert lautbar.[41] Dies darf jedoch keinesfalls zu der Annahme verleiten, dass zuvor stiftungsartige Tätigkeiten nicht stattgefunden hätten. Vielmehr entwickelten sich bereits seit Jahrhunderten – unabhängig von einer expliziten Benennung – stiftungsähnliche Institutionen oder auch nur stiftungsartiger Tätigkeit nahekommende Handlungsweisen. Diese machen mithin das Aufkommen stifterischer Tätigkeiten bis hinein in das vorchristliche Altertum einer Nachzeichnung zugänglich.

---

36 *Schulze:* Historischer Hintergrund des Stiftungsrechts, S. 31.

37 Ebenda; Begriff Stift erstmals im frühen Mittelalter in *Grimm:* Deutsches Wörterbuch, S. 2870.

38 Weiterentwickelte Definition des Begriffes Stift nach Brockhaus, Kleines Konversations-Lexikon, S. 768 aus dem Jahre 1911: *„Jede mit Vermögen und juristischer Persönlichkeit ausgestattete, zu geistlichen oder andern frommen Zwecken bestimmte selbstständige Anstalt oder Korporation mit allen dazu gehörigen Personen und Besitzungen […]."*

39 *Schulze:* Historischer Hintergrund des Stiftungsrechts, S. 31.

40 Ebenda; so wurde der Begriff des Stiftens bis ins 19. Jahrhundert hinein bspw. auch für die Errichtung eines Testaments oder eines Familienfideikommisses genutzt.

41 *Grimm:* Deutsches Wörterbuch, Band 10, S. 2900; vgl. hierzu *Schulze:* Historischer Hintergrund des Stiftungsrechts, S. 31.

C Impulse zur Entstehung stiftungsartiger Tätigkeiten

Die Ursachen und Beweggründe für ein stiftungsartiges Tätigwerden sind vielfältig und hängen stets mit den Begebenheiten des Zeitgeistes der jeweiligen Epoche zusammen. Obgleich sich oftmals mehrere Gründe und Intentionen des Stifters überschneiden und es jedenfalls zu kurz gegriffen wäre, von einem dem Menschen generell innewohnenden Altruismus und Wunsch, sein Andenken zu erhalten, auszugehen, sollen im Folgenden einige Punkte herausgearbeitet werden, die den Menschen schon in früheren Epochen dazu bewegten, Teile des eigenen Vermögens mehr oder weniger uneigennützig einem selbstgewählten Zweck anheimzugeben.

I Soziale Aufgaben

Bereits zu Zeiten des christlichen Altertums war die gesellschaftliche Konvention zur Nächstenliebe innerhalb des klerikalen Sektors Usus. Gleichfalls war man nach dem Neuen Testament[42] dazu angehalten, notleidenden Menschen Hilfe zu leisten und solche *miserabiles personae* zu unterstützen.[43] Dies manifestierte sich zumeist in der Form, dass durch Spenden und/oder das Stiften eines Vermögenswertes Häuser gegründet wurden, in welchen dann Arme, Kranke, Waisen und Reisende aufgenommen und versorgt wurden. Dies erfolgte zunächst nahezu ausschließlich unter der Federführung kirchlicher Institutionen, später auch durch private Einrichtungen.[44]

Es lässt sich folglich unter dem Gesichtspunkt des sozialen Engagements konstatieren, dass Stiftungen auch immer Ausfluss der Wohltätigkeit, des Mitleids und des Gemeingeistes waren und sind.[45] Dies gründet auf der menschlichen Erkenntnis, dass einem sozialen Ungleichgewicht auch durch privates Tätigwerden entgegengetreten werden kann.

---

42 Vgl. beispielsweise Luk. 10, 25–37, Gleichnis vom barmherzigen Samariter.

43 *Liermann:* Geschichte des Stiftungsrechts, S. 24; *Coing:* Europäisches Privatrecht, Band I, S. 594.

44 *Coing:* Europäisches Privatrecht, Band I, S. 594.

45 *Brendel:* Verwaltung der milden Stiftungen, S. 1.

II Kirchlich-religiöse Zwecke

Zur Erfüllung kirchlicher, religiöser und darüber hinaus freilich auch sozialer Zwecke wurde in besonderem Maße auf die Institution der *piae causae* zurückgegriffen. Die *piae causae* machten innerhalb des auf dem Boden der Kirche gewachsenen Stiftungswesens den Dreh- und Angelpunkt stiftungsartiger Tätigkeiten aus, sodass auf diese innerhalb dieser Arbeit noch spezifischer einzugehen ist. Festgehalten werden kann hier, dass die christliche Gemeinde stets das Ziel verfolgte, diese Institutionen materiell zu fördern.[46] Bereits nach der Lehre griechischer Kirchenväter hatte „jeder gute Christ" einen Teil seines Vermögens durch Schenkung unter Lebenden oder Zuwendung von Todes wegen für solche Zwecke zur Verfügung zu stellen.[47] Der Klerus übernahm dabei regelmäßig die Durchführung solcher Verfügungen.[48]

III Ich-bezogene Sorge um das Seelenheil

In früheren Zeiten hatten große Teile der Bevölkerung das Ansinnen, für das Leben nach dem Tod besonders Sorge zu tragen und zur Errettung der eigenen Seele Maßnahmen schon zu Lebzeiten zu ergreifen. Dieser Sorge um das eigene Seelenheil wurde regelmäßig Abhilfe geschaffen durch Schenkung bzw. Stiftung eines Vermögensteils (durch letztwillige Verfügung von Todes wegen) pro *salute animae*, womit insbesondere die Abhaltung von Seelenmessen, beispielsweise zum Todestag des Stifters, sichergestellt werden sollte.[49]

IV Für- und Vorsorge für die eigene Familie

Im Falle der Gründung einer sogenannten Familienstiftung, welche heutzutage insbesondere bei wohlhabenden Unternehmerfamilien oftmals das Mittel der Wahl zur Regelung von Erbangelegenheiten ist, war schon vor Jahrhunderten eben nicht das christliche Gefühl der Nächstenliebe und

---

[46] *Coing:* Europäisches Privatrecht, Band I, S. 593.

[47] Vgl. bzgl. der Lehre vom Sohnesteil Christi bei der Beerbung nur *Bruck:* Kirchenväter und soziales Erbrecht.

[48] *Coing:* Europäisches Privatrecht, Band I, S. 594.

[49] Ebenda.

die Teilnahme am Elend von Hilfsbedürftigen die treibende Kraft. Es bestand vielmehr der Wunsch, durch das Weiterreichen des Vermögens an die familienzugehörigen Erben über den eigenen Tod hinaus ein dauerhaftes Auskommen der Familie zu sichern.[50] Das Genussrecht der Bedachten war völlig unabhängig davon, ob in irgendeiner Form eine Bedürftigkeit vorlag. Allein die Zugehörigkeit zur Familie des Stifters berechtigte dazu, in den Genuss von Stiftungserträgen und -gütern zu kommen. Der Stifter hatte zumeist die Intention, den Wohlstand der Familie dauerhaft aufrecht zu erhalten; daneben stand nicht selten das etwas ehrbegierige Motiv, den Anschein des Wohlstandes des eigenen Familienstammes auch nach außen kundzutun.[51]

D Das Stiftungswesen in der Antike und im christlichen Altertum

Das Stiftungswesen blickt auf eine jahrtausendealte Historie zurück, auch wenn – wie bereits dargestellt – die Termini der Stiftung und des Stiftens nicht von Anfang an geläufig waren.[52] Wenngleich die Herausbildung und Fortentwicklung des Stiftungswesens zum Teil unterschiedliche Bereiche menschlichen Wirkens berührte und auch in ungleicher Geschwindigkeit sowie aus differierenden Motiven geschah, so kann über die gesamte Stiftungshistorie zwischen religiösem und areligiösem Sektor unterschieden werden. Zudem kann eine Einteilung auch unter einem zeitgeschichtlichen Aspekt vorgenommen werden, und zwar hinsichtlich dem vorchristlichen und dem christlichen Altertum.[53]

I Erste stiftungsartige Gebilde im vorchristlichen Altertum

Bereits in der vorchristlichen Antike fanden sich stiftungsartige Tätigkeiten von religiöser, sozialer und rechtlicher Bedeutung.[54] Eine Definition

---

50 *Gerber:* Die Familienstiftung in der Function des Familienfideikommisses, S. 352.
51 Ebenda.
52 *Campenhausen:* Stiftungsrechtshandbuch, 3. Aufl., S. 77.
53 So auch *Liermann* in Geschichte des Stiftungsrechts; vgl. S. 1 und S. 24; gleichfalls *Campenhausen* in Stiftungsrechtshandbuch, 3. Aufl., S. 77f.
54 *Campenhausen:* Stiftungsrechtshandbuch, 3. Aufl., S. 77.

des Stiftungsbegriffs aus dieser Zeit ist mit der unseres modernen Rechtsdenkens freilich nicht deckungsgleich. Die tatsächliche Ausgestaltung stiftungsartiger Gebilde zeigte jedoch bereits etliche Parallelen und war in den Grundsätzen, also der Dauerhaftigkeit eines frei gewählten Stiftungszwecks und der Vermögenshingabe, zu heutigen Ansätzen immerhin teilweise kongruent. So fasste *Laum* den Stiftungsbegriff in seinem Standardwerk aus dem Jahre 1914 zu solchen Stiftungen der griechisch-römischen Antike folgendermaßen zusammen: Für die Definition des Begriffs der Stiftung *„kommt außer der Abtretung eines Vermögens, dessen Art und Größe vom Stifter bestimmt wird, ein vom Stifter gesetzter Zweck in Betracht, zu dessen Verwirklichung das Vermögen dienen soll (...). Der Zweck (muß) immer ein dauernder sein; das bedingt, daß auch das Vermögen stets bestehen bleiben muß, daß also nur die Einkünfte, nicht das Vermögen selbst zur Zweckausführung verwendet werden darf [...]. Zum Wesen einer Stiftung gehören also folgende Merkmale: 1. Ein von einem menschlichen Willen bestimmter dauernder Zweck; 2. Ein bestimmter Vermögenskomplex, den der Stifter hergibt und der die Verwirklichung dieses dauernden Zwecks sichert.*“[55]

Die Motive für die Stiftung von Vermögensteilen waren schon zu dieser Zeit, trotz immer vorkommender Überschneidungen im Einzelnen, klar umrissen und daher leicht auszumachen und zu separieren. So spielten bereits hier vor allem die Fürsorge für die Seele nach dem Tod (Totenkult), Ahnenkult und Götterverehrung eine übergeordnete Rolle.[56]

Erste nachweisbare stiftungsartige Gebilde entstanden zunächst im Alten Ägypten, danach in der griechisch-römischen Antike und später auch in der islamischen Welt.[57] Wie oben bereits festgestellt, sucht man hier eine einheitliche oder sogar moderne stiftungsrechtliche Terminologie vergebens, weshalb sich beispielsweise die Griechen eher allgemeiner Begriffe bedienten wie dem des Gebens, des Schenkens oder des Weihens.[58] Auch bildeten sich keinesfalls rechtsfähige Stiftungen nach modernem Verständnis heraus, insbesondere entbehrten stiftungsartige Gebilde dieser Zeit jeglicher Rechtspersönlichkeit

---

55 *Laum:* Stiftungen in der griechischen und römischen Antike, Bd. I, S. 1.

56 Ein veranschaulichendes Beispiel zum Totenkult bei *Borgolte:* Die Stiftungen des Mittelalters, S. 72.

57 *Coing:* Handbuch des Stiftungsrechts, 2. Aufl., § 5 Rn. 2; *Campenhausen:* Stiftungsrechtshandbuch, 3. Aufl., S. 78.

58 *Laum:* Stiftungen in der griechischen und römischen Antike, Bd. I, S. 130f.

und waren vom Wesen einer juristischen Person weit entfernt.[59] Vielmehr handelte es sich, wenn man sich trotz dessen moderner Begriffe bedienen möchte (wovon im Hinblick auf die Inkongruenz des heutigen und damaligen Rechtsverständnisses nur vorsichtig Gebrauch gemacht werden sollte), um fiduziarische/treuhänderische oder unselbstständige Stiftungen. Das anheimgestellte Vermögen wurde dabei regelmäßig einem anderen Rechtssubjekt, beispielsweise einer Körperschaft bestehend aus Priestern, im römischen Recht auch oftmals der Korporation der Stadtgemeinde, einer antiken Gottheit oder einer natürlichen Person übertragen und deren Verwaltung unterstellt.[60] In vielen Fällen wurde eine Schenkung unter Lebenden oder von Todes wegen unter der Auflage gemacht, das Schenkungsgut nach dem Willen des Schenkenden zu verwenden, um damit kultische, religiöse oder soziale Zwecke zu erfüllen.[61] Etwaige Missbräuche der Stiftungskapitalien durch den „Treuhänder“ und eine damit verbundene Zuwiderhandlung gegen den Stiftungszweck stellten zu jeder Zeit der Stiftungshistorie eine Gefahr für die Stiftung dar. Im vorchristlichen Altertum sollte dies insbesondere durch religiöse Weihe und drohende Verfluchung verhindert und vermieden werden, was freilich die Stiftung nicht immer wirksam zu schützen vermochte.[62]

II Stiftungen im christlichen Altertum

Ob die Herausbildung des Stiftungswesens während des christlichen Altertums insbesondere innerhalb kirchlicher Strukturen eine exponierte Stellung einnahm und andere stiftungshistorische Entwicklungen in ihrer Geltung verdrängte, ist in der Literatur nicht abschließend geklärt und darüber hinaus umstritten.[63] Nach der Lehre des Rechtshistorikers *Bruck* bildete vielmehr die Erhaltung des Totenkults das Hauptmotiv für die Entstehung zunächst heidnischer, römischer (bzw. griechisch-hellenistischer)

---

59 *Campenhausen:* Stiftungsrechtshandbuch, 3. Aufl., S. 78.

60 *Liermann:* Geschichte des Stiftungsrechts, S. 5; *Campenhausen:* Stiftungsrechtshandbuch, 3. Aufl., S. 78; zur Geschichte der juristischen Personen nach römischem Recht und deren Rechtsformen vgl. *Dirksen:* Civilistische Abhandlungen, Band II, S. 12ff.; *Mayer:* Juristische Personen, S. 695.

61 *Pernice:* Labeo, Bd. 3, S.150.

62 *Campenhausen:* Stiftungsrechtshandbuch, 3. Aufl., S. 78.

63 *Borgolte:* Von der Geschichte des Stiftungsrechts zur Geschichte der Stiftungen, S. 23*.

Stiftungen. Diese hätten trotz der zuvor beschriebenen und noch immer vorherrschenden Unselbstständigkeit stiftungsartiger Gebilde die Grundlage für eine moderne stiftungsrechtliche Dogmatik und damit die Anfänge der Stiftungshistorie und des Stiftungswesens ausgemacht.[64] Dem entgegen trat wiederum *Liermann* mit der Ansicht, *„die Große Wendung in der Geschichte des Stiftungsrechts brachte der Sieg des Christentums.“*[65] Demzufolge bildete sich der Grundstein des modernen Stiftungswesens erst auf dem Boden der christlichen Kirche und gelangte über die Ansätze hinaus, welche in der vorchristlichen Antike im Rahmen des Totenkultes entstanden.[66] Die Ansicht *Liermanns* fand später weitere Fürsprecher.[67]

Beide Ansichten beinhalten jedoch übereinstimmend die Feststellung, dass sich hin zu einem modernen Stiftungsrecht, wie es sich heute darstellt, eine jahrhundertelange Entwicklung anschloss.[68] Vor dem Hintergrund, dass für den Fortgang der Untersuchung an dieser Stelle kein Schwerpunkt auf diesen dogmatischen Streit gelegt werden muss, kann eine tiefergehende Auseinandersetzung unterbleiben.

Es genügt vielmehr zu konstatieren, dass mit der fortschreitenden Christianisierung Kontinentaleuropas der heidnische Totenkult und die damit zusammenhängenden stiftungsartigen Gebilde des vorherigen Zeitalters überwunden wurden. Trotzdem bildeten sich folglich ähnlich gelagerte Einrichtungen, welche dann jedoch auf christlichem Gedankengut fußten.[69] Zudem ist auch der Umstand beachtlich, dass eine strikte und allgemeingültige Trennung zwischen Stiftungen zum Zwecke des Totenkults und des Handelns aus Nächstenliebe nicht vorgenommen werden kann; zu häufig verschwammen die Motive ineinander oder lagen gleichermaßen vor.[70]

Der Ausgangspunkt für eine voranschreitende Christianisierung des Stiftungswesens in der Antike war die altruistische Nächstenliebe als Grundidee

---

[64] *Bruck:* Die Stiftungen für die Toten in Recht, Religion und politischem Denken der Römer, S. 53.

[65] *Liermann:* Geschichte des Stiftungsrechts, S. 24.

[66] Ebenda.

[67] Vgl. hierzu bspw. *Campenhausen:* Stiftungsrechtshandbuch, 3. Aufl., S. 78; so auch *Coing:* Handbuch des Stiftungsrechts, 2. Aufl., S. 73.

[68] *Liermann:* Geschichte des Stiftungsrechts, S. 24.

[69] *Coing:* Handbuch des Stiftungsrechts, 2. Aufl., § 5 Rn. 5.

[70] *Borgolte:* Die Stiftungen des Mittelalters, S. 78.

des christlichen Glaubens. Danach sollte einerseits der kirchenväterlichen Lehre vom Sohnesteil Christi genügt werden, also der Schenkung eines Teils seines Vermögens von Todes wegen für kirchlich-soziale Zwecke. Gleichfalls konnte eine Zuwendung pro *salute animae* zur Errettung des eigenen Seelenheils nach dem Tode gemacht werden.[71] Diese Zuwendungen von Todes wegen an kirchliche Institutionen fielen gemeinhin unter den Begriff der *testamenta ad pias causas*, woraus in der Folge das Sonderrecht der *piae causae* erwuchs. Zur Erlangung der Deutungshoheit in diesem Sektor hatte schon die alte Kirche ihren Einfluss auf die Gesetzgebung geltend gemacht, sodass diese eigentlich dem kanonischen Recht entspringende Sonderrechtsmaterie bereits in den die kirchenrechtlichen Angelegenheiten regelnden Teil des Codex Iustinianus[72] aus dem 6. Jahrhundert nach Christus Eingang fand.[73] Tatsächlich war im kirchenrechtlichen Teil des justinianischen Gesetzes, in welchem auch der Terminus *piae causae* erstmalig benutzt wurde, bereits einiges zu ebendieser Institution geregelt.[74] Im Einzelnen waren dies Vorschriften zur vereinfachten Errichtung und Vollstreckung von Testamenten, sofern diese einen gemeinnützigen bzw. kirchlich-sozialen Teil beinhalteten (deshalb *testamenta ad pias causas*). So wurden beispielsweise Dispense von den strengen Voraussetzungen bezüglich des Bestimmtheitserfordernisses testamentarischen Verfügungen (sogenannte *certa voluntas*) gewährt. Zudem enthielt der Codex Iustinianus explizite Regelungen bezüglich der Klarstellung der Bedeutung von Zuwendungen an Christus, Heilige, Arme oder Bedürftige;[75] ebenso enthalten waren Regelungen hinsichtlich der Übertragung des Rechts an Bischöfe,[76] für die Durchführung derartiger Verfügungen zu sorgen, sowie zur Befugnis des Testators, eine selbstgewählte Person oder Personengruppe testamentarisch mit der Ausführung seiner Bestimmungen zu betrauen.[77] Lediglich über die rechtliche Form und Stellung der *piae causae* wurde keine ausdrückliche Feststellung getroffen. Dennoch war den

71 *Coing:* Handbuch des Stiftungsrechts, 2. Aufl., § 5 Rn. 5.

72 Zu Entstehung und Inhalt des codex iustinianus vgl. *Bruns:* Geschichte und Quellen des römischen Rechts, S. 102ff.

73 *Coing:* Europäisches Privatrecht, Band I, S. 594.

74 Vgl. insb. C I, 2, 19.

75 Vgl. etwa C I, 3, 24; I, 2, 26; I, 3, 49; I, 2 13.

76 Vgl. C I, 3, 28.

77 Vgl. C I, 3, 28.

einschlägigen Regelungen zu entnehmen, dass die *piae causae* immerhin Eigentum begründen, Vermächtnisse empfangen und sogar zivilrechtlich als Vertragspartei kontrahieren konnten.[78]

Unter dem Begriff der *piae causae* konnten daraufhin sämtliche christliche Wohltätigkeitsanstalten wie Fremden-, Armen-, Kranken-, Waisen-, Findelhäuser oder Altenheime gefasst werden, da es einer gemeinsamen Bezeichnung für solcherlei Einrichtungen zuvor im deutschen Sprachgebrauch ermangelte.[79] Die Begrifflichkeit der *piae causae* hielt sich beständig bis zum Ausgang des Mittelalters und wurde mehrheitlich als Terminus für die Stiftung kirchenrechtlichen Ursprungs synonym verwendet.[80]

Diese Entwicklung, die ihren Ursprung zeitlich betrachtet im 4. Jahrhundert nach Christus nahm und erstmalig eine Rechts- und Erbfähigkeit der christlichen Gemeinden als Rechtsträger der klerikalen Stiftungen anerkannte, sorgte für eine Neuorientierung der römischen Religionspolitik und hatte durchaus eine gewisse Eigenständigkeit von kirchlichen Institutionen im Einzelnen und somit auch der Stiftungen zur Folge. Im Gegensatz zum klassischen römischen Recht bedurften die Stiftungen nicht mehr in diesem Maße der Anlehnung an eine bestehende Institution. Dies führte zu einer gewissen – wenn auch noch sehr eingeschränkten – rechtlichen Selbstständigkeit, obgleich der Begriff der juristischen Person noch längst nicht ausgebildet war. Immerhin konnten diese zumeist anstaltlich organisierten Gebilde bereits Träger von Rechten und Pflichten sein, genossen Vermögensfähigkeit und wurden durch einen der Anstalt zugehörigen Leiter verwaltet.[81] Dies ließ damaligen Stiftungsformen, im Gegensatz zu den überwundenen vorherigen Stiftungsgebilden der vorchristlichen Antike, erstmalig eine gewisse Ähnlichkeit zu modernen Stiftungsformen angedeihen.

E Stiftungen und Stiftungsrecht im Mittelalter

Die Entwicklungen des christlichen Altertums betreffend die *piae causae* und der fließende Übergang zum frühen Mittelalter erstreckten sich

78 *Hagemann:* Die Stellung der Piae causae nach justinianischem Recht, S. 15f.; *Coing:* Europäisches Privatrecht, Band II, S. 336.
79 *Coing:* Handbuch des Stiftungsrechts, 2. Aufl., § 5 Rn. 7.
80 *Coing:* Europäisches Privatrecht, Band I, S. 594.
81 *Coing:* Handbuch des Stiftungsrechts, 2. Aufl., § 5 Rn. 6.

abermals über mehrere Jahrhunderte und sorgten für eine stete Fortbildung des zunächst ausschließlich kirchlichen Stiftungswesens.[82] Großes Voranschreiten einer sich bildenden Stiftungsrechtsdogmatik bis hin zu einer ersten Blütezeit des Stiftungswesens brachten dann Hoch- und Spätmittelalter hervor. Auf die Entwicklungen dieser Epoche soll nachfolgend etwas detaillierter und insbesondere zeitlich geordnet eingegangen werden.

I Zeitlicher Überblick

Ein zeitliches Bild der Epoche des Mittelalters lässt sich zur späteren Herausarbeitung stiftungshistorisch relevanter Entwicklungen und Veränderungen zunächst dahin gehend zeichnen, dass der Zeitraum des Frühen Mittelalters seinen Beginn im 5./6. Jahrhundert nach Christus fand und um das Jahr 1100 in die Zeit des Hochmittelalters überging.[83] Dieses dauerte an bis etwa zum Jahr 1250.[84] Das sich anschließende Spätmittelalter erstreckte sich seinerseits bis zur Reformation (1517),[85] welche dann mit dem 30-jährigen Krieg im Jahre 1648 ihr Ende fand.[86]

Das mittelalterliche Voranschreiten der politischen und gesellschaftlichen Entwicklung hatte bedeutende Konsequenzen auch für das Stiftungswesen. Dies führte letztendlich zu einer Grundsteinlegung für die Herausbildung stiftungsrechtlicher Dogmatik und Formen hin zu ersten Zügen eines modernen Verständnisses des Stiftungswesens, sowohl bezüglich kirchlicher als auch privater Stiftungen.

II Untergang des römischen Imperiums

Nach dem Zerfall des weströmischen Reiches zur Mitte des ersten Jahrtausends n. Chr. hatte dieses, wie oben gesehen, stiftungsartige Gebilde in Form unselbstständiger, fiduziarischer Stiftungen ohne eigene Rechtspersönlichkeit hinterlassen. Während des fließenden Übergangs zum Mittelalter hatte

---

[82] *Coing*: Handbuch des Stiftungsrechts, 2. Aufl, § 5 Rn. 9.
[83] *Meyer:* Die Abgrenzung der Kirchlichen Stiftung von der weltlichen Stiftung im staatlichen Recht, S. 97.
[84] *Müller:* Schlaglichter der deutschen Geschichte, S. 39.
[85] Ebenda, S. 64.
[86] Ebenda, S. 89.

es jedoch auch erste Formen von Stiftungen mit leichten Zügen einer gewissen Selbstständigkeit in Form der *piae causae* hervorgebracht.[87]

Auf die Wirren dieser Zeit im Zuge von Völkerwanderung und Germanisierung kann nicht im Einzelnen eingegangen werden, insbesondere wäre eine substantiierte Darstellung vor dem Hintergrund einer dürftigen Quellenlage zu den im Fluss befindlichen stiftungsrechtlichen Entwicklungen zu Beginn des Mittelalters womöglich nur eingeschränkt realisierbar. Trotz dessen seien hier eine große Divergenz der Nutzung von Rechtsbegriffen insgesamt sowie ein Nebeneinander von drei Rechtsordnungen des überkommenen römischen, kanonischen und germanischen Rechts erwähnt. Diese Umstände lassen folglich eine in geordneten Zügen stattfindende Rechtsentwicklung nicht vermuten und erschweren somit ebenfalls die Darstellung.[88]

Es war jedenfalls die römisch-katholische Kirche, welche – im Verhältnis betrachtet – noch am meisten Kontinuität in ihrem Bestand vorweisen konnte. Sie war noch am ehesten dazu in der Lage, eine gewisse funktionelle Verwaltungsstruktur aus der Antike in die Zeit des Mittelalters hinüberzuretten.[89] Dies führte zu einer Vormachtstellung der Kirche als Dauerperson vor allem in den Bereichen der Mildtätigkeit und der „Errettung" des eigenen Seelenheils, wo sich das Stiftungsrecht in Form der *piae causae* mit überwiegender Mehrheit abspielte.[90]

III Kirchliche Armenfürsorge in Form der *piae causae*

Dem Klerus war sehr daran gelegen, durch die Förderung der Gesetzgebung das aus dem justinianischen Recht überkommene Recht der pia causa fortzuentwickeln und sich mehr noch zu eigen zu machen.[91] So ergab es sich, dass die *piae causae* als fromme Stiftungen kirchlicher Zugehörigkeit die gesamte Geschichte des christlichen Glaubens im Mittelalter

---

87 *Meyer:* Die Abgrenzung der Kirchlichen Stiftung von der weltlichen Stiftung im staatlichen Recht, S. 97.

88 *Liermann:* Geschichte des Stiftungsrechts, S. 54.

89 *Schulze:* Die Gegenwart des Vergangenen, S. 59.

90 *Coing:* Europäisches Privatrecht, Band I, S. 594.

91 Ebenda, S. 594.

mitbestimmten.[92] Es entwickelten sich unterschiedlichste Ansätze und Erscheinungsformen kirchlichen Wirkens im Bereich der Armenfürsorge und auch des Wirkens in das Leben und in den Alltag der Bevölkerung hinein, was den übergeordneten Stellenwert kirchlicher Institutionen und deren Bedeutsamkeit für die Gesellschaft dieser Zeit wiederspiegelte.[93]

Zunächst ist festzustellen, dass sich die Kirche in einigen Bereichen des gesellschaftlichen Lebens eine monopolartige Stellung erarbeiten konnte. Dies betrifft vor allem die Zuständigkeit in den Bereichen der Testamentsvollstreckung (insbesondere der Durchführung letztwilliger Verfügungen), des gesamten Individualerbrechts,[94] der Bestimmungskompetenz über die Ausführung von Vermächtnissen zugunsten der Armen oder eines Heiligen, der Fideikommisse usw.[95] Es etablierte sich insbesondere die Einsetzung einer kirchlichen Gerichtsbarkeit.[96] Es wird anhand dieser Aufzählung schon deutlich, dass in der Praxis sämtliche mit stiftungsrechtlichen Themen in Verbindung stehende Sachverhalte kirchliche Kompetenzen tangierten. Kaum überraschen kann daher der Umstand, dass die unter dem Sammelbegriff der *piae causae* zusammengefassten Wohltätigkeitsanstalten zunächst samt und sonders dem Recht und der Aufsicht der Kirche unterstellt waren.[97] Die kirchliche Vorherrschaftsstellung zeigte sich insbesondere an den nachfolgend aufgezeigten Stellen.

1 Zugehörigkeit der Stiftungen zum Kirchenwesen

Wie oben bereits erwähnt, handelte es sich bei der Kirche um eine Dauerperson.[98] Vor dem Hintergrund der gewünschten Dauerhaftigkeit des Bestehens einer Stiftung und der bis dahin nicht gegebenen Eigenständigkeit stiftungsartiger Gebilde, waren kirchliche Institutionen für private Stifter

---

92 *Borgolte:* Die Stiftungen des Mittelalters, ZRG Kan. Abt., Band 74, S. 82; *Campenhausen:* Stiftungsrechtshandbuch, 3. Aufl., S. 80.

93 *Reinhard:* Die Verwaltung der Kirche, S. 161.

94 *Roßhirt:* Über die Einsetzung der sogenannten juristischen Personen, namentlich der Stiftungen zu Erben, S. 243.

95 *Campenhausen:* Stiftungsrechtshandbuch, 3. Aufl., S. 80.

96 *Mitterwieser:* Geschichte der Stiftungen und des Stiftungsrechts in Bayern, S. 33; *Campenhausen:* Stiftungsrechtshandbuch, 3. Aufl., S. 80.

97 *Roßhirt:* Über die Einsetzung der sogenannten juristischen Personen, namentlich der Stiftungen zu Erben, S. 243.

98 *Scheller:* Stiftungen in Christentum, Judentum und Islam, S. 214.

bezüglich der Stiftungserrichtung die einzige Möglichkeit zur Umsetzung der gewünschten Ziele. So konnte den Bedürfnissen des Rechtsverkehrs und den auf ewigen Bestand ausgerichteten Bestrebungen des Stifters innerhalb des Stiftungsvorhabens insofern genüge getan werden, als dass die errichteten Stiftungen unter dem Dach der Kirche eigene Rechtssubjekte und Träger des eigenen Vermögens sein konnten.[99] Den somit als fromme Anstalt kirchlicher Prägung daherkommenden Rechtssubjekten wurde eine eigene, sich aus kanonischem Recht ableitende Rechtspersönlichkeit zuteil.[100] Von nicht geringerer Bedeutung war der Umstand, dass das Stiftungsvermögen dem Kirchenvermögen zugeordnet wurde und somit dem schützenden kirchlichen Veräußerungsverbot unterfiel.[101]

2 Aufsichtsrecht des Bischofs

Mit dieser Kirchenzugehörigkeit ging jedoch ein dem Klerus – genauer gesagt dem jeweils zuständigen Bischof – zustehendes Aufsichtsrecht über die Stiftung einher.[102] Grundsätzlich war es so, dass die pia causa als Anstalt des römischen Rechts nach kirchlicher Satzung einer Diözese angegliedert war und demzufolge durch den dieser Diözese vorstehenden Bischof beaufsichtigt wurde. Es wurde alles als eine Einheit betrachtet, welche unter der Verfügungsgewalt der Geistlichkeit stand, wobei sich die Verwendung der Stiftungserträge in vier Kernbereiche aufgliederte. Ein Teil wurde jeweils dem Bischof selbst, einer dem Klerus im Ganzen, einer den Armen und ein Teil dem Erhalt bzw. der Neuerrichtung von Kirchengebäuden zugedacht.[103] Es ergab sich aus der hervorgehobenen Machtstellung des Bischofs ein latentes Missbrauchspotential bezüglich des Stiftungsgutes und dessen Erträgen (vgl. dazu unter E. III. 4.). Oftmals oblag zudem die unmittelbare Verwaltung einem einzelnen Kleriker oder teilweise, je nach Größe und Umfang der Stiftung, mehreren Geistlichen. Gleichwohl sorgte dieses

---

99 *Reicke:* Stiftungsbegriff und Stiftungsrecht im Mittelalter, S. 250.

100 *Roßhirt:* Über die Einsetzung der sogenannten juristischen Personen, namentlich der Stiftungen zu Erben, S. 244; *Roth:* Über Stiftungen, S. 195.

101 *Reicke:* Stiftungsbegriff und Stiftungsrecht im Mittelalter, S. 251.

102 *Roth:* Über Stiftungen, S. 190.

103 Ebenda.

ständige Aufsichtsrecht in der Rückschau insgesamt dafür, dass immerhin der Bestand der Stiftung gesichert wurde.[104]

3 Erfordernis der Genehmigung zur Stiftungserrichtung

Doch nicht erst nach der Errichtung war die Stiftung der Aufsicht der klerikalen Vorsteher unterworfen. Bereits der Entstehungsprozess einer pia causa bedurfte einer Genehmigung durch die herrschende kirchliche Gewalt.[105] Dies war zumindest immer dann der Fall, wenn sie nicht durch den Bischof selbst errichtet wurde.[106] Eine noch umfassendere Konzessionsbedürftigkeit im Zuge der Stiftungserrichtung ergab sich im weiteren Verlauf des Mittelalters zudem vor allem durch das Erstarken der weltlichen Obrigkeit in Form des Staates und der Städte. Diese versuchten – auch bedingt durch immer selbstständiger werdende Stiftungsgebilde – im Rahmen ihres Machtanspruches eine größere Einflussnahmemöglichkeit auf das Stiftungswesen zu erlangen. Diese Einmischungstendenz tangierte in der Folge insbesondere die Bereiche der Mildtätigkeit und der Bildung.[107]

4 Missbrauchsfälle und Trennung der Stiftungen von der Diözese

Wie bereits dargelegt, wurde die Stiftung in Form der pia causa als Einheit mit dem jeweiligen Bistum, mithin als kirchliche Anstalt und somit auch als Teil des Vermögens der Diözese angesehen.[108] Es war in diesen Fällen oftmals so, dass der zuständige Bischof als Vorsteher der Diözese und Verfügungsberechtigten über das Kirchengut eine alles andere überlagernde Direktive gab; insbesondere oblag ihm auch die Fürsorge für die Bedürftigen seiner Diözese, unabhängig von speziell diesem Zweck dienenden Stiftungen.[109] Folglich hatte der Bischof eine umfassende Verwaltungsmacht

---

104 *Reicke:* Stiftungsbegriff und Stiftungsrecht im Mittelalter, S. 251.

105 *Roßhirt:* Über die Einsetzung der sogenannten juristischen Personen, namentlich der Stiftungen zu Erben, S. 244f.

106 *Roth:* Über Stiftungen, S. 190.

107 *Hugo:* Lehrbuch des Naturrechts, S. 239; *Roßhirt:* Über die Einsetzung der sogenannten juristischen Personen, namentlich der Stiftungen zu Erben, S. 244.

108 *Roth:* Über Stiftungen, S. 191.

109 Ebenda, S. 190f.; zudem vgl. insb. Fn. 7) S. 191 zu den speziellen Regelungen: „*Die Vorschriften sind ganz speciell. Conc. Aurel. V. c. 20 ist dem Bischof befohlen, die Gefangenen der Stadt besuchen und aus dem bischöflichen Haus speisen zu lassen. Nach c. 21 muß er die Armen der Stadt und Diöcese speisen und kleiden.[…]*“.

über die Einkünfte, Ausgaben und das Vermögen der kirchlichen Institution, der er vorstand. Zwar gab es insbesondere hinsichtlich der Verwendung von Stiftungsgut und -erträgen einige aus dem kanonischen Recht hervorgehende Vorschriften, die auch der Bischof zu achten hatte.[110] Ungeachtet dessen ergab sich jedoch aufgrund der ausschließlichen Verfügungskompetenz des Bischofs ein gewisses Missbrauchspotential. Oft bestand die Verlockung, den Stiftungszweck nicht als absolut verbindlich anzusehen und folglich das der Diözese gewidmete, zweckgebundene Vermögen auch für andere kirchliche Zwecke zu verwenden; in manchen Fällen sogar die Zwecke selbst umzugestalten oder aufzuheben.[111] Besonders hervorzuheben ist hier, dass dem Bischof auch vonseiten des Gesetzes dabei keine unüberwindlichen Hürden im Wege standen.[112]

Um Eingriffe dieser Art zu verhindern und die Stiftungen zu schützen, wurde in der Folge immer häufiger die Exemtion angestrebt, also die Befreiung der Stiftung aus der bischöflichen Gewalt.[113] Dies konnte beispielsweise mittels eines päpstlichen Privilegiums,[114] durch Bestätigung einer Provincial Synod, königliche Bestätigung oder auch durch Vereinigung dieser Privilegien erreicht werden.[115] Nach erfolgter Exemtion blieb es zwar oftmals dabei, dass der Bischof ein gewisses Aufsichtsrecht über die Stiftung behielt. Die uneingeschränkte Verfügungsgewalt war ihm jedoch entzogen und durch Einsetzung einer Stiftungsverwaltung konnten Missbrauchsfälle dieser Art immerhin teilweise verhindert werden.[116]

---

110 *Roth:* Über Stiftungen, S. 190.

111 Ebenda, S. 191.

112 Mit Beispiel vgl. *Roth:* Über Stiftungen, S. 191, Fn. 11): „*Es erhellt dieß am deutlichsten daraus, daß Bischof Bertram von Le Mans die Stiftung einer Matricula (Armenhaus) und eines Xinodochium (Fremdenherberge, Vorläufer des mittelalterlichen Hospizes) in Ponteleuga Bertr. Test. Pardessus I. pag. 205. Und Hincmar von Rheims eine ähnliche Stiftung in Rheims Flodvard, Hist. Rem. III. 10 gegen die Eingriffe ihrer Nachfolger sicher zu stellen suchen.*“.

113 *Roth:* Über Stiftungen, S. 191.

114 Vgl. z. B. für das Xenodochium in Autun Pardessus I. nr. 221.; zitiert nach *Roth:* Über Stiftungen, S. 191, Fn. 12).

115 Zitiert (und dort anhand von Beispielen belegt) nach *Roth:* Über Stiftungen, S. 192; hier insb. die Fn. 13, 14, 15.

116 *Roth:* Über Stiftungen, S. 193.

IV Die anstaltliche Stiftungsorganisation – zugleich Abgrenzung der Anstalt zur Korporation

Diese vielerorts stattfindende Exemtion von Stiftungen aus dem Herrschaftsbereich des Bischofs und des von diesem administrierten Bistums sorgte im weiteren Verlauf für eine vermehrte Emanzipation der Stiftungen in anstaltlicher Form, welche zunächst trotzdem nur unter dem schützenden Dach kirchlicher Strukturen stattfinden konnte.[117] Obwohl diese selbstständigen Anstalten mit Kirchen und Klöstern verbunden waren und in den Diözesankirchen und Klöstern durch kirchliche Mittel zum Teil mitfinanziert wurden, handelte es sich doch erstmalig um selbstständige Anstalten.[118] Diese Entwicklung ist für das Stiftungswesen deswegen so bedeutsam, da erstmalig eine gewisse Loslösung von ausschließlich klerikalen Strukturen auszumachen ist. Vor allem im Wirkungsbereich größerer Kirchen – obgleich eine Verbindung mit kirchlichen Institutionen verblieb – ist regelmäßig eine Gleichstellung der Anstalten mit Klöstern und damit eine unabhängige und eigenverantwortliche Stellung zu konstatieren.[119] Dass sich Stiftungen dieser Tage nicht gänzlich dem kirchlichen Spektrum entziehen konnten, wird wiederum dadurch deutlich, dass auch diese verselbstständigten Anstalten im Generellen (noch) zum Kirchenvermögen zählten.[120]

Wie bereits dargelegt, waren die Stiftungen des Frühen Mittelalters auch noch während des Übergangs zum Hochmittelalter in der Regel anstaltlich organisiert. Nach moderner Definition handelt es sich bei einer Anstalt (des öffentlichen Rechts) um eine organisatorische Zusammenfassung persönlicher und sachlicher Mittel zur Wahrnehmung öffentlicher Aufgaben durch einen Verwaltungsrechtsträger. Sie besitzt im Gegensatz zur Körperschaft in der Regel keine organisationsrechtliche Mitgliederstruktur. Die Benutzer der Anstalt sind daher nicht dessen Träger.[121]

---

117 *Reicke:* Stiftungsbegriff und Stiftungsrecht im Mittelalter, S. 250f.

118 *Roth:* Über Stiftungen, S. 193.

119 Ebenda.

120 *Reicke:* Stiftungsbegriff und Stiftungsrecht im Mittelalter, S. 251; *Roth:* Über Stiftungen, S. 193.

121 *Semmler/Stengel/Leonard/Krebs* UmwG § 301 Rn. 19.

Ein so klares Bild anstaltlicher Voraussetzungen und Eigenschaften gab es im Mittelalter freilich nicht. Zudem war eine gesellschaftsrechtliche Entwicklung, wenn überhaupt, gerade im Beginn und noch über einen langen Zeitraum im Fluss befindlich. Vor allem hat sich eine Loslösung von der mitgliedschaftlichen Trägerschaft der anstaltlichen Stiftung, wie in der Folge zu sehen sein wird, noch nicht eindeutig herausgebildet; generell war die Stiftungsträgerschaft oftmals rechtlich ungeklärt.[122]

Die Darstellung eines möglichst klaren Bildes rechtlicher Strukturen anstaltlicher Stiftungsgebilde und deren Eigenschaften ist – historisch betrachtet – deshalb so relevant, da nur so der Versuch unternommen werden kann, die Rechtsfigur der Stiftung unter dem Gebilde der Anstalt, wie wir sie verstehen, zu subsumieren und deren Sinngehalt während des Mittelalters unserem Verständnis gemäß herauszuarbeiten.

Der Grundstein für das Verständnis der mildtätigen Stiftungen bzw. *piae causae* als Anstalt wurde durch zwei damals vorherrschende Annahmen gelegt: Erstens wurden Stiftungen in Gänze dem Kirchenrecht unterstellt und praktisch sämtliche klerikalen Institutionen (z. B. Klöster, Pfarrkirchen, Kapellen usw.) in der Regel ebenfalls als Anstalt angesehen.[123] Zweitens wurden auch sämtliche mildtätigen Einrichtungen als Anstalt aufgefasst; es waren dies vor allem Armenhäuser, Fremdenhäuser, Spitäler, Pfründe, später auch durch stiftungsartige Tätigkeiten errichtete oder durch Zustiftung geförderte Bildungseinrichtungen wie Universitäten oder Schulen.[124] Bringt man hier nun kirchliche und mildtätige Institutionen ihrer Rechtsform nach zusammen, so ist es wenig überraschend, dass sich zunächst die Stiftung in Form einer der Kirche unterstellten Anstalt durchsetzte und die Rechtsform der Anstalt als solche eine Vormachtstellung einnehmen konnte.[125]

Innerhalb dieses nun vorherrschenden (kirchlichen)[126] Anstaltsstiftungsrechts ist vor allem die Frage von hervorgehobener Bedeutung, wer genau

---

[122] *Pleimes:* Weltliches Stiftungsrecht, S. 13f.; *Liermann:* Geschichte des Stiftungsrechts, S. 93f.

[123] *Heusler:* Institutionen des deutschen Privatrechts, S. 314.

[124] *Pleimes:* Weltliches Stiftungsrecht, S. 19, S. 20; *Roth:* Über Stiftungen, S. 191.

[125] *Liermann:* Geschichte des Stiftungsrechts, S. 93.

[126] Verweltlichungsbestrebungen bezüglich des Stiftungswesens setzten erst im Hochmittelalter, etwa im 13./14. Jahrhundert ein, vgl. dazu weiter unten und auch *Pleimes:* Weltliches Stiftungsrecht, S. 18ff.

denn der Träger der Stiftung und damit des Stiftungsvermögens – meistens in Form von Grundstücken, Immobilien und liquiden Mitteln – war. In der Literatur des späten 19. und der ersten Hälfte des 20. Jahrhunderts wird die Trägerschaft des Stiftungsvermögens in dieser Zeit unterschiedlichen Gruppen und Institutionen zugeordnet. In Betracht kommen hier als Träger insbesondere kirchliche Institutionen (bei unselbstständigen Anstalten oftmals ein Kloster, an welches diese angelehnt waren),[127] die Insassen der jeweiligen Anstalt selbst als menschliches Substrat,[128] die Universitas,[129] die Administratoren[130] der Stiftung[131] (sog. *provisores et procuratores*),[132] in früherer Zeit auch Gottheiten bzw. Heilige,[133] an die gestiftet wurde, oder die Anstalt selbst als juristische Person und rechtlich verselbstständigtes Kirchenglied.[134] Auffällig ist hier, dass man in der nur spärlich vorhandenen zeitgenössischen Literatur nach einer tiefergehenden Auseinandersetzung mit diesem Thema vergebens sucht. Wer letztlich Rechtsträger des Stiftungsvermögens war, lässt sich anhand von Primärquellen aufgrund der Vielzahl von Möglichkeiten kaum erschließen. Stellt man sich nun die Frage, warum dem so ist, bleibt als einzig logische Konsequenz die Feststellung, dass dies entweder nicht notwendig oder nicht möglich war. Sicher ist: Die anstaltliche Stiftung bewegte sich innerhalb eines funktionierenden Systems kirchlicher Institutionen, welches alle notwendigen Handlungsweisen ermöglichte und auch den Bestand und vor allem die vom Stifter vorgesehene Zweckerfüllung nicht gefährdete. Zudem war durch die Zuerkennung der Vermögensfähigkeit der Kirche im Zuge des Aufstiegs des Christentums unter *Konstantin dem Großen* im 4. Jahrhundert nach Christus erfolgt. Überdies wurde die Erbfähigkeit der privilegierten *piae causae* anerkannt, deren materielle Förderung von Anfang an ein Anliegen der christlichen Gemeinden war. Im justinianischen Recht

---

[127] *Liermann:* Geschichte des Stiftungsrechts, S. 78.

[128] *Lammeyer:* Die juristischen Personen der katholischen Kirche, S. 59f.; *Gierke:* Das deutsche Genossenschaftsrecht, Band III, S. 121.

[129] *Dirksen:* Civilistische Abhandlungen, Band II, S. 13; *Schulze:* Die Gegenwart des Vergangenen, S. 60.

[130] Synonym verwandt wurden auch die Begriffe Executor und Verwalter; vgl. *Pleimes:* Irrwege der Dogmatik im Stiftungsrecht, S. 26.

[131] *Gierke:* Das deutsche Genossenschaftsrecht, Band III, S. 121.

[132] *Heusler:* Institutionen des deutschen Privatrechts, S. 324.

[133] Ebenda, S. 314; *Coing:* Europäisches Privatrecht, Band I, S. 594.

[134] *Reicke:* Stiftungsbegriff und Stiftungsrecht im Mittelalter, S. 251f.

wurde eine ausreichende Fähigkeit zur Vermögenserlangung und, durch das kirchliche Veräußerungsverbot, auch ein ausreichender Bestandsschutz gewährleistet.[135] Was vor allem in Hinblick auf die Selbstständigkeit einer von klerikalen Strukturen losgelösten Vermögensmasse in der Rechtsstellung einer juristischen Person zu dieser Zeit noch fehlte, war das gesellschaftsrechtliche Vorstellungsvermögen; nur innerhalb des kirchlichen Geltungsbereiches kann eine Art Fiktion dahin gehend ausgemacht werden, dass der Anstaltsstiftung eine Vorstufe von juristischer Persönlichkeit zukam, allerdings nur als Teil des kirchlichen Institutionengeflechts. Was zudem noch auf eine mangelnde Vorstellungskraft bezüglich einer abstrakten Selbstträgerschaft von Vermögensmassen hindeutete, war der Hang der Rechtswissenschaft dazu, zunächst eine (physische) Person oder Personengruppe als Eigentümer des Stiftungsvermögens ansehen zu wollen. Eine Zuordnung des Eigentums wurde stets vorgenommen, zum Beispiel zu einem Stiftungsverwalter, den Mitgliedern der kirchlichen Institution oder – was gleichwohl ein gewisses Abrücken von dem Verlangen nach einem menschlichen Substrat bedeutete und durchaus auf ein Vorhandensein fiktiven Denkens hindeutete – einem Heiligen.[136] Die Anstaltsstiftung gelangte so innerhalb des kirchlichen Systems durchaus zu einer umfassenden Verwirklichung als selbstständig handlungsfähiges Rechtssubjekt. Sie wurde als Eigentümer des Stiftungsvermögens angesehen und konnte, vertreten durch den oder die Stiftungsverwalter, als Gläubiger oder Schuldner im Rechtsverkehr auftreten.[137]

Neben der Ansicht, stiftungsartige Gebilde seien generell in Form der Anstalt dahergekommen, gesellte sich bald eine Lehre, nach welcher auch korporative Elemente in das Stiftungswesen des Mittelalters Einzug hielten. Es waren die mittelalterlichen Rechtsschulen seit dem 12. Jahrhundert, also sowohl Glossatoren als auch Legisten und Kanonisten, die die milden

---

135 *Borgolte:* Von der Geschichte des Stiftungsrechts zur Geschichte der Stiftungen, S. 21*; *Coing:* Europäisches Privatrecht, Band I, S. 594; Vgl. C I, 2, 19; *Reicke:* Stiftungsbegriff und Stiftungsrecht im Mittelalter, S. 251.

136 *Heusler:* Institutionen des deutschen Privatrechts, S. 314; zur Fiktion der Rechtspersönlichkeit bei Stiftungen als Zweckvermögen vgl. auch *Brinz:* Lehrbuch der Pandekten, Band III, S. 453f.

137 *Borgolte:* Die Stiftungen des Mittelalters, S. 81; *Gierke:* Das deutsche Genossenschaftsrecht, Band III, S. 121f.

Stiftungen entweder zu den *ecclesiae*, den kirchlichen Einrichtungen oder den *piae corpora*, den Korporationen oder *collegia* zuordneten.[138]

Die Korporation, welche nach modernem Rechtsverständnis die begriffsähnliche Körperschaft abbildete und stets physische Personen als Substrat und somit als Träger der Stiftung bzw. des Vermögens der Stiftung hatte, bildete in der Rechtsdogmatik dieser Zeit den Gegenpol zu einer verselbstständigten Anstaltsstiftung mit juristischer Persönlichkeit innerhalb des Kirchenrechtes und dem Stiftungsvermögen als Substrat.[139] Diese Angleichung an das frühere römische Rechtsdenken, wonach Verbände generell korporativ organisiert waren und nur so diesen eine Rechtssubjektivität ermöglicht wurde, brachte zum Teil eine Einordnung der milden Stiftungen in die Gattung der Korporation schon während des Mittelalters mit sich.[140]

Eine dezidierte Unterscheidung dieser beiden Rechtsformen, der Anstalt und der Korporation, blieb der Rechtswissenschaft des 19. Jahrhunderts vorbehalten.[141] Vor allen anderen gelang insbesondere *Otto von Gierke* im dritten Teil seines deutschen Genossenschaftsrechts eine Veranschaulichung der unterschiedlichen Wesenszüge dieser beiden Formen.[142] In der Folge, auch in der neueren Literatur des 20. Jahrhunderts,[143] wurden verschiedene Herangehensweisen und Ansichten bezüglich der Annäherung an mögliche Rechtsformen der Stiftungen und deren Eigenständigkeit vorgebracht. Besonders *Liermann*[144] drängte auf eine strenge Trennung zwischen der Kirche als Korporation und der Stiftung als Anstalt. Sein gesamtes Werk orientierte sich an dieser Unterscheidung.[145] So sah *Liermann* bis zum 13. Jahrhundert

---

138 *Gierke:* Das deutsche Genossenschaftsrecht, Band III, S. 198, 275, 361; *Borgolte:* Die Stiftungen des Mittelalters, S. 82.

139 *Reicke:* Stiftungsbegriff und Stiftungsrecht im Mittelalter, S. 251f.

140 Ebenda, S. 251.

141 *Borgolte:* Die Stiftungen des Mittelalters, S. 82.

142 *Gierke:* Das deutsche Genossenschaftsrecht, Band III, S. 198, 275, 361, 421ff., 816ff.

143 Vgl. hierzu unterschiedliche Ansätze von u.a. *Bruck*, *Hagemann* und *Reicke*; *Bruck:* Sie Stiftungen für die Toten; *Hagemann:* Die Stellung der Piae causae nach justinianischem Recht; *Reicke:* Stiftungsbegriff und Stiftungsrecht im Mittelalter.

144 *Liermann:* Geschichte des Stiftungsrechts; zur Wichtigkeit und ewigen Dauer des Wettstreits zwischen Anstalt und Korporation beispielhaft S. 79: „*In dem ewigen, die Geschichte des Stiftungsrechts durchziehenden Kampf zwischen Korporation und Stiftung [...]*".

145 *Borgolte:* Von der Geschichte des Stiftungsrechts zur Geschichte der Stiftungen, S. 21*.

die körperschaftlich organisierte, klösterliche Genossenschaft als Träger der anstaltlichen (Spital-)Stiftung an und rief so vorerst den Sieg der Korporation über die Anstalt aus.[146] Demgegenüber sprach *Reicke* der Stiftung in Form der Anstalt selbst Rechtssubjektivität mit Stiftungspersönlichkeit zu und zog hierfür ebenfalls das hochmittelalterliche Spital als Beispiel heran. Im Ergebnis stellte er fest, dass in den Quellen neben dem Spital selbst auch des Öfteren die Spitalverwaltung oder die Spitalinsassen als Träger der Stiftung erschienen.[147] Dies offenbarte hingegen insofern wieder den korporativen Gedanken, als dass *Reicke* juristische (bzw. nach damaliger Terminologie „moralische") Personen im Allgemeinen nur als Vereinigung natürlicher Personen verstand.[148]

Diese uneinheitliche Terminologie zeigt bereits die Schwierigkeiten, das Gebilde der selbstständigen Stiftung – ob nun anstaltlich oder korporativ organisiert – zu fassen.[149] Auf die Unterscheidung zwischen korporativer oder anstaltlicher Organisation kommt es in dem Maße, wie *Liermann* dies erwägt, gar nicht unmittelbar an, da dies die Herausarbeitung der Rechtspersönlichkeit mittelalterlicher Stiftungen weder ermöglicht noch erleichtert.

Bedeutender war hingegen der Umstand, dass wiederholt das Bedürfnis offenbar wurde, physische Personen als Träger anzusehen. Wenngleich es noch weitere, hier nicht näher zu erläuternde Ansichten unterschiedlicher Herangehensweisen an die rechtliche Stellung der Stiftungsträgerschaft gab, so ist allen doch im Ergebnis folgende Feststellung gemein: Nach den Überlieferungen des Mittelalters ist es nicht möglich, eine unabhängige Selbstständigkeit der Stiftungen als Rechtssubjekt und als Träger des Stiftungsvermögens, mithin als juristische Person, zu konstatieren. Vor allem eine Vergleichbarkeit mit dem Stiftungsbegriff, wie wir ihn heutzutage verstehen, lässt sich noch nicht erkennen; zu nah sind die Stiftungsgebilde noch mit ihrem menschlichen Substrat, der *universitas*, verbunden.[150]

---

[146] *Liermann:* Geschichte des Stiftungsrechts, S. 79.

[147] *Reicke:* Stiftungsbegriff und Stiftungsrecht im Mittelalter, S. 268, 272.

[148] *Coing:* Europäisches Privatrecht, Band II, S. 336; *Schulze:* Historischer Hintergrund des Stiftungsrechts, S. 32.

[149] *Reicke:* Stiftungsbegriff und Stiftungsrecht im Mittelalter, S. 268, 272.

[150] *Dirksen:* Civilistische Abhandlungen, Band II, S. 13; *Schulze:* Die Gegenwart des Vergangenen, S. 60.

V Bürgerliche Anfänge im Stiftungswesen

Gegen Ende des 12. Jahrhunderts war die Zugehörigkeit des Stiftungsrechts zum kirchlichen Bereich so weit vorangeschritten, dass diesbezüglich durchaus von einer absoluten Monopolstellung gesprochen werden kann, welche daneben einem privaten bzw. bürgerlichen Stiftungswesen zunächst keinen Platz zur Entfaltung bot.[151] Einzige Ausnahme von diesem kirchlichen Diktum bildete das germanische Eigenkirchenrecht zwischen dem 9. und dem 12. Jahrhundert. Hier ließ sich erstmals eine Tendenz zur Verweltlichung für das Kirchen- und damit auch das Stiftungswesen erkennen.[152] Durch die Errichtung von Gotteshäusern seitens weltlicher Herrscher (bspw. Grafen, Herzöge, z. T. sogar Könige) auf privatem Grund, Einsetzung von Laien (Laienkirchenwesen) in Verwaltungspositionen dieser Kirchen und den Umstand, dass sich diese dann unter anderem auch mit der Armenfürsorge befassten und Seelsorge leisteten, drangen erstmalig weltliche Kräfte in den Sektor stiftungsartiger und mildtätiger Unternehmungen vor. Vor allem unter dem Druck *Heinrichs III.*, der während des Investiturstreits im 11. und 12. Jahrhundert[153] seine Hand sogar nach dem Stuhl des Papstes auszustrecken wagte, wurde das bisherige kirchliche Machtgefüge erschüttert.[154] Allein der taktisch klugen Gesetzgebungspolitik der Päpste *Gregor VII.* und *Alexander III.* ist es geschuldet, dass die von der Eigenkirche eingenommenen Positionen zurückerobert und die Eigenkirchenherrschaft der weltlichen Obrigkeit auf ein bloßes Patronatsrecht reduziert werden konnte. Zwar wurde weltlichen Patronatsinhabern ein gewisses Maß an Einfluss auf kirchliche Vorgänge eingeräumt, die Kirchenhoheit und das dieser innewohnende Machtgefüge war jedoch wiederhergestellt. Somit ist festzuhalten, dass um das Jahr 1200 die kirchen- und stiftungsrechtliche Entweltlichung zu ihrem Höhepunkt gelangte.[155]

In der Folge sollten sich jedoch bürgerliche Kräfte immer mehr im Stiftungswesen ausbreiten und eine ganze Reihe an neuen Rechtsformen für

---

151 *Pleimes:* Weltliches Stiftungsrecht, S. 2.

152 M.w.N. *Stutz:* Die Eigenkirche als Element des mittelalterlich-germanischen Kirchenrechts; Ders.: Kirchenrecht, in: *Holtzendorff (Hrsg.):* Enzyklopädie der Rechtswissenschaft in systematischer und alphabetischer Bearbeitung, S. 275ff.

153 *Heusler:* Institutionen des deutschen Privatrechts, S. 321f.

154 *Pleimes:* Weltliches Stiftungsrecht, S. 18f.

155 Ebenda, S. 19.

die Stiftung mit sich bringen. Mit anderen Worten: Das Stiftungswesen war erstmalig energischen Bestrebungen zur Verweltlichung des Bürgertums ausgesetzt.[156] Diese Bestrebungen gehen abermals zurück auf politische und gesellschaftliche Wandlungen, wie dies so oft im Stiftungsrecht Auslöser für tiefgreifende Änderungen im Sinne des Zeitgeistes waren. Wohlstand und eine fromme Gesinnung sorgten insbesondere in den emporkommenden Städten, welche im 11. und 12. Jahrhundert zu politisch in sich geschlossenen Einheiten wurden,[157] für die Entstehung neuer Rechtsformen. Hier ließen sich erstmals solche Grundzüge stiftungsartiger Gebilde erkennen, die in Teilen bis in die Gegenwart Bestand haben und eine erste Blütezeit des privaten Stiftungswesens hervorbrachten.[158]

Hauptgegenstand des kirchlichen Stiftungswesens waren – neben zwar zahlreichen, aber gleichermaßen kleinen und im Gegensatz dazu unbedeutenden Altar-, Jahrtags-, Pfründe- oder Seelgerätsstiftungen –[159] die mit einem Kloster verbundenen, anstaltlichen Spitalstiftungen.[160] Der in der Bevölkerung vorherrschende fromme Sinn hatte bis in die zweite Hälfte des 13. Jahrhunderts hinein für eine exorbitante Vermögensausstattung kirchlicher Stiftungen gesorgt.[161] Die Kirche war zwar stets darauf bedacht, sich selbst und ihre Angehörigen auskömmlich zu versorgen. Dennoch stand auch die im Sinne der christlichen Nächstenliebe erfolgende Armenfürsorge im klerikalen Zuständigkeitsbereich. Keinen Unterschied machte es dabei, ob die jeweilige Institution durch einen privaten Stifter ins Leben gerufen wurde und nur unter kirchlicher Aufsicht und Verwaltung stand, oder ob der Klerus die Errichtung und Verwaltung der Einrichtung selbst vornahm.[162]

Dies vorausgeschickt, war in der Folge ein starker Umschwung des bürgerlichen Bewusstseins dahin gehend auszumachen, dass anstelle der Frömmigkeit und Gottesliebe immer mehr die rein weltliche Nächstenliebe in den Fokus

---

156 Ebenda.

157 *Heimberger:* Die Veränderung des Stiftungszwecks, S. 359.

158 *Liermann:* Geschichte des Stiftungsrechts, S. 78.

159 *Heusler:* Institutionen des deutschen Privatrechts, S. 325.

160 *Reicke:* Das deutsche Spital und sein Recht im Mittelalter, Band II S. 117; *Liermann:* Geschichte des Stiftungsrechts, S. 79.

161 *Mitterwieser:* Geschichte der Stiftungen und des Stiftungsrechts in Bayern, S. 22; *Liermann:* Geschichte des Stiftungsrechts, S. 125.

162 *Roth:* Über Stiftungen, S. 200.

rückte. Dies führte in den immer emanzipierteren Städten in der zweiten Hälfte des 13. und während des gesamten 14. Jahrhunderts zu einer wahren Welle von Neugründungen weltlicher Spitäler (sog. Bürgerspitäler, in Bayern und zum Teil auch anderenorts etwas widersprüchlich oftmals Heilig-Geist-Spitäler[163] genannt, was jedoch darauf hinweist, dass diese trotz weltlicher Errichtung Gotteshauscharakter behielten).[164] In Zeiten voranschreitender religiöser Spaltung, den Wirren der Reformationszeit und letztendlich durch die zerstörerischen Wirkungen des Dreißigjährigen Krieges[165] gelangte fortwährend der moderne Gedanke zur Ausprägung, dass die Förderung des leiblichen und geistigen Wohls der Bevölkerung dem staatlichen Gemeinwesen obliege.[166] Dies galt insbesondere für die Kranken- und Armenfürsorge, welcher sich immer mehr die Städte und Gemeinden annahmen.[167]

Dies lag im Wesentlichen in zwei Umständen begründet: Einerseits häuften sich innerhalb der kirchlichen Institutionen, denen das Spital als kirchliche Vermögensmasse zugeordnet wurde, die Missbrauchsfälle. So nutzten beispielsweise Bischöfe auf der „Durchreise" – diesen musste nach kanonischem Recht in Form des *hospitium* Unterkunft gewährt werden – die Beherbergungsverpflichtung in den gut ausgestatteten Spitälern in großem Maße aus. Die Spitäler verkamen so zu oft in Anspruch genommenen Absteigequartieren vornehmer Prälaten, anstatt sich mildtätigen Zwecken widmen zu können.[168] Vor allem aber kam es in Masse zu Abänderungen des eigentlichen Stiftungszwecks. Immer dann, wenn das Kloster selbst in finanzielle Schieflage geriet, wurde auf das Spitalvermögen zurückgegriffen. Dieser Missbrauch des Stiftungsvermögens beförderte eine gewisse Abneigung des Bürgertums gegenüber dem kirchlichen Stiftungswesen.[169]

---

[163] So beispielsweise das im 14. Jahrhundert von Konrad Groß gegründete Nürnberger „Heilig-Geist-Spital"; vgl. *Liermann:* Die Stiftung als Rechtspersönlichkeit, S. 154.

[164] *Reicke:* Das deutsche Spital und sein Recht im Mittelalter, Band I, S. 205f.; *Klueting:* Enteignung oder Umwidmung? Zum Problem der Säkularisation im 16. Jahrhundert, in: *Crusius:* Zur Säkularisation geistlicher Institutionen, S. 79; *Mitterwieser:* Geschichte der Stiftungen und des Stiftungsrechts in Bayern, S. 22f.

[165] Ebenda, S. 22.

[166] *Gierke:* Das deutsche Genossenschaftsrecht, Band II, S. 740f.

[167] *Maurer:* Geschichte der Städteverfassung in Deutschland, Band III, § 412.

[168] *Schreiber:* Kurie und Kloster, Band I, S. 229f.; zit. nach *Liermann:* Geschichte des Stiftungsrechts, S. 85.

[169] *Liermann:* Geschichte des Stiftungsrechts, S. 85.

Andererseits wuchsen die mittelalterlichen Städte in Bevölkerungszahl und Größe rasch an, was auch für einen raschen Anstieg von Armutsfällen und Bedürftigkeit innerhalb gewisser Bevölkerungsschichten sorgte. Herr dieser Lage zu werden und eine umfassende Armenfürsorge zu gewährleisten, waren die kirchlichen Spitäler kaum imstande. Dies war vor allem zurückzuführen auf einen Mangel an selbstständigen Anstalten und einer durchgreifend organisierten Spitalpflege seitens der Kirche, deren Entfaltung ja im Allgemeinen vom Stiftungseifer der Bevölkerung abhing.[170] So war deren massenhafte Kapitulation vor dieser Aufgabe logische Konsequenz, weshalb sich der Klerus immer mehr kultischen Zwecken und der Eigenverwaltung widmete.[171] Der großen gesellschaftspolitischen Aufgabe der Armenfürsorge nahmen sich nunmehr weltliche Kräfte in Form der öffentlichen Verwaltung der Städte und im Zuge des Frühkapitalismus zu großem Wohlstand gelangte Privatleute an.[172]

Wie zuvor erörtert, bedurften die klerikal geprägten *piae causae* zu ihrer Errichtung der Genehmigung seitens der Kirche und waren dann aufgrund ihrer Mildtätigkeit vor allem im Hinblick auf ihre Erb- und Vermögensfähigkeit privilegiert. Hiermit hatten die aufkeimenden bürgerlichen Stiftungen zunächst wenig gemein. Sie waren ein Produkt neuer Rechtsentwicklung, zudem büßten römische und kirchliche Rechtssätze mehr und mehr an Bedeutsam- und Anwendbarkeit ein.[173] Dennoch wurden die Privilegierungen der *piae causae* aus dem die Kirche betreffenden Teil des römischen Rechts auf die neuen privatrechtszugehörigen Stiftungen übertragen, sofern sich diese einem mildtätigen Zweck verschrieben.[174] Gleichwohl war auch zu ihrer Errichtung weiterhin eine Genehmigung erforderlich, diese hatte jedoch nunmehr seitens des Staates oder durch eine politische Gemeinde zu erfolgen.[175] Die Errichtung selbst erfolgte im Rahmen des Privatrechts nun in der Regel so, dass eine durch Stiftungsurkunde ausgesprochene Verfügung des Stifters über eine genauer bestimmte und seiner Disposition unterliegende Vermögensmasse auf Dauer einem von ihm gewählten und in der Stiftungsurkunde

---

170 *Reicke:* Das deutsche Spital und sein Recht im Mittelalter, Band I, S. 196.

171 Ebenda, S. 48f.

172 *Pleimes:* Weltliches Stiftungsrecht, S. 22f.; *Roth:* Über Stiftungen, S. 196.

173 *Roth:* Über Stiftungen, S. 201f.

174 *Stobbe:* Handbuch des deutschen Privatrechts, Bd. 1, S. 576.

175 *Roth:* Über Stiftungen, S. 202.

umfassend normierten Zweck gewidmet wurde. Das dadurch entstehende Rechtsgebilde wurde dann durch staatliche Genehmigung der Disposition ins Leben gerufen.[176] Der Stifterwille allein war, wie im Kirchenrecht auch, nicht ausreichend.[177]

Nun drängt sich natürlich die Erkenntnis auf, dass nicht sämtliche mit der Armenfürsorge verbundenen Stiftungen mit einem Mal neu errichtet wurden. Ebenso wenig hörten sämtliche kirchliche Stiftungen auf zu existieren. Da sich jedoch die staatliche Potenz in großem Umfang vergrößerte, der Staat das Bevölkerungswohl sowie den Bildungssektor zu seinem Wirkungsbereich erklärt hatte und darüber hinaus die Kassen der kirchlichen (der Armenfürsorge, der Bildung und religiösen Zwecken dienenden) Anstalten prall gefüllt waren, kam es erstmals zu Säkularisationshandlungen: kirchliches Vermögen wurde in weltliche Hände überführt.[178] Diese Säkularisationsbestrebungen traten in dieser Epoche am deutlichsten hervor zu Zeiten der Reformation am Ausgang des Spätmittelalters im 16. Jahrhundert.[179]

Die Vorgehensweise staatlicher Kräfte gegenüber den kirchlichen Institutionen soll beispielhaft am Almosenamt der Stadt Nürnberg[180] erläutert werden: Während des Mittelalters hatte sich in Nürnberg aufgrund der hier vorherrschenden frommen und mildtätigen Gesinnung der Bevölkerung ein umfassendes kirchliches Geflecht mit einer Vielzahl von Kirchen, Klöstern und Kapellen gebildet. Befördert durch die Großzügigkeit privater Stifter erwuchs in Kirchenhand ein beträchtliches Vermögen, das der würdigen Ausstattung der kirchlichen Einrichtungen, der Anstellung und Unterhaltung von Priestern zur Abhaltung von Jahrtagen und Seelmessen, aber auch der

---

176 *Stobbe:* Handbuch des deutschen Privatrechts, Bd. 1, S. 576.

177 Ebenda, S. 577.

178 *Klueting:* Enteignung oder Umwidmung? Zum Problem der Säkularisation im 16. Jahrhundert, in: *Crusius:* Zur Säkularisation geistlicher Institutionen, S. 59; zum Begriff der Säkularisation ebenda S. 58: „Unter Säkularisation verstehen wir die Einziehung oder Enteignung geistlicher Güter oder Rechte durch weltliche Gewalten und ihre Verwendung zu weltlichen Zwecken."

179 Ebenda, S. 59.

180 *Hilpert:* Geschichte der Entstehung und Fortbildung des protestantischen Kirchen-Vermögens der Stadt Nürnberg, S. 34.

Erleichterung der Armut diente.[181] Nachdem sich infolge der oben genannten Entwicklungen auch die Stadt Nürnberg emanzipierte, wurde hier bereits weit vor der Reformation, etwa am Ausgang des 14. Jahrhunderts, ein staatliches Almosenamt gegründet. Dieses Almosenamt nahm sich der Verwaltung von Stiftungen privater und wohlhabender Bürger von Todes wegen in Form eines Vermächtnisses an.[182] Die Übernahme dieser eigentlich kirchlichen Institutionen zugeschriebenen Kompetenzen in erbrechtlichen Vorgängen deuteten erste Verweltlichungsbestrebungen und einen Geltungsverlust des Kirchenwesens, vor allem im privaten Stiftungswesen, an. Dennoch blieb zunächst oftmals ein Zusammenhang mit einer kirchlichen Einrichtung bestehen. So wurden beispielsweise Armenspeisungen und die Ausgabe von geringen Mengen Bargeld an Bedürftige aufgrund des Vermächtnisses eines privaten Stifters noch immer auf dem Kirchhof der St. Sebalds-Kirche abgehalten, welche zuvor mit der Verwaltung dessen betraut war.[183] In der Folge, jedoch ebenfalls noch vor der Reformation, fand eine weitere Abkehr der Bevölkerung von der Kirche statt. Zwar ging die Mildtätigkeit privater Bürger keinesfalls zurück. Allerdings wurde ihr Wille zur Stiftung an die Kirche dadurch gehemmt, dass immer häufiger Sammlungen für Kirchengebäude, Altäre, Glocken usw. im Vordergrund standen, anstatt sich der Armenfürsorge zu widmen. Dies bedingte natürlich, dass selbige in immer geringerem Umfang stattfinden konnte und die Bettelei „arbeitsscheuen Volkes" überhandnahm.[184] Hier ergriff nun die weltliche Führung in Form des Nürnberger Stadtrates im Jahre 1522 die Initiative und verbot das Betteln unter Strafe. Darüber hinaus wurden zwei Ratsherren unter Hinzuziehung von acht „ehrbaren Bürgern" zur Verwaltung und Verteilung des gestifteten Almosens eingesetzt. Die Kirche war ausgeschlossen, die Verwaltung in rein weltliche Hände gelegt worden.[185]

Darüber hinaus wurde für die umliegenden Gebiete Nürnbergs das weitaus umfangreicher ausgestaltete Landalmosamt zur Verwaltung des Kirchen- und Klostergutes gegründet und mit einer Vielzahl von Ämtern ausgestattet,

---

181 *Hilpert:* Geschichte der Entstehung und Fortbildung des protestantischen Kirchen-Vermögens der Stadt Nürnberg, S. 4.

182 Ebenda, S. 33.

183 Ebenda.

184 Ebenda.

185 Ebenda, S. 34.

u.a. einem Hauptpfleger, einem Registrator und einigen Substituten. Unter dessen Verwaltung standen praktisch sämtliche kirchliche Einrichtungen, folglich nicht nur die Kirchen selbst, sondern überdies auch Findelhäuser, Siechenhäuser, Armenanstalten, Almosen sowie sämtliche Pfründe.[186] Bemerkenswert ist, dass das Landalmosamt bezüglich der Verwaltung von Kirchen- und Klostervermögen um einiges rabiater vorging und bereits im Zuge der Reformation Teile des Kirchenvermögens einzog und in staatliche Hand überführte, mithin säkularisierte. Dies betraf ganz besonders die kirchlichen Stiftungen, deren Zweck im Zuge der Reformation nicht mehr erfüllt wurde. Betroffen war beispielsweise eine große Zahl an Jahrtagsstiftungen, sofern deren zugehörige Messen nicht mehr abgehalten wurden.[187] Aber auch die Mehrzahl der Pfründestiftungen wurde säkularisiert. So überführte das Landalmosamt zwischen den Jahren 1526 und 1557 alle 17 privat gestifteten Pfründestiftungen der St. Sebalds-Kirche in weltlichen Besitz, wobei immerhin zwei davon an die Erben des Stifters auf deren Verlangen hin zurückgegeben wurden.[188] Einen Ausgleich erhielt die Kirche freilich nicht. Im Gegenzug übernahmen die Almosämter der Stadt Nürnberg, aufgeteilt in Stadtalmos- und Landalmosamt, die folgenden Aufgaben: Austeilung des Wochenalmosens an die Armen, Unterhaltung der Spitäler und Versorgung der Kranken, Beitragszahlung an die Findelhäuser, Unterstützung armer Bürger und Handwerksleute, Erziehung und Verköstigung armer Kinder, Verwaltung von privaten Stiftungen, Unterhaltung der Siechenhäuser, Besoldung des Personals der Einrichtungen, Pensionszahlungen an ausgetretene Mönche und Nonnen, Besoldung verbliebener Prediger in den weiter bestehenden Kirchen und Klöstern, bauliche Unterhaltung der in Benutzung stehenden Gebäude, Zahlung von Gnadengehältern an Kirchen- und Schuldienerswitwen und Gehaltszahlung an Kirchendiener.[189] Das Stadtalmosamt, welchem auch die Verwaltung der St. Sebalds-Kirche zugefallen war, hatte im Anschluss an die Reformation die volle Verfügungsgewalt über das Wirken der kirchlichen Institution. So oblag diesem staatlichen Amt auch die Bestückung der eben genannten Kirche mit Personal. Es wurden hier ein Prediger und

---

[186] *Hilpert:* Geschichte der Entstehung und Fortbildung des protestantischen Kirchen-Vermögens der Stadt Nürnberg, S. 35.
[187] Ebenda.
[188] Ebenda, S. 36.
[189] Ebenda, S. 39f.

acht Kapläne bzw. Diakone angestellt, welche die vom Almosamt penibel vorgegebenen Predigten und sonstigen Veranstaltungen abzuhalten hatten und hierfür mit bestimmten Geldbeträgen entlohnt wurden.[190]

Diese ersten, noch vorsichtigen Säkularisationen von Kirchengut, welche während der gesamten Reformationszeit hier und da festgestellt werden können, umfassten freilich auch Teile des bis dahin den klerikalen Strukturen zuzuordnenden Stiftungswesens. Dieses erfuhr insgesamt eine Verbürgerlichung. Hier kristallisierten sich neue, privatrechtliche Formen des Stiftungswesens heraus. Brachten hier erste Verweltlichungstendenzen des Kirchen- und Stiftungswesens jedoch noch Fortschritt mit sich, so darf dies nicht darüber hinwegtäuschen, dass spätere, mit großer Kraft in das Stiftungswesen einschneidende Säkularisationen diesem nicht nur zum Vorteil gereichten. Folglich sollte der Säkularisationsbegriff im Hinblick auf die Stiftungen nicht generell positiv und fortschrittlich konnotiert sein. Dies wird an späterer Stelle in aller Deutlichkeit zu Tage treten.

VI Rechtsformen der weltlichen Stiftungen gegen Ende des Mittelalters

Zur Herausarbeitung weltlicher Elemente des Stiftungswesens gegen Ende des Mittelalters müssen zweierlei Unterscheidungen getroffen werden.

Zunächst einmal ist zwischen einer Verweltlichung des Stiftungsgebildes selbst und einer Verweltlichung des Stiftungszwecks zu unterscheiden. Während die Rechtsformen der Stiftung nun immer mehr privatrechtlichen Regelungen unterstanden, so konnte der Stiftungszweck noch immer den christlichen Vorstellungen der Karitas untergeordnet werden. Noch immer wurden meist rein kirchliche Zwecke verfolgt, insbesondere die Linderung von Armut und Bedürftigkeit, zudem aber auch weiterhin die Vornahme kultischer Handlungen. Will man hier dennoch von einer Verweltlichung der Stiftungszwecke ausgehen, so ist anzumerken, dass eine solche aufgrund des Erkennens immer neuer sozialer und kultureller Nöte erfolgte und es sich dabei um eine langsame und stetige Entwicklung handelte, welche keinesfalls während des Mittelalters ihren Abschluss fand.[191]

---

[190] Ebenda, S. 41.

[191] *Pleimes:* Weltliches Stiftungsrecht, S. 13.

Darüber hinaus ist bei den verweltlichten Stiftungsgebilden zwischen rein privatrechtlichen Stiftungen und solchen, die durch die öffentliche Hand ins Leben gerufen wurden und somit dem öffentlichen Recht unterstanden, zu unterscheiden.

Die Ausgangsform der rein nach dem Privatrecht organisierten Stiftungen richtete sich nach dem Aufbau der kirchlichen Seelgerätstiftung bzw. Seelgerätschenkung (*donatio pro anima*). Diese waren in der Form konstruiert, dass der Kirche als Rechtsträgerin ein Vermögen oder Sachgüter meist durch Testament als Stiftungssubstrat vermacht wurden, deren Erträge dann nach dem Willen des Stifters verwendet werden sollten. Hieraus entstand im Laufe des 13. und 14. Jahrhunderts die sog. Erblaststiftung als Übergangsform. Sie diente in erster Linie der Steuervermeidung, da solcherlei Schenkungen an die Kirche durch die diversen Amortisationsgesetze in höchstem Maße besteuert oder gleich ganz untersagt wurden. Sie diente noch immer kirchlichen Zwecken und fand bis in das Spätmittelalter hinein rege Verwendung.[192] Bei dieser Art der Stiftung wurde nicht mehr die Kirche, sondern es wurden die Erben als sogenannte Letztwillenstreuhänder als Träger des Vermögens installiert. Diese hatten jedoch ebenfalls die Erträge gemäß den Bestimmungen der Stiftungsurkunde an die darin genannten (kirchlichen) Zwecke abzuführen.[193]

Eine gänzliche Abkehr von kirchlichen Verbindungen erfolgte dann durch die in ihrer rechtlichen Form noch eher schwach ausgebildete, aber gänzlich dem Privatrecht entstammende Hauptgeldstiftung bzw. begriffskongruent Treuhandstiftung oder Kapitalstiftung.[194] Abermals wurde eine solche Hauptgeldstiftung in der Regel von Todes wegen durch Testament errichtet und erhielt neben der Vermögensausstattung durch den Erblasser die zur Zweckverwirklichung erforderlichen Bestimmungen. Es waren dies natürlich zuvorderst die Definition des Stiftungszweckes (Armenfürsorge, Stipendien etc.), die Ernennung der Verwalter/Treuhänder und in vielen Fällen auch die Bestimmung über die Ergänzungswahl bei Ausscheiden eines solchen.[195] Zwei für die Betrachtung als eigenständiges Rechtssubjekt notwendige Aspekte

---

192 *Liermann:* Geschichte des Stiftungsrechts, S. 158; *Pleimes:* Weltliches Stiftungsrecht, S. 59.

193 *Pleimes:* Weltliches Stiftungsrecht, S. 61.

194 *Poschinger:* Das Eigentum am Kirchenvermögen, S. 233f.

195 *Pleimes:* Weltliches Stiftungsrecht, S. 63.

waren zu dieser Zeit jedoch nicht Gegenstand der rechtswissenschaftlichen Lehren des mittelalterlichen Privatrechts. Weder die Herausbildung einer juristischen Persönlichkeit oder einer selbstständigen Stiftung noch die Frage nach den Eigentumsverhältnissen wurden Thema der Rechtsfortbildung. Dies hatte seine Ursache vor allem darin, dass sich die Frage nach einer von der Kirche unabhängigen Rechtsfähigkeit zuvor unter der Rechtsform der Schenkungsstiftung gar nicht gestellt hatte. Vielmehr war die Kirche in diesen Fällen Eigentümer des Stiftungsvermögens und verlieh dem Rechtssubjekt eine von der Kirche abgeleitete Rechtspersönlichkeit. Gleichfalls waren diese Grundsätze bei der Anstaltsstiftung einschlägig, die ihre Rechtspersönlichkeit ebenso aus der Selbstständigkeit der Kirche ableitete und aufgrund des hohen Grades an Eigenständigkeit selbst Eigentümerin des Anstaltsvermögens sein konnte.[196]

VII Fazit

Im Ergebnis ist zu konstatieren, dass sich in der Rechtswissenschaft des Mittelalters die Frage nach Rechtssubjektivität der Stiftung und nach den Eigentumsverhältnissen bezüglich der Hauptgeldstiftung zunächst einfach gar nicht stellte.[197] Versuche, der Hauptgeldstiftung nach modernerem Rechtsdenken eine Rechtspersönlichkeit zuzudenken, gehen fehl. Weiterhin bestand dafür zunächst auch keinerlei Notwendigkeit, da sämtliche Bedürfnisse innerhalb des Rechtsverkehrs der sich fortentwickelnden und in der Folge immer selbstständiger werdenden Hauptgeldstiftung befriedigt wurden. Alle erforderlichen Handlungsmöglichkeiten und Festsetzungen waren gewährleistet, d.h. Einsetzung einer Verwaltungsträgerschaft, Vermögensausstattung, Sicherung der Verteilung der Erträge oder des Vermögens durch Verwaltungs- und Verteilungsauftrag an die Treuhänder, Verwalter oder Erben sowie die Dauerhaftigkeit der Stiftung.[198]

Auf dem Gebiet des öffentlichen Rechts entwickelten sich – gleichermaßen nach dem Vorbild der Schenkungsstiftung – zunächst die unter Verwaltung des Rates der landesherrlichen Städte und Reichsstädte stehenden

---

[196] Ebenda, S. 76.
[197] Ebenda, S. 64.
[198] Ebenda, S. 64.

Verwalterstiftungen. Diese knüpfen in ihrer Rechtsform an die selbstständigen Hauptgeldstiftungen an, nur eben unter staatlicher statt unter privater Verwaltung. Eine Weiterentwicklung dieser Verwalterstiftungen war dann die staatliche Rahmenstiftung, welche nicht von vornherein mit eigenem Stiftungsvermögen ausgestattet wurde und damit in besonderer Weise auf den Erhalt von Zustiftungen ausgelegt war. Sie stellte eine weitere Form der umfassenden staatlichen Armenfürsorge dar.[199] Die Entstehung dieser unterschiedlichen und zahlreichen Stiftungsmodelle verdeutlicht noch einmal den Fortschritt des Rechtswesens im privatrechtlichen Stiftungsrecht und damit zugleich den Übergang des Stiftungswesens von kirchlicher in weltliche Hand.[200]

Im Gegensatz dazu eher zu vernachlässigen sind die weiterhin existierenden Pfründestiftungen, welche dem Unterhalt von Klerikern und Zwecken des Kultus dienten. Hier fand eine Verweltlichung nur langsam statt, da sich der Klerus dieser Entwicklung freilich vehement verwehrte. Sie verblieben zunächst im Eigentum der Kirche, erlangten aber mit voranschreitender Säkularisierung ebenfalls eine gewisse Selbstständigkeit, sodass auch bei diesen Stiftungsformen infolge des Entwicklungsdrucks privatrechtlicher Bestrebungen eine Aussonderung des Vermögens der Pfründestiftungen aus dem übrigen Kirchenvermögen stattfand.[201]

Zusammenfassend ist festzuhalten, dass mit der Herausbildung der selbstständigen Hauptgeldstiftung eine praktikable Rechtsform für das private Stiftungswesen während des Mittelalters geschaffen wurde. Eine Abkehr vom rein kirchlichen Stiftungswesen wurde vollzogen und darüber hinaus gelangte das bürgerliche Stiftungswesen mittels des Treuhandrechts und der daraus geschaffenen Hauptgeldstiftung, welche alle anderen Stiftungsformen überlagerte, gegen Ende dieser Epoche zu großer Blüte.[202]

---

[199] *Pleimes*: Weltliches Stiftungsrecht, S. 117.
[200] Ebenda, S. 108
[201] m.w.N. *Pleimes:* Weltliches Stiftungsrecht, S. 130ff.
[202] *Liermann:* Geschichte des Stiftungsrechts, S. 124, S. 168.

Animosität gegen das Stiftungswesen in der Epoche der Aufklärung, mit besonderem Blick auf die preußischen Staaten

Schließt man sich der radikal formulierten Ansicht *Liermanns* aus dem Jahr 1963 an, so stellt das Zeitalter der Aufklärung die dem Stiftungswesen am feindlichsten gesinnte Epoche der gesamten Stiftungshistorie dar.[203] Inwieweit diese These zutreffend ist, soll nachfolgend untersucht werden. Es wird zu fragen sein, ob in der Tat diese Epoche dem Stiftungswesen in seiner Gesamtheit zum Nachteil gereichte, und wenn dies der Fall ist, in welchem Maße und mit welchen Konsequenzen sich dies auf den Fortbestand des Stiftungswesens niederschlug. Zu untersuchen ist auch, wie sich diese Entwicklungen auf die Errungenschaften stiftungsrechtlicher Rechtsformen und Rechtsfortbildungen des Mittelalters auswirkten. Zunächst bedarf es jedoch einer zeitlichen Einordnung des historischen Begriffes der Aufklärung sowie einer Darstellung der dieser Epoche grundsätzlich innewohnenden Denkmuster und soziokulturellen Entwicklungen. Im Zuge dessen soll noch einmal der besondere Konnex zwischen Stiftungen und dem

---

[203] *Liermann:* Geschichte des Stiftungsrechts, S. 169.

Kirchen- bzw. vor allem dem Klosterwesen herausgearbeitet werden. Dies ist erforderlich, um ein Verständnis dafür zu schaffen, weshalb sich Säkularisierungs- und Säkularisationsmaßnahmen weltlicher Territorialherren gegen Kirchen und Klöster so unmittelbar auf die Stiftungen auswirken konnten. Anschließend erfolgt eine Untersuchung der aufklärerischen bzw. naturrechtlichen Tendenzen und deren Bedeutung für das Stiftungswesen anhand der preußischen Staaten. Der Umgang mit der Institution der Stiftung innerhalb dieses weitestgehend protestantischen Territoriums soll exemplarisch als Wegbereiter weltlicher Säkularisationsbestrebung herangezogen werden.

A Aufklärung als zeitlich-historischer Epochenbegriff

Eine präzise zeitliche bzw. epochale Einordnung der Aufklärung fällt in der Literatur mitunter unterschiedlich aus. Es ist jedoch unumstritten, dass zur Mitte des 17. Jahrhunderts mit der Trennung der einheitlichen Kirche in verschiedene Konfessionen mit dem Schlusspunkt des Westfälischen Friedens 1648 eine erhebliche Zäsur stattfand.[204] Zwar bezeichnet man in der Regel das 18. Jahrhundert als das Jahrhundert der Aufklärung,[205] trotzdem kann auch die zweite Hälfte des 17. Jahrhunderts problemlos dem Leitbegriff der Aufklärung zugeordnet werden.[206] Hier soll der Begriff der Aufklärung als Konkretisierung eines abgesteckten Zeitraums dienen, welcher sich als Beginn der Frühen Neuzeit unmittelbar an die Epoche des Mittelalters anschließt, über den Rest des 17. Jahrhunderts fortdauert und auch das gesamte 18. Jahrhundert umfasst.

Sofern eine inhaltliche Darstellung in dieser Kürze zunächst überhaupt zugänglich ist, kann der vor allem bei den Menschen des 18. Jahrhunderts weitestgehend positiv konnotierte Begriff der Aufklärung als Denkbewegung Europas mithilfe der Schlagworte Vernunft, Verbesserung und Fortschritt umschrieben werden.[207] Insbesondere ist damit der Versuch eines Befreiungsschlages gegen tradierte Denkmuster und verkrustete Strukturen

---

[204] *Durchard:* Europa am Vorabend der Moderne, S. 132.

[205] Vgl. beispielhaft nur *Kröber:* Die Zeit der Aufklärung – Eine Geschichte des 18. Jahrhunderts; Epocheneinordnung bereits titelgebend, m.w.N. ebd. S. 7f.

[206] *Durchard:* Europa am Vorabend der Moderne, S. 133.

[207] *Vierhaus:* Was war Aufklärung?, S. 7.

(nach aufklärerischem Verständnis in besonderem Maße in sämtlichen klerikalen Institutionen anzutreffen) gemeint. Dieser sollte das Individuum in den Mittelpunkt stellen und es befähigen, die irdischen Verhältnisse auf den Prüfstand zu stellen, um sie in eine neue Ordnung zu bringen und so einen Fortschritt in allen Lebensbereichen, des Denkens, der Bildung, den Naturwissenschaften und dem Verständnis der Welt zu schaffen.[208] Dem Geist der Aufklärung wohnte eine emanzipatorische Kraft inne, welche eine erste Annäherung an moderne Vorstellungen von Freiheit, Verantwortung, Kritik, Individualität, Rechtsstaatlichkeit, Demokratie und Öffentlichkeit beförderte.[209]

B Ursachen gesellschaftlicher Abneigung gegen die Stiftungen – Konnex zwischen Stiftungs- und Kirchen- bzw. Klosterwesen

Das Stiftungswesen erlebte gegen Ende des Mittelalters eine erste Blütezeit. Stiftungen wurde mit Wertschätzung und Akzeptanz begegnet, denn sie bildeten einen wichtigen Teil kirchlicher und gesellschaftlicher Wohltätigkeit. Doch wie konnte es dazu kommen, dass dieser Status mit Beginn aufklärerischen Denkens verloren ging? Dies ist auf Umstände der soziokulturellen und politischen Fortentwicklung während der Aufklärung zurückzuführen, welche in drei Themenkomplexe untergliedert werden können. Erstens fand ein gesellschaftliches Umdenken statt. Dem aufgeklärten Ideengut war die Trennung von Kirche und Staat inhärent, sodass zugunsten der Vernunft eine deutliche Abkehr vom Kirchen- und Glaubenswesen stattfand. Zweitens wurde die spezielle Eigenschaft von kirchlichen Institutionen und insbesondere von deren zugehörigen Stiftungen, unbewegliches Vermögen auf Dauer zu binden, zunehmend kritisch gesehen. Gegen diese „Bodenbelästigung durch die tote Hand“ regte sich Widerstand. Drittens begehrte der Staat als übergeordnete Institution eine immer weiter reichende Machtstellung unter gleichzeitiger Zurückdrängung des klerikalen Machtgefüges. Bevor nun die genannten Entwicklungen untersucht werden, ist noch einmal der Konnex zwischen dem Stiftungswesen

208 *Durchard:* Europa am Vorabend der Moderne, S. 132f.

209 *Stockhorst:* Aufklärung – Epoche, Projekt und Forschungsaufgabe, S. 9.

und den Kirchen- bzw. Klosterinstitutionen herauszuarbeiten. Hierdurch soll dargelegt werden, weshalb sich Maßnahmen weltlicher Herrscher vor allem gegen die Klöster in der überwiegenden Zahl der Fälle auch auf das Stiftungswesen auswirkten.

I Bindung der Stiftungen an das Kirchen- und Klosterwesen

In den folgenden Teilen dieser Arbeit wird an mehreren Stellen darauf rekurriert, dass im Zuge der Aufklärung die weltliche Obrigkeit ihre Hand nach Gütern der Kirche ausstreckte.[210] In vielen Fällen betraf ein solches Vorgehen auch Ordensgemeinschaften und die zugehörigen Klöster, welche mitunter sogar insgesamt aufgehoben und deren Güter in das eigene bzw. Staatsvermögen überführt wurden. Nun könnte man meinen, ein solches Handeln betraf ja in erster Linie die klerikale Institution und richtete sich nicht gegen die Stiftungen bzw. das Stiftungswesen als solches. Hier ist es hilfreich, noch einmal auf den Konnex zwischen der Kirche und den Klöstern einerseits und den Stiftungen andererseits einzugehen.

Wie bereits gesehen, kamen Stiftungen und ihre Vorgängerformen im kirchlichen Kontext in mannigfaltiger Weise und in den unterschiedlichsten Ausprägungen vor. Den Grundstein für diese besondere Verbindung zwischen Kirchenwesen und Stiftungen legte bereits *Justinian*, als er die christlichen Gemeinden zu erbfähigen Korporationen erhob.[211] Dies brachte den willigen Stiftern aufgrund des kirchlichen Veräußerungsverbotes und der Eigenschaft der Kirche als Dauerperson zunächst ein gewisses Maß an Sicherheit dafür, dass der gewählte Zweck verfolgt und die gegründete Stiftung nicht ohne Weiteres zweckentfremdet wurde. Hierbei konnte die Stiftung ihrer Form nach über die Jahrhunderte vieles sein und dies hing freilich immer auch von Umfang und Wert des zugewandten Vermögenswertes ab.

Erstmalig flossen Vermögenswerte großen Umfangs aus privater Hand an Kircheninstitutionen in Form des portio christi. Durch Zuwendungen von Todes wegen wurden für Stiftungszwecke, insbesondere zur Unterstützung der Armen, viele Mittel aufgrund frommen Sinnes der Bevölkerung frei.[212]

---

[210] Zum hier einschlägigen Begriff der Säkularisation s.u. C. II.

[211] *Brinz:* Lehrbuch der Pandekten, Band III, S. 499.

[212] *Bruck:* Kirchenväter und soziales Erbrecht, S. 55.

Ebenfalls kirchlichen Strukturen entsprang die Nachfolgerechtsform des *portio christi*, die Seelgerätstiftung. Jeder einfache Christ hatte durch Gebet und gute Werke für seinen Aufenthalt im Jenseits zu sorgen und hierzu eine Vermögensmasse der kirchlichen Institution dauerhaft zur Verfügung zu stellen.[213] Das Seelgerät erfolgte oftmals als *donatio pro salute anima* von Todes wegen.[214] Hinzu kamen Pfründestiftungen als ergänzende Stiftungen zu einer Kirche zum Unterhalt der Kleriker. Eine solche führte ebenfalls zu einer privilegierten Stellung des Stifters und gehörte als unselbstständiger Fonds zum durch den Bischof verwalteten Kirchengut.[215] In diesem Zusammenhang wurden besonders viele sogenannte Altarpfründestiftungen gemacht.[216] Wenn jedoch die Zuwendung nicht ausreichend war, um den Unterhalt des Klerikers zu decken, bediente man sich sogenannter Jahrtagsstiftungen. Aufgrund dieser wurde einmal jährlich zu Ehren des Stifters eine Messe abgehalten und obwohl sie das Auskommen des jeweiligen Klerikers nicht sicherten, waren sie als Zubrot gern genommen.[217]

So entstanden unzählige unselbstständige, fiduziarische Stiftungen bzw. zum Teil auch nur Zustiftungen, Schenkungen oder Vermächtnisse unter Auflage.[218] Diese wurden meist als Fonds durch die selbstständige Stiftung der Kirchenfabrik als Treuhänder getragen.[219] Selbst wenn – was im späten Mittelalter oft der Fall war – nur noch gemeinnützige und nicht mehr lediglich fromme Zwecke verfolgt wurden, so fand die Stiftungserrichtung dennoch unter dem Dach der Kirche statt und blieb unter deren Verwaltung.[220] Hier taten sich insbesondere die Klöster hervor, welche *„zu wahren Magnetbergen für die frommen Zuwendungen der Gläubigen erwuchsen“*.[221]

---

[213] *Liermann:* Geschichte des Stiftungsrechts, S. 106f.

[214] *Steiner:* Die Klöster und ihre Wirken, S. 36f.; hier auch eine Aufzählung von Vermögensgegenständen und Rechten, die die Gläubigen aufgrund des Rechtsgeschäfts stifteten bzw. zuwandten.

[215] *Stutz:* Geschichte des kirchlichen Benefizialwesens, S. 12ff.; *Liermann:* Geschichte des Stiftungsrechts, S. 45.

[216] *Steiner:* Die Klöster und ihre Wirken, S. 81.

[217] *Müller:* Die Eßlinger Pfarrkiche im Mittelalter; 312.

[218] *Steiner:* Die Klöster und ihre Wirken, S. 197.

[219] Ebenda, S. 75; *Liermann:* Geschichte des Stiftungsrechts, S. 117.

[220] *Liermann:* Geschichte des Stiftungsrechts, S. 45.

[221] *Steiner:* Die Klöster und ihre Wirken, S. 38

Abgesehen von den zuvor genannten Stiftungstypen spielte für die Klöster auch das durch sie gewährte Begräbnisprivileg an Laien eine große Rolle, da dies ebenfalls ein einträgliches Geschäft darstellte: *„Das päpstliche Begräbnisprivileg war für die Klöster und ihre ideellen und materiellen Interessen von kaum zu ermessender Tragweite […]. Von selbst mußte sich für den begüterten Laien […] der Gedanke aufdrängen, sich ein Erbbegräbnis zu schaffen; ein solches aber war im Kloster gesicherter als das cimeterium eines offenen Pfarrortes, auch bewahrten die Mönche das Andenken des Verstorbenen im Gebet. So traten für das Kloster vermögensrechtliche Vorteile zu den moralischen. Das Begräbnisprivileg hatte eine Summe von Legaten, Anniversarien und anderen Stiftungen im Gefolge.“*[222]

Doch die Stiftungstätigkeit beschränkte sich nicht auf diese eher kleinen, unselbstständigen Stiftungen. Das Kloster fungierte stets auch als Träger von großen, kirchlichen Zwecken gewidmeten Vermögensmassen.[223] Bereits im Frühen Mittelalter war es üblich, derlei Stiftungen an ein Kloster anzulehnen.[224] Dies ging sogar soweit, dass extra erst ein Kloster fundiert wurde, um dann anschließend eine Stiftung zu gründen und an dieses anzulehnen:[225] *„Die klösterliche Genossenschaft wurde errichtet zu dem Zweck der Armen- und Krankenpflege; dem Kloster wurden Güter zugewiesen mit der Auflage, zu dem angegebenen Zweck verwendet zu werden. Es fanden auf diese Anstalten ganz dieselben Rechtssätze Anwendung, unter welchen die Klöster standen. Die Güter waren im Eigentum der Anstalt und in der Verwaltung des Abtes.“*[226]

Besonders häufig handelte es sich bei diesen klosterangelehnten Stiftungen um Spitäler. Dabei entstand in kirchlichem Rahmen einerseits das Spital als Stiftung selbst, zudem wurde die Möglichkeit für Dritte eröffnet, durch Zustiftungen den Ausbau zu fördern. Die Eingliederung in den Klosterverband war also auch für Privatstiftungen in Form des Spitals kennzeichnend.[227]

Hauptgegenstand des kirchlich-klösterlichen Stiftungswesens waren somit sowohl die zahlreichen, aber gleichermaßen kleinen Altar-, Jahrtags-,

---

222 *Schreiber:* Kurie und Kloster, Band II, S. 105.
223 *Steiner:* Die Klöster und ihre Wirken, S. 115; *Liermann:* Geschichte des Stiftungsrechts, S. 46.
224 *Loening:* Geschichte des deutschen Kirchenrechts, Band 2, S. 652.
225 *Liermann:* Geschichte des Stiftungsrechts, S. 62.
226 *Loening:* Geschichte des deutschen Kirchenrechts, Band 2, S. 650.
227 *Reicke:* Das deutsche Spital und sein Recht im Mittelalter, Band I, S. 19f.

Pfründe- oder Seelgerätsstiftungen,[228] als auch die mit einem Kloster verbundenen, großen anstaltlichen Spitalstiftungen.[229]

Es wird dadurch deutlich, dass praktisch immer dann, wenn die Aufhebung eines Ordens, eines einzelnen Klosters oder einer sonstigen klerikalen Institution vorgenommen wurde, auch die dieser Institution zugehörigen Stiftungen von einer Säkularisation betroffen waren. Dies selbst dann, wenn sich eine solche Handlung seitens weltlicher Herrscher unmittelbar nur gegen die Trägerorganisation richtete.

II Gesellschaftliches Umdenken

Wie zuvor bereits erörtert, fand schon während der Reformation seitens des Staates und der Bevölkerung eine deutliche Abkehr von Kirche und Kultus statt, welche insbesondere das Stiftungswesen einer ungemeinen Verweltlichung zuführte. Diese Entwicklung sollte aufgrund von naturrechtlichen Denkweisen[230] während der Aufklärung weiter an Fahrt gewinnen. Der während der Aufklärung immer im Vordergrund stehende Gedanke der Nützlichkeit und der Vernunft allen irdischen Handelns konstatierte besonders den kirchlichen Institutionen, dass ebendiese Nützlichkeit denselben in Gänze abginge. Mehr noch: Diese leisteten nicht nur keinen Beitrag zur unterdessen immer mehr dem Staat obliegenden allgemeinen Wohlfahrt, sondern seien vielmehr auch Quelle eines für die Volksbildung schädlichen Aberglaubens.[231]

---

228 *Heusler:* Institutionen des deutschen Privatrechts, S. 325.

229 *Reicke:* Das deutsche Spital und sein Recht im Mittelalter, Band II S. 117; *Liermann:* Geschichte des Stiftungsrechts, S. 79.

230 Eine grundlegende Definition des Begriffs Naturrecht und naturrechtlichen Denkens erscheint vor dem Hintergrund einer über zwei Jahrtausende andauernden Entwicklung kaum möglich, wenngleich man Naturrecht übergreifend als Frage der materialen Rechtsethik umschreiben kann, welche ein Verständnis darüber zu schaffen versucht, inwiefern Sittlichkeit und Recht als Grundwerte des praktischen Verhaltens des Menschen mit jeweils einer objektiven und einer subjektiven Komponente zueinander stehen und wie diese in Form eines universalgültigen Normenkataloges im zwischenmenschlichen Bereich und in der Beziehung zu höheren Mächten und dem übergeordneten Staatskörper in Einklang gebracht werden können; m.w.N. *Wenzel:* Naturrecht und materiale Gerechtigkeit, S. 7ff.

231 *Liermann:* Geschichte des Stiftungsrechts, S. 173.

Diese sich in vielen Territorien des europäischen Kontinents durchsetzende Sichtweise entzog nicht selten den kirchlichen Institutionen, folglich auch den verbliebenen kirchlichen Stiftungen, ihre Selbstständigkeit und in manchen Fällen sogar die Daseinsberechtigung.[232] Doch selbst ohne staatliche Eingriffe gestaltete sich der aktive Fortbestand kirchlicher Stiftungen äußerst schwierig. Die bevölkerungsseitige Abkehr von kirchlichen Strukturen und säkulares Denken ließen natürlich auch die zu früherer Zeit im Überfluss durch wohlhabende Privatleute getätigten Spenden und Stiftungen unterbleiben. Dies gefährdete den Fortbestand und erst recht die Erfüllung der jeweiligen Stiftungszwecke, da dies oftmals infolge von Vermögenslosigkeit nicht mehr möglich war.[233] Dies entsprach ganz und gar den politischen und soziokulturellen Strömungen dieser Zeit. Die Stiftungen, gleich ob dem kirchlichen oder nunmehr dem privaten Sektor zugehörig, erfüllten mit ihrem Fortbestand sämtliche, unter dem Deckmantel der Vernunft entstandene Vorurteile aufklärerischer Strömungen. Stiftungen waren – als dem Mittelalter entstammende Institutionen – der Inbegriff des Althergebrachten und standen der unbändigen Neuerungssucht dieser Epoche im Wege. Besonders vernunftwidrig schien es, dass längst verstorbene Stifter der lebenden Generation mittels der Stiftungen ihren Willen auf Dauer aufzwingen konnten. Schließt man sich dem französischen Physiokraten *Turgot* an, so handelte es sich bei der Institution der Stiftung um „Gerümpel aus dem Mittelalter", welches in Gänze hätte hinweggefegt werden müssen.[234]

III „Bodenbelästigung durch die tote Hand"

Während der Aufklärung von Staat und Bevölkerung wurden die althergebrachten und in den Stiftungssatzungen immer wieder auftauchenden Bestrebungen, der jeweiligen Stiftung nach Möglichkeit einen ewigen Fortbestand zu sichern, besonders kritisch gesehen. Die Dauerhaftigkeit, insbesondere bei von Todes wegen errichteten Stiftungen, bildete natürlich ein

---

[232] *Liermann*: Geschichte des Stiftungsrechts, S. 167.

[233] *Hilpert:* Geschichte der Entstehung und Fortbildung des protestantischen Kirchen-Vermögens der Stadt Nürnberg, S. 50; ebd. eine Aufzählung der spärlichen Stiftungen zu Kultus-Zwecken, wohingegen Stiftungen zu Wohltätigkeitszwecken und die finanzielle Ausstattung von Stipendien florierten.

[234] *Liermann:* Geschichte des Stiftungsrechts, S. 173.

Kernanliegen des Stifters und war fester Bestandteil des Wesens einer Stiftung. Im Gegensatz dazu setzte sich während der Aufklärung die Prämisse durch, dass nichts für die Ewigkeit geschaffen sei oder ewigen Bestand haben könne. Mit *Kant* als einem der führenden und epocheprägenden Literaten und Philosophen hat diese Ansicht, neben vielen weiteren mehr, einen besonders prominenten Anhänger. In den erläuternden Anmerkungen zur zweiten Auflage seiner Anfangsgründe zu Rechtslehre bemerkt er dazu: *„Selbst Stiftungen zu ewigen Zeiten [...], sobald sie einen gewissen, von dem Stifter nach seiner Idee bestimmten entworfenen Zuschnitt haben, können nicht auf ewige Zeiten fundiert und der Boden damit belästigt werden; sondern der Staat muss die Freiheit haben, sie nach dem Bedürfnisse der Zeit einzurichten.“*[235] Eine noch radikalere Ansicht bezüglich der Stiftungen vertritt abermals der aufgeklärte Physiokrat und Finanzminister *Ludwigs XVI.*, *Anne Robert Jacques Turgot*, welcher dem Stiftungswesen die Daseinsberechtigung als dauerhafte Einrichtung vollends absprach. Hierzu bediente er sich der beispielhaft dargebrachten Begründung, dass das durch die Stiftungen aufgesaugte Volksvermögen ebenso wenig auf ewig konserviert werden dürfte wie die Gräber der Toten, da diese anderenfalls sämtlichen Raum belegten und entzögen, welcher für die Ernährung der Lebenden notwendig sei. Deshalb seien die Stiftungen zu vernichten.[236]

Diese aufklärerische Sicht der Dinge stellte sich konträr zu der aus dem Mittelalter überkommenen „Lehre von der toten Hand“. Entstehungsgeschichtlich gründete sich der Rechtsbegriff der „toten Hand“ auf heidnischen Traditionen in Form von Gemeinschaft der Toten und der Lebenden bei Opferkult und Totenmahl sowie auch mit christlichem Bezug auf Eucharistie- und Heiligenkult.[237] In der Praxis gestaltete es sich so, dass beispielsweise nach einem vollendeten Tötungsdelikt der Getötete im Strafprozess bei Gericht zwar von seinen Angehörigen oder Rechtsnachfolgern „vertreten“ wurde, derjenige selbst jedoch auch physisch in Form des Leichnams präsent war und auch sein musste, um wirksam zu klagen.[238] Aus Vereinfachungsgründen, vor allem damit der Leichnam zeitnah beerdigt werden konnte, wurde in

[235] *Kant:* Anfangsgründe der Rechtslehre, S. 493f.
[236] *Oeuvres de Turgot*, herausgegeben von *Schelle*, Band I, S. 593.
[237] *Schulze:* Historischer Hintergrund des Stiftungsrechts, S. 37.
[238] *Brunner:* Abhandlungen zur Rechtsgeschichte, Band II, S. 345f.

der Folge oftmals nur die abgeschlagene rechte Hand mitgebracht, womit dem Bedürfnis der physischen Anwesenheit des Rechtsinhabers bzw. Klägers genüge getan war.[239] Diese Lehre ließ sich auf das Stiftungsrecht in der Form übertragen, dass nach metaphysischer Denkart eine reale Existenz des Stifters nach dessen Ableben im sozialen Leben durch das Handeln der Stiftung bzw. deren Verwalter bestehen blieb.[240] Bildlich gesprochen sorgte dies dafür, dass der verstorbene Stifter sich am Stiftungsvermögen „festkrallte" und so – vor allem Grund- und Bodeneigentum – der Disposition der Lebenden entzog.[241] Vor dem Hintergrund säkularen Denkens und ersten liberalen und marktwirtschaftlichen Ansätzen wurde diese Praxis als zu beseitigende Bodenbelästigung empfunden und eine Mobilisierung des Bodeneigentums unter Auflösung überkommener Bindungen und Beschränkungen zum erklärten Ziel des aufklärerischen Ideenguts.[242] In ähnlicher Weise wie die Stiftungen war durch diese Mobilisierungsbestrebungen auch die Rechtsfigur des Familienfideikommiss betroffen, welche ebenfalls eine starke Bindungswirkung für Grundeigentum an eine Familie entfaltete, wobei hier ein detaillierteres Eingehen auf diese Thematik nicht angezeigt ist. Gleichwohl sei erwähnt, dass die als Unterform der zuvor beleuchteten Hauptgeldstiftung entstandene, privatrechtlich eingerichtete Familienstiftung, welche ohne die Beachtung wohltätiger Zwecke nur zum Zweck hatte, das eigene Geschlecht in den Genuss eines gestifteten Vermögens kommen zu lassen, durchaus Parallelen zum Familienfideikommiss aufwies. Insbesondere weil das Fideikommiss mit seiner Rechtswirkung im Gegensatz zur Familienstiftung auf Grundeigentum beschränkt war, fand eine gewisse Ablösung des Fideikommisses durch die Familienstiftung statt, welche gegen Ende des Mittelalters immer häufiger die Rechtsform der Wahl wurde.[243]

---

239 *Werkmüller:* Klage mit dem toten Mann, in: HRG, Band II, S. 849.

240 *Schulze:* Historischer Hintergrund des Stiftungsrechts, S. 38.

241 *Borgolte:* Die Stiftungen des Mittelalters, S. 86; m.w.N. *Schreuer:* Das Recht der Toten: Eine germanistische Untersuchung, S. 333–432; vgl. auch *Brunner:* Abhandlungen zur Rechtsgeschichte, Band II, S. 279–358; zitiert nach Borgolte ebd.

242 *Schulze:* Historischer Hintergrund des Stiftungsrechts, S. 40.

243 M.w.N. *Gerber:* Die Familienstiftung in der Function des Familienfideikommisses, in: Jahrbücher für die Dogmatik des heutigen römischen und deutschen Privatrechts, Band II, S. 351–366.

IV Machtanspruch des Staates

Die Staaten Kontinentaleuropas waren gegen Ende des Mittelalters zumeist monarchistisch strukturiert. Der nunmehr nach der Reformation protestantische oder katholische Fürst als Oberhaupt des Staates von Gottes Gnaden war dem restlichen Staatsvolk übergeordnet.[244] Parallel dazu setzte sich eine ebenfalls dem Mittelalter entspringende Entwicklung fort. Diese sah den Staatsapparat selbst als übergeordnete Institution und Verwaltungsapparat einer abgeschlossenen Verwaltungseinheit, sodass dieser immer mehr in den Mittelpunkt drängte. Diese sich während der Aufklärung weiter forcierende Veränderung hatte zur Folge, dass viele aufgeklärte Fürsten dieser Zeit sich selbst zwar noch immer als obersten Staatskörper mit unbeschränkten Herrschaftsbefugnissen sahen, sich jedoch zudem als erster Diener des Staates gerierten. Der Verzicht auf eine zumeist prunkvolle Ausgestaltung des Herrscherkultes bei Hofe war immer häufiger anzutreffen.[245] Beispielhaft sei hier der Preußenkönig *Friedrich Wilhelm I.* genannt, welcher nach seiner Amtsübernahme im Sinne eines strengen Sparsamkeitsprinzips sogar auf eine kostspielige Krönungszeremonie und einiges mehr verzichtete. Ein solches Handeln mit Rücksicht auf die Staatsfinanzen galt unter dem vorherrschenden ludovizianischen Herrscherkult nach französischem Vorbild, wo Prunk und Verschwendung als Zeichen der uneingeschränkten Überordnung des Fürsten Usus war, als kaum vorstellbar.[246]

In dem der Aufklärung innewohnenden Bestreben, weltliche Mächte als übergeordnete Körperschaft anzusehen, bildete sich der Allmachtstaat des 17. und 18. Jahrhunderts heraus. Ebendies versuchte beispielsweise *Rousseau* mit seiner Theorie vom *contrat social* aus dem Jahre 1762 zu begründen, also durch einen unter den mit natürlichem Rechte ausgestatteten Individuen des Staatsvolks geschlossenen Vertrag, welcher den Staat zur Entstehung bringt und ihm alle Gewalt überträgt, die er unbedingt im Interesse des Gemeinwohls an sich ziehen muss.[247] Diese ebenso ihren Ursprung bereits im Mittelalter

---

[244] *Duchardt:* Europa am Vorabend der Moderne, S. 48.

[245] Ebenda, S. 56.

[246] Ebenda, S. 55f.

[247] *Plongeron:* Das Ringen um eine „Theologie der Säkularisation" in Frankreich 1789 bis 1801, S. 73; *Luig:* Das Privatrecht im „Allgemeinen Landrecht für die preußischen Staaten" von 1794, S. 526; *Liermann:* Geschichte des Stiftungsrechts, S. 169; ebenda, S. 176.

nehmende Entwicklung hatte zur Konsequenz, dass der sich aufblähende Staatsapparat zur Bewahrung seiner Handlungsfähigkeit die Einrichtung immer neuer staatlicher Verwaltungsinstitutionen und -gremien erforderlich machte. Diese Verselbstständigung bedingte einen um ein Vielfaches gesteigerten Verwaltungsaufwand, der nur durch die massenhafte Einstellung von Verwaltungsbeamten bewältigt werden konnte.[248] In Kongruenz mit seiner Größe wuchs auch der Machtanspruch des Staates in seinem jeweiligen Territorium. Insbesondere gegenüber dem Kirchenwesen sollte, sofern ein solches jeweils noch aktiv handelnd vorhanden war, ein Gleichordnungsverhältnis im Sinne einer säkularen Gesellschaft aufgehoben werden. Es oblag der Jurisprudenz der Aufklärung, den gewünschten Zustand der Überordnung des Staates über die Kirche aus rechtlicher Sicht herbeizuführen und auszugestalten, was mittels der Entwicklung der Lehre vom Obereigentum des Staates (Rechtsfigur des *dominum eminens*) gelang.[249] Nach dieser Lehre war der Staat die oberste Korporation. Alle anderen juristischen Personen – eingeschlossen die Kirche als Körperschaft und die Stiftungen – waren untergeordnet und in ihrer Existenz vom Staat abhängig.[250] Diese Abhängigkeit räumte dem Staat als Obereigentümer umfassende Verfügungsbefugnisse ein, was die Stiftungen in besonderem Maße tangierte und wieder einmal – und dies zieht sich wie ein roter Faden durch die Stiftungshistorie – deren ureigensten Eigenschaften, insbesondere der dauerhaften Einrichtung einer Institution zur Verfolgung eines selbstgewählten Zwecks, zuwiderlief.[251] Nachdem der Streit, ob die Armenfürsorge dem Staat oder der Kirche obliege, zugunsten des Staates bereits während des Mittelalters entschieden war,[252] ist der Staat nunmehr durch die Jurisprudenz der Aufklärung dazu befähigt worden, mit den Stiftungen nach Belieben umzugehen.[253] Er konnte sie einfach in

---

248 Als Beispiel für ein exponentiellen Wachstum des Beamtenapparates mag hier Frankreich dienen: Mitte des 16. Jahrhunderts betrug die Zahl der Amtsträger 1.200, etwa hundert Jahre später waren es bereits 45.000 Beamte, trotz geringer Bevölkerungszunahme; m.w.N. *Hinrichs:* Fürsten und Mächte, S. 163.

249 *Strätz:* Wegweiser zur Säkularisation in der kanonistischen Literatur, S. 61; *Liermann:* Geschichte des Stiftungsrechts, S. 176.

250 *Liermann:* Geschichte des Stiftungsrechts, S. 176.

251 *Kastner:* Die große Säkularisation in Deutschland, S. 4.

252 *Gradenwitz:* Der Wille des Stifters, S. 181.

253 *Liermann:* Geschichte des Stiftungsrechts, S. 176.

Gänze aufheben, den Stiftungszweck abändern,[254] Stiftungen unterschiedlicher Zwecksetzung zusammenlegen (Konfraternität),[255] über die Stiftungen Aufsicht führen bzw. sogar eigene Verwalter einsetzen[256] und natürlich auch über das Vermögen der Stiftungen in der Form frei verfügen, dass es ihnen einerseits belassen werden, jedoch auch jederzeit nach Belieben eingezogen und zu Staatszwecken verwendet werden konnte.[257]

Diese unbeschränkte Potenz des Staates – von welcher dieser vor allem (aber nicht nur) in Zeiten finanzieller Not Gebrauch machte – führte folglich zu einer dauerhaften und exorbitanten Vernichtung von Stiftungskapitalien sowie zur Vernichtung unzähliger Stiftungen auf dem europäischen Kontinent über den gesamten Zeitraum der Aufklärung bis in die Anfänge des 19. Jahrhunderts hinein.[258]

Exkurs: Stiftungswesen und Korporationslehre im Vereinigten Königreich nach Rudolph von Gneist[259]

Entgegen den folgenschweren Entwicklungen für das Stiftungswesen während der Aufklärung auf dem europäischen Festland war eine Animosität gegen das Stiftungswesen im Vereinigten Königreich nicht in diesem Maße festzustellen. Im Gegenteil, hier dauerte die im Mittelalter beginnende Blüte stiftungsartiger Tätigkeit fort. Dies ist der Eingliederung der Stiftungen in die englische Korporationenlehre zu verdanken und soll im Folgenden näher ausgeführt werden.

---

[254] *Gradenwitz:* Der Wille des Stifters, S. 182.

[255] Der Konfraternität lag der Gedanke zugrunde, dass sich Stiftungen in Zeiten der Not „verbrüdern" und sich so gegenseitig mit Vermögen aushelfen sollten, was natürlich ebenfalls den Grundlagen des Stiftungswesens und einer freien Stiftertätigkeit diametral entgegen stand; vgl. *Liermann:* Geschichte des Stiftungsrechts, S. 180f.; so auch *Mitterwieser:* Geschichte der Stiftungen, S. 56.

[256] *Brendel:* Verwaltung der milden Stiftungen, S. 20f.

[257] *Liermann:* Geschichte des Stiftungsrechts, S. 176.

[258] *Brendel:* Verwaltung der milden Stiftungen, S. 21f.

[259] *Rudolph von Gneist,* ab 1844 Professor in Berlin, beschäftigte sich insbesondere mit Staats- und Verwaltungsrecht, Befürworter einer selbständigen Verwaltungsgerichtsbarkeit und einer Verfassungsreform. Stark beeinflusst vom englischen Verfassungsrecht; m.w.N. *Hahn:* Rudolf von Gneist 1816–1895: Ein politischer Jurist in der Bismarckzeit.

Anders als in Kontinentaleuropa und insbesondere im Heiligen Römischen Reich Deutscher Nation, in welchem eine Einordnung der juristischen Person der Stiftung in die Rechtsform der Korporation respektive der Anstalt – was bis heute nicht gänzlich unumstritten ist – von nachrangiger Bedeutung war und nur in Grundzügen erläutert wurde, bildete sich im Vereinigten Königreich ein gleichartiger Meinungsstreit nicht. Unzweifelhaft wurden alle rechtlichen Gebilde, die mit dieser Frage in Zusammenhang standen, sowie darüber hinaus alle staatlichen Institutionen dem Recht der Korporationen zugeordnet. Jede dieser Körperschaften hatte ihre Basis in einem menschlichen Substrat.[260] Um nachvollziehen zu können, wie sich das Stiftungsrecht und vor allem eine präzise statuierte Rechtsform von Stiftungen hier entwickelte, hilft es folglich, einen kurzen Blick über den Ärmelkanal zu werfen und sich mit der englischen Korporationslehre und deren Einfluss auf das Stiftungswesen zu befassen.

I. Die englische Korporationslehre seit der Reformation

Während im Deutschen Reich die Reformationsbewegung den Anfang einer Separierung von Kirche und Staat einläutete, vereinigten sich in Großbritannien der kirchliche und weltliche Staat zu einem *body corporate*. In diese Verwaltungseinheit staatlicher Körperschaften wurde die Kirche in einem Über-/Unterordnungsverhältnis dem Staate nachrangig – jedoch immerhin mit gewisser eigener Verwaltungshoheit – eingegliedert.[261] Die rechtliche Hauptgrundlage für die Vereinigung von Kirche und Staat und weiterhin auch für die englische Lehre von den juristischen Personen ergab sich bereits im 15. Jahrhundert aus der Verschmelzung von kanonischem und gemeinem Recht unter Vermittlung des Lord Kanzlers.[262] Dieser *body corporate* bestand aus dem König, den geistlichen Lords, den weltlichen Lords und den im Parlament vereinigten *commoners* (Bürgern).[263] Dieser parlamentarisch verfasste Staat gründete sich auf den nach dem Territorialprinzip eingeteilten Kommunalinstitutionen, den Kreis- und Gemeindeverbänden,

[260] *Gneist:* Das heutige englische Verfassungs- und Verwaltungsrecht, S. 815.
[261] Ebenda, S. 811.
[262] Ebenda, S. 814.
[263] Ebenda, S. 811; Begriff „body corporate" in Abgrenzung zu den vorherigen Begrifflichkeiten für den Staatskörper (*communitas universi populi, omnium liberorum* etc.); zitiert nach *Gneist* ebd.

welche zu den juristischen Personen bzw. Korporationen gezählt wurden und der dauernden Verbindung zur Erreichung gemeinsamer staatlicher und staatspolitischer Zwecke dienten. Begrüßenswertes und äußerst zukunftsgewandtes Nebenprodukt dieser Gemeindeverfassung war eine faktische Abschaffung der Ständegesellschaft. Unabhängig von Herkunft und Vermögen wurde das Staatsvolk in territorial abgegrenzte, als korporative Gemeinschaft auftretenden Verwaltungseinheiten aufgeteilt. Dies geschah aus dem patriotischen Ansinnen heraus, unter Einbeziehung der Bevölkerung ein funktionierendes Staatswesen zu generieren, welches sich umfassend allen das Kollektiv betreffenden Aufgaben und Pflichten annehmen konnte und der Verwirklichung gemeinsamer gesellschaftlicher Zwecke diente.[264] Dem Grunde nach lässt sich die Rechtsfigur der Korporation im Vereinigten Königreich dreigliedrig in Klassen unterteilen.

Die erste Klasse bildeten rein öffentliche Korporationen auf staatlicher Grundlage zur Verfolgung rein staatlicher Zwecke. Es waren dies Zusammenschlüsse nachbarlich verbundener Hausstände im Sinne des Territorialprinzips zur Erfüllung notwendiger Staatsfunktionen.[265] Diese aus der königlichen Gesetzgebung einer legitimierten Monarchie gebildeten Staatskörper wurden im Englischen (aus dem Lateinischen übernommenen) Sprachgebrauch *communae* oder *communitates*, bzw. einzeln (im Englischen) *counties*, *ridings* oder *parishes*, nicht jedoch *corporations*, genannt.[266]

Die zweite Gruppe bildeten gemischt-öffentliche Korporationen. Es handelt sich bei diesen um Körperschaften auf gesellschaftlicher Grundlage, jedoch gleichwohl mit dem Ziel der Erfüllung staatlicher Aufgaben. Mit größerer rechtlicher Selbstständigkeit ausgestattet ging diese Klasse nicht ebenso in Gänze im Kommunalorganismus auf, wie beispielsweise die Gemeinden. Um die Gefahr zu bannen, Instrumente der Parlamentsparteien zu werden, wurde diesen ebenfalls staatstragenden Institutionen – es waren dies in erster Linie die Kirche, Universitäten, *colleges*, aber u.a. auch Anwalts- und Ärztekammern oder die königlichen Sozietäten der Wissenschaften und der bildenden Künste – eine selbstständigere Verfassung zugebilligt, um eine vor staatlichen Eingriffen

264 *Gneist:* Das heutige englische Verfassungs- und Verwaltungsrecht, S. 812.
265 Ebenda, S. 811.
266 Ebenda.

weitestgehend geschützte Zweckerfüllung zu gewährleisten.[267] Eine ebenfalls dieser Klasse zuzuordnende und als Ergänzung der Kommunalinstitutionen anzusehende Gruppe der *corporations* waren die sogenannten *charitable institutions*. Dies waren Hospitäler und Stiftungen mit besonderer Zwecksetzung, welche durch die Kirchenverfassung zentralisiert und der staatlichen Armenfürsorge der Kreis- und Kommunal-Armenverwaltung untergliedert waren.[268]

Gemeinsam haben die Körperschaften dieser Klasse, dass sie von privatrechtlicher Seite als juristische Person privilegiert waren. Ihnen stand das *ius quaesitum* zu, ein gerichtlich überprüfbarer Rechtsanspruch auf Schutz und Gewährleistung ihrer Vermögensrechte.[269]

Die dritte Klasse bildeten private Korporationen. Hierunter fielen alle Arten gesellschaftlicher Vereinigungen zu Privat- und damit in erster Linie zu Vermögenszwecken. Dem Wesen der Stiftung entsprechend waren dies freiwillig gegründete, soziale Körperschaften von Gruppen oder Einzelpersonen, deren Ziel die dauerhafte Zweckförderung durch die Bereitstellung einer Vermögensmasse bildete.[270] Konträr zum europäischen Festland erhielten die privaten Korporationen – und damit auch die Stiftungen – eine eigene Rechtspersönlichkeit durch eine Fiktion der Selbstständigkeit der juristischen Person. Die Körperschaften konnten, vertreten durch die eingesetzte Verwaltungseinheit, Inhaber von Rechten und Pflichten sein. Ihnen wurde eine Eigentümerstellung an Vermögen zugestanden und sie konnten vor Gericht klagen und verklagt werden.[271] Die hieraus hervorgehenden milden Stiftungen des englischen Rechts, sogenannte *charities*, genossen ebenso die oben genannten gesetzlichen Privilegierungen und wurden als eigenes weltliches Rechtsinstitut aufgefasst. Bereits im Jahre 1601 wurde hierzu

---

267 *Gneist*: Das heutige englische Verfassungs- und Verwaltungsrecht, S. 812.

268 Hierzu zählten einzelne Institutionen, welche dezidierte Zwecke verfolgten, genannt in „The Poor Relief Act“, synonym „Elizabethan Poor Law“ von 1601 (43 Eliz 1 c 2): Unterstützung bejahrter unfähiger und armer Leute; zur Erhaltung kranker und verstümmelter Soldaten und Seeleute; für gelehrte Schulen, Freischulen und die Scholaren an den Universitäten; zur Erziehung und Beförderung des Fortkommens von Waisen; zur Ausstattung und Unterhaltung von Correctionshäusern; zur Verheiratung armer Mädchen (…); zitiert nach *Gneist:* Das heutige englische Verfassungs- und Verwaltungsrecht, S. 813.

269 *Gneist:* Das heutige englische Verfassungs- und Verwaltungsrecht, S. 813.

270 Ebenda, S. 814.

271 Ebenda, S. 817.

gemeineuropäisch-kanonisches Recht in Form des Elizabethan Statute of Charitable Uses in lokales englisches Recht überführt.[272]

Rechtliche Regelungen und die Formbestimmung der Körperschaften waren schon zu diesem Zeitpunkt in hohem Maße ausdifferenziert. So unterwarfen sich die einzelnen *corporations* schon kurz nach Verschmelzung von Kirche und Staat einer Einteilung in zweierlei Hinsicht. Einerseits konnte unterschieden werden zwischen den *corporations aggregate*, einer Verbindung von mehreren Personen zu einer Körperschaft (darunter Mayor und Bürgerschaft einer Stadt, Haupt- und Mitglieder eines Collegiums, Dekan und Kapitel einer Kathedralkirche), und den *corporations sole*, bestehend aus einer Einzelperson und einer besonderen Stellung eines Rechtsnachfolgers. Hierunter fielen beispielsweise der König, der Bischof, aber auch private Einzelstifter.[273]

Andererseits konnte eine zweite Unterscheidung vorgenommen werden zwischen kirchlichen und Laienkorporationen. Zu den kirchlichen Körperschaften zählten diese nur, wenn sie ausschließlich aus geistlichen Personen bestanden, also aus Bischof, Pfarrer, Dekan und Kapitel, Prior und Convent.[274] Alle anderen Korporationen wurden den Laienkorporationen zugeordnet. Hierunter fielen zum einen die weltlichen, also staatlichen, kommunalen oder privaten Zwecken dienenden *civil corporations*, aber auch die nach dem Willen des Stifters ausgerichteten milden Stiftungen, die *eleemosynary corporations*, namentlich Armenhäuser, Hospitäler, Almosen und *colleges* innerhalb und außerhalb der Universitäten.[275]

Auf Grundlage dieser Korporationenlehre bildete sich nach rechtlicher Betrachtung ein straffes und rechtssicheres Korsett für die Errichtung, den Bestand und die Zweckförderung der Stiftungen.

II. Die englische Generaltheorie der Korporationen – Stiftungen im *common law system* nach Vorbild der *piae causae*

Das Recht betreffend die Stiftungen (*charities*) im englischen *common law system*, also der einzel- und präzedenzfallorientierten Rechtsprechung und -bildung, richtete sich im Wesentlichen, wie auf dem Festland, mittelbar

---

[272] *Jones:* History of the Law of Charities: 1532–1827, S. 23 ff.; zitiert nach *Schulze:* Die Gegenwart des Vergangenen, S. 62.

[273] *Gneist:* Das heutige englische Verfassungs- und Verwaltungsrecht, S. 815.

[274] Ebenda.

[275] Ebenda.

nach dem Codex Iustinianus. Die *charities* folgten in ihrem Aufbau, der Handlungsfähigkeit und der staatsseitigen Privilegierung und Kontrolle der Grundlage der überkommenen Rechtsfigur der pia causa aus dem römischen Recht. Die Feststellung dieses Rechtsstatus erfolgte in seinen Hauptpunkten bereits durch Statute aus dem Jahre 1603.[276] Weitere Einzelheiten der praktischen Umsetzung und der Rechte und Pflichten von der Errichtung bis hin zur Auflösung von Stiftungen ergaben sich dann aus der Generaltheorie der Korporationen. Fehlgehen würde hier die Annahme, es habe sich bei dieser Lehre um spezielle Regelungstatbestände des Stiftungswesens gehandelt. Vielmehr regelte die Generaltheorie das Korporationswesen insgesamt, unabhängig von der Zugehörigkeit zu den zuvor erläuterten Klassen. Hierunter fielen jedoch auch die Stiftungen als den Korporationen zuzuordnende Rechtspersönlichkeiten, weshalb eine Darstellung der einzelnen Aspekte der Generaltheorie unter Einbeziehung von Stiftungen im Kontext einer das Stiftungswesen regelnden Materie erfolgen kann.

1. Genehmigungsvorbehalt der Krone

Eine Neuerrichtung von Körperschaften respektive Stiftungen bedurfte regelmäßig einer Genehmigung des Königs. Ihm allein fiel das Recht zu, diese zu inkorporieren. Mit Ausnahme von bereits bestehenden Korporationen nach mittelalterlicher Verfassung des Vulgarrechts, u.a. der König selbst, Bischöfe und weitere *corporations virtute officii*, und solchen der Verjährung, welche schon seit Menschengedenken bestanden, wie die City of London, bei denen eine Genehmigung als stillschweigend erteilt angenommen wurde, musste die Gestattung der Errichtung ausdrücklich erfolgen.[277] Dies konnte auf zwei unterschiedliche Arten erfolgen, und zwar entweder durch Parlamentsakte oder durch Charte. Beide Arten räumten im Endeffekt dem König eine durch das Parlament legitimierte Prärogative in Form eines königlichen Patents zur Entscheidung über die Errichtung, bei bereits zuvor errichteten Korporationen die Entscheidung über den Fortbestand, ein.[278]

---

[276] *Coing:* Europäisches Privatrecht, Band I, S. 595.
[277] *Gneist:* Das heutige englische Verfassungs- und Verwaltungsrecht, S. 816.
[278] Ebenda, S. 817.

2. *Bye-laws*

Ein hohes Maß an Eigenverantwortung und Selbstverwaltungskompetenz wurde den Körperschaften durch das Recht zugestanden, sogenannte *bye-laws* zu erlassen.[279] Diese *bye-laws*, welche heutzutage ungefähr den Satzungen des öffentlichen Rechts entsprechen würden, ermöglichten es den Korporationen, die interne Verwaltung frei von Eingriffen des Staates eigenständig zu regeln. Bezogen auf die Gemeindeverbände bedeutete dies, die jeweilige Verwaltungseinheit konnte territorial beschränkt gültige Normen erlassen, um das Gemeindeleben nach eigenen Vorstellungen zu regulieren. Sowohl die kirchlichen als auch die privaten Stiftungen konnten sich autonom intern organisieren und Regelungen zur Gestaltung interner Prozesse treffen, ohne dass darüberstehende Instanzen hätten Einfluss ausüben können.[280] Die *bye-laws* privater *corporations* reichten in der Form über solche des öffentlichen Rechts hinaus, dass diese auch Modalitäten der Ausübung eines privaten Rechts für die entsprechende Institution enthalten konnten. Vom Umfang entsprachen sie den Rechten von Privatpersonen, soweit diese einer Disposition zugänglich waren.[281]

Schranken waren dieser Autonomie nur insoweit gesetzt, als dass die *bye-laws* nicht gegen höherrangiges Recht, mithin Landesgesetze, verstoßen und auch nicht den Bestimmungen der jeweiligen Stiftungsurkunde zuwiderlaufen durften. Dies galt abermals für Korporationen aller Klassen gleichermaßen. Im Übrigen durften getroffene Regelungen freilich nicht *irrationabiles* sein, d.h. Prinzipien des gemeinen Rechts widersprechen.[282] Bei Einhaltung dieser Grenzen waren die Korporationen der staatlichen Einmischung entzogen. Es ergab sich ein Bild von musterhaften mildtätigen Stiftungen, deren Vermögen stets unangetastet blieb, die keiner staatlichen Unterstützung bedurften und nur von dessen Schutz formidabel profitierten.[283]

---

[279] In ebenfalls gebräuchlichen Schreibweisen auch *by-laws* oder *bylaws*; Sinngemäß übersetzt Gemeinderecht, zu vergleichen mit dem öffentlichen Recht entspringenden Satzungen.

[280] *Gneist:* Das heutige englische Verfassungs- und Verwaltungsrecht, S. 818.

[281] Ebenda.

[282] Ebenda.

[283] *Brendel:* Verwaltung der milden Stiftungen, S. 16.

3. Gesetzliches Visitationsrecht

Trotz aller gewährten Autonomie der Korporationen behielten sich die kirchliche und die weltliche Obrigkeiten ein Recht zur Beaufsichtigung derer zur Kontrolle von Unregelmäßigkeiten vor – bekannt als Visitationsrecht. Dieses war jedoch ebenfalls mit einem strikt definierten Anwendungsbereich gesetzlich festgeschrieben und griff nur in Fällen des Missbrauchs, zur Beilegung von Streitigkeiten unter den Mitgliedern sowie zur Auslegung der eigenen Gesetze und Statuten.[284] Bezüglich der berechtigten Visitatoren ist zwischen klerikalen und öffentlich-rechtlichen bzw. privaten Korporationen zu unterscheiden.

Das Recht zur Beaufsichtigung kirchlicher Institutionen oblag dem Ordinarius, welcher dieses vom Oberhaupt der Kirche selbst, dem Papst als seinem Visitator, ableitete. Das Visitationsrecht gliederte sich somit abfallend immer von einer Institution auf die nächste bis hinunter zum Bischof, welcher das Visitationsrecht in seiner Diözese über das Kapitel, die Pfarrer und Vikare und alle anderen untergeordneten Geistlichen ausübte.[285]

Da der König allein die Kompetenz zur Inkorporierung von bürgerlichen Körperschaften innehatte, war dieser als oberster Visitator anzusehen, der sein Recht zur Visitation allerdings auch an den Lordkanzler delegieren konnte. Eine Handlungsbefugnis bestand jedoch nur dann, wenn innerhalb der Stiftung weder der Stifter noch der aus den Statuten der Stiftung hervorgehende Verwalter zur Verfügung standen oder wenn diese Organe untereinander stritten. Ein generelles Recht zum Einschreiten bestand bei Stiftungen des Privatrechts folglich nicht ohne Weiteres.[286]

Darüber hinaus ist eine Abgrenzung erforderlich zwischen Stiftungen, die allein dem Privatrecht entsprangen und solchen, welche als gemischt privat- oder öffentlich-rechtlich ins Leben gerufen wurden. Bei Letztgenannten stand das Visitationsrecht unstreitig dem Souverän zu.[287] Es wurde zu dieser Zeit jedoch noch eine weitere Ansicht bezüglich der bürgerlichen Korporationen vertreten, welche einen Visitator als solchen nicht kannte und die Beaufsichtigung der Stiftungen im Falle des Streites nach den Grundsätzen

---

[284] *Gneist:* Das heutige englische Verfassungs- und Verwaltungsrecht, S. 819.
[285] Ebenda.
[286] Ebenda, S. 820.
[287] Ebenda.

des gemeinen Rechts der ordentlichen Gerichtsbarkeit, dem Hofe der King's Bench als Oberinstanz, zuwies. Die Praxis gestaltete sich allerdings allenthalben wie zuvor beschrieben, sodass auf diese Ansicht nicht weiter eingegangen werden soll.[288] Ein kleiner Streit entfachte sich noch um das Aufsichtsrecht über die Hospitäler und die *colleges* an den Universitäten, welche zuvor nach kanonischem Recht der Jurisdiktion der Kirche unterstellt waren. Eine Regelung wurde dahin gehend getroffen, dass für die Hospitäler der Ordinarius als oberster Visitator zuständig war,[289] es sei denn, der Stifter setzte selbst eine Person in dieser Stellung ein.[290] Die *colleges*, deren Aufsicht noch während der Reformation vom Klerus beansprucht wurde, wurden im Rahmen der Korporationslehre den bürgerlichen Laienkorporationen zugeordnet und ihnen ein weltliches Visitationsrecht oktroyiert.[291]

Eine Handlungspflicht des Visitators bestand nur im gesetzlich geregelten Rahmen bei Streitigkeiten oder Problemen, wie oben dargestellt. Doch der Visitator war auch in seinem Handeln selbst an Vorschriften gebunden. So hatte er stets im Sinne des Stifters bzw. der Stiftungsstatuten vorzugehen. Bei Zuwiderhandlung oder Überschreitung seiner Kompetenzen waren die Handlungen des Visitators mittels einer gegen ihn zu richtenden Klage gerichtlich überprüfbar. Hielt er sich im Rahmen seiner Befugnisse, fand eine Überprüfung nicht statt.[292]

4. Auflösung von Korporationen

Anhand der Möglichkeiten zur Auflösung von Korporationen wird einmal mehr deutlich, wie ausgefeilt die die Körperschaften betreffende Rechtsmaterie bereits gegen Ende des Mittelalters gewesen ist. Die hier einschlägige Gesetzeslage regelte sämtliche Fälle des Erlöschens der juristischen Person der Körperschaft. Eine Auflösung von *corporations* durch königliche Prärogative im Verwaltungswege, wie bei der Inkorporation, war grundsätzlich

288 Ebenda.
289 2 Henry V. e. 1.; Gesetz unter dem englischen König Henry V.; m.w.N. *Allmand:* Henry V.
290 *Gneist:* Das heutige englische Verfassungs- und Verwaltungsrecht, S. 820.
291 Ebenda.
292 Ebenda.

nicht möglich.[293] Es gab im Wesentlichen vier Wege, welche zum Erlöschen einer Korporation führen konnten. Ersterer erfolgte durch Erlass einer Parlamentsakte durch das vom Staatsvolk gewählte Parlament. Dies spiegelte ein hohes Maß an Beteiligung des Volkes an der politischen Willensbildung, wie in England vorherrschend, wider.[294]

Weiter erlosch eine Korporation gezwungenermaßen durch den natürlichen Tod aller ihrer Mitglieder. Dies betraf die Stiftungen natürlich äußerst selten, da es ja gerade ihrem Sinn und Zweck entsprach, einen möglichst langen Zeitraum, wenn möglich bis in alle Ewigkeit, zu überdauern und deshalb die Erbfolge zumeist eindeutig geklärt und der Fortbestand nach Ableben des Stifters und der eingesetzten Verwalter durch die Stiftungsurkunde gesichert war.

Darüber hinaus konnte die Auflösung auch durch freiwillige Aufgabe der Privilegien und deren Rückgabe an den Staat erfolgen.[295]

Gegenüber diesen aus dem Innenleben der Korporation resultierenden Erlöschensgründen konnte auch noch eine Auflösung von außen erfolgen, wenn ein Fall des Missbrauchs der Privilegien vorlag. Ein solcher wurde als Bruch der Bedingungen der Inkorporation gewertet und in Form eines *writ of quo warranto* der jeweiligen Korporation mitgeteilt.[296]

Im Falle des Erlöschens einer bürgerlichen Korporation hatte dies das Ende der Rechtsfähigkeit zur Folge, alle Schuldverhältnisse erloschen. Bemerkenswert ist weiter noch, dass im Falle des Erlöschens von Stiftungen alle Grundstücke und Besitztümer an den Stifter und dessen Erben zurückflossen.[297]

V Fazit

Bereits zur Reformationszeit war der englische Staat zu einer Verwaltungseinheit mit parlamentarischer Verfassung verschmolzen, aus welcher sich eine ausdifferenzierte Lehre von juristischen Personen in einer feinen Untergliederung betreffend die vorherrschende Rechtsform der Körperschaft

---

[293] *„The queen cannot by her prerogative dissolve a corporation"*; zitiert nach *Gneist:* Das heutige englische Verfassungs- und Verwaltungsrecht, S. 821.

[294] *Gneist:* Das heutige englische Verfassungs- und Verwaltungsrecht, S. 821.

[295] Ebenda.

[296] Ebenda.

[297] Ebenda.

herausbildete. Die hier getroffenen Regelungstatbestände gewährten insbesondere den Stiftungen als Laienkorporationen eine große Autonomie in ihrem Wirken und Handeln und schützten zugleich deren Vermögen wirksam vor internem Missbrauch durch Verwalter und Zugriffen auf die Kapitalien von außen. Neben einem auf ein Minimum beschränkten und zugleich wirksamen Visitationsrecht sorgte nicht zuletzt ein hohes Rechtsstaatlichkeitsempfinden im englischen Staat durch Gewährung eines gerichtlich überprüfbaren Rechtsanspruchs für einen weitreichenden Schutz von Privilegien und Vermögensrechten der Stiftungen. Die daraus resultierende Rechtssicherheit und Handlungsfreiheit machte eine Stiftertätigkeit auch für Privatpersonen attraktiv, was sich in einem hohen Aufkommen von bürgerlicher Mildtätigkeit widerspiegelte und eine funktionierende Kooperation von Staat und Bürgertum angesichts der für die Staatsentwicklung essentiellen Bereiche wie Bildung und Armenfürsorge protegierte.

C Säkularisierungs- und Säkularisationsbegriff

Konträr zum Umgang mit Stiftungen in England verhielt es sich in Kontinentaleuropa. Hier führte eine aufklärerische Stimmung in großen Teilen des Kontinents zu einem unterschiedlich gearteten Tätigwerden des Staates und weltlicher Landesfürsten gegenüber dem Kirchen- und damit auch dem Stiftungswesen. Dies geschah in der Regel unter dem Deckmantel der Säkularisierung, also einer ebenfalls der Aufklärung innewohnenden Bestrebung, Kirche und Staat zu separieren,[298] und der Säkularisation, was wörtlich übersetzt nicht mehr als Verweltlichung bedeutet.[299] Von besonderer Bedeutung ist hier zunächst die genaue Unterscheidung zwischen den Begrifflichkeiten der Säkularisierung und der Säkularisation, da vor allem Zweitgenanntes schwerwiegende Konsequenzen für den blühenden Bereich stiftungsartiger

---

[298] M.w.N. *Lehmann:* Säkularisierung: Der europäische Sonderweg in Sachen Religion.

[299] Eine dezidierte Auseinandersetzung mit den Begrifflichkeiten Säkularisation, Säkularisierung und Säkularismus unter historisch-begrifflicher Abgrenzung derselben sowie theologisch-religionssoziologischer Differenzierung und Beleuchtung rechtlich-politischer und kulturkritischer Aspekte bei *Baruzzi:* Zum Begriff und Problem „Säkularisierung“, S. 121 ff.; *Liermann:* Geschichte des Stiftungsrechts, S. 170.

Mildtätigkeit zur Folge hatte.[300] Darüber hinaus bedarf es der Darstellung der üblichen Vorgehensweise bei der Säkularisation von Kirchengütern, welche zunächst zur Verdeutlichung des systematischen Ablaufs abstrakt und im Anschluss anhand des konkreten Beispiels Preußen erfolgen soll.

I Säkularisierung

Wie gemeinhin bekannt, beschreibt der Terminus Säkularisierung in seinem Wesen den seinen Ursprung abermals am Ausgang des Mittelalters nehmenden Trennungsvorgang zwischen Kirche und Staat, genauer gesagt eine Abschaffung der Staatsreligion und den damit verbundenen Machtverlust religiöser Institutionen zugunsten des Staates.[301] Zur Verdeutlichung der exorbitanten Tragweite dieses Vorgangs ist es notwendig, die Umstände und Handlungsweisen der Bevölkerung in ihrem alltäglichen Leben noch bis in die Anfänge des 18. Jahrhunderts hinein ins Auge zu fassen. Das gesamte geistige Leben der Bevölkerung Europas war durchzogen von religiösen Normen und Institutionen. Infolge dieser Durchdringung war es kaum möglich, zwischen Religionsausübung und Alltag der Menschen zu unterscheiden. Die Abgrenzung von Religion und Religionsausübung lediglich als einen Sonderbereich des Lebens war gar unvorstellbar.[302] Dies resultierte aus der exponierten Machtposition der (katholischen) Kirche sowie deren – wie sich zeigen sollte zu Recht – äußerst distanzierter Haltung gegenüber der Aufklärung in Verbindung mit deren Selbstverständnis, das Seelenheil des Einzelnen von der bedingungslosen Unterwerfung unter die Autorität der Papstkirche abhängig zu machen.[303] Dies spiegelte sich in vielen Bereichen des Lebens sichtbar wieder: zum Beispiel war ein Verbeamtungswunsch ohne Kirchenmitgliedschaft aussichtslos, Geistliche gehörten nicht nur praktisch sämtlichen Ständeversammlungen des Kontinents in hoher Stellung an, sondern gelangten sogar in die Stellung von

300 Zur Notwendigkeit der begrifflichen Trennung von Säkularisierung und Säkularisation vgl. auch *Vierhaus:* Säkularisation als Problem der neueren Geschichte, S. 19f. und *Klueting:* Enteignung oder Umwidmung? Zum Problem der Säkularisation im 16. Jahrhundert, S. 58.

301 *Müller:* Schlaglichter der deutschen Geschichte, S. 92f.

302 *Körber:* Die Zeit der Aufklärung, S. 141.

303 *Duchhardt:* Europa am Vorabend der Moderne, S. 136.

Landesfürsten mit prächtigen Residenzen (wie beispielsweise in Würzburg und Bonn); zudem bestand noch immer ein kirchliches Monopol bezüglich der Eheschließung, infolgedessen eine außerkirchlich geschlossene Ehe als unwirksam angesehen wurde; weiterhin wurden auch alle Ehesachen vor kirchlichen Gerichten nach kanonischem Recht entschieden.[304]

Der Stellenwert dieser noch bis ins 18. Jahrhundert hineinreichenden, barocken Frömmigkeit geriet jedoch unter dreierlei Gesichtspunkten während der forschen Säkularisierungsbewegung ins Hintertreffen. Erstens durch die Tendenz der Verinnerlichung, in deren Folge Religionsausübung immer mehr Privatsache und entgegen vorheriger öffentlicher Ausübung durch die breite Masse hinter verschlossenen Türen abgehalten wurde. Eine Abwertung der Religion gegenüber anderen Lebensbereichen wie Beruf, Kunst und Leben war vor allem ihrem altmodisch daherkommenden Antlitz geschuldet, sodass sich immer mehr Teile der Bevölkerung abkehrten und die verbliebenen Gläubigen eher im kleiner werdenden Kreis Gleichgesinnter agierten.[305]

Zweitens durch den der Aufklärung innewohnenden theologischen Rationalismus, also die Tendenz, Religion ganz äußerlich und weltlich zu verstehen.[306] Die dadurch zutage tretenden Widersprüche, beispielsweise das Wort des Schriftpropheten *Jesaja*: *„Siehe, die Jungfrau hat empfangen, sie gebiert einen Sohn […].“*,[307] wurde von radikalen Aufklärern unter steter Forderung nach dem Gottesbeweis dahin gehend zu nutzen versucht, das Kirchen- und Glaubenskonstrukt *omnino* aus den Köpfen der Bevölkerung zu vertreiben. Deren Devise lautete nach *Körber*: *„Von der Bibel kann vor dem Richterstuhl der Vernunft so wenig bestehen, dass wir uns die Bibel schenken können – und die Kirche, durch die sie gepredigt wird, gleich mit dazu.“*[308] Freilich entsprach diese Radikalität mitnichten den Anschauungen des Großteils der Bevölkerung. Man kommt jedoch nicht umhin, eine Haltung festzustellen, welche unter dem Aspekt der Vernunft versuchte, vorhandene Paradoxien aufzulösen und einen Einklang zwischen den sich immer weiter entfremdenden

---

304 *Körber:* Die Zeit der Aufklärung, S. 142f.

305 Ebenda, S. 148.

306 Ebenda, S. 152.

307 Jes 7, 14.

308 *Körber:* Die Zeit der Aufklärung, S. 153; vgl. ebd. abgedrucktes Zitat *Voltaires* bezogen auf die katholische Kirche als Zeichen radikaler Aufklärungsgedanken: *„Ecrasez l'ínfame!“*, *„Macht das Scheusal kaputt“*.

Sektoren Religion einerseits und Leben, Beruf, Kunst und Alltag andererseits zu schaffen.[309] Die Entstehung einer solchen Diskussion allein und dazu die Bemühung seitens der Kirche, Religiosität konsensual weiterhin im Alltag der Bevölkerung verankert zu halten, markierten deutlich einen Bruch der zuvor monopolartigen Machtposition des Klerus bezüglich der mit der Lebensführung des Volkes tief verwobenen, alltäglichen Religionsausübung.

Dritter Gesichtspunkt war abermals der Versuch weltlicher Fürsten, sich der hervorgehobenen – insbesondere politischen – Machtstellung kirchlicher Institutionen und dem Klerus zuzuordnenden Einzelpersonen zu entledigen. Die reine Existenz geistlicher Staaten bedeutete für viele Politiker und Aufklärer ein ausgesprochenes Ärgernis.[310] Dies lag zuallererst darin begründet, dass Kirchen und deren Vorsteher oftmals hohe politische Ämter innehatten, zum Beispiel in den Ständeversammlungen, und der Monarch dadurch gehindert war, an ihnen vorbeizuregieren und zudem Rücksicht auf deren Belange nehmen musste. Aber auch angesichts von Territorien unter kirchlicher Ägide bestand vonseiten des Fürsten keine Handhabe bezüglich Steuererhebung, Gerichtsbarkeit oder Bildung der Bevölkerung.[311] Dies widersprach freilich dem Wunsch nach Alleinherrschaft und war somit Antriebsmotor monarchischer Abwertungsversuche kirchlicher Institutionen und Positionen.

II Säkularisation

Als Teilaspekt dieser Separierung von Kirchen- und Staatswesen im Allgemeinen – jedoch mit um ein Vielfaches größeren Auswirkungen auf das gesamte Kirchen- und Stiftungswesen – kann das Feld der Säkularisation verstanden werden. Wenngleich der Begriff Säkularisation als solcher terminologisch nicht mehr als Verweltlichung bedeutet, so ist doch die ihm innewohnende Bedeutungsschwere von historisch auf vielen Ebenen außerordentlicher Konnotation.[312] Grundsätzlich lässt sich insofern einführen, als dass Säkularisationen jene Handlungen von Staaten respektive Fürsten waren, in deren Verlauf gegen den Willen der Kirche Kirchengut unter der Missachtung des kanonischen Rechts in weltlichen Besitz überführt

---

309 *Körber*: Die Zeit der Aufklärung, S. 153.
310 *Raab:* Reich und Kirche in der frühen Neuzeit, S. 367.
311 *Körber:* Die Zeit der Aufklärung, S. 155.
312 So auch *Heckel:* Die Säkularisation in der Reformation, S. 33.

wurde.[313] Er beinhaltet übergeordnet aber auch die Verweltlichung des gesamten menschlichen Denkens und Handelns als welt- und geistesgeschichtliches Phänomen der Aufklärung. Hiermit gingen schwerwiegende negative Konsequenzen für das auf dem Boden der Kirche gewachsene und mit ihr tief verbandelte Stiftungswesen als Folgeerscheinung einher.[314]

Dieser tiefschürfende Begriff der Säkularisation, welcher von *Köhler* gar als Epochenbegriff für die Wende vom 17. zum 18. Jahrhundert verwandt wurde,[315] darf indes nicht darüber hinwegtäuschen, dass, neben der Reduzierung des Einflussreichtums klerikaler Kräfte, vor allem die Aussicht auf die Erlangung unermesslicher finanzieller Ressourcen die Triebfeder weltlicher Herrscher war. Noch immer war die Kirche Eigentümerin unzähliger Grundstücke, Ländereien, prunkvoller Bauten, Devotionalien und liquider Mittel.[316] Bezeichnend in dieser Hinsicht ist ein von *Sophie La Roche*[317] festgehaltenes Zitat des aufgeklärten Kurmainzer Ministers *Friedrich von Stadion* aus dem Jahre 1757, welches da lautete: *„Die geistlichen Stifter und Länder sind Sparpfennige unserer großen weltlichen Fürsten, die sie bei der nächsten großen Gelegenheit angreifen und teilen werden."*[318]

Wenngleich der Verwendung des Säkularisationsbegriffes als Umschreibung einer zeitlich fixierten Epoche zuzugeben ist, dass tatsächlich die „großen" Säkularisationen in der Tat vor allem im 18. Jahrhundert[319] stattfanden, so sind Säkularisationsbestrebungen weltlicher Fürsten mitnichten ein ausschließlich im beschriebenen Zeitraum auffindbares Phänomen. Bereits zuvor unter dem im Spätmittelalter ausgebildeten landesherrlichen Kirchenregiment und dem neuen Verständnis von Kirche und Welt im Zuge der reformatorischen Theologie der Frühen Neuzeit im 16. Jahrhundert haben erste (wenigstens Teil-)Säkularisationen stattgefunden.[320] Die Gründe und

---

313 *Köhler:* Säkularisationen in Ostmitteleuropa, S. 9; *Erler:* Rechts- und verfassungsgeschichtliche Probleme der Säkularisation, S. 1f.

314 *Liermann:* Geschichte des Stiftungsrechts, S. 170.

315 Vgl. *Köhler:* Säkularisationen in Ostmitteleuropa, S. 8.

316 *Liermann:* Geschichte des Stiftungsrechts, S. 172.

317 Sophie La Roche an Gräfin Elise zu Solms-Laubach, 02.03.1801; zitiert nach *Kampf:* Sophie La Roche. Ihre Briefe an die Gräfin Elise zu Solms-Laubach 1787–1807, S. 90.

318 Zitiert nach *Raab:* Reich und Kirche in der frühen Neuzeit, S. 367.

319 Mit Ausnahme des Reichsdeputationshauptschlusses 1803.

320 *Crusius:* Zur Säkularisation geistlicher Institutionen, S. 7; *Klueting:* Enteignung oder Umwidmung?, S. 59.

vermeintlichen Rechtfertigungen von Säkularisationsambitionen sind vielfältig und können beispielsweise in Territorial- und Religionskämpfen, in Macht- und Vorherrschaftsansprüchen, jedoch auch in der schlichten Habgier oder finanziellen Not weltlicher Fürsten gesucht werden. Zwar erfolgte die Vorgehensweise weltlicher Herrscher dieser Zeit aus Respekt vor der Macht und Stellung des Klerus innerhalb der Bevölkerung zunächst zurückhaltender, jedoch systematisch nach immer gleicher Manier, wie im Folgenden zu sehen sein wird.

Mit welcher Methode kirchliche Vermögensgegenstände säkularisiert wurden, hing einerseits von der jeweiligen Zeit, in welcher das Vorhaben realisiert werden sollte, und vom vorhandenen Rückhalt der Kirchengemeinschaft innerhalb der weltlichen Bevölkerung ab, zum anderen vom Kalkül und Wagemut des weltlichen Kaisers, Königs oder Fürsten. Insbesondere bevor sich aufklärerische Tendenzen auf dem Vormarsch befanden und die Kirche noch eine vergleichsweise gute Reputation beim Volk genoss, beschränkten sich Säkularisationsversuche in der Regel auf ein indirektes Vorgehen. Es bestand noch eine gewisse Scheu vor dem unmittelbaren Zugriff auf kirchliches Vermögen.[321] Indirektes Vorgehen insofern, als dass Vermögen nicht unmittelbar und öffentlich aus kirchlicher Hand in die weltliche überführt wurde, mithin keine Wegnahme stattfand. Vielmehr geschah dies innerhalb eines schleichenden Prozesses in Form eines stetigen Abtragens von Vermögenswerten.[322] Zur Bewerkstelligung dessen bot sich in erster Linie die Auferlegung von Steuern und Abgaben (sogenannte Schatzungen)[323] und die (teilweise) Übernahme der Verwaltung an.[324] Besteuert wurden nicht nur die Einkünfte. Mancherorts mussten Abgaben zum Erhalt eines gewissen Maßes an Autonomie geleistet werden, beispielsweise für das Recht einen eigenen Abt wählen zu dürfen.[325] Auch die Bewirtschaftung der im Eigentum der Kirche stehenden Ländereien war oftmals steuerpflichtig. Nicht selten wurde sogar in der Weise vorgegangen, dass der Landesfürst die Bewirtschaftung in die eigenen Hände nahm und sich darauf beschränkte, an den eigentlichen,

---

321 *Liermann:* Geschichte des Stiftungsrechts, S. 171.
322 *Rudolphi:* Die katholische Kirche in Preußen, S. 20.
323 Ebenda.
324 *Vogel:* Die Entwicklung der brandenburgischen Verwaltung bis zum Regierungsantritt König Friedrich Wilhelm I., S. 870.
325 *Rudolphi:* Die katholische Kirche in Preußen, S. 20.

kirchlichen Lehnsherren eine Art (sehr geringer) Ersatzzahlung vorzunehmen.[326] Oftmals wurden so Klöster, Stifte, Stiftungen und dergleichen mehr durch diese übergebührliche Abgabenlast bereits an die absolute Grenze ihrer Leistungskapazität und darüber hinaus getrieben, sodass diese im Kampf um ihren Erhalt dazu gezwungen waren, Vermögensgegenstände zu veräußern, Ländereien zu beleihen oder Schuldverschreibungen zu emittieren.[327] Die Säkularisationen des 16. Jahrhunderts unter den politischen und religiösen Bedingungen der Reformation unterschieden sich folglich von denen während der Aufklärung. In diesem Zeitalter war zwar mit Reformation und Konfessionalisierung entgegen einer Verweltlichungstendenz im Gegenteil eine Steigerung der Religiosität auszumachen, zugleich war diesen Entwicklungen aber dennoch der Keim der Säkularisierung inhärent. Somit ergab sich eine eigentümliche Verquickung von Konfessionalisierung und Säkularisation, was sich vor allem in ein allgegenwärtiges Rechtfertigungsbedürfnis für Säkularisationsmaßnahmen und eine besondere Betonung frommer und gemeinnütziger Zwecke bei der Umsetzung solcher Maßnahmen widerspiegelte.[328]

Dennoch übte man sich bei der Einziehung kirchlichen Vermögens und geistlicher Hoheitsrechte zu anderen, weltlichen Zwecken schon in dieser Zeit regelmäßig wenig in Zurückhaltung und hob gleich ganze Klöster oder Stifte auf (Vermögenssäkularisation)[329] bzw. beendete geistliche Landesherrschaften im jeweiligen Territorium (Herrschaftssäkularisation).[330] Säkularisierte Güter oder beigetriebene Schatzungen wurden jedoch nicht sogleich dem staatlichen oder fürstlichen Vermögen einverleibt, sondern zunächst separat von der landesherrlichen Finanzverwaltung als Sondervermögen vereinnahmt und gehalten.[331] Neben Klöstern und dem zugehörigen Klostergut waren hier besonders bischöfliche Tafelgüter, Domkapitelsgüter, das Pfarrpfründewesen,

---

326 Ebenda, S. 24.

327 Ebenda, S. 20.

328 *Klueting:* Enteignung oder Umwidmung?, S. 83.

329 Ebenda, S. 60.

330 Ebenda.

331 *Crusius:* Zur Säkularisation geistlicher Institutionen, S. 7; *Klueting:* Enteignung oder Umwidmung?, S. 69.

Seelenmessstiftungen, Vikarien und sämtliche weitere kirchenverbundene Stiftungen betroffen.[332]

Beispielhaft dafür zu nennen, dass Säkularisationen keinesfalls eine reine Erscheinung der Aufklärung waren, ist hier zunächst der Zweite Thorner Frieden im Jahre 1466. Hier wurde der preußische Ordensbesitz dergestalt säkularisiert, dass Pomerellen, das Kulmer Land, die Gebiete um Elbing, Marienburg u.a. gegen den Willen der päpstlichen Kurie dem polnischen König zugesprochen wurden und somit erstmals einen weltlichen statt einen klerikalen Regenten erhielten.[333]

Gleichermaßen wurde auch in den welfischen Fürstentümern verfahren. Bereits im Jahre 1529 wurden im Fürstentum Lüneburg sämtliche Klöster durch Celler Landtagsbeschluss unter landesherrliche Verwaltung gestellt,[334] ebenso geschah dies in Calenberg-Göttingen aufgrund der Klosterordnung aus dem Jahre 1542 und in Braunschweig-Wolfenbüttel im Jahre 1569 nach dem Tod des Reformationsgegners Herzog *Heinrich dem Jüngeren*.[335] Dieser sah sich aber trotz einer kritischen Haltung gegenüber der Reformation nicht daran gehindert, Klostergüter zu vereinnahmen und von 200–300 vorreformatorischen Klöstern in den welfischen Ländern die Mehrzahl aufzuheben, sodass am Ende nur ca. 50 Klöster überdauerten. Immerhin wurden deren Erträge abermals als Sondervermögen neben der Staatskasse zusammengefasst.[336] Unter vorher gezogenen Erkenntnissen bezüglich des Missbrauchs säkularisierter Vermögenswerte müßig zu erwähnen ist, dass, obgleich die erlangten Mittel beispielsweise der Befriedigung von Schul- und Kirchenbedürfnissen dienen sollten, die Erträge gewohntermaßen auch zur Gesundung der eigenen Staatsfinanzen genützt wurden.[337]

Von hervorzuhebender Bedeutung war überdies die Umwandlung des Deutschordenslandes in ein erbliches Herzogtum durch *Albrecht von Brandenburg-Ansbach* im Jahre 1525, wobei hier sowohl politische als auch religiöse Gründe nur schwer auszumachen sind und die starke reformatorische Bewegung in Preußen lediglich begünstigend, jedoch nicht ausschlagegebend

---

[332] *Klueting:* Enteignung oder Umwidmung?, S. 65.
[333] *Köhler:* Säkularisationen in Ostmitteleuropa, S. 10.
[334] *Körber:* Kirchengüterfrage und Schmalkaldischer Bund, S. 77.
[335] *Klueting:* Enteignung oder Umwidmung?, S. 69.
[336] *Krumwiede:* Kirchengeschichte, S. 37; *Klueting:* Enteignung oder Umwidmung?, S. 69.
[337] *Krumwiede:* Kirchengeschichte, S. 107.

gewirkt haben dürfte. Die Säkularisation des Deutschordensstaates bedeutete dennoch ein Novum in der europäischen Geschichte. Neben der Tatsache, dass Ordensbesitz erheblichen Ausmaßes ohne Umschweife in weltliche Hände floss, gelangte so der erste protestantische Staat Europas zur Entstehung und läutete das Ende der Ordensherrschaft in Preußen ein.[338]

D Aufkommen erster (Teil-)Säkularisationen in Preußen – Exemplarische Säkularisation des Klosters Lehnin in der Mark Brandenburg

Im protestantischen Preußischen Staat nahmen Säkularisierungsbestrebungen insbesondere zu Zeiten der Aufklärung eine exponierte Stellung ein, welche im 18. Jahrhundert nach ersten Säkularisationsplänen des Preußenkönigs *Friedrich II.* gar Eingang in die Gesetzgebung in Form des Allgemeinen Landrechts für die Preußischen Staaten aus dem Jahre 1794 finden sollte.[339] Dies bedarf nachfolgend einer genaueren Untersuchung. Zunächst jedoch soll der Beginn weltlicher Säkularisationsbestrebungen am Beispiel des Zisterzienserklosters Lehnin in der Mark Brandenburg, dem preußischen Kernland, beleuchtet werden, um das Vorgehen profaner Territorialherren nachvollziehen zu können.

Orden und zugehörige Klöster hatten im weitgehend christianisierten Preußen des Hoch- und Spätmittelalters wirtschaftlich sowie betreffend die Glaubensausübung und die territoriale Herrschaft eine hervorragende Bedeutung im jeweiligen Gebiet ihrer Belegenheit. So verhielt es sich auch mit dem Zisterzienserkloster Lehnin in der Mark Brandenburg, welches durchaus in der Zeit seines Wirkens überregionale Bedeutung erlangte. Das Kloster fiel im Zuge der Reformation der Säkularisation durch einen weltlichen Herrscher, *Kurfürst Joachim II.* aus dem Haus der Hohenzollern, zum Opfer und wurde im Jahre 1542 aufgehoben, das Klostervermögen der Staatskasse zugeschlagen. Dieser spezifische Vorgang innerhalb des preußischen Kernlandes steht exemplarisch für frühe Säkularisationstendenzen und -bestrebungen profaner Herrscher, spiegelt jedoch auch die zu späterer

---

338 *Köhler:* Säkularisationen in Ostmitteleuropa, S. 10 f.; *Stallmann:* Was ist Säkularisierung?, S. 5f.

339 *Liermann:* Geschichte des Stiftungsrechts, S. 185.

Zeit in Preußen angewandte Säkularisationspraxis wieder und soll deshalb anhand originaler Urkunden, Sammlungen sowie zeitgenössischer Literatur untersucht werden, mit dem Ziel, vorherrschende Verhältnisse zwischen Kirche und Staat, soziokulturelle Umstände dieser Zeit und die Bedeutung für Stiftungen und das Stiftungswesen herauszuarbeiten.

I Die Quellenlage

Hinsichtlich des Vorhandenseins von Quellen ist die Situation als solide zu beschreiben, jedoch zwischen Originalen und Kopien, Nachdrucken, Transsumten, Sammlungen oder anderen Formen der Überlieferung zu differenzieren. Viele Urkunden, Archive, Amtsakten und dergleichen sind über die Jahrhunderte im Original verloren gegangen. Demgegenüber verfügen jedoch Institutionen wie das Brandenburgische Landeshauptarchiv in Potsdam, das Domstiftsarchiv Brandenburg und das Geheime Staatsarchiv Preußischer Kulturbesitz durchaus noch über eine Vielzahl von Primärquellen. Außerdem finden sich auch private (Urkunden-)Sammlungen, Editionen, Regesten und Archivbestände.[340] Nicht mehr auffindbar hingegen ist eine von den Klosterbrüdern selbst angelegte Chronik des Institutes, welche der Historiker *Brotuff* in seiner Chronik der merseburgischen und thüringischen Lande aus dem 16. Jahrhundert erwähnt und welche neben den Äbten des Klosters und deren Ableben, den einzelnen Klosterbrüdern, den Festen der Heiligen und den verordneten Seelen- und Totenmessen auch weitere Stiftungen an das Kloster enthalten soll.[341] Leider ebenfalls abhandengekommen ist der Stiftungsbrief des Klosters im Original; dessen Inhalt kann jedoch einer die Stiftung und sämtliche Schenkungen bestätigende Urkunde[342] *Ottos II.*, dem Sohn des Stifters *Otto I. von Brandenburg* (Geschlecht der Askanier) aus dem Jahre 1205 vollständig entnommen werden.[343] Vorhanden wiederum ist das Lehniner Amtsbuch, welches ab dem

---

[340] Einen exakten Überblick über vorhandene Quellen verschafft *Warnatsch:* Geschichte des Klosters Lehnin, S. 19ff.

[341] *Heffter:* Die Geschichte des Klosters Lehnin, S. 6.

[342] Zudem wurde das Kloster mit dieser Bestätigungsurkunde von allen Diensten, Lasten, Abgaben, Voigteigeldern und dergleichen freigesprochen; *Ledebur:* Allgemeines Archiv für die Geschichtskunde des preußischen Staates, 1. Teil, Band 7, S. 468ff.

[343] *Heffter:* Die Geschichte des Klosters Lehnin, S. 8.

Jahre 1557 von dem Amtmann *Michael Happe von Happberg* zusammengestellt wurde und aus 10 nach Themen geordneten Abschnitten besteht. Es beinhaltet als ein ziemlich umfangreiches Kopialbuch von 360 Folien insgesamt 127 Urkunden.[344]

Von hervorgehobener Bedeutung für die historische Forschung mit Blick auf das Kloster Lehnin ist *Riedels* „Codex diplomaticus Brandenburgensis oder Geschichte der Städte, Klöster und geistlichen Stiftungen, adlichen [sic] Familien, Burgen und Schlösser der Mark Brandenburg". Dieser Codex besteht aus vier Teilen in insgesamt 36 Bänden und stellt die umfassendste Urkundensammlung dar. Hierin finden sich von 765 belegbaren Vorgängen das Kloster betreffend allein schon 454, was den Codex zur wichtigen Quellenbasis macht.[345]

II Stiftung, Entwicklung und Wirken des Zisterzienserklosters

Der Stifter der vorliegen behandelten Zisterze war, wie oben bereits genannt, der Askanier *Otto I. von Brandenburg.*[346] Die Gründungsgeschichte hat durchaus etwas romanhaftes und wird sogleich wiedergegeben; vorausgeschickt sei jedoch, dass das hier erwähnte Territorium ein bis dato nicht erschlossener bzw. zivilisierter Landstrich gewesen ist, welcher von Kleinstämmen der heidnischen Slaven respektive Wenden besiedelt wurde. Geographisch lag es zwischen Sachsen und Polen, südöstlich der Stadt Brandenburg mit Anschluss an das Havelland, und wurde erschlossen im Zuge der deutschen Ostbewegung des Hochmittelalters.[347] Bereits der Vater *Ottos I., Graf Albrecht von Ballenstedt (Albrecht der Bär)*, hatte den Bereich im Jahre 1134 als Lehen erhalten. Er begann zur Mitte des 12. Jahrhunderts, sein Herrschaftsgebiet auszudehnen und erstmalig auch gegen die

---

[344] Es führt den Titel *„Lehninsch Amts-Buch, darin allerhand des Closters nützliche und angelegene Hendel vorzeichnet undt mit sonderm Fleiß colligiret undt zu Hauf gezogen undt tituliret, wie volgen wirdt."*; noch immer vorhanden in: Brandenburgisches Landeshauptarchiv Pr. Br. Rep. 2 Kurmärkische Kriegs- und Domänenkammer D 11121.

[345] Vgl. auch *Warnatsch:* Geschichte des Klosters Lehnin, S. 21.

[346] Markgraf Otto I. von Brandenburg (1126/27-1184); vgl. *Warnatsch:* Geschichte des Klosters Lehnin, S. 31.

[347] *Warnatsch:* Geschichte des Klosters Lehnin, S. 23, S. 31.

hier ansässigen Wenden vorzurücken.[348] Daneben ergaben sich territoriale Konkurrenzkämpfe mit anderen Reichsfürsten, welche ihrerseits ebenso versuchten, sich die slavischen Siedlungsräume zu eigen zu machen.[349]

Otto I. stieß sodann, 10 Jahre nach seiner Herrschaftsübernahme im Jahre 1170, während der Jagd auf einen Ort, welchen er als gut zur Verteidigung gegen die Slavenstämme geeignet befand.[350] Ausgesprochenes Ziel der katholischen Askanier war es, das Land zu christianisieren. Man erkannte schnell, dass hierfür insbesondere kirchliche Institute geeignet und erforderlich waren.[351]

Gemäß eines Berichtes des Schriftstellers *Pulkawa*,[352] welcher als Historiograph im Dienste *Kaiser Karls IV.* (seinerseits Inhaber der Mark von 1347–1376) stand, gestaltete sich der Stiftungsprozess des Klosters Lehnin sodann folgendermaßen: *„Otto I. der Sohn Albrecht des Bären, der diesem in die Herrschaft über die Mark Brandenburg gefolgt war, ruhte einst an der Stätte, wo jetzt das Kloster Lehnin Cistercienser Ordens steht, nach der Jagd am Mittage allein, während seine Mannen mit Jagen beschäftigt waren, und sah im Traume eine Hirschkuh, die ihn ohne Unterlaß belästigte und ihm nicht gestattete zu schlafen. Er ergriff also Bogen und Pfeil und schoß sie auf der Stelle nieder. Erwacht aber vom Schlafe, erzählte er den Traum seinen Mannen, in Bezug dessen einer von ihnen entgegnete, die Stätte sei wohl geeignet zur Anlage eines Klosters. Einige aber meinten, eine Burg müsse gebauet werden gegen die Slaven, die Heiden und verdammten Feinde des Kreuzes Christi. Darauf erwiderte indessen der Fürst: ‚Eine Burg will ich gründen auf dem Platze, und von ihm aus sollen die teuflischen Widersacher durch die Stimmen geistlicher Männer weit fortgescheucht werden, und an ihm will ich ruhig den jüngsten Tag erwarten.' Und sofort schickte er zum Abte nach Sittichenbach (Sichem) aus dem Orden der Cistercienser und ließ ihn*

348 *Spieker:* Kirchen- und Reformationsgeschichte der Mark Brandenburg, S. 124; *Heffter:* Die Geschichte des Klosters Lehnin, S. 2; *Warnatsch:* Geschichte des Klosters Lehnin, S. 23.

349 *Warnatsch:* Geschichte des Klosters Lehnin, S. 23.

350 *Spieker:* Kirchen- und Reformationsgeschichte der Mark Brandenburg, S. 124; *Heffter:* Die Geschichte des Klosters Lehnin, S. 2.

351 *Heffter:* Die Geschichte des Klosters Lehnin, S. 12.

352 Dieser Bericht findet sich in der Böhmischen Chronik des Przybyk Pulkawa. Er hat die Brandenburgische Chronik, welche durch die Askanier selbst gefertigt wurde und damit die älteste bekannte Chronik darstellt, exzerpiert; *Riedel:* Codex diplomaticus Brandenburgensis, 4. Teil, Band 1, S. 1ff.

bitten, daß er Brüder aus seinem Convente verordnete. Und er gab dem Kloster den Namen Lenin, weil im Slavischen Lanie auch die Hirschkuh heißt, die er soll im Traume gesehen haben.“[353]

Die hierin auffindbaren Motive der Stiftung des Klosters lassen sich also zunächst extrahieren als Verteidigung gegen die Slaven einerseits und Einrichtung einer Grabstätte für die Fürstenfamilie andererseits. Bezüglich der angestrebten Vergrößerung und Festigung des Herrschaftsgebietes in Verbindung mit einer frommen Gesinnung untermauerte dies die Ansicht *Ottos I.*, dass die weltliche mit der geistlichen Macht Hand in Hand gehen müsse, mithin „*daß seine Herrschaft in Wahrheit nur so und nicht anders bestehen könne, wenn durch ihn die Kraft der christlichen Lehre und die Wirksamkeit der Geistlichen, welche unter seinem Schutze lebten, aufrecht erhalten würde.*“[354] Freilich kann eine Reduzierung der intrinsischen Motive für die Stiftung des Klosters auf diese zwei Kernbereiche angesichts der auch wirtschaftlich nicht unerheblichen Aufwendungen und Konsequenzen die Gesamtlage nur unzureichend darstellen. Vielmehr dürfte stets ein ganzes Konglomerat an Triebfedern für die Klostererrichtung bestanden haben. Folgende Erwägungen mögen deshalb hier bei *Otto I.* eine Rolle gespielt haben:

Grundsätzlich hatte der Landesherr natürlich ein Interesse daran, dass sein Land Erträge generiert, sodass es überhaupt erst einmal urbar gemacht werden und ein wirtschaftliches System etabliert werden musste. Hier gelingt es, einen Bogen zum Orden der Zisterzienser zu schlagen. Sogleich nach seinem Entschluss zur Stiftung des Klosters sandte *Otto I.* einen Brief an den Abt der

---

353 Diese Brandenburgische Chronik reicht zurück auf das Jahr 1319 und ist innerhalb der Böhmischen Chronik vollständig erhalten; vgl. *Heffter:* Die Geschichte des Klosters Lehnin, S. 21f., S. 33f.; *Heffter* sieht keinen Anlass für Zweifel an dieser Darstellung der Gründungsgeschichte des Klosters, insbesondere wird Otto I. auch eindeutig als Stifter des Klosters bestätigt durch Urkunden aus den Jahren 1205 und 1208, die erste von seinem Sohn *Albrecht II.* und die zweite offenbar von einem lehniner Mönch, welcher *Otto I.* als „unsern Stifter“ (*fundatorem nostrum*) nennt; überdies existieren zwei Gemälde, welche *Otto I.* mit den Mönchen des Klosters und Bauern zeigen und aus deren Inschrift ebenfalls *Otto I.* als Begründer und Stifter hervorgeht; die Urkunden sind abgedruckt in: *Ledebur:* Allgemeines Archiv für die Geschichtskunde des preußischen Staates, 1. Teil, Band 7, S. 468ff.

354 Dies geht hervor aus einer Urkunde seines Vaters und dem Begründer der Mark Brandenburg *Albrecht I.* von Brandenburg (1100-1170; auch Albrecht der Bär oder Albrecht von Sachsen) von 1162; in: *Ledebur:* Allgemeines Archiv für die Geschichtskunde des preußischen Staates, 1. Teil, Band 4, S. 371.

Zisterze des Klosters Sittichenbach und bat, einige Brüder aus dem Konvent zur Errichtung des neuen Klosters abzustellen, wobei hier die Anfrage an die Zisterzienser nicht verwundern kann. Die Ursprungsinstitution des Ordens, das Kloster Citeaux in Frankreich, gegründet durch den *Heiligen Robert aus der Champagne* im Jahre 1098,[355] hatte den Ruf besonderer Heiligkeit und strenger Ordensregel, insbesondere aber hatten sich die Zisterzienser den Ruf erarbeitet, „verwilderte“ Gebiete kultivieren (Christianisierung) und umliegende Ländereien – obgleich trockenes, unwegsames oder moorartiges Gebiet, wie dies häufig in der Mark anzutreffen und auch hier in der Zauche der Fall war – urbar machen zu können.[356]

Daneben darf nicht außer Acht gelassen werden, dass der askanische Herrscher durchaus gläubiger Katholik war und aus seinem Herrschaftsanspruch heraus den Anspruch hatte, seine neuen Untertanen in der Mark ebenfalls dem Christentum zu verpflichten, ganz besonders die heidnischen, seiner Ansicht nach „frevelhaften“ und geistig armen Wenden. Dies sollte erreicht werden durch den christlich frommen Sinn der Mönche und ihre theologischen Lehren. Zudem versprach man sich eine Befriedung aufgrund der beseligenden Wirkung des Christentums, welches die rohen Gemüter der Slaven besänftigen und gehorsam machen sollte.[357]

Ebenfalls religiös motiviert war die Sorge des weltlichen Souveräns um das eigene Seelenheil. Nicht selten geschah eine Stiftung dieser Art mit der Intention, sich Ruhe im Grabe und Seligkeit in der Seele zu verschaffen, weshalb *Otto I.* nach seinem Ableben im Jahre 1184 auch wunschgemäß im Kloster Lehnin beigesetzt wurde.[358]

---

355 *Heffter:* Die Geschichte des Klosters Lehnin, S. 13.

356 *Spieker:* Kirchen- und Reformationsgeschichte der Mark Brandenburg, S. 124; *Heffter:* Die Geschichte des Klosters Lehnin, S. 2; in einer Urkunde meklenburgischer Fürsten aus dem Jahre 1244 werden die Zisterziensermönche hervorgehoben „als die ersten Ausroder des Heidenthums im Slavenlande“; in: *Westphalen* in den monum. Cimbr. III, S. 1486; zitiert nach *Heffter:* Die Geschichte des Klosters Lehnin, S. 23; *Warnatsch:* Geschichte des Klosters Lehnin, S. 40f.

357 *Heffter:* Die Geschichte des Klosters Lehnin, S.12, S. 23; *Warnatsch:* Geschichte des Klosters Lehnin, S. 85.

358 *Warnatsch:* Geschichte des Klosters Lehnin, S. 85; Otto I. hatte das Kloster nicht nur als Ort seiner eigenen Grabesstätte vorgesehen, sondern auch als Grabhege seiner gesamten Familie; vgl. *Spieker:* Kirchen- und Reformationsgeschichte der Mark Brandenburg, S. 125.

Ein weiterer Punkt war daneben noch das Ansinnen, für eine dichte Besiedlung des Territoriums zu sorgen und damit einen schlagkräftigen Verteidigungspunkt gegen die fortwährenden Angriffe der zu vertreibenden oder besser zu christianisierenden Slaven sowie ein sichtbares Zeichen von Präsenz christlicher Herrschaft aufzubauen.[359]

Zusammengefasst waren es also sowohl machtpolitische als auch religiöse und rein wirtschaftliche Ziele, die *Otto I.* zur Stiftung des Klosters Lehnin bewogen haben dürften.

Zur Stiftung selbst kam es dann im April des Jahres 1180. Besiedelt wurde das Kloster erstmalig durch einen Konvent aus der Zisterze Sittichenbach unter der Leitung des ersten Abtes *Seibold* im Jahr 1183.[360] Die Urstiftung durch *Otto I.* bestand aus dem großen Klosterplatz, fünf Dörfern in der näheren Umgebung und vier Seen,[361] alsbald erhielt Lehnin zudem eine Zustiftung durch den Sohn des Markgrafen, *Otto II.*, sodass sechs weitere Dörfer und diverse Gewässer hinzukamen.[362] Seine offizielle Weihung als Kloster hingegen erhielt Lehnin erst im Jahre 1262.[363]

Obgleich die Weihung der Anlage erst 80 Jahre nach Begründung der Zisterze erfolgte, stand der Bau der Klosteranlage selbst grundsätzlich unter guten Voraussetzungen. Dies lag vornehmlich darin begründet, dass das unmittelbare Umfeld des Klosters reich an Lehm und Forst war, weshalb das Material sehr einfach beschafft und daraus Ziegelsteine gebrannt und Holzwerk geschlagen werden konnte.[364]

In der Folge gelang dem Kloster Lehnin eine bedeutende Expansion. Sowohl im Bereich der Wirtschaft als auch im Bereich klerikalen Wirkens, also Glaubensausübung, Mildtätigkeit, Seelsorge, Unterricht usw., stieg die Institution auf zu einer festen Größe in der Mark. Die wirtschaftlich solide Lage und die überschüssigen Erträge erlaubten es, stetig weitere Güter und

---

359 *Spieker:* Kirchen- und Reformationsgeschichte der Mark Brandenburg, S. 125; *Warnatsch:* Geschichte des Klosters Lehnin, S. 42.

360 *Sello:* Lehnin: Geschichte von Kloster und Amt, S. 3f., S. 14f.; *Warnatsch:* Geschichte des Klosters Lehnin, S. 45.

361 *Riedel:* Codex diplomaticus Brandenburgensis, 1. Teil, Band 10, S.183f., S. 408f.

362 *Winter:* Die Cistercienser des nordöstlichen Deutschlands, Zweiter Theil, S. 268.

363 *Tacke:* Lehnin, S. 63; nach Spieker erst 1272, aber jedenfalls durch Erzbischof Erich zu Magdeburg und Bischof Siegfried zu Havelsberg; *Spieker:* Kirchen- und Reformationsgeschichte der Mark Brandenburg, S. 125.

364 *Heffter:* Die Geschichte des Klosters Lehnin, S. 25.

Rechte zu erwerben und selbst in der Rolle des Geldverleihers aufzutreten.[365] Hinzu kam eine Vielzahl von Zustiftungen durch Fürsten und wohlhabende Privatleute, wobei hier häufig der damals noch florierende Ablasshandel oder das Privileg, im Kloster Lehnin seine letzte Ruhe finden zu dürfen, im Mittelpunkt standen. Weitere wirtschaftliche Tätigkeitsfelder waren der Ackerbau, Weinbau, Produktion von Tuch und Schuhen oder auch Salz.[366]

Überdies schuf man weitere Institutionen, die nicht selten auch einen karitativen Charakter aufwiesen und damit dem Kernbereich klerikalen Wirkens Genüge tun sollten. So erfolgte neben der Einrichtung eines Hospitiums und eines Hospizes (Siechenhauses) auch die Erteilung von Unterricht an die Novizen in Theologie und Bibellehre, aber auch in anderen Wissenschaften. Zudem betätigten sich die Klosterbrüder in der Krankenpflege, Armenfürsorge und -pflege sowie in der Seelsorge.[367]

Die Zeit der Expansion und des wirtschaftlichen Florierens dauerte lang an und endete erst nach 130 Jahren mit dem Aussterben des Geschlechts der Askanier im 14. Jahrhundert, bevor sich erstmalig in der Mark seit deren Begründung ein Verfall der weltlichen und geistlichen Strukturen einstellte.[368] Der letzte Markgraf des askanischen Geschlechtes, *Waldemar der Große (auch Woldemar)*,[369] erlag einem Fieber im Jahr 1319, bevor kurz darauf auch sein unmündiger Vetter *Heinrich II.* im Jahre 1320 verstarb, dessen Vormund *Waldemar* war.[370]

Nachdem immerhin einige der vorherrschenden Wirren um die Herrschaftsfolge und den Anfall der Mark an ein Herrscherhaus aufgelöst werden konnten, regierten für etwa 50 Jahre die *Wittelsbacher* und für weitere ca. 40 Jahre das Luxemburgische Fürstenhaus über die Mark und damit auch das Kloster Lehnin.[371] Nahezu das gesamte Territorium wurde über die Dauer infolge wechselseitiger und anhaltender Streitigkeiten um

---

365 *Warnatsch:* Geschichte des Klosters Lehnin, S. 58.

366 *Winter:* Die Cistercienser des nordöstlichen Deutschlands, Zweiter Theil, S. 135f., S. 270f.

367 *Heffter:* Die Geschichte des Klosters Lehnin, S. 87; *Winter:* Die Cistercienser des nordöstlichen Deutschlands, Zweiter Theil, S. 140, S. 143, S. 145.

368 *Warnatsch:* Geschichte des Klosters Lehnin, S. 57f.

369 Vgl. *Sello:* Lehnin: Geschichte von Kloster und Amt, S. 109.

370 *Warnatsch:* Geschichte des Klosters Lehnin, S. 66.

371 Ebenda, S. 69f., S. 84.

Herrschaftsansprüche zugrunde gerichtet und wirtschaftlich an den Rande des Kollapses geführt. Das Kloster Lehnin litt im Zuge seiner Expansionsbestrebungen insbesondere deshalb, da in dieser Zeit der ökonomischen Misere seitens Adeliger oder der Bevölkerung nicht an Schenkungen oder milde Stiftungen an kirchliche Einrichtungen zu denken war und somit der hierzu benötigte Zustrom an Geld und Gütern vorerst versiegte.[372]

Nachdem dieser Zeitabschnitt jedoch überwunden war, standen dem Kloster wieder bessere Zeiten bevor. Diese sollten sodann bis zu seiner Auflösung im Jahre 1542 anhalten.[373]

Die Mark Brandenburg fiel an die brandenburg-preußische Linie der Dynastie der H*ohenzollern*. Burggraf *Friedrich VI. von Nürnberg* kam erstmals im Jahre 1412 in die Mark und es gelang ihm, die verworrene Situation mit militärischer Gewalt und diplomatischem Geschick aufzulösen.[374] Drei Jahre später, im April des Jahres 1415, wurde er durch König *Sigismund* zum Markgrafen, Kurfürsten und Erzkämmerer des Reiches ernannt; nunmehr unter dem Namen Markgraf *Friedrich I.* wurde er im Jahre 1417 feierlich mit der Mark Brandenburg und allen zugehörigen Rechtstiteln belehnt, die Pfandübertragung aufgehoben und die Mark damit erblicher Besitz der Hohenzollerndynastie. Hieran anknüpfend entwickelte sich Lehnin angesichts des erneut aufblühenden Gemeinwesens in Brandenburg abermals zu einem starken Wirtschaftsfaktor, zudem gewann die Zisterze auch politisch wieder an Einfluss und zeigte sich als Stätte geistlicher Gelehrsamkeit.[375] Dies mag insbesondere daran gelegen haben, dass *Friedrich I.* den Quellen nach durchaus solchen Anstalten, die „*Sittlichkeit, Bildung und einen frommen, christlichen Sinn verbreiteten*", sehr geneigt war.[376] Auch die Zuneigung der Adeligen und der sonstigen Bevölkerung gegenüber dem Kloster war nunmehr wieder präsent, was beispielhaft aus einer Urkunde vom 10.11.1415 hervorgeht. Es erschienen vor dem Kurfürsten der lehniner Abt *Heinrich* und die Herren *Hans Sommerfeld* und *Caspar Sticken*. Letztere erklärten, dass sie ihre Güter Müllenbecke und Sumolt für den Betrag von 180 Böhmischen Groschen dem

[372] *Spieker:* Kirchen- und Reformationsgeschichte der Mark Brandenburg, S. 130.
[373] *Heffter:* Die Geschichte des Klosters Lehnin, S. 45.
[374] *Warnatsch:* Geschichte des Klosters Lehnin, S. 76
[375] Ebenda, S. 77f.
[376] *Spieker:* Kirchen- und Reformationsgeschichte der Mark Brandenburg, S. 131; *Heffter:* Die Geschichte des Klosters Lehnin, S. 45.

Abt und seinem Gotteshause verkauft hätten. Die für die Rechtswirksamkeit erforderliche Bestätigung des Erwerbes erteilte der Fürst unter Hinzufügung folgender Passage: *„Wir haben angesehen den treuen innigen Gottesdienst und das strenge Leben, das die genannten geistlichen Mönche und Brüder zu Lehnin, beides Tages und Nacht mit Fleiß halten nach der Regel des heil. Benedikt und ihres Ordens. Damit wir nun auch ihres innigen Gebets und ihrer guten Werke theilhaftig werden, so bekräftigen und bestätigen wir den Kauf des Dorfes Mollenbecke und der dazu gehörigen Güter, wie denn auch die heilige Schrift sagt, daß man die Sünde mit dem Almosen lösen solle. Darum zur Vergebung unsrer Sünden, wie zu unsrer und unsrer Eltern und Freunde Seligkeit haben wir gegeben und geben Kraft dieses Briefes, zur Ehre und zum Lobe des allmächtigen Gottes und seiner heiligen Mutter Maria der ewigen Jungfrau, die vorgenannten Dörfer Mollenbecke und Sumolt mit allen Rechten und Zubehör den genannten geistlichen Mönchen und Brüdern zu Lehnin sowie mit aller Gerechtigkeit, die wir daran gehabt haben an Lehn, Bede, Pacht, Schoß und Diensten."*[377]

Neben den Einkünften aus solchen günstigen Geschäften, aber auch reinen Schenkungen und Zustiftungen, welche neben reiner Mildtätigkeit vor allem mit dem Glauben und dem Seelenheil der Gläubigen (Ablasshandel)[378] in Verbindung zu bringen sind, vereinnahmte das Kloster große Summen durch weltliche Tätigkeiten. Einnahmen generierte das Kloster insbesondere aus Zinsen für gewährte Darlehen, Grundzins für Häuser in den beiden Marktflecken Lehnin und Werder und hier anfällige Marktabgaben, Fischzoll von Werder, vergebenen Lehnsgütern, Seen, Fischereien, Wehren, Wasser- und Windmühlen und aus der Forstwirtschaft.[379]

Jedoch ergaben sich aus der starken ökonomischen Stellung des Klosters nicht nur Vorteile. Zwar standen Mönche des Zisterzienserordens grundsätzlich in dem Ruf, ein stilles und ordentliches Klosterleben zu führen. So betrieben sie beispielsweise Wein- und Ackerbau für den Eigenbedarf selbst, züchteten Vieh, betrieben ihr Handwerk und machten wüste Ländereien urbar. Noch im Jahre 1415 konstatierte Kurfürst *Friedrich I.*, *„wie er angesehen hätte den pflichttreuen, innigen Gottesdienst und das strenge Leben, daß die*

---

[377] *Riedel:* Codex diplomaticus Brandenburgensis, 1. Teil, Band 1, S. 166ff.; *Spieker:* Kirchen- und Reformationsgeschichte der Mark Brandenburg, S. 131.

[378] *Heffter:* Die Geschichte des Klosters Lehnin, S. 76.

[379] Dies geht hervor aus einem Landbuche Lehnins von 1375 und aus einem Landschoßregister von 1451; vgl. *Heffter:* Die Geschichte des Klosters Lehnin, S. 72.

geistlichen Mönche und Brüder zu Lehnin ebensowohl am Tage wie des Nachts um Gotteswillen mit Fleiß hielten nach den Gesetzen und Regeln des heiligen Benedictus und ihres Ordens, und wie er auch wünsche, ihrer innigen Fürbitten und guter Werke bei Gott theilhaftig zu werden".[380]

Mit zunehmendem Wohlstand jedoch machten sich erste Veränderungen der Lebensführung bemerkbar und auch mit den Worten *Spiekers*, *„die Mönche wurden faule Bäuche wie überall"*.[381] Erschwerend kam hinzu, dass generell nicht mehr wie zuvor große Gelehrsamkeit herrschte und die Mönche insgesamt einen ziemlich ungebildeten Eindruck vermittelten. Hatten sie zu Beginn der Klostergeschichte ihrerseits noch die Wenden zum Christentum bekehrt, so kannten sie selbst kaum mehr die Legenden der Heiligen.[382] So konnte es sich ereignen, dass sie von der Wissenschaft überholt wurden. Sie blieben stehen auf dem bescheidenen Wissensstand, den die Ordensregel ihnen vorgab. Dies war der Mangel und letztendlich der Keim des Verfalls angesichts der aufkommenden Reformation und der fortschreitenden Wissenschaft gegen Ende des 15. Jahrhunderts.[383] Ein wenig überraschend ist dieser Umstand, da die Möglichkeit der Lehre in Religion und Wissenschaft durchaus gegeben war. Vorhanden war eine sehr ordentlich geführte Klosterbibliothek.[384] So soll nach *Spieker* ein Verzeichnis des Bestandes im Jahre 1514 durch den Lehniner Abt *Valentin* an *Martin Luther* gekommen und über diesen nach Jena gelangt sein.[385] Die Klosterbibliothek umfasste etwa 1000 Werke aus allen Wissenschaftsbereichen,[386] was für eine Zeit vor der Reformation eine beträchtliche Anzahl darstellte und weitreichende Studien ermöglicht haben dürfte.[387]

Der eben erwähnte Abt *Valentin* nahm eine hervorgehobene Rolle, insbesondere im Zusammenhang mit der späteren Aufhebung des Klosters, in der Historie Lehnins ein. Er wurde bereits im Jahre 1509 zum Abt gewählt

---

380 *Heffter:* Die Geschichte des Klosters Lehnin, S. 86.
381 *Spieker:* Kirchen- und Reformationsgeschichte der Mark Brandenburg, S. 136.
382 Ebenda.
383 *Heffter:* Die Geschichte des Klosters Lehnin, S. 87.
384 *Warnatsch:* Geschichte des Klosters Lehnin, S. 78.
385 *Spieker:* Kirchen- und Reformationsgeschichte der Mark Brandenburg, S. 137; hier Fußnote b): Milii Memorabilia Biblioth. Acad. Jenensis. Jenae 1746; zum Zeitpunkt des Erscheinens Spiekers Werkes 1839 soll dieses Verzeichnis auch noch a.a.O. vorhanden gewesen sein.
386 *Warnatsch:* Geschichte des Klosters Lehnin, S. 78.
387 *Heffter:* Die Geschichte des Klosters Lehnin, S. 3.

und hatte dieses Amt bis zu seinem Tod und der Aufhebung des Klosters im Jahre 1542 inne.[388] Er pflegte ein besonderes Näheverhältnis zu Kurfürst *Joachim I.*, welcher zu Zeiten der Reformation Territorialherrscher der Mark Brandenburg war. *Valentin* diente ihm als Berater und war überdies auch sein Gevatter.[389] Diese enge Beziehung zwischen Abt und Landesfürst und dessen Gewogenheit dem Mönch gegenüber spiegelte sich auch darin wider, dass *Joachim I.* ihn und das Kloster für alle Zeit von einer äußerst lästigen Pflicht entband. Aus einer Urkunde vom 21.12.1515 geht hervor, dass Adelige auf der Jagd mit ihrem Gefolge und ihren Tieren häufig im Kloster gastierten und hier verköstigt werden mussten. Mit dieser Urkunde sprach *Joachim I.* aus, dass *„Jäger und Hunde im Kloster kein Lager halten und weder Speise noch Trank oder Fütterung verlangen dürfen“*.[390] Letztlich half jedoch auch diese Verbundenheit zwischen Klerus und profanem Landesherren nicht darüber hinweg, dass reformatorische Ideen immer stärker in die Mitte der weltlichen und klerikalen Gesellschaft drängten und letztendlich, wie nachfolgend zu untersuchen ist, zur Aufhebung des Klosters führten.[391]

III Säkularisation des Klosters Lehnin durch Joachim II. im Jahre 1542

Die erste Hälfte des 16. Jahrhunderts stand im Zeichen der beginnenden Reformation. Zuvörderst infolge des Thesenanschlages durch *Luther* im Jahre 1517 in Wittenberg gewann die Reformationsbewegung zunehmend an Bedeutung, breitete sich immer weiter aus und ließ freilich auch das Kloster Lehnin nicht unberührt, lag dieses doch vom sächsischen Wittenberg und *Luther* nur wenige Kilometer entfernt.[392] Bekanntermaßen setzte nunmehr allerorten eine Bewusstseinsänderung betreffend die katholische Kirche und im speziellen die Orden und Klöster ein. Nicht mehr zeitgemäß und für Volkswohl und -bildung nachteilig wurden das isolierte Klosterleben der Mönche angesehen, deren Fürbitten für die Vergebung der Sünden (Ablasshandel, Ablassbriefe) anderer Leute und zudem die Enthaltsamkeit

---

[388] *Heffter*: Die Geschichte des Klosters Lehnin, S. 61.
[389] *Warnatsch:* Geschichte des Klosters Lehnin, S. 80.
[390] *Spieker:* Kirchen- und Reformationsgeschichte der Mark Brandenburg, S. 133.
[391] *Warnatsch:* Geschichte des Klosters Lehnin, S. 80.
[392] Vgl. auch *Müller:* Schlaglichter der deutschen Geschichte, S. 95ff.

gegenüber allen Freuden dieser Welt galten. Immer häufiger wurden die Klöster als unnütze, überflüssige, nachteilige und lästige Institute angesehen, welche auf Kosten der hart arbeitenden Bauern, Lehnsträger und Untergebenen den Müßiggang einiger weniger beförderten.[393]

Als entschiedener Gegner dieser neuen Denkschule sollte sich *Joachim I.* erweisen. Dieser hob als katholischer Landefürst dazu an, Reformationsentwicklungen nicht nur in seinen Landen nicht umzusetzen, sondern diese gar aktiv zu bekämpfen. So entsandte er beispielsweise seinen Abt *Valentin*, welcher immer noch häufig bei Hofe war und dem Fürsten beratend zur Seite stand, bereits im Jahre 1518 zu einer Disputation nach Leipzig mit *Martin Luther.*[394] Der Abt selbst jedoch stand den Neuerungsideen recht offen gegenüber. Für ihn war in erster Linie von Bedeutung, das Kloster in seinem Bestand zu erhalten, was bis zu seinem Tod im Jahre 1542 auch gelang. Lehnin blieb folglich in seinen Rechten, Ehren und Würden, solange *Joachim I.* herrschte und das alte Regime aufrechterhielt.[395]

Erst nach dessen Tod und dem Herrschaftsantritt *Joachims II.* im Jahre 1535 strebte der Zweitgenannte die Reformation der Mark Brandenburg vorsichtig an, wenngleich er sich erst im Jahre 1555 offiziell zu der neuen Lehre und zum Protestantismus bekannte.[396] Dass er zunächst wie sein Vater der katholischen Kirche und dem katholischen Glauben treu ergeben blieb, lag insbesondere an einem Eid, den er seinem Vater gegenüber vor dessen Tod im Jahre 1535 abgelegt hatte und welcher das Versprechen beinhaltete, dem katholischen Glauben treu zu bleiben und denselben in ihren Landen erhalten zu wollen.[397] Dieser Eid währte jedoch nicht lange; nach und nach wandte er sich immer mehr den reformatorischen Ideen zu und gelangte zu der Ansicht, dass das Kloster Lehnin in seinem Wirken, seiner Macht- und Territorialausdehnung überlebt hätte und nicht mehr konform mit der vorherrschenden Denkweise sei. Befremdlich war die Einstellung *Joachims II.* nicht: Heiden gab es in der Mark schon lange keine mehr; diesbezüglich gab

---

393 *Heffter:* Die Geschichte des Klosters Lehnin, S. 46.

394 *Warnatsch:* Geschichte des Klosters Lehnin, S. 80.

395 *Spieker:* Kirchen- und Reformationsgeschichte der Mark Brandenburg, S. 145. *Heffter:* Die Geschichte des Klosters Lehnin, S. 47.

396 *Warnatsch:* Geschichte des Klosters Lehnin, S. 80; *Heffter:* Die Geschichte des Klosters Lehnin, S. 47.

397 *Rudolphi:* Die katholische Kirche in Preußen, S. 1.

es für die Mönche nichts mehr zu tun. Da sie sich, wie bereits gesehen, auch nicht mit besonderem Eifer den Studien und der Wissenschaft widmeten und darüber hinaus auch der Unterricht für die Novizen keine besondere Rolle im Klosterleben spielte, manifestierte sich freilich der Eindruck, dass die Mönche kostenlos in den Klosteranlagen logierten und eine Gegenleistung für ihr bequemes Leben nicht erbrachten.[398]

Keinesfalls jedoch können diese religiös-reformatorischen Motive *Joachims II.* als dessen einziger Antrieb für das Vorgehen betreffend die Zisterze Lehnin angesehen werden. Der Landesfürst galt als äußerst freigiebig, ja sogar verschwenderisch, und um die Staatsfinanzen in der Mark war es ob des ausschweifenden Lebensstils nicht allzu gut bestellt, sodass die Aussicht auf den Erwerb des Kirchengutes freilich lukrativ erscheinen musste.[399] In einem Aufsatz in der Berliner National-Zeitung anlässlich der Einweihung eines Denkmals zu Ehren *Joachims II.* 1889 heißt es zu seiner Motivation: *„Sobald er sich von der katholischen Kirche schied, war es in seine Macht gegeben, durch Aufhebung der Klöster mächtige Reichtümer mit Beschlag zu belegen. Von diesem Heilpflaster für ‚Glaubenswunden' machte ja bereits jeder Fürst ausgiebigsten Gebrauch. Weshalb sollte da Joachim zaudern, ein armer Herrscher in der Mark, dessen Lebensführung gewaltige Summen verschlang und der, selbst unbemittelt, mit immer sich wiederholenden Bitten den Ständen im Ohr liegen musste? […] Um Kirche und Bürgertum hat sich der Hohe Herr sein Lebtag herzlich wenig gekümmert. Nur nach dem Gute der Kirche hatte er Heißhunger, berichtet sein Zeitgenosse, der Domherr Johann Erdmann zu Goldin."*[400]

Ein offenes Vorgehen zur Säkularisation von Klostergut verbot sich jedoch. Innerhalb der katholischen Kirche und auch in Teilen der ehemals rein katholischen Bevölkerung regte sich – wenngleich auch die Bürgerschaft mehrheitlich den Maßnahmen der Reformation zustimmte – Widerstand. Eine Säkularisation musste deshalb unter dem Deckmantel der Umsetzung reformatorischer Ideen durchgeführt werden.[401] Die erste Maßnahme *Joachims II.* mit einschneidender Wirkung war sodann die Inkraftsetzung

---

398 *Heffter:* Die Geschichte des Klosters Lehnin, S. 47.
399 *Rudolphi:* Die katholische Kirche in Preußen, S. 2f.
400 Zitiert nach *Rudolphi:* Die katholische Kirche in Preußen, S. 2.
401 *Rudolphi:* Die katholische Kirche in Preußen, S. 2.

einer neuen Kirchenordnung[402] im Jahre 1540. Diese galt natürlich auch für Lehnin und schränkte die Selbstbestimmtheit des Klosters in hohem Maße ein. Die Kirchenordnung enthielt besondere Regeln für fast alle sakralen Tätigkeiten, für Gebet, Predigten, Gesang und Kirchenzeremonien, darüber hinaus bestimmte sie aber auch das Tagwerk und das Verhalten der Mönche.[403]

Zur Überwachung der ordnungsgemäßen Umsetzung und Befolgung der neuen Ordnung wurde die Visitation angeordnet. Ab dem Jahr 1541 zogen Visitatoren im ganzen Land umher und prüften in demselben Jahr auch das Kloster Lehnin. Hierüber wurde ein Bericht gefertigt, der sogenannte Abschied, welcher noch im alten Amtsbuch existierte und deshalb mitüberliefert wurde.[404] Der Inhalt soll hier wiedergegeben werden, da sich hieraus ersehen lässt, welchen Eindruck weltliche Kräfte von Klostergemeinschaften gewannen und was profane Territorialherren mitunter zu einem Vorgehen gegen solcherlei Orden bewog, weshalb also derartige Säkularisationsbestrebungen entstehen konnten. Zudem wird auch ersichtlich, welche Stellung sich die weltlichen Herrscher selbst zudachten. Ohne die Frage der Befugnis zu stellen, wurde in den Kernbereich klerikalen Wirkens eingegriffen:

> *„Es sollen auch die Klosterbrüder dem Herrn Abte, Prior, und Subprior fortan noch immer den schuldigen Gehorsam leisten, sich in gebührlicher Zucht und Disciplin halten, und versehen sich dagegen die Visitatoren, der Herr Abt und die Priores würden von den Brüdern das, was Gott dem Allmächtigen und der Kirchenordnung zuwider wäre, nicht fordern. Die Messe sollte in dem Kloster anders nicht, denn wie in der Kirchenordnung festgesetzt wäre, gehalten werden; doch sollten die Brüder alle Tage, wenn etliche aus ihnen oder Andere nicht zum Sakrament gehen wollten, das Tag-Amt, wie die Kirchenordnung angäbe, singen und abhalten; wenn aber Communikanten wären, sollte die Messe ganz, jedoch nicht anders, denn nach Laut der Kirchenordnung gehalten werden. Es sollte auch das heilige Abendmahl keinem Bruder anders als nach der Einsetzung Christi, wie es in der Kirchenordnung zu finden, und wie es auch ihre alte Ordensregel ausweise, in beiderlei Gestalt geben, aber unter einer Gestalt versagt werden u. dgl. m. weil ferner der Orden der Cistercienser vordem allein Schulen gehabt habe, in welchen die*

[402] Kirchen Ordnung im Churfurstenthum der Marcken zu Brandemburg / wie man sich beide mit der Leer und Ceremonien halten sol, Berlin 1540 (digitalisiert und online abrufbar unter https://www.deutsche-digitale-bibliothek.de/item/YWXQT-3BJQXLFGPZ43SCD6MA74VZMNCKS [zuletzt abgerufen am 07.05.2025]).

[403] *Heffter:* Die Geschichte des Klosters Lehnin, S. 48.

[404] Amtsbuch Lehnin; Brandenburgisches Landeshauptarchiv Pr. Br. Rep. 2 Kurmärkische Kriegs- und Domänenkammer D 11121.

Jugend wohl aufgezogen und in guten Wissenschaften und in Gottes Worte und Dienste unterrichtet worden, es dagegen nun allein zu vielen langen Kirchengesängen gekommen sei, um derentwillen die Klosterbrüder in den wissenschaftlichen Studien sehr sich verabsäumt hätten, also daß etliche sogar den Katechismus nicht kennten, so ordneten die Visitatoren an, daß die Kirchengesänge im Kloster so viel als möglich sollten beschränkt und dagegen den Brüdern, insonderheit den jüngeren, mit Fleiß des Tages ungefähr drei Stunden sollten Vorlesungen gehalten und mit ihnen repetirt werden, und sollten die Lehrer und Repetenten Vorträge halten über Grammatik, Dialektik, Rhetorik, wodurch die jüngeren Brüder die Regeln der Beredsamkeit lernen sollten. Damit sie dann dieselben auch zur praktischen Uebung im Sprechen und Schreiben anwenden lernten, sollte dabei gelesen werden in den Colloquiis des Erasmus von Rotterdam, im Terenz, Plautus u. dgl., und sollten sie sich gewöhnen zur Lectüre der Redner, Dichter und Geschichtsschreiber, damit sie eine Kunde des Alterthums und eine bessere Anleitung zum Lesen der heiligen Schrift fassen möchten. Und weil den Brüdern über die heilige Theologie keine Vorträge gehalten worden, sollte der Lehrer hernehmen die locos communes theologicus von Philipp Melanchton und diese den Brüdern wohl deuten und erklären, damit sie dadurch eine Anleitung zum Lesen der heiligen Schrift bekämen, und solle den Brüdern nicht verwehrt sein, allerhand gebräuchliche Bücher in der heiligen Schrift zu lesen. Es sollte auch der Lehrer die Brüder anhalten, daß sie täglich mit Fleiß in dem Katechismus, aus der Kirchenordnung läsen, und sie daraus examiniren; dazu sollten sie lesen den lateinischen Katechismus von Philipp Melanchton und von Sarcerius. Und da die Visitatoren einsahen, daß nicht über alles durch Einen Lehrer könnten Vorträge gehalten werden, so sollte der Herr Abt noch einen von den Brüdern, wofern er dazu geschickt wäre, auswählen oder sich nach einem andern anderswoher umthun, damit die Jugend, wie bisher geschehen, nicht so verabsäumt würde. Es sahen ferner die Visitatoren nicht für unbequem (unräthlich) an, daß, nachdem etliche Brüder im Kloster, wie bei der Prüfung befunden worden, gute geschickte Anlagen und Luft zum Studiren hätten, etliche von ihnen zu den höheren Studien auf die Universität zu Frankfurt a. O. geschickt würden. Auch sollte den Brüdern an Essen und Trinken das Nothwendige, damit sie sich nicht zu beklagen haben möchten, allewege gegeben werden. Die freie Gastung im Kloster sollte abgethan sein, außer dem Ablager (Einlager) des Landesherrn und des Hofgesindes.

Endlich da die Visitatoren vermöge kurfürstlichen Befehles die (einzelnen) Brüder um allerlei gefragt und ausgeforscht hatten, so hinterließen sie noch die Warnung, daß, da nach ihrer, der Visitatoren Abreise vielleicht, wie man sich besorgte, wider Willen möchte auf etliche der Brüder ein Haß geworfen und wider sie eine Strafe vorgenommen werden sollte, sie sich dessen verließen, daß, was der Visitation halber vorgefallen, kein Bruder darüber in Ungnade gerathen, noch viel weniger sie darum in Zucht oder Disciplin genommen werden sollten, wie denn die Visitation sie deßhalb auf das Bestimmteste in des Landesherren Schutz und Sicherheit nähmen."[405]

[405] Amtsbuch Lehnin; Brandenburgisches Landeshauptarchiv Pr. Br. Rep. 2 Kurmärkische Kriegs- und Domänenkammer D 11121.

Diesen Abschied erhielt *Joachim II.* zugesandt, bestätigte die Maßnahmen der Visitatoren und trug ihnen zugleich auf, mit der Visitation fortzufahren.[406] Es ist davon auszugehen, dass neben diesen Anordnungen auch Einkünfte und Besitztümer des Klosters Lehnin inventarisiert wurden, hiervon sind jedoch keine Aufzeichnungen mehr vorhanden.[407]

Diese Maßnahmen griffen bereits tief in die Direktive der Klosterführung ein, sollten aber in der Folge noch viel weitreichender werden. Hatten sich der Kurfürst und die Visitatoren gegenüber dem „frommen alten Pater" *Valentin*, wegen des Versprechens *Joachims II.* an seinen Vater, aus Respekt und Gewogenheit noch in Zurückhaltung geübt, so trat nunmehr nach dem Tod *Valentins* im Jahre 1542 deren wahres Ansinnen zu Tage. Anfang Dezember diese Jahres teilte *Joachim II.* den Klosterbrüdern mit, dass es ihnen nicht erlaubt sei, einen neuen Abt zu wählen, da die Anzahl der noch im Kloster verbliebenen Mönche zur Erhaltung der Zisterze zu gering sei.[408] Dieses Argument kann hingegen nur als vorgeschoben betrachtet werden, hatte *Joachim II.* doch zum einen bereits zuvor die Wahl eines neuen Abtes verboten, zum anderen befanden sich noch 17 Mönche im Kloster, was durchaus eine genügende und auch übliche Anzahl war.[409] Dieses Verbot der Abtwahl bedeutete zugleich die Aufhebung und in der Folge die Säkularisation des Klosters, welche damit auf den 04.12.1542 datiert werden kann.[410] Vergeblich hatte sich *Valentin* noch kurz zuvor mit einem Gesuch an *Joachim II.* gewandt: *„Seine kurfürstlichen Gnaden wollten sein und seines Closters gnädigster Herr sein; dafür wolle er sammt seiner gehorsamen Fratribus Gott um ein glückseliges Regiment seiner kurfürstlichen Gnaden zu bitten gewilligt sein."*[411] Die Aufhebung war jedoch beschlossene Sache und veranlasste einen Großteil der Ordensbrüder, das Kloster zu verlassen und sich eine neue Wohnstätte, immerhin unter Zahlung einer Abfindung durch den Klosterverweser *Happe* (bei dem Mönch

406 *Heffter:* Die Geschichte des Klosters Lehnin, S. 50.

407 Ebenda.

408 *Riedel:* Codex diplomaticus Brandenburgensis, 1. Teil, Band 10, S. 403 Nr. 279; *Heffter:* Die Geschichte des Klosters Lehnin, S. 50.

409 *Riedel:* Codex diplomaticus Brandenburgensis, 1. Teil, Band 10, S. 403 Nr. 279; Ebenda, 1. Teil, Band 3, S. 139f, Nr. 57.

410 *Heffter:* Die Geschichte des Klosters Lehnin, S. 50; *Warnatsch:* Geschichte des Klosters Lehnin, S. 81.

411 Dieses Schreiben ist noch im Geheimen Staatsarchiv vorhanden; *Heffter:* Die Geschichte des Klosters Lehnin, S. 50.

Hieronymus Teuffel so zum Beispiel 27 Gulden *„zu all seiner Abfertigung"*) aufzusuchen.[412] Diejenigen unter ihnen, die in der Theologie gut ausgebildet waren, wurden Lehrer oder bekamen eine Pfarrei zugewiesen, die Jüngeren mit gutem Potential besuchten die Universität Frankfurt a.d.O.[413] Nur sehr wenige Mönche entschieden sich, bis zu ihrem Lebensabend im Kloster zu verbleiben. Ihnen war es jedoch nicht gestattet, in der Klosteranlage direkt zu wohnen, sondern nur in umliegenden Dörfern. Ihnen wurde eine kleine Rente zum Bestreiten ihrer gezwungenermaßen nunmehr bescheidenen Lebensführung gewährt.[414]

Besonders interessiert an dieser Stelle ist die Säkularisation des klösterlichen Vermögens.

Lehnin hinterließ nach seiner Aufhebung aufgrund seiner Wirtschaftlichkeit auch noch in der ersten Hälfte des 16. Jahrhunderts ein kleines Fürstentum an Domänen.[415] Das Kloster hatte eine äußerst beachtliche Größe erlangt und verfügte zum Zeitpunkt der Säkularisation insgesamt über zwei Marktflecken (Lehnin und Werder), 64 Dörfer, 83 Hufen Acker in verschiedenen Ortschaften, 19 Windmühlen, sechs Wassermühlen, 54 Seen und zugehörige Fischereien, zudem etliche Weinberge, (Obst-)Gärten, Wiesen, Häuser und Höfe.[416] Auch deshalb kann konstatiert werden, dass es in der ersten Hälfte des 16. Jahrhunderts zu den politisch einflussreichsten Institutionen und größten Grundbesitzern der Mark Brandenburg zählte.[417]

Das Territorium des Klosters Lehnin mit all seinen Dörfern, Seen, Gütern usw. wurde nach der Aufhebung zum Teil überführt in ein staatliches Domänenamt, verwaltet durch fünf kurfürstliche Hauptleute, darunter auch *Michael Happe von Happberg.* Insgesamt verwaltete das Domänenamt 24 Dörfer. Die

---

412 *Riedel:* Codex diplomaticus Brandenburgensis, 1. Teil, Band 10, S. 404, Nr. 280.

413 *Heffter:* Die Geschichte des Klosters Lehnin, S. 50.

414 Im Geheimen Staatsarchiv findet sich ein Bittschreiben der in Lehnin verbliebenen Mönche. Hierin wird Joachim II. ersucht, dass ihnen außer ihrem Zehrpfennig wöchentlich noch etwas Bestimmtes an Semmel, Gewürz, Wein, Bier, und anderen „guten Sachen" gereicht werde; vgl. *Spieker:* Kirchen- und Reformationsgeschichte der Mark Brandenburg, S. 147.

415 *Winter:* Die Cistercienser des nordöstlichen Deutschlands, Zweiter Theil, S. 271.

416 *Heffter:* Die Geschichte des Klosters Lehnin, S. 71.

417 *Warnatsch:* Geschichte des Klosters Lehnin, S. 14.

übrigen Dörfer wurden zu anderen Ämtern geschlagen, verkauft oder zum Teil auch, bei einzelnen entlegenen Besitzungen, verschenkt.[418]

Alle weltlichen Besitztümer wurden damit säkularisiert. Begründet wurde dies mit einer Rechtfertigung, welche das Selbstverständnis der Allmacht weltlicher Herren äußerst prägnant hervortreten lässt. Der Landesfürst wurde als der rechtmäßige Eigentümer angesehen. *„Denn so wie ehedem von den Fürsten der Mark, als den souveränen Herren des Landes, das Kloster gegründet werden konnte, so durften sie es ebenso wieder aufheben jetzt, wo es nicht mehr seinen Zwecken entsprach, sondern dem Lande eine überflüssige, unnütze Last war.“*[419]

Die Klosteranlage selbst stand in der Folge leer und die Gebäude verfielen nach dem Auszug der Mönche. Alle Einkünfte der verbliebenen Güter wurden unmittelbar dem Staate zugewiesen, ohne für ähnliche Zwecke verwendet zu werden, welche der Stifter *Otto I.* einst beabsichtigt hatte.[420] Der Verfall des Klosters aufgrund des Leerstandes dauerte an bis zum Jahr 1704; erst dann sollte Preußenkönig *Friedrich I.* gefallen an diesem entlegenen Ort und seiner Ruhe finden, woraufhin er die Klosteranlage zu einer Privatresidenz umbauen ließ.[421]

IV Fazit

Die Säkularisation des Klosters Lehnin mit all seinen Besitztümern steht exemplarisch für die Vorgehensweise weltlicher Herrscher bei der Überführung kirchlicher Güter und Rechte in Staatsbesitz. Zugleich kann dieser Vorgang als Vorbereitung auf weitere, viel weitreichendere Säkularisationen innerhalb der preußischen Staaten, zunächst hier im Rahmen der Reformation, später dann infolge aufgeklärten Ideenguts und mit Aufkeimen des Naturrechts gesehen werden. Bedeutsam und beiden Gedankenschulen – Reformation und Aufklärung – gemein ist, dass sich Maßnahmen im protestantisch gewordenen Preußen in der Regel gegen die katholischen Institutionen richteten und diese im Verlauf des 17. und 18. Jahrhunderts großflächig vernichteten. Die Motivation weltlicher Herrscher, klerikale

418 *Spieker:* Kirchen- und Reformationsgeschichte der Mark Brandenburg, S. 147; Angelus Annalen, S. 334; *Heffter:* Die Geschichte des Klosters Lehnin, S. 53f.

419 *Heffter:* Die Geschichte des Klosters Lehnin, S. 53.

420 Ebenda, S. 4.

421 Ebenda, S. 54.

Einrichtungen zu reformieren und nach ihrem Dafürhalten einzurichten, ging stets Hand in Hand mit der Aussicht darauf, kirchliches Vermögen für eigene Zwecke nutzbar zu machen, sich selbst und den Staat also auf Kosten der Kirche und auf Kosten der Stifter zu bereichern. Diese Tendenz wird in den folgenden Abschnitten sogar noch deutlicher zu Tage treten als dies hier unter der Herrschaft *Joachims II.* exemplarisch dargelegt werden konnte.

Besonders hervorzuheben ist auch noch einmal die Ambivalenz, mit welcher profane Territorialherrscher dem Kirchenwesen gegenüberstanden und wie radikal man bei Gelegenheit gegen dieses vorzugehen gewillt war. Hatte man hier das Kloster Lehnin zu Zeiten der Stiftung im Jahre 1180 eingerichtet und benützt, um die Landesherrschaft zu sichern, die Slaven zu christianisieren und das Land urbar zu machen, so hob man es zu dem Zeitpunkt, als die Herrschaftsmacht gesichert schien, die politische und religiöse Strömung hin zum Protestantismus umschwenkte, das klösterliche Wirken nicht mehr so relevant und die Staatskasse klamm war, ohne Umschweife auf und bereicherte sich an dessen Vermögen.

Dies hatte freilich auch Konsequenzen für die zuvor durch die Zisterze wahrgenommene Karitas, hatte das Kloster doch, wie bereits gesehen, große Leistungen betreffend Armen- und Krankenfürsorge sowie im Bereich der Bildung und Seelsorge erbracht. *Heffter* kommt überdies nicht umhin, am Schluss des Abschnitts zur Säkularisation Lehnins zutreffend anzumerken, *„was aus dem Institute, bei dem Besitze so vieler Güter, Dorfschaften, Vorwerke, Forsten, für eine gemeinnützige Anstalt hätte hervorgehen können, wenn es zu einem landwirthschaftlichen und Forst-Institute bei seiner Säkularisation umgewandelt worden wäre! Keines Ortes Lage wäre hierzu günstiger gewesen. Und was hätte gerade ein solches Institut leisten können [...].“*[422] So aber lag die Anlage über die folgenden 150 Jahre brach und verfiel weitestgehend, ohne dem Gemeinwesen weiterhin zuträglich sein zu können. Auch nach der Instandsetzung durch *Friedrich I.* ab dem Jahr 1704 sollte dies nicht mehr der Fall sein, diente es doch nunmehr nur noch privaten Zwecken der königlichen Familie.[423]

---

[422] *Heffter:* Die Geschichte des Klosters Lehnin, S. 55f.
[423] Ebenda, S. 55.

E Preußische Säkularisationspläne unter Friedrich II.

Die jeweils unterschiedlich weit vorangetriebenen Säkularisationsbestrebungen des 17. und 18. Jahrhunderts gingen von jenen deutschen Staaten und Dynastien aus, welche ihre Interessen im Rahmen der Kompensations- und Arrondierungsgeschäfte des Westfälischen Friedens im Jahre 1648 als unzureichend berücksichtigt empfanden und die zum Teil in Folge der Friedensbestimmungen, zum Teil aufgrund der territorialen Gemengelage mit geistlichen Staaten der Ansicht waren, Ansprüche auf geistliche Güter und Besitzungen geltend machen zu können. Diese Bestrebungen forcierten sich im Kampf um Territorialveränderungen und um die Vormachtstellung des katholischen oder protestantischen Glaubens als Vorgefecht der großen Säkularisation von 1803 und des Untergangs des Heiligen Römischen Reiches Deutscher Nation.[424] Ein solches Anspruchsdenken und zugleich der Wunsch, Säkularisationsgedanken in die Tat umzusetzen, lassen sich auch im Preußen des 18. Jahrhunderts, genauer unter der Regentschaft König *Friedrichs II.* ausmachen, dessen diverse Säkularisationspläne hier untersucht werden sollen.

I Friedrich der Große – Monarch und Mann der Aufklärung

Der am 31.05.1740 nach dem Tod seines Vaters, *Friedrich Wilhelms I.*, an die Macht gelangte Preußenkönig *Friedrich II.*[425] war einer der bedeutendsten Regenten des preußischen Staates überhaupt und wird als bürgernaher und pflichtbewusster König und allzeit fürsorglicher Landesvater charakterisiert, der auch schöngeistigen Dingen stets aufgeschlossen und in Zeiten der Not mit kriegerischen Attributen reich ausgestattet war.[426] *Friedrich der Große* führte während seiner Regentschaft insgesamt vier Kriege, den Ersten Schlesischen Krieg (1740–1742), den Zweiten Schlesischen Krieg (1744–1745; beide innerhalb des Österreichischen Erbfolgekrieges 1740–1748), den Siebenjährigen Krieg (1756–1763) und den Bayerischen Erbfolgekrieg

---

[424] *Raab:* Reich und Kirche in der frühen Neuzeit, S. 369.

[425] Auch *Friedrich „der Große"*; geb. 24.01.1712 in Berlin, gest. 17.08.1786 in Potsdam; *Dernburg:* Lehrbuch des preußischen Privatrechts, S. 5; m. w. N *Frie:* Friedrich II.; *Hahn:* Friedrich der Große und die deutsche Nation.

[426] *Hahn:* Friedrich der Große und die deutsche Nation, S. 212f.

(1777–1778).[427] Generell war die stets nur im patriotischen Eigeninteresse geführte Politik *Friedrichs II.* im Wesentlichen durch Finanzpolitik und kriegerische Auseinandersetzung im Zuge von Gebietsansprüchen und Territorialstreitigkeiten geprägt.[428] Überdies war *Friedrich II.* ein überzeugter Mann der Aufklärung mit religiöser und militärischer Bildung.[429] Es ist deshalb wenig verwunderlich, dass er die Säkularisation als zeitgemäße politische Maßnahme, auch und vor allem zur Abhilfe klammer Staatsfinanzen wahrnahm. Dies zeigte sich insbesondere in seinen Briefwechseln mit Voltaire,[430] wenn er ihm beispielsweise am 24.03.1767 schrieb: *„Dieser Augenblick ist gekommen; denn Frankreich und Österreich sind verschuldet [...] die Lockspeise, welche reiche Abteien und gut fundierte Klöster darbieten, ist verführerisch.“*[431]

Indes darf man jedoch nicht der Vorstellung erliegen, oben aufgezählte Kriege und weitere Auseinandersetzungen seien von *Friedrich II.* um der reinen Säkularisation kirchlicher Güter willen geführt worden. Vielmehr waren Säkularisationsbestrebungen Nebenprodukte umfassender außen- und reichspolitischer Konzeptionen. Solche waren im Zeitalter des aufgeklärten Absolutismus dem Eigeninteresse in auswärtigen Angelegenheiten dergestalt zu dienen bestimmt, die eigene Machterweiterung und Arrondierung voranzutreiben. Dabei wurden im Zweifel und bei Bedarf bedenkenlos und ohne Rücksichtnahme auf die Bevölkerung des jeweiligen Territoriums ganze Länderkomplexe getauscht oder aufgeteilt.[432] Folglich waren Projekte der Säkularisation geistlicher Staaten im Heiligen Römischen Reich Deutscher Nation zwar nicht erklärtermaßen Hauptzweck friderizianischer Außenpolitik, sie können jedoch als Teilaspekt dessen mit einer ihnen immanenten Säkularisationstendenz verstanden werden.[433] Aufgrund der außerordentlichen Relevanz der Überführung von Kirchen- und Stiftungsgütern in

---

[427] *Frie:* Friedrich II., S. 6.

[428] *Baumgart:* Säkularisierungspläne König Friedrichs II. von Preußen, S. 60.

[429] *Frie:* Friedrich II., S. 9.

[430] *Francois Marie Arouet* (1694–1778), wohl bedeutendster Philosoph Frankreichs, nannte sich seit 1718 *Monsieur de Voltaire* und unterhielt mit *Friedrich II.* einen umfassenden Briefwechsel ab 1736; vgl. *Frie:* Friedrich II., S. 12, S. 144.

[431] *Erzberger:* Die Säkularisation in Württemberg von 1802–1810, S. 3f.; zitiert nach *Liermann:* Geschichte des Stiftungsrechts, S. 183.

[432] *Baumgart:* Säkularisierungspläne König Friedrichs II. von Preußen, S. 60.

[433] Ebenda.

weltliche Hände und der Ablösung klerikaler Landesherrschaft durch weltliche Fürsten für das gesamte Kirchen-, und damit auch Stiftungswesen, soll die Säkularisation den anderen politischen Interessen *Friedrichs II.*, welche freilich mindestens genauso Antriebsfeder gewesen sein dürften, bei den nachfolgenden Erläuterungen gleichrangig dargestellt werden.

II Säkularisationsvorhaben Friedrichs II.

Ein erster Säkularisationsversuch *Friedrichs II.* erfolgte bereits kurz nach seiner Übernahme der Regierungsgeschäfte im Jahre 1740. Mit dem überraschenden Tod des habsburgischen Kaisers *Karl VI.* im Oktober 1740 gelangte *Friedrich* schnell zu der politischen Einschätzung, Europa erwarte eine völlige Umwandlung des politischen Systems. Diese gründete sich darauf, dass mit *Karl VI.* die männliche Erblinie der Habsburger und damit deren Kaisertum erlosch und der Wittelsbacher *Karl Albert* aus diesen Wirren heraus, mit kräftiger Mithilfe Preußens und Frankreichs, zum Kaiser *Karl VII.* gewählt wurde. *Karl VII.* übernahm angesichts einer Vielzahl von Streitigkeiten zwischen England, Frankreich, Österreich, Bayern und Preußen eine äußerst fragile und zu zerbrechen drohende Herrschaft. So entstanden mit dem Ziel der Pazifikation Europas aus dieser Situation heraus erste preußische Säkularisierungsvorschläge für Süddeutschland zugunsten *Karl VII.* Dieser später als Haslang'scher Pazifikationsplan bezeichnete Vorschlag *Friedrichs II.* beinhaltete vermeintlich Maßnahmen um des Friedens willen. Allerdings trat anstelle der Ausstattung des Kaisers mit althabsburgischen Gebieten die Säkularisation der Reichsstifte Passau und Regensburg sowie auch der Reichsstädte Ulm und Augsburg. Dabei ging jedoch nicht etwa das preußische Kabinett oder gar *Friedrich* selbst als Urheber hervor, sondern – unter Förderung der Habsburger – vielmehr Kaiser *Karl VII.* Dessen Stellung im Reich wurde dadurch, dass er sich den Säkularisationsplänen zunächst anschloss und diese sogar noch erweitern wollte, vollends diskreditiert und unterhöhlt. *Friedrich* hatte die Pläne zuvor diskret über London und Den Haag, folglich über die protestantischen Seemächte, lanciert und damit der Öffentlichkeit preisgegeben.[434] Obwohl die Habsburger in der Wiener Hofburg selbst solchen Säkularisationsbestrebungen

[434] Ebenda, S. 63.

nicht mit Abneigung gegenüberstanden, war ihnen die Bloßstellung Kaiser *Karls VII.* als raffgierigen Kirchenfeind willkommen und so musste dieser sich von solcherlei Vorhaben zur Errettung seiner fragilen Herrschaft bis zum Ende seiner Amtszeit im Januar 1745 distanzieren.[435] Als sich dann sein Nachfolger *Franz I.* für den Erhalt der Reichsstände und ihrer Rechte und Freiheiten aussprach, war der erste Säkularisationsplan König *Friedrichs II.* jedoch endgültig gescheitert.[436]

Ein zweiter Versuch der Säkularisation zur Verwirklichung außen- und machtpolitischer Intentionen erfolgte im Jahre 1756 während des Siebenjährigen Krieges im Kampf um die Großmachtstellung Preußens und den Besitz Schlesiens. Hier ergab sich die Konstellation, dass sich die eigentlich verfeindeten Habsburger mit Frankreich verbündeten und Russland diese unter dem Schlagwort *renversement des alliances* bekannte Koalition gegen die Partner Preußen und England komplettierte. Das britische Königreich erhoffte sich aus der Kooperation mit Preußen einen Flankenschutz für das hannoversche Stammland König *Georgs II.* In den Fokus der Begehrlichkeiten zur Entschädigungsfrage Hannovers gerieten aus englischer Seite die Stifte Osnabrück, Paderborn, Münster, Hildesheim sowie das kurmainzische Eichsfeld, wobei im Gegenzug Grenzstreitigkeiten bezüglich des Anfalls Ostfrieslands an Preußen im Jahre 1744 endlich ad acta gelegt werden sollten. Dieser Plan scheiterte mit der Niederlage Preußens bei Kolin[437] und dem Sieg der Franzosen über die Briten bei Hasenbeck im Jahre 1757 mit der anschließenden Besetzung Hannovers.[438]

Nachdem die Säkularisationsfrage nun vorerst einige Zeit ruhte, warf *Friedrich II.* sie im Zusammenhang mit einem umfassenden Friedensprogramm im Herbst 1759 neu auf. Aus einem geheimen Plan wurde ersichtlich, dass er beabsichtigte, sowohl sich selbst als auch England im Falle des Friedenschlusses mit den anderen Großmächten einen größtmöglichen territorialen und finanziellen Vorteil auf Kosten kirchlicher Landesherrschaft angedeihen zu lassen. Erstmalig ist von der Übernahme des katholisch geführten polnischen Preußens die Rede, welches ihm zusammen mit dem zu säkularisierenden

---

[435] *Volbehr:* Der Ursprung der Säkularisationsprojekte in den Jahren 1742 und 1743, S. 266.
[436] *Baumgart:* Säkularisierungspläne König Friedrichs II. von Preußen, S. 64.
[437] *Müller:* Schlaglichter der deutschen Geschichte, S. 126.
[438] *Baumgart:* Säkularisierungspläne König Friedrichs II. von Preußen, S. 65.

Bistum Ermland zufallen sollte.[439] Die Briten erhoben abermals Anspruch auf die niedersächsisch-westfälischen Stifte. Mit der Wendung jedoch, dass die preußisch-hannoversch-englische Koalition nach dem Regierungsantritt König *Georgs III.* keinen Bestand hatte und England nach dem Frieden von Fontainebleau im Jahr 1762 seine Beteiligung am Siebenjährigen Krieg beendete, wurden auch diese Säkularisationspläne vorerst nicht in die Tat umgesetzt.[440]

Es sollte noch ein Jahrzehnt dauern, bis die in der Außenpolitik *Friedrichs II.* angelegten Säkularisationstendenzen ihre Wirkung entfalteten. Im Rahmen der polnischen Teilungen durch die preußisch-russische Konvention vom 17.02.1772 und des darin enthaltenen Anfalls der Pomerellen, Marienburgs, Kulms und des Bistums Ermland – mithin größerer unter katholischer Landeshoheit stehender Gebiete – an Preußen, unterfielen diese Gebiete durch Kabinettsordre aus dem Jahre 1772 einer Herrschaftssäkularisation. Zunächst wurde den klerikalen Herrschern die Verwaltung von Stiften und Klöstern genommen und statt unter katholische, unter weltliche Herrschaft gestellt, bevor eine gänzliche Überführung des katholischen Kirchenvermögens in Staatshand stattfand und als ein wahres Staatseigentum erklärt wurde.[441] Belassen wurden lediglich die Erträge, welche dem Klerus zum Unterhalt dienten sowie wenige Stiftungen, die zur Abhaltung des Kultus notwendig waren.[442] Eine Ausnahme bildete hier das nunmehr ostpreußische Bistum Ermland, dessen Vermögen zwar unangetastet blieb, jedoch alle Güter staatlicher Administration unterstellt und eine Steuer für alle über 50% des Reinertrages hinausgehenden Einkünfte erhoben und zur Staatskasse einbehalten wurden.[443] Gleichermaßen verfuhr das preußische Kabinett unter *Friedrich II.* in den schlesischen Gebieten.[444]

---

439 Ebenda.

440 Ebenda, S. 66.

441 *Laspreyes:* Geschichte und heutige Verfassung der katholischen Kirche Preußens, S. 270; *Buchholzer:* Die Säkularisation katholischer Kirchengüter während des 18. und 19. Jahrhunderts, S. 57; *Liermann:* Geschichte des Stiftungsrechts, S. 184; *Baumgart:* Säkularisierungspläne König Friedrichs II. von Preußen, S. 67.

442 *Liermann:* Geschichte des Stiftungsrechts, S. 184.

443 *Baumgart:* Säkularisierungspläne König Friedrichs II. von Preußen, S. 67.

444 *Bornhak:* Preußische Staats- und Rechtsgeschichte, S. 233.

III Stellung von Säkularisierungs- und Säkularisationstendenzen innerhalb der friderizianischen Staatspolitik

Auf die Frage hin, inwiefern die während der Reformation entstandene Idee der Säkularisation in der Politik preußischer Fürsten und Könige und insbesondere *Friedrichs II.* Grundsatz oder gar Mittelpunkt gewesen sei, ist eine dezidierte Beantwortung dessen diffizil. *Baumgart* verneint in einer neueren Ansicht entschieden die Möglichkeit, bei der friderizianischen Politik generell von einer Säkularisierungspolitik zu sprechen, und damit auch die Annahme der Säkularisationsbestrebung als Grundprinzip brandenburgisch-preußischer Politik. Vielmehr seien Säkularisationen und Säkularisationsversuche immer nur – wenn auch bedeutendes – Beiwerk der generellen Konzeption außenpolitischen Wirkens gewesen.[445] Damit wendet er sich gegen die älteren Beiträge von *Treitschke* (1879) und *Raab* (1976), in welchen *Treitschke* die Säkularisation als notwendigen Gedanken an allen großen Wendepunkten der Reichspolitik seit der Reformation ausmacht. Besonders in Zeiten von Krieg und finanzieller Not habe sich dieser Gedanke zur Sicherung der Macht der nach *Friedrich II.* einzig überlebensfähigen großen weltlichen Reichsstände aufgedrängt und die Überführung kleinerer geistlicher Territorien zur Stärkung der lebensfähigen Glieder des Reiches unabdingbar gemacht.[446] *Raab* sieht darüber hinaus den preußischen Staat gar als auf dem Prinzip der Säkularisation gegründet an.[447]

Treitschke und *Raab* ist zuzugeben, dass Säkularisationen im Zuge der Geschehnisse dieser Zeit eine herausragende Rolle gespielt haben. Es scheint jedoch verfehlt, diese als exklusives Grundprinzip politischer Bestrebungen König *Friedrichs* anzusehen. Gerade eine solche Schwarz-weiß- bzw. Entweder-oder-Denkweise mutet hier unzweckmäßig an. Die vorliegenden Säkularisationsbestrebungen sind demgegenüber im zeitgenössischen Gesamtkontext unter Heranziehung innen- und außenpolitischer Begebenheiten zu betrachten. Dabei muss berücksichtigt werden, dass staatspolitische, territoriale und kirchenreformatorische Prozesse innerhalb und außerhalb

---

[445] *Baumgart:* Säkularisierungspläne König Friedrichs II. von Preußen, S. 68.

[446] *Treitschke:* Deutsche Geschichte im Neunzehnten Jahrhundert, Bd. 1, S. 7, S. 53; zitiert nach *Baumgart:* Säkularisierungspläne König Friedrichs II. von Preußen, S. 68.

[447] *Raab:* Geistige Entwicklungen und historische Ereignisse im Vorfeld der Säkularisation, S. 13; *Baumgart:* Säkularisierungspläne König Friedrichs II. von Preußen, S. 68.

Preußens im Sinne des aufgeklärten Zeitgeistes über alle Maßen ineinander verwoben waren und sich größtenteils gegenseitig bedingten. Wenngleich im protestantischen Preußen ein fragiler Religionsfrieden herrschte und auch die katholische Glaubensausübung in weiten Teilen geduldet wurde, so darf nicht außer Acht gelassen werden, dass der große und blutige Konfessionsstreit der Reformationsbewegung nicht weit zurück lag. Im Bewusstsein der Bevölkerung war dieser noch durchaus präsent und hatte tiefe Gräben zwischen den Konfessionen gezogen. Eine eher geringe Wertschätzung des katholischen Glaubens durch den protestantischen Preußenkönig kann daher angenommen werden. Die während der Reformation in großer Zahl geführten Auseinandersetzungen und hinzukommend die großen Kriege des 18. Jahrhunderts belasteten darüber hinaus die Staatskassen ganz Europas und freilich auch Preußens exorbitant. Eine Säkularisation der Güter der wohlhabenden Bistümer, Stifte, Klöster, Stiftungen etc. war im Zuge territorialer Streitigkeiten gleich aus zweierlei Gründen attraktiv. Einerseits konnten sie für Abhilfe in eigener finanzieller Not dadurch sorgen, dass kirchliche Güter in annektierten Gebieten dem Staatsfinanz zugeführt wurden, andererseits boten sie sich als hervorragende Verhandlungsmasse in Befriedungsgesprächen oder in Verhandlungen über die Verteilung von Territorien, unter Umständen gar die Verteilung der klerikal geführten Gebiete selbst, an.

Ein weiterer Aspekt ist die Ansicht *Friedrichs*, die alte Reichsverfassung habe sich überlebt und das Reich könne in vorherrschender Zersplitterung und Kleinstaaterei nicht überdauern. Eine Säkularisation der kleinen geistlichen Staaten zur Stärkung der großen weltlichen Reichsstände sowie die Installation eines übergeordneten, von kommunaler bis staatlicher Ebene organisierten Verwaltungssystems habe daher ohnehin stattfinden müssen.[448]

An dieser Vielzahl von unterschiedlichen Gründen zur Durchführung von Säkularisationen wird noch einmal deutlich, dass diese zwar einen großen und auch zentralen Teil friderizianischer Staatspolitik ausmachten, sie als alleinige Triebfeder anzusehen und nicht als eine Säule von mehreren, dürfte jedoch unzutreffend sein. Im Ergebnis kann hier *Baumgarts* neuerem Beitrag, welcher die Säkularisation nicht als konsequent und durchgängig

---

[448] *Hubatsch:* Verwaltungsentwicklung von 1713–1803, S. 910f.

verfolgtes Leitmotiv der Reichs- und Außenpolitik *Friedrichs* annimmt,[449] gefolgt werden.

F Stiftungsrecht im Allgemeinen Landrecht für die Preußischen Staaten

Die aufgeklärte Haltung *Friedrichs des Großen* schlug sich angesichts der Machtfülle des Monarchen naturgemäß auch in der preußischen Gesetzgebung nieder, dessen Neubegründung und -ordnung es unter dem vorherrschenden Wirrwarr der letzten Jahrhunderte mit verschiedensten zur Anwendung gelangenden Gesetzeswerken und unzähligen Edikten unbedingt bedurfte. Am Ende dieser langwierigen Entwicklung stand das Allgemeine Landrecht für die Preußischen Staaten, welches am 01.06.1794 unter der Regentschaft *Friedrich Wilhelms II.* in Kraft trat. Hier ist im Anschluss an die Darstellung der Entstehungsgeschichte des ALR zu untersuchen, inwiefern angesichts des aufgeklärten Zeitgeistes das Stiftungswesen Berücksichtigung fand und wie mit dieser Materie umgegangen wurde.

In der Rückschau wird das Allgemeine Landrecht für die Preußischen Staaten von verschiedenen Seiten als Meilenstein auf dem Weg zur Sicherung bürgerlicher Grundrechte und, von einem privatrechtlichen Standpunkt aus gesehen, als entscheidende Weichenstellung für die Entstehung der liberalen staatsbürgerlichen Eigentümergesellschaft des 19. Jahrhunderts betrachtet.[450] Bevor es jedoch in finaler Version am 01.06.1794 in Kraft trat, lässt sich eine Jahrhunderte in Anspruch nehmende Kodifikationshistorie preußischer Gesetzgebung nachvollziehen.

In den im Laufe der Zeit durch Territorialkämpfe, Verträge und Erbschaft gewonnenen, zerstreuten Landschaften und Gebieten, deren Zusammenfügung zum preußischen Staat der Dynastie der Hohenzollern vorbehalten blieb und welche insbesondere mit der Einsetzung einer einheitlich organisierten, geschickten und arbeitsfreudigen Beamtenschaft gelang, war am Ausgang des Mittelalters und zu Beginn der Frühen Neuzeit ein bunter Strauß an

---

[449] *Baumgart:* Säkularisierungspläne König Friedrichs II. von Preußen, S. 68.

[450] *Luig:* Das Privatrecht im „Allgemeinen Landrecht für die preußischen Staaten“ von 1794, S. 528; *Wienfort:* Partimonialgerichte in Preußen, S. 30; *Koselleck:* Preußen zwischen Reform und Reformation, S. 32.

Normen und Regelungen vorzufinden, welche größtenteils dem Vulgarrecht und dem kanonischen Recht entstammten.[451] Dazu gesellte sich ein Zustand der Verwilderung und Zuchtlosigkeit des überkommenen Spätmittelalters unter fürstlicher Willkür und der Rechtsprechung juristisch ungebildeter Gerichte.[452] Diesen Umständen Abhilfe zu schaffen, sah sich bereits Kurfürst *Joachim I.* im Jahre 1516 bemüßigt, welcher zur Vereinheitlichung der Rechtsordnungen und zur Erleichterung der Rechtsprechung nicht nur unter Rezeption des gemeinen Rechts die sogenannte Kammergerichtsordnung vorlegte, sondern im Zuge dessen auch das kurfürstliche Kammergericht in Berlin einsetzte.[453] Unter dem Hinzukommen des römischen Rechts im 16. Jahrhundert, welches den praktischen Bedürfnissen dieser Zeit nicht immer gerecht und deshalb von etlichen Seiten kritisiert wurde, den aufkeimenden Ideen der naturrechtlichen Schule im 17. Jahrhundert und einer übermäßig zerstreuten Rechtordnung durch zahllose Edikte der Landesherren wurde der Unmut über die vorherrschende Rechtsordnung immer spürbarer. Prozesse dauerten übermäßig lange, eine systematische Einheit fehlte gänzlich, zudem waren die Gesetze aufgrund einer befremdlichen Sprache dem Laien nicht verständlich.[454]

Dem auf Struktur bedachten naturrechtlichen Ideengut war es zuzurechnen, dass alsbald ein Bedürfnis nach systematischer Kodifikation im preußischen Staat aufkam. Diesem nahm sich *Friedrich I.* unmittelbar nach seinem Regierungsantritt im Jahre 1713 an und verkündete seinen starken, der naturrechtlichen Schule in Bezug auf Verwaltung und Gesetzgebung entspringenden Willen, *„daß die Justiz in allen seinen Landen unpartheiisch, schleunig mit reinen Händen, ohne alle ungebührlichen Passionen und Nebenabsichten Jedermann, Armen und Reichen, Hohen und Niedrigen gleich administriert werde, insbesondere daß die Processe möglichst binnen Jahresfrist beendet sein sollten.“*[455]

---

[451] *Dernburg:* Lehrbuch des Preußischen Privatrechts und der Privatrechtsnormen des Reiches, S. 1.

[452] *Dernburg:* Lehrbuch des Preußischen Privatrechts und der Privatrechtsnormen des Reiches, S. 1.

[453] *Luig:* Das Privatrecht im „Allgemeinen Landrecht für die preußischen Staaten“ von 1794, S. 523; *Dernburg:* Lehrbuch des Preußischen Privatrechts und der Privatrechtsnormen des Reiches, S. 2.

[454] *Dernburg:* Lehrbuch des Preußischen Privatrechts und der Privatrechtsnormen des Reiches, S. 3.

[455] Ebenda, S. 4.

Nachdem sein erstes Ersuchen an die juristische Fakultät der preußischen Landesuniversität in Halle im Jahre 1714 noch von deren Ordinarius *Christian Thomasius* mit der Begründung abgelehnt wurde, diese sei zum Entwurf der Gesetzgebung nicht berufen, fand er im Jahre 1721 in *Samuel Cocceji* einen fähigen und ambitionierten Mitstreiter. *Cocceji* war Naturrechtslehrer an der Universität Frankfurt/Oder sowie Verfasser eines *Novum systema jurisprudentiae naturalis et romanae*[456] und konnte zunächst innerhalb des preußischen Herzogtums insofern einige Erfolge verbuchen, dass Verfahren beschleunigt und das Landrecht in gewisser Weise systematisiert wurde.[457] Daraufhin mit dem Ansinnen in die Zentralregierung Preußens berufen, dieses auch mit Gültigkeit für das gesamte preußische Reich umzusetzen und den *„landverderblichen Uebel"* der Kostspieligkeit und der Verzögerung der Prozesse auszumerzen, scheiterte der Versuch angesichts der Einsetzung einer ihn überwachenden Kommission ohne juristische Eignung für derlei Materie.[458] Nach der Ernennung *Coccejis* zum Großkanzler und Chef der Justiz im Jahr 1737 erhielt er abermals die Weisung, ein allgemeingültiges Gesetzeswerk für die preußischen Lande zu schaffen, welches das ungeliebte *ius romanum* ablösen sollte. Die unzähligen Edikte sollten geordnet und in die neue Rechtsordnung rezipiert werden. Wenngleich *Cocceji* diesem Auftrag letztendlich nicht gerecht wurde und sein Werk nach seinem Tod im Jahr 1755 unvollendet blieb, erhielt die Gesetzgebungsnovellierung des materiellen Rechts durch den Regierungsantritt *Friedrichs II.* im Jahr 1740 und nach der geglückten Reformierung des Prozessrechts neue Impulse.[459] Der von *Cocceji* vorgelegte Entwurf des sogenannten Projekt des *Corporis juris Fridericiani* hatte ein Gesamtwerk der privatrechtlichen Gesetzgebung naturrechtlicher Prägung zum Ziel und sollte Gültigkeit für das gesamte preußische Territorium beanspruchen. Nachdem nur Teile dessen letztendlich fertiggestellt wurden und diese auch noch hinter den Erwartungen einer Ablösung des Römischen Rechts und der Einsetzung

---

[456] *Luig:* Das Privatrecht im „Allgemeinen Landrecht für die preußischen Staaten" von 1794, S. 524.

[457] Ebenda, S. 523f.; *Dernburg:* Lehrbuch des Preußischen Privatrechts und der Privatrechtsnormen des Reiches, S. 4.

[458] *Dernburg:* Lehrbuch des Preußischen Privatrechts und der Privatrechtsnormen des Reiches, S. 5.

[459] *Luig:* Das Privatrecht im „Allgemeinen Landrecht für die preußischen Staaten" von 1794, S. 525.

eines umfassenden Regelungswerkes des Privatrechts mit Allgemeingültigkeit zurückblieben, kamen die Novellierungsbestrebungen unter dem neuen konservativen Großkanzler *von Fürst* vorerst gänzlich zum Erliegen. Erst nach dessen Entlassung im Zuge des Müller-Arnold-Falles[460] und der Einsetzung *Johann Heinrich Casimir von Carmers* wurde *Friedrich II.* abermals ins Gedächtnis gerufen, wie schlecht es um den Zustand der Zivilrechtspflege bestellt war. Aufbauend auf dieser Erkenntnis wurde *von Carmer* durch Kabinettsordre vom 14.04.1780 damit betraut, die Vollendung der Privatrechtskodifikation herbeizuführen.[461] Erstmalig trafen im letzten Drittel des 18. Jahrhunderts in der preußischen Justizpolitik traditionelle Vorstellungen mit den Ideen der Aufklärung und der französischen Revolution zusammen.[462] Unter tatkräftiger Mithilfe des Redakteurs und aufgeklärten Anhängers des Naturrechts *Carl Gottlieb Svarez*, welcher als eigentlicher Begründer des Allgemeinen Landrechts angesehen wird,[463] gelang letztendlich das Vorhaben. Den vorgegebenen Prinzipien entsprechend wurde ein umfassendes und dem Bürger verständliches Gesetzbuch in der Landessprache geschaffen, welches naturgesetzlichen und verfassungsrechtlichen Grundsätzen genügte, aus dem römischen Recht nur das Notwendige übernahm und zudem in dem Bürger zugänglicher Weise publiziert wurde.[464] Nach Abschluss der detaillierten Ausarbeitung durch *Svarez* und auch *Ernst Ferdinand Klein* wurde der erste Entwurf des Allgemeinen Landrechts für die preußischen Staaten in den Jahren 1784–1788 publiziert und der Öffentlichkeit zur Diskussion zur Verfügung gestellt. Es handelte sich um ein vier Bände umfassendes Gesamtwerk, welches noch immer größtenteils dem Codex Iuris Civilis entspross, jedoch von den naturrechtlichen Lehren *Pufendorfs* und *Grotius'* intensiv beeinflusst war. Unter Einbeziehung der rousseauschen Theorie eines Gesellschaftsvertrages bemächtigte es einerseits uneingeschränkt den absolutistischen Monarchen

---

460 M.w.N. *Dießelhorst:* Die Prozesse des Müllers Arnold und das Eingreifen Friedrichs des Großen.

461 *Dernburg:* Lehrbuch des Preußischen Privatrechts und der Privatrechtsnormen des Reiches, S. 7; *Luig:* Das Privatrecht im „Allgemeinen Landrecht für die preußischen Staaten" von 1794, S. 525.

462 *Wienfort:* Partimonialgerichte in Preußen, S. 33.

463 *Kosellek:* Preußen zwischen Reform und Reformation, S. 24.

464 *Luig:* Das Privatrecht im „Allgemeinen Landrecht für die preußischen Staaten" von 1794, S. 525.

als Staatsoberhaupt sowie den Staatsapparat selbst, andererseits installierte es entgegen der vorherrschenden Ständegesellschaft eine gewisse Gleichheit der Bürger untereinander (freilich dem Staat untergeordnet) und gewährleistete das Privateigentum und individuelle Rechte.[465] Dieser Entwurf wurde nach dem Ableben *Friedrichs II.* im Jahre 1786 durch seinen Nachfolger *Friedrich Wilhelm II.*, der von *Svarez* in den sogenannten Kronprinzenvorträgen bereits vor seiner Regentschaft in den Gesetzgebungsprozess miteingebunden wurde,[466] am 20.03.1791 unterzeichnet. Es trat jedoch erst nach einer als Schlussrevision bezeichneten Überarbeitung unter Beibehaltung der Ständegesellschaft am 01.06.1794 in Kraft, da sich der konservative Adel zunächst gegen dieses „aufklärerische Übel" in Form eines Gleichheitscodex zur Wehr setzte und diesem die Einflussnahme auf den König gelang.[467]

I Grundprinzipien des Allgemeinen Landrechts – Machtmonopol des Staates und kollegialistisches Rechtsdenken

Zuvörderst ist der Umstand zu beachten, dass das Allgemeine Landrecht die Rechtsform der selbstständigen Stiftung als juristische Person nach heutigem Verständnis nicht kannte bzw. nicht anerkannte. Generell wurde Stiftungen, obgleich kirchlichen oder weltlichen Ursprungs, keine Eigenständigkeit zugebilligt.[468] Dass den Stiftungen als Institution eigener Art wenig Beachtung geschenkt wurde, zeigte sich auch daran sehr deutlich, dass es zwar einige diese Materie betreffende Regelungen im Landrecht gab, diese jedoch kreuz und quer über die unterschiedlichen Teile und Rechtsgebiete verstreut waren, mit anderen Worten keinen eigenen Regelungsgegenstand der Gesetzgebung ausmachten.[469] Ebenso wenig findet sich eine Definition der Stiftung, vielmehr wird diese als bekannt unterstellt.[470]

---

[465] *Koselleck:* Preußen zwischen Reform und Reformation, S. 24f.;

[466] Vgl. zu den Kronprinzenvorträgen zum Allgemeinen Landrecht nur *Svarez:* Vorträge über Recht und Staat.

[467] *Luig:* Das Privatrecht im „Allgemeinen Landrecht für die preußischen Staaten" von 1794, S. 527.

[468] Eine Ausnahme dazu bildete die Familienstiftung, hierzu s.u.

[469] *Liermann:* Geschichte des Stiftungsrechts, S. 188f.

[470] *Strachwitz:* Die Stiftung – ein Paradox?, S. 66.

Trotz dieser spärlichen Beachtung, oder gerade aufgrund der Nichtbeachtung stiftungsrechtlicher Bedürfnisse, erfolgte durch das Inkrafttreten des Allgemeinen Landrechts ein einschneidender und Konsequenzen nach sich ziehender Eingriff in das gesamte weltliche und kirchliche Stiftungswesen. Dies lag insbesondere in zwei das Landrecht sondergleichen durchdringenden Prinzipen begründet. Einerseits lag das Machtmonopol der Staatsgewalt in der Hand des Monarchen, andererseits fußte die preußische Verwaltungspolitik auf einem kollegialistischen Denken.[471]

Der preußische König galt als Quelle allen Rechts, der preußischen Staatsgewalt stand die Oberaufsicht und letztlich ein Direktionsrecht sowohl für alle kirchlichen als auch für alle weltlichen Institutionen respektive Korporationen zu.[472] Nach der kollegialistischen Theorie *Justus Henning Böhmers*[473] wurde sämtliches Kirchenvermögen, inklusive der kirchlichen Stiftungen selbst und deren Kapitalien, der Kirchengesellschaft als Korporation zugerechnet, deren Obereigentum der Kirche als einer der Kontrolle des Staates unterstehenden Institution zugerechnet wurde. Eine ausziselierte Zuordnung eigentums- und vermögensrechtlicher Verhältnisse unterblieb, sodass klerikalen Stiftungen weder ein eigenrechtlicher Status zukam, noch diesen in irgendeiner Form selbstständiges Handeln und damit ein gewisses Ausbrechen aus der korporativen Struktur solcherlei Konglomerate möglich war.[474] Die vorhergenannte Rechtslage betreffend kirchliche Stiftungen war ohne Weiteres – das wird gleich anhand der Auseinandersetzung mit den spezifischen und einschlägigen Regelungen des Allgemeinen Landrechts ersichtlich sein – auf weltliche Stiftungen übertragbar. Solche wurden bis auf wenige Ausnahmen dem Vermögen der politischen Gemeinden zugerechnet und waren als Annex dieser größtenteils nicht einmal mit einer minimalen Selbstständigkeit ausgestattet.

---

[471] *Liermann:* Geschichte des Stiftungsrechts, S. 185.

[472] Ebenda.

[473] *Justus Henning Böhmer:* Ius ecclesiasticum protestanticum, Ed. 2., Tom. III, Tit. V., § 30, S. 279; vgl. zum zivilrechtlichen Wirken Böhmers nur *Rütten:* Das zivilrechtliche Werk Justus Henning Böhmers.

[474] *Hinschius:* Das preußische Kirchenrecht im Gebiete des Allgemeinen Landrechts, S. 270f.

II Bedeutung der einzelnen Regelungstatbestände für das Stiftungswesen

Bemerkenswert ist, dass obwohl die Kirche im preußischen Staat den Status einer selbstständigen Korporation mit eigenen Rechten innehatte, sämtliches Kirchenvermögen, das in ALR II 11 § 160[475] im Einzelnen aufgezählt und den Kirchengesellschaften zugerechnet wurde, gemäß ALR II 11 § 161 der Oberaufsicht und Direktion des Staates unterstand.

> § 160: „*Zu dem Vermögen der Kirchengesellschaften gehören die Gebäude, liegenden Gründe, Capitalien und alle Einkünfte, welche zur anständigen Unterhaltung des äußeren Gottesdienstes für jede Kirchengemeinde nach deren Verfassung bestimmt sind.*“

> § 161: „*Das Kirchenvermögen steht unter der Oberaufsicht des Staates.*“

Die Ausgestaltung dieses Direktionsrechts in ALR II 11 § 162 erfolgte in der Form, dass die weltliche Obrigkeit zwar den Fortbestand zu sichern hatte, dieses jedoch nach eigener Definition der Nützlichkeit umzusetzen legitimiert war.

> § 162: „*Der Staat ist berechtigt, darauf zu sehen, daß nützliche Anstalten aus Mangel des Vermögens nicht zu Grunde gehen.*“

Wenngleich die Norm positiv formuliert war und eigentlich dem Bestand der Institution dienen sollte, bedeutete sie angesichts der Deutungshoheit des Staates nichts anderes als eine direkte Möglichkeit der Einflussnahme. Für kirchliche Stiftungen und der ihrem Grundwesen entsprechenden freien Stiftertätigkeit war ALR II 11 § 171 von besonderer Relevanz.

> § 171: „*Auch durch Veränderung ihrer Religionsgrundsätze verliert eine Kirchengesellschaft nicht das Eigentum der ihr gewidmeten Kirchengebäude.*“

Nicht nur, dass das Stiftungsgut ja schon generell dem Kirchenvermögen als Gesamtheit anheimfiel und seine Eigenständigkeit weitestgehend einbüßte, darüber hinaus verblieben die Stiftungskapitalien der Kirchengesellschaft selbst dann erhalten, wenn diese beispielsweise eine vollkommene Veränderung ihrer Religionsgrundsätze vornahm. Obgleich dies in aller Regel nicht

---

[475] Zitation des Allgemeinen Landerechts für die Preußischen Staaten beispielhaft wie folgt: ALR (Allgemeines Landrecht) II (Zweiter Teil) 11 (Elfter Titel) § 161 (jeweiliger Paragraph).

dem Willen des Stifters entsprach – diesem gar konträr entgegenlief – war eine Aussonderung des Vermögens und damit eine dem Stifterwillen entsprechende Umorientierung per legem ausgeschlossen.

Ganz im Sinne des aufgeklärten Absolutismus zum Ende des 18. Jahrhunderts blieb es demzufolge den staatsseitigen Ermessenserwägungen vorbehalten, eine Stiftung im Sinne des ALR II 11 § 161 als nützlich zu kategorisieren oder eben nicht. Zwar ist nicht zu verkennen, dass als nützlich eingestufte Institutionen ein gewisses Maß an Bestandsschutz genossen, jedoch liegt dies von einer freien Stiftertätigkeit natürlich abermals weit entfernt.

Auch hinsichtlich bürgerlicher Stiftungen finden sich im 19. Titel des Zweyten Theiles, welcher mit „*Von Armenanstalten, und anderen milden Stiftungen*" überschrieben ist, einige Regelungen im Landrecht, die vor allem die Hoheit des Staates in diesem Bereich noch einmal besonders hervorheben. Dies wird gleich in ALR II 19 § 1 klargestellt.

> § 1: „*Dem Staate kommt es zu, für die Ernährung und Verpflegung derjenigen Bürger zu sorgen, die sich ihren Unterhalt nicht selbst verschaffen, und denselben auch von anderen Privatpersonen, welche nach besondern Gesetzen dazu verpflichtet sind, nicht erhalten können.*"

Es sollte insbesondere verhindert werden, dass derlei Einrichtungen Trägheit und Müßiggang in der Bevölkerung hervorrufen. Deshalb wurden explizit Bestimmungen für den Fall getroffen, falls eine Stiftung gemäß ALR II 19 §§ 3ff. solche „schändliche Neigungen" beförderte und damit dem Nützlichkeitsgedanken des Staates nicht entsprach.

> § 3: „*Diejenigen, die nur aus Trägheit, Liebe zum Müßiggange, oder andern unordentlichen Neigungen, die Mittel, sich ihren Unterhalt selbst zu verdienen, nicht anwenden wollen, sollen durch Zwang und Strafen zu Nützlichen Arbeiten unter gehöriger Aufsicht angehalten werden.*"
>
> § 5: „*Auch einheimischen Armen soll das Betteln nicht gestattet [...] werden.*
>
> § 7: „*Veranlassungen, wodurch ein schädlicher Müßiggang, besonders unter den niederen Volksclassen, genährt, und der Trieb zur Arbeitsamkeit geschwächt wird, sollen im Staate nicht geduldet werden.*"
>
> § 8: „*Stiftungen, welche auf die Beförderung und Begünstigung solcher schädlichen Neigungen abzielen, ist der Staat aufzuheben, und die Einkünfte derselben zum Besten der Armen zu verwenden berechtigt.*"

In solchen Fällen, in denen dem omnipotenten Staat freilich ein weites Ermessen zustand, war dieser dazu berechtigt, die Stiftung aufzuheben und deren Vermögen nach eigenen Vorstellungen im Sinne der Mildtätigkeit und der Armenfürsorge zu verwenden. Die Paragrafen ALR II 19 §§ 32ff. stellten ausdrücklich sämtliche mildtätigen Einrichtungen unter den besonderen „Schutz“ des Staates, räumten ihm eine Genehmigungsprärogative bezüglich der Neuerrichtung ein und betonten abermals die Oberaufsicht des Staates.

> § 32: „*Armenhäuser, Hospitäler, Waisen- und Findel-, Werk- und Arbeitshäuser stehen unter dem besonderen Schutz des Staates.*“
>
> § 33: „*Werden dergleichen Anstalten von neuem errichtet, so muß das Vorhaben dem Staate zur Prüfung der Grundsätze vorgelegt werden.*“
>
> § 37: „*Auch solche Anstalten, denen in der Stiftungsurkunde oder sonst eigene Aufseher vorgesetzt sind, bleiben unter der Oberaufsicht des Staates.*“

Zwar sollte unter veränderten Umständen bei der Verwendung der Güter und Einkünfte einer solchen Anstalt gem. ALR II 19 § 41 der Stifterwille weitestgehend Beachtung finden, allerdings behielt sich auch hier der Staat letztlich die Entscheidungskompetenz vor.

> § 41: „*Wird wegen veränderter Umstände die in der Stiftungsurkunde vorgeschriebene Verwendungsart unmöglich oder gar schädlich: so muß der Staat die Güter und Einkünfte einer solchen Anstalt zu einem andern, der wahrscheinlichen Absicht des Stifters so viel als möglich gemäßen Gebrauche widmen.*“

Hinsichtlich der nicht-kirchlichen Stiftungen, die als nicht eigenständige Institutionen und dadurch als unselbstständige Stiftungen jeweils einer Korporation des öffentlichen Rechts – beispielsweise Gemeinden – angegliedert waren und deren Vermögen vollends dem Vermögen der Korporation zugerechnet wurde, ergab sich aus dem Regelungsgehalt des ALR II 19 § 43, dass deren Vermögen an die Rechte der Kirchengüter angeglichen war. Vor dem Hintergrund des bereits zuvor zitierten ALR II 11 § 161 bedeutete dies, dass auch deren Kapitalien der Oberaufsicht und Direktion des Staates unterstanden.

Somit in ihrer Existenz schon vollends abhängig von der Existenz der Korporation, welcher die Stiftung angehörte, ergaben sich auch Besonderheiten bezüglich der Auflösung einer öffentlich-rechtlichen Körperschaft. Im Falle der Aufhebung wurde deren Vermögen nach ALR II 6 § 192 zur weiteren

Verwendung der Staatshand zur Verwaltung anheimgestellt. Ebenso wie bei kirchlichen Stiftungen sollte dies unter *„größtmöglicher Beachtung des Stifterwillens“* erfolgen, womit im Hinblick auf stiftungsrechtliche Grundsätze die gesamte Wirkungslosigkeit dieser Norm offenbar wurde.

Die einzige Ausnahme zu der dem Landrecht immanenten Ablehnung bzw. Nichtbeachtung der Institution der Stiftung und der damit einhergehenden Einschränkung einer freien Stiftertätigkeit sowohl im Kirchenstiftungswesen als auch im weltlichen Stiftungswesen bildete die privatrechtliche Familienstiftung. Regelungen hierzu finden sich abermals an einer ganz anderen Stelle des Landrechts im zweiten Abschnitt des vierten Titels. Begrifflich ist hier zu konstatieren, dass dieser Abschnitt zwar mit *„Von Familienstiftungen“* überschieben wurde, hiermit jedoch nicht die Institution der selbstständigen familienzugehörigen Stiftung, sondern angesichts der fehlenden Akzeptanz stiftungsrechtlicher Gebilde im Ganzen vielmehr der rein tatsächliche Akt des Stiftens der zugehörigen Erträge in Form von Zinsen etc. aus Grundstücken und Kapitalien zugunsten der eigenen Familie gemeint waren. Es handelte sich dabei um eine Abwandlung des Fideikommisses, bei dem das Grundstück selbst innerhalb der Familie weitergereicht wurde. Dies geht aus ALR II 4 § 21ff. hervor.

> § 21: *„Unter Familienstiftungen werden hier Anordnungen verstanden, wodurch jemand gewisse Hebungen von bestimmten Grundstücken oder Capitalien für eine Familie aussetzt und anweiset.“*
>
> § 23: *„Wenn aber jemand verordnet, daß ein gewisses Grundstück oder Capital entweder für beständig, oder doch durch mehrere Geschlechterfolgen bei einer Familie verbleiben solle, so wird solches ein Familienfideikommiß genannt.“*

Dies ist äußerst beachtlich, denn dadurch wurden im Landrecht, unter Umständen gar unbeabsichtigt,[476] die Rahmenbedingungen für eine rechtlich weitestgehend selbstständige Vermögensmasse mit allen eine Stiftung im modernen Rechtssinne kennzeichnenden Attributen gesetzlich festgeschrieben. Der gesetzliche Sinngehalt wird vor allem durch die vorgenommene Abgrenzung zum Familienfideikomiss deutlich, welcher nur dann einschlägiges Rechtsinstitut war, wenn lediglich Vermögensmassen selbst durch Erbfolge bei dem Familienstamm verbleiben sollten. Der Familie

---

[476] Dieser Ansicht ist *Liermann*, vgl. *Liermann:* Geschichte des Stiftungsrechts, S. 191.

konnten hingegen gemäß ALR II 4 § 21 auch Kapitalerträge dauerhaft zugewandt werden, was eindeutig für eine Verselbstständigung der Vermögensmasse zu einem Sondervermögen spricht.

Die Errichtung einer Familienstiftung erfolgte nach ALR II 4 § 28.

> § 28: *„Dergleichen Familienstiftungen können durch Verträge, durch einseitige Verfügung unter Lebendigen, und durch letzte Willensverordnungen errichtet werden.“*

Die Stiftungsurkunde selbst bezüglich der Formalia sowie der Stiftungszweck unterstanden gemäß ALR II 4 § 29 einem Richtervorbehalt, sodass die Stiftung erst durch richterliche Verlautbarung wirksam zur Entstehung gelangte.

> § 29: *„Diese Stiftungsurkunden sollen künftig allemal vor dem ordentlichen persönlichen Richter des Stifters verlautbart, und demselben zur Bestätigung vorgelegt werden.“*

Ganz im Gegensatz zu kirchlichen Stiftungen und solchen des öffentlichen Rechts unterlag die Familienstiftung nicht der staatlichen Direktion, einzig die Familienmitglieder waren gemäß den Vorgaben der Stiftungsurkunde zur Verwaltung berechtigt und verpflichtet (ALR II 4 § 34).

> § 34: *„Die wegen einer solchen Stiftung den Familienmitgliedern zukommenden Rechte und Pflichten, sind lediglich nach dem Inhalte der Stiftungsurkunde zu bestimmen.“*

Überdies war weder eine Aufhebung noch eine Abänderung der Stiftungsurkunde und damit der Stiftung und des Stiftungszweckes durch die Familie oder vonseiten des Staates vorgesehen (ALR II 4 § 39).

> § 39: *„Der wesentliche Inhalt der Stiftungsurkunde kann durch einen auch einstimmigen Schluß der Familie nicht aufgehoben, noch abgeändert werden.“*

Die Normen ALR II 4 §§ 40, 41 räumten lediglich der Familie selbst in Person des Familienvorstehers im Falle von Unzulänglichkeiten der Bestimmtheit der Stiftungsurkunde oder im Falle von Unzeitgemäßheit dieser das Recht ein, den Zweck unter Auslegung des Willens des Stifters und unter Hinzuziehung aller familienzugehöriger Nutznießer einstimmig abzuändern.[477]

---

[477] Vgl. zur Entrückung der Familienstiftung aus staatlicher Handhabe nur *Wieland:* Die leitenden Grundsätze des Stiftungsrechts in den verschiedenen, insbesondere in den deutschen Staaten, S. 171.

§ 40: *„Dagegen ist die Erklärung einer undeutlichen, oder die Ergänzung einer mangelhaften Vorschrift der dieser Urkunde, durch einen solchen Familienschluß zuläßig.“*

§ 41: *„Durch eben dergleichen Schluß können auch in der Art der Sicherstellung oder Verwendung der Stiftungseinkünfte, die den Veränderten Zeitumständen angemessenen Veränderungen getroffen werden.“*

Eine staatliche Einflussnahme war ausgeschlossen, der Familienschluss sollte lediglich gemäß ALR II 4 § 46 nach den zuvor genannten Kriterien der richterlichen Überprüfung unterliegen.

§ 46: *„Dergleichen Familienschlüsse sollen gerichtlich geprüft und bestätigt werden.“*

Für die private bzw. bürgerliche Familienstiftung war der Weg hin zu einem modernen Stiftungsrecht und einer vergleichsweise äußerst freien Stiftertätigkeit eröffnet. Es bleibt somit jedoch festzuhalten, dass einzig diese Stiftungsgattung der staatlichen Kontrolle entzogen war, für alle weiteren Stiftungsformen dieser Zeit wiederum das genaue Gegenteil durch das Allgemeine Landrecht geregelt wurde.

III Fazit

Obgleich das Allgemeine Landrecht in seinem aufgeklärten Wesen den Fortschritt vor allem des bürgerlichen Rechts und der Eigentumsrechte und -pflichten trug, so entfaltete es bezüglich des Stiftungswesens – von der Familienstiftung sei hier einmal abgesehen – bis weit in das 19. Jahrhundert hinein negative Wirkungen sowohl für kirchliche als auch für weltliche Stiftungen.[478] Es spiegelt sich in ihm deutlich die Einstellung des damaligen Zeitgeistes gegenüber dem Stiftungswesen wider. Unter Heranziehung des Nützlichkeitsgedankens wurde die Stiftung getreu des kollegialistischen Rechtsdenkens der Körperschaft völlig untergeordnet und verlor damit einen Großteil an Eigenständigkeit bezüglich der Verfolgung eines durch den Stifter gewählten Zwecks. Erschwerend hinzu kam dabei die ausgeprägte Einflussnahmemöglichkeit des omnipotenten Staates, die einer freien Stiftertätigkeit ebenfalls diametral entgegenstand.

---

[478] M.w.N. zur Wirkung des Allgemeinen Landrechts auf das Stiftungswesen im 19. Jahrhundert ebenfalls *Wieland*, a.a.O., S. 171ff.

G Immanuel Kant und das Stiftungswesen

Auch der wohl bedeutendste deutsche Philosoph der Aufklärung und Preuße *Immanuel Kant*[479] setzte sich zu dieser Zeit in relevanter Weise mit dem Stiftungswesen auseinander. Dies geschah seinerseits allerdings nicht in der bewussten Klarheit, wie dies teilweise angenommen wird,[480] um die typische, stiftungskritische Haltung *Kants* und der Öffentlichkeit zu belegen und die deutsche von der durch *Turgot* geprägten französischen Sichtweise auf das Stiftungswesen abzugrenzen.[481] Noch in der Erstauflage seines im Jahre 1797 – und damit drei Jahre nach Inkrafttreten des Allgemeinen Landrechts – erschienenen Werkes Metaphysik der Sitten fand die Stiftung lediglich an einer Stelle Erwähnung. Im ersten von zwei Teilen, den Metaphysische[n] Anfangsgründe[n] der Rechtslehre,[482] lautete der Verweis auf die Stiftungen: „*Dem Oberbefehlshaber steht indirekt, d.i. als Übernehmer der Pflicht des Volks, das Recht zu, dieses mit Abgaben zu seiner eigenen Erhaltung zu belasten, als da sind: das Armenwesen, die Findelhäuser und das Kirchenwesen, sonst milde, oder fromme Stiftungen.*“[483] Mehr zum Thema Stiftungen findet sich in der Erstauflage nicht. Zudem war dieser Passus wenig aufschlussreich und führte insofern in die Irre, als hieraus eine einzig dem Staat (dem Oberbefehlshaber) zugeordnete Pflicht zur Armenfürsorge auferlegt und die Stiftung als eine durch den Staat einzurichtende Institution verstanden werden konnte.

Es kann angenommen werden, dass *Kant* angesichts seiner gesellschaftlichen Position im gehobenen Bürgertum innerhalb des (groß-)städtischen Milieus und der dort vornehmlich anzutreffenden Wertschätzung von Wohltätern und Stiftern dem Stiftungswesen als solchem zunächst nicht feindlich gegenüberstand.[484] In seinen Metaphysische[n] Anfangsgründe[n] der

---

[479] 1724–1804; m.w.N. *Vorländer:* Immanuel Kant.

[480] *Liermann:* Geschichte des Stiftungsrechts, S. 173f.; *Richter:* Rechtsfähige Stiftung und Charitable Corporation, S. 215f.

[481] *Strachwitz:* Die Stiftung – ein Paradox?, S. 66.

[482] *Weischedel (Hrsg.):* Immanuel Kant, Werke in sechs Bänden, Band IV, S. 303–634; im Folgenden zitiert als *Kant:* Anfangsgründe der Rechtslehre.

[483] Ebenda, S. 446

[484] *Neuhoff:* Kant und die Stiftungen, S. 59.

Tugendlehre[485] von 1797 handelt ein eigener Abschnitt *„Von den Pflichten gegen andere, bloß als Menschen"* (§§ 23ff.) und gab den Wohlhabenden (*„mit Mitteln [...] über sein eigenes Bedürfnis, versehen"*, § 31) *„Liebespflichten gegen andere Menschen"* auf. Eine dieser Pflichten war auch die der Wohltätigkeit.[486] Diese war nach § 27 ein *„Gebot der praktischen Vernunft"* im Sinne eines friedlichen Zusammenlebens der Zivilgesellschaft von Gleichen unter Gleichen. Aus der Auslegung des aufgeklärten Vernunftbegriffes folgte die Erkenntnis, wohlsituierte Bürger seien nach diesem Gebot dazu angehalten oder gar verpflichtet, solche in misslicher Lage zu unterstützen.[487]

Diese Wohlgesonnenheit sollte in der Folge jedoch einer ausgeprägten Ablehnung des Stiftungswesens weichen. Der Sinneswandel *Kants* ließ nicht lange auf sich warten. Schon in der zweiten Auflage der Metaphysik aus dem Jahr 1798 sah sich *Kant* jedenfalls dazu aufgefordert, weitere Ausführungen zu Stiftungen zu machen. In Ziffer 8 des Anhangs zum Werk[488] fanden sich seine Grundannahmen und auch seine Einstellung zum Stiftungswesen. Zunächst erfolgte eine Definition der Stiftung: *„Stiftung (sanctio testamentaria beneficii perpetui) ist die freiwillige, durch den Staat bestätigte, für gewisse auf einander folgende Glieder desselben, bis zu ihrem gänzlichen Aussterben, errichtete wohltätige Anstalt. – Sie heißt ewig, wenn die Verordnung zu Erhaltung derselben mit der Konstitution des Staats selbst vereinigt ist (denn der Staat muß für ewig angesehen werden); ihre Wohltätigkeit aber ist entweder für das Volk überhaupt oder für einen nach gewissen besonderen Grundsätzen vereinigten Teil desselben, einen Stand oder für eine Familie und die ewige Fortdauer ihrer Deszendenten abgezweckt. Ein Beispiel vom ersteren sind die Hospitäler, vom zweiten die Kirchen, vom dritten die Orden (geistliche und weltliche), vom vierten die Majorate."* Schon hier klang abermals die hervorgehobene Machtstellung des Staates an, was auf den Begriff des Oberbefehlshabers der ersten Auflage rekurrierte, sowie insbesondere die Ewigkeitsgarantie dessen. Eine Stiftung kann nach

---

485 *Kant:* Metaphysische Anfangsgründe der Tugendlehre, Metaphysik der Sitten, Zweiter Teil.

486 *Kant:* Metaphysische Anfangsgründe der Tugendlehre, §§ 29, 30, 31, S. 98ff.

487 So auch *Neuhoff:* Kant und die Stiftungen, S. 60.

488 Anhang erläuternder Bemerkungen zu den metaphysischen Anfangsgründen der Rechtslehre, 8. Von den Rechten des Staates in Ansehung ewiger Stiftungen für seine Untertanen; *Weischedel (Hrsg.):* Immanuel Kant, Werke in sechs Bänden, Band IV, S. 492ff.

der kantschen Definition nur mit Billigung des Staates überhaupt zur Entstehung gelangen.

Bereits in der Erstauflage aus dem Jahre 1797 wurde deutlich, dass *Kant* seine Vorstellung eines Herrschaftssystems in Anlehnung an die Lehren *Hobbes* und *Pufendorfs* bereits umfassend entwickelt hatte. Sein Leitgedanke war dabei die Einheitlichkeit des Staates sowie die Vollumfänglichkeit seines Herrschaftsanspruches: „*Der Akt, wodurch sich das Volk selbst zu einem Staat konstituiert, [...] ist der ursprüngliche Kontrakt, nach welchem alle (omnes et singuli) im Volk ihre äußere Freiheit aufgeben um sie als Glieder eines gemeinen Wesens sofort wieder aufzunehmen.[...] Von diesen Gewalten, in ihrer Würde betrachtet, wird es heißen: der Wille des Gesetzgebers (legislators) [...] ist untadelig (irreprehensibel), das Ausführungsvermögen des Oberbefehlshabers (summi rectoris) unwiderstehlich (irresistibel) und der Rechtsspruch des obersten Richters (supremi iudicis) unabänderlich (inappellabel).*“[489]

Für das Stiftungswesen aber von größerer Bedeutung war seine Sichtweise über die Herleitung der aus diesem Machtstatus der weltlichen Gewalt resultierenden Eigentumsverhältnisse an Grund und Boden: „*Da der Boden die oberste Bedingung ist, unter der allein es möglich ist, äußere Sachen als das Seine zu haben, [...] so wird von dem Souverän als Landesherren [. . .] alles solche Recht abgeleitet werden müssen. [. . .] Er besitzt alles, weil er das Befehlshaberrecht über das Volk hat (jedem das Seine zu Teil kommen zu lassen), dem alle äußeren Sachen [...] zugehören. Hieraus folgt: daß es auch keine Korporation im Staat, keinen Stand und Orden, geben könne, der als Eigentümer den Boden zur alleinigen Benutzung den folgenden Generationen (ins Unendliche) nach gewissen Statuten überliefern könne. Der Staat kann sie zu aller Zeit aufheben.*“[490]

Im Fokus seiner Erwägungen, so viel wurde an dieser Passage bereits deutlich, stand insbesondere die Vielzahl an überwiegend kirchlich geprägten Anstaltsstiftungen mit bedeutendem Grundbesitz. Deren Verfügungsgewalt über ihre Güter und Ländereien konnte *Kant* nach seiner Vorstellung von unbeschränkter Staatsgewalt im beherrschten Territorium nicht unwidersprochen lassen.[491] Auch unterteilte *Kant* im Weiteren seines Anhangs die Stiftungen relativ beliebig in Gruppen und unterschied danach, auf welchem

---

489 *Kant:* Anfangsgründe der Rechtslehre, S. 434f.
490 Ebenda, S. 443f.
491 *Strachwitz:* Die Stiftung – ein Paradox?, S. 68.

Gebiet bzw. durch welchen Akteur sie ins Leben gerufen wurden. Unter Punkt A der Ziffer 8 des Anhangs thematisierte er solche Stiftungen, die *„auf dem Staatsvermögen fundiert worden (in Stiften und Hospitälern)“*, also insbesondere Anstalten für Arme, Invalide und Kranke. Diese seien durch ihre Verknüpfung mit dem Staat freilich für die Ewigkeit bestimmt. Demgegenüber sei der Staat bei denen änderungs- und aufhebungsbefugt, die durch einen privaten Testator zu einem mildtätigen Zweck errichtet wurden: *„Wenn aber nicht der Buchstabe sondern der Sinn des Willens des Testators den Vorzug haben soll, so können sich wohl Zeitumstände ereignen, welche die Aufhebung einer solchen Stiftung wenigstens ihrer Form nach anrätig machen. – So hat man gefunden: daß der Arme und Kranke (den vom Narrenhospital ausgenommen) besser und wohlfeiler versorgt werde, wenn ihm die Beihülfe in einer gewissen (dem Bedürfnisse der Zeit proportionierten) Geldsumme, wofür er sich, wo er will, bei seinen Verwandten oder sonst Bekannten, einmieten kann, gereicht wird, als wenn – wie im Hospital von Greenwich – prächtige und dennoch die Freiheit sehr beschränkende, mit einem kostbaren Personale versehenen Anstalten dazu getroffen werden. – Da kann man nun nicht sagen, der Staat nehme dem zum Genuß dieser Stiftung berechtigten Volke das Seine, sondern er befördert es vielmehr, indem er weisere Mittel zur Erhaltung desselben wählt.“*[492] Handelte es sich um eine durch den Staat selbst eingerichtete und betriebene Anstalt, so war diese Schlussfolgerung nur logisch und konsequent. Richtete er sie ein, stand es ihm freilich auch zu, Veränderungen vorzunehmen. Anderes galt für private Stiftungen, die nach dem Wortlaut der Ausführungen *Kants* ebenfalls erfasst waren. Hier bedeutete diese Sichtweise einen großen Eingriff in die freie Stiftertätigkeit und abermals die Möglichkeit der Zuwiderhandlung gegen den Stifterwillen infolge der von *Kant* vertretenen Oberbefehlshaberstellung des Staates.

Was jedoch führte zu diesem Sinneswandel und einer ablehnenden Haltung gegenüber den Stiftungen? Zunächst sicherlich der Umstand, dass *Kant* sich zuvor mit dem Stiftungswesen nicht dezidiert auseinandergesetzt hatte, sich nun jedoch infolge der Neuauflage seiner Rechtslehre dazu veranlasst

---

[492] *Kant:* Anfangsgründe der Rechtslehre, S. 491f.; ein geradezu revolutionärer Ansatz Kants, stellt dies doch dem Sinn nach nichts anderes dar, als unser heutiges System der Sozialhilfe und eine große Beförderung der Entscheidungsfreiheit des Einzelnen; so auch *Neuhoff:* Kant und die Stiftungen, S. 62.

sah und auch seine aufklärerischen und vernunftgeprägten Ideen weiter entwickelte. Zudem kam er mit der inneren Verfasstheit einer privaten Stiftung in seiner Stellung als Senatsmitglied der Albertus-Universität Königsberg im Herbst 1797 unmittelbar in Berührung, was ihn ebenfalls dazu angehalten haben dürfte, über Stiftungen neu nachzudenken.[493] Ein vormaliger Professor der Albertina für orientalische Sprachen, *Georg David Kypcke*, hatte im Jahre 1778 testamentarisch die Errichtung einer unselbstständigen privaten Stiftung verfügt, welche der Albertina als Rechtsträger zugehörig sein sollte. Der Zweck des Kypckeanums war auf den Erwerb oder Bau eines Hauses gerichtet, in welchem 5–10 Studenten unter strenger Aufsicht und Lehre eines durch die Stiftung gut dotierten Inspektors (infrage kamen Senatsmitglieder oder fakultätsangehörige Professoren, Doktoren und Magister) Wohnung finden sollten. Mit der Stellenbesetzung war nun der Senat der Albertina befasst. Es schloss sich ein komplexer Auswahlprozess an, der nicht frei von Disputen war und bei dem der von *Kant* präferierte Kandidat (ein „akademischer Sozialfall“ mit 12 Kindern) unterlag. *Kant* trug jedoch letztendlich die Mehrheitsentscheidung mit.[494] Im Rahmen der hierdurch mitveranlassten, neuerlichen Befassung mit dem Stiftungswesen dürften insbesondere zwei Punkte die persönliche Einstellung *Kants* beeinflusst haben. Einerseits der Umstand, dass bereits die Errichtung der Stiftung und die Einsetzung eines Inspektors zu mannigfaltigen Streitigkeiten auch noch im Nachgang an das Auswahlverfahren führten. So war es der unterlegene Kandidat, der sich offensichtlich mit der Nichtberücksichtigung nicht abfinden konnte und den zwei ältesten Senatsmitgliedern, darunter ein Philosophieprofessor als Aushängeschild der Universität, ob ihres vorangeschrittenen Alters den Rücktritt nahelegte. Darüber hinaus galt die Albertina in diesem Zeitpunkt als Hochburg des Pietismus, dessen Frömmigkeit dem aufgeklärten Denken *Kants* natürlich widersprach und dessen Anhänger womöglich auch den Streit um die Stellenbesetzung für sich entscheiden konnten.[495] Zweitens war *Kant* mit dem Stifter *Kypcke* zunächst sogar befreundet, bevor es später zu einem Zerwürfnis kam und nun der Verstorbene ihn über den Tod

---

[493] Zum Sachverhalt ausführlich *Gradenwitz:* Der Wille des Stifters, S. 181ff.; *Neuhoff:* Kant und die Stiftungen, S. 60f.

[494] *Neuhoff:* Kant und die Stiftungen, S. 61.

[495] *Kühn:* Kant – Eine Biografie, S. 92ff.; *Neuhoff:* Kant und die Stiftungen, S. 61.

hinaus in unerwünschter Weise beschäftigte.[496] Im Übrigen dürften auch die bevormundenden Erwägungen des Stifters, welche die Stipendiaten des Kypckeanums betrafen und in der Testamentsurkunde festgehalten wurden, dem freiheitlichen Denken *Kants* und daraus folgend der Freiheit des Individuums missfallen haben. Schon einleitend heißt es hier: „*Durch die Erfahrung überzeuget, daß öfter auch Stipendia von denen Studiosis übel angewendet werden, und daß es den jungen Leuten am verderblichsten sey, daß sie ohne alle Aufsicht leben u(nd) von ihrer Zeit, Gelde u(nd) Freiheit üblen Gebrauch machen, bin ich hiermit Willens eine Stiftung zu fundieren, in welcher Studiosi unter der Aufsicht eines akademischen Docenten unentgeltliche beysammen wohnen sollen. [...]*“.[497] Die Studenten wurden durch die erst im Jahre 1800 vollendeten Instruktionen für den Inspektor in ein enges und strikt reglementiertes Verhaltenskorsett gedrängt und in ihrer freien Entfaltung als Persönlichkeit durchaus eingeschränkt, ein Verstoß gegen die Regelungen gar unter drakonische Strafen gestellt: „*Namentlich werden diejenigen des Beneficii unwürdig und untheilhaftig, die wegen eines Vergehens vom Senat betraft werden müssen oder eine einzige Nacht ohne Wissen des Inspektors abwesend sind. Inspektor hat daher von der Anwesenheit des Stipendiaten sich dadurch augenscheinlich zu überzeugen, daß er entweder im Winter um 9½ Uhr, im Sommer um 10 Uhr ihre Stuben besucht, oder in der seinigen sie zusammenkommen läßt.*“[498]

Welche Schlüsse also können aus *Kants* Ausführungen zum Stiftungswesen generell gezogen werden? Alles führte zunächst einmal hin zur Bekräftigung seiner Ansicht, dass der Staat an oberster Stelle stand und dies auch durch Stiftungen nicht beeinträchtigt werden sollte. Dieses Hauptargument stach aus allen Ausführungen hervor. Um die Stiftung selbst als Institution mit Rechtspersönlichkeit ging es, wenn überhaupt, nur sekundär. Auch maß er, im Gegensatz zu *Turgot*, dem Argument einer möglicherweise als verwerflich anzusehenden Eitelkeit des Stifters, sich über Lebzeiten hinaus im Gedächtnis nachfolgender Generation zu halten, kaum Gewicht bei: „*[...] Der, welcher gutmütiger- aber doch zugleich etwas ehrbegieriger Weise eine Stiftung macht, will, daß sie nicht ein anderer nach seinen Begriffen umändere, sondern Er [sic] darin unsterblich sei. Das ändert aber nicht die Beschaffenheit der Sache, selbst und das*

---

496 *Neuhoff:* Kant und die Stiftungen, S. 61.

497 Zitiert nach *Gradenwitz:* Der Wille des Stifters, S. 184.

498 Zitiert nach *Gradenwitz:* Der Wille des Stifters, S. 193.

Recht des Staats, ja die Pflicht desselben zum Umändern einer jeden Stiftung, wenn sie der Erhaltung und dem Fortschreiben desselben zum Besseren entgegen ist, kann daher niemals als auf ewig begründet betrachtet werden."[499]

Für *Kant* stand somit der Gedanke der Oberbefehlshaberstellung des Staates im Mittelpunkt, eine Auseinandersetzung mit der inneren Autonomie der Stiftungen gleich welcher Couleur unterblieb weitestgehend.[500] Eine weitere tragende Rolle spielte die aus dem vorherigen Zitat bereits hervortretende Ansicht, Stiftungen könnten nicht auf ewig errichtet sein. Dies tritt in aller Deutlichkeit aus dem oft bemühten Zitat[501] aus Ziffer 8, Buchstabe B seines erläuternden Anhangs zu Tage: „*Selbst Stiftungen zu ewigen Zeiten [...], sobald sie einen gewissen, von dem Stifter nach seiner Idee bestimmten entworfenen Zuschnitt haben, können nicht auf ewige Zeiten fundiert und der Boden damit belästigt werden; sondern der Staat muss die Freiheit haben, sie nach dem Bedürfnisse der Zeit einzurichten.*"[502] *Kant* bezog sich hiermit auf solche Stiftungen, welche nach seiner Sicht das Volksvermögen in großem Maße an überholte Zwecke banden und an veralteten gesellschaftlichen Strukturen festhielten. In Gänze ging dieses Argument sicher nicht fehl, wie sich an einem gelungenen Beispiel *Jherings* schon aus dem Jahre 1884 hervorragend illustrieren lässt: „*Es existirt bei Ihnen [den Österreichern, d.Verf.] eine von einem alten Haudegen unter Prinz Eugen gemachte Stiftung für österreichische Invaliden aus den Türkenkriegen. Der Mann hatte die Türkenkriege für Österreich als ein habituelles, periodisch sich von Zeit zu Zeit mit der selben Gewißheit wie Hagelschlag, Überschwemmungen, Mißwachs wiederholendes Übel angesehen, und zu seiner Zeit war er dazu gewiß vollkommen berechtigt. Inzwischen haben aber die Türkenkriege, wie ich als Pandektist mich ausdrücken würde, ihr dogmatisches Interesse für Österreich verloren. Man braucht kein Prophet zu sein, um zu wissen, daß es mit den Kriegen zwischen Österreich und den Türken für immer vorbei ist. Was wird jetzt aus jener Stiftung? Soll sie bis in alle Ewigkeit existiren, Zinsen auf Zinsen häufend, ohne je wieder einem Menschen zu Gute zu kommen?*"[503] Wenig überraschen kann hier, dass im Fokus solcher Erwägungen, insbesondere Ziffer 8, Buchstabe B der

---

499 *Kant:* Anfangsgründe der Rechtslehre, S. 495.

500 *Strachwitz:* Die Stiftung – ein Paradox?, S. 69.

501 Ebenda, S. 66; *Liermann:* Geschichte des Stiftungsrechts, S. 173f.; *Richter:* Rechtsfähige Stiftung und Charitable Corporation, S. 215f.

502 *Kant:* Anfangsgründe der Rechtslehre, S. 493f.

503 *Jhering:* Scherz und Ernst in der Jurisprudenz, S. 130.

erläuternden Anmerkungen, vor allem kirchliche Institutionen standen und *Kants* kirchenkritische Haltung zutage trat.[504] Über allem stand bei ihm die Frage nach dem Verhältnis zwischen Kirche und Staat. Für ihn war die Geistlichkeit ein besonderer Stand von Aristokraten, dem mit Begünstigung des Staates *„Ländereien und daran haftende Untertanen“* angehörten als *„Besitztum, der sich von einem Zeitalter zum anderen gesetzmäßig vererben lässt“*.[505] Durchaus kritisch stellte er sich dabei die Frage, ob nicht der Staat in dieses Verhältnis zwischen Kirche und Laien, in welchem die Letzteren zu ihrer Seelenrettung ihr Eigentum hingäben, aufgrund seiner Machtvollkommenheit eintreten könne, *„wie es doch von Ungläubigen der französischen Revolution versucht wird“*.[506] Den alles entscheidenden Streitpunkt sah *Kant* darin, *„ob die Kirche dem Staat oder der Staat der Kirche als das seine angehören könne; denn zwei oberste Gewalten können einander ohne Widerspruch nicht untergeordnet sein.“*[507] Dies entschied *Kant* als Mann der Aufklärung erwartungsgemäß und in aller Deutlichkeit zugunsten des Staates: *„Daß nur die erstere Verfassung (politico-hierarchica) Bestand an sich haben könne, ist an sich klar: denn alle bürgerliche Verfassung ist von dieser Welt, weil sie eine irdische Gewalt (der Menschen) ist, die sich samt ihrer Folgen in der Erfahrung dokumentieren läßt. Die Gläubigen, deren Reich im Himmel und in jeder Welt ist, müssen, in so fern man ihnen eine sich auf dieses beziehende Verfassung (hierarchico-politico) zugesteht, sich den Leiden dieser Zeit unter der Obergewalt der Weltmenschen unterwerfen. – Also findet nur die erstere Verfassung statt.“*[508] Dies war ein Plädoyer für die Vernunft und gegen die starke Stellung des Klerus. Dem *„Orden der Geistlichkeit, die Kirche genannt“* stand *Kant* ohnehin skeptisch gegenüber, denn Volksvermögen wurde hier nach seiner Sicht abergläubischen, kultischen Zecken zugeführt, anstatt es für die Versorgung von Mitmenschen in Not nutzbar zu machen. Diesen „Fehlgebrauch“ sah *Kant* vor allem bei den auf ewig errichteten kirchlichen Stiftungen verwirklicht, welche demnach zu säkularisieren und in die Hände des Staates zu geben waren, damit dieser etwas „Nützliches“ damit anstellen konnte: *„Wenn nun gewisse andächtige und gläubige Seelen, um der Gnade teilhaftig zu werden, welche die Kirche den Gläubigen auch nach dieser ihrem Tode zu*

504 Ebenda, S. 492ff.

505 Ebenda, S. 492.

506 Ebenda.

507 Ebenda.

508 *Kant:* Anfangsgründe der Rechtslehre, S. 492.

erzeigen verspricht, eine Stiftung auf ewige Zeiten errichten, durch welche gewisse Ländereien derselben nach ihrem Tode ein Eigentum der Kirche werden sollen, und der Staat an diesem oder jenen Teil, oder gar ganz, sich der Kirche lehnspflichtig macht, um durch Gebete, Ablässe und Büßungen, durch welche die dazu bestellten Diener derselben (die Geistlichen) das Los in der anderen Welt ihnen vorteilhaft zu machen verheißen: so ist eine solche vermeintlich auf ewige Zeiten gemachte Stiftung keineswegs auf ewig begründet, sondern der Staat kann diese Last, die ihm von der Kirche auferlegt worden, abwerfen, wenn er will. – Denn die Kirche selbst ist als ein bloß auf Glauben errichtetes Institut, und, wenn die Täuschung aus dieser Meinung durch Volksaufklärung verschwunden ist, so fällt auch die darauf gegründete furchtbare Gewalt des Klerus weg, und der Staat bemächtigt sich mit vollem Rechte des angemaßten Eigentums der Kirche: nämlich des durch Vermächtnisse an sie verschenkten Bodens; […].“[509] Im letzten Satz wird noch einmal die Abneigung gegen bzw. sogar die Feindseligkeit gegenüber der Kirche deutlich. Das auf Glauben errichtete Institut der Kirche war nach *Kant* eine Täuschung, die furchtbare Gewalt des Klerus musste durch Aufklärung der Bürger beseitigt werden. Eine äußerst radikale Ansicht hinsichtlich kirchlicher Stiftungen, die in dieser Ausgeprägtheit nur an dieser Stelle zu finden war und nicht auf die weiteren Stiftungsformen, mit welchen sich Kant auseinandersetzte, übertragen werden konnte.

Letztendlich kam *Kant* dennoch zum gleichen Schluss wie *Turgot*, einer grundsätzlich ablehnenden Haltung, insbesondere gegenüber klerikalen Stiftungen, allerdings nicht in gleicher Härte und nicht mit der *Turgot* eigenen Argumentationsdichte. Dieser hatte etliche, den Diskurs in Frankreich beherrschende Gründe zur Delegitimierung der Stiftungen erwogen: Die Eitelkeit eines Stifters sei moralisch verwerflich, es bestünde eine große Gefahr, dass der Stifter sich bei der Wahl des Stiftungszweckes irre, die Zweckbestimmung könne nicht auf ewig aufrechterhalten werden. Nachfolgende Verwalter der Stiftung könnten eigene Zwecke über die des Stifters stellen. Zudem seien Schenkungen als solche gesellschaftspolitisch grundsätzlich abwegig, Stiftungen mangele es an Kontrolle durch die Allgemeinheit, eine Herrschaft der toten Hand dürfe den Herrschaftsanspruch des Staates nicht untergraben und Vereine seien den Stiftungen als Ausdruck des freien Willens

---

[509] *Kant*: Anfangsgründe der Rechtslehre, S. 493.

vorzuziehen.[510] *Kant* rezipierte die Argumentationsketten Turgots nur in Teilen. Er stimmte vor allem mit der Oberhoheit und unanfechtbaren Machtstellung des Staates und dem daraus resultierenden Eingriffsrecht überein. Auch hinsichtlich der nicht ewigen Beständigkeit einer Stiftung schloss er sich an. *Kants* Blick auf das Stiftungswesen war durchzogen von den Ideen der Aufklärung und dem durch die aufgeklärte Vernunft geprägten Verständnis des Verhältnisses zwischen Kirche und Staat. Danach war die Idee der Stiftung nicht zeitgemäß und diente in vielen Fällen nicht in bestmöglicher Weise dem Wohle des Volkes, sodass es dem allmächtigen Staat oblag, zu diesem Zweck verbessernd und aus seinem natürlichen Recht heraus einzuschreiten.

H Auswirkungen des aufgeklärten Ideenguts auf das Stiftungswesen im Generellen

Im Zuge der während der Aufklärung in besonderem Maße aufkeimenden Säkularisierungs- und Säkularisationstendenzen zeichnete sich ein Niedergang des kirchlichen Stiftungswesens in der kirchenfeindlichen Literatur und aufgeklärten Publizistik bereits früh ab.[511] Die Kirche wurde, nachdem sie bereits während des Mittelalters den Boden für den Durchbruch und eine erste Blütezeit kirchlicher Stiftungen in Form der *piae causae* bereitet hatte, durch den stringenten Machtanspruch des Staates innerhalb der Territorialstaaten des Heiligen Römischen Reiches Deutscher Nation – besonders im Bereich der Armenfürsorge und Mildtätigkeit – aus dem Stiftungssektor weitestgehend herausgedrängt.[512]

Ebenso war das weltliche Stiftungswesen durch aufklärerische Entwicklungen betroffen. Auch hier entstanden aus dem Bedürfnis der Bevölkerung heraus erste gelungene Ansätze der Herausbildung der Stiftung als juristische Person in Form der selbstständigen Hauptgeldstiftung, wenngleich tatsächlich die Form der juristischen Person der mittelalterlichen Rechtswissenschaft unbekannt blieb. Es mangelte dieser privatrechtlichen Institution zudem zwar an einer gesetzlichen Festschreibung, dennoch erfuhr diese durch Laien

510 *Strachwitz:* Die Stiftung – ein Paradox?, S. 62.

511 *Raab:* Geistige Entwicklungen und historische Ereignisse im Vorfeld der Säkularisation, S. 368.

512 *Coing:* Handbuch des Stiftungsrechts, 2. Aufl., § 5 Rn. 34f.

geführte Stiftungsform gleichfalls eine beachtliche Blütezeit während des Mittelalters vor allem durch wohlhabende Privatleute, die sich der Mildtätigkeit in vielerlei Formen verschrieben.[513] An der Fortbildung stiftungsrechtlicher Gebilde wie der Hauptgeld- oder Treuhandstiftung ging dann das Interesse während der Aufklärung verloren. Dies war insbesondere der diesbezüglichen Systemlosigkeit des Naturrechts – wie anhand des Allgemeinen Landrechts für die preußischen Staaten aufgezeigt –, der Machtstellung des Staates und dem kollegialistischen Rechtsdenken geschuldet. Das mittelalterliche Stiftungswesen, und damit ein formidables Substrat stiftungsrechtlicher Konzeptionen, wurde durch die Aufklärung insgesamt überwunden.[514] Dies ebnete zweifelsohne den Weg für neue Stiftungskonzeptionen.

Bevor es jedoch zu Beginn des 19. Jahrhunderts durch *Heises* System des gemeinen Zivilrechts[515] im Jahre 1818 und in Folge des Städelschen Erbfalls[516] zur Einordnung der Stiftung als juristische Person kam und diese Rechtsform anschließend ihren Triumphmarsch antrat, kam es im 18. Jahrhundert zunächst einmal zu einem vorübergehenden, aber weitreichenden Untergang des Stiftungswesens.[517] Dies soll im folgenden Kapitel umfassend untersucht werden.

---

513 *Pleimes:* Weltliches Stiftungsrecht, S. 63f.

514 *Schulze:* Historischer Hintergrund des Stiftungsrechts, S. 39.

515 *Heise:* Grundriss eines Systems der gemeinen Civilrechts, 3. Auflage, S. 27; in der ersten Auflage dieses Werkes von 1807 ist eine solche Einordnung der Stiftung als juristische Person noch nicht Gegenstand der Einordnung, vgl. *Heise:* Grundriss eines Systems der gemeinen Civilrechts, 1. Auflage.

516 M.w.N. *Elvers:* Theoretisch-praktische Erörterungen aus der Lehre von der testamentarischen Erbfähigkeit insbesondere juristischer Personen.

517 *Jakob:* Schutz der Stiftungen, S. 15.

Säkularisationen durch europäische Großmächte – Niedergang des Stiftungswesens

A Einführung in den Themenkomplex

Der besagte Niedergang des Stiftungswesens im Zuge von Aufklärung und Naturrecht war insbesondere bedingt und geprägt durch drei stiftungshistorische Ereignisse, welche als die drei bedeutendsten Säkularisationen des 18. und 19. Jahrhunderts angesehen werden.

Diese historischen Ereignisse – die Klosteraufhebung in Österreich, die Nationalisierung des Kirchenguts während der französischen Revolution und der Reichsdeputationshauptschluss – waren für das Stiftungswesen von solcher Relevanz, dass sie im Folgenden einer dezidierten historisch-philosophischen Untersuchung zur Herausarbeitung der Ursachen, Wirkungen und Folgen dieser stiftungshistorischen Geschehnisse unterzogen werden sollen. Ein besonderes Augenmerk soll dabei abermals auf die Geisteshaltung der aufklärerisch geprägten Akteure sowie die vorherrschende Stimmung in der Bevölkerung gelegt werden.

Thematisch einschlägig und in besonderer Form hervorgehoben ist innerhalb dieses Kapitels nicht das weltliche, sondern in erster Linie das kirchliche Stiftungswesen. Dies liegt darin begründet, dass am Ausgang des Mittelalters das Interesse der Bevölkerung am privaten Stiftungssektor unter den Ideen der Aufklärung und naturrechtlichen Strömungen weitestgehend verloren ging und privatstiftungsrechtliche Ansätze bezüglich neuer Rechtsformen vorerst nicht weiterverfolgt wurden.

Obzwar sich demgegenüber die zahlreichen Säkularisationsbestrebungen weltlicher Herrscher und Staaten nicht per se und unmittelbar gegen die Stiftungen kirchlicher Prägung richteten, so galten diese Angriffe doch stets den kirchlichen Korporationen. Auf dem kollegialistischen Rechtsdenken gründend, gehörten die Kirchenstiftungen diesen Körperschaften an und ihr Vermögen wurde dem Kirchenvermögen zugerechnet.[518] Angesichts dessen waren die Stiftungen von dieser Dynamik unmittelbar betroffen.

Die Ursachen der Bestrebungen zur Verweltlichung waren, wie zu sehen sein wird, vielfältig und oftmals ineinander verwoben. Nicht immer kann den Akteuren ein böser Wille oder eine generelle Abneigung gegen den Glauben und die diesen pflegenden Institutionen unterstellt werden, obgleich in nahezu allen Fällen macht- und finanzpolitische Erwägungen eine nicht unerhebliche Motivation darstellten.

Die Untersuchung der drei oben genannten Säkularisationen und deren Auswirkungen auf die Stiftungen erfolgt in ihrer historisch gegebenen zeitlichen Abfolge. Dies scheint insofern sinnvoll, da die österreichische Klosteraufhebung (1781–1783) sowie die französische Nationalisierung des Kirchenguts durch königliches Säkularisationsdekret (1789), bei welchen sich die Akteure und deren Intentionen durchaus voneinander unterschieden, zeitlich vorgelagert waren und gemeinsam das Vorbild für die große deutsche Säkularisation von 1803 bildeten.[519]

B Die Klosteraufhebung in Österreich als Revolution von oben

Der Titulierung dieses Abschnittes gemäß soll die Klosteraufhebung durch den Kaiser *Joseph II.*[520] mit ihrer Hauptzeit von 1781 bis 1783 in den österreichischen Erblanden der Dynastie der Habsburger Gegenstand dieser

---

[518] *Liermann:* Geschichte des Stiftungsrechts, S. 193.
[519] Ebenda.
[520] Kaiser Joseph II. (1741–1790), m.w.N. *Gutkas:* Österreich zur Zeit Kaiser Josephs II.

Untersuchung sein. Diese bildete mit der Vernichtung von hunderten von kirchlichen Einrichtungen ohne Zweifel den Höhepunkt staatlicher Eingriffe in den klerikalen Macht- und Wirkungsbereich mit den weitreichendsten Folgen. Es ist hier zu untersuchen, wie sich dieser geschichtliche Vorgang auf das Stiftungswesen ausgewirkt hat.

Aus historischer Sicht ist zu berücksichtigen, dass die Klosteraufhebung nur einen Teilaspekt einer bereits im Mittelalter ansetzenden Zersetzung der vor dem 15. Jahrhundert unteilbaren Kirche darstellte. Eine Separierung ergab sich insbesondere infolge des Eindringens des Landesfürstentums in das Kirchenwesen und einer daraus resultierenden Emanzipation des Staates. Am Ende dieser Entwicklung stand die Überordnung der weltlichen über die kirchliche Gewalt durch eine sukzessive Machtausdehnung und Entwicklung einer Staatskirchengesetzgebung.[521] In besonderem Maße verantwortlich hierfür zeichnete, wie bereits erwähnt, die Habsburger Monarchie. Deren Herrschaft über die österreichischen Erblande und im Verlauf der Geschichte auch weitere Gebiete, wie zum Beispiel Böhmen oder Ungarn, nahm ihren Anfang bereits im 13. Jahrhundert mit *Rudolf IV. Graf von Habsburg*.[522]

Wenngleich in der Folge der Fokus auch begrifflich auf landesherrliches Handeln und Wirken gelegt wird, so sei hier angemerkt, dass auch in den unabhängigen und sich immer weiter emanzipierenden Städten in den Erblanden jeweils zeitgleich eine ebenso geartete Entwicklung stattfand. Ein Unterschied ergab sich lediglich daraus, dass diese nicht unter der Regierung eines Landesfürsten, sondern der eines Rates standen.

I Amortisationsgesetzgebung, Aufsichts- und Verwaltungsrecht über das Kirchen- und Stiftungswesen vor der Herrschaftszeit Maria Theresias

Bereits äußerst früh bemühten sich die Habsburger um die Erweiterung ihres Einflusses gegenüber der Kirche innerhalb der – grundsätzlich katholischen – österreichischen Erblande. Durch weitreichende Amortisationsgesetze des österreichischen Staates gegen den Erwerb der toten Hand und die Installierung umfassender Aufsichts-, Mitwirkungs- und Verwaltungsrechte

---

[521] *Srbik:* Die Beziehungen von Staat und Kirche während des Mittelalters, S. 1.
[522] *Müller:* Schlaglichter der deutschen Geschichte, S. 67f.

bei kirchlichen Institutionen und deren Vermögen sicherte sich die Erbmonarchie weitgreifende Befugnisse.[523]

Schon in vorreformatorischen Zeiten während des 15. Jahrhunderts war die Ausbildung des landesherrlichen Kirchenregiments, durch welche die Herrschaftsgewalt der weltlichen Obrigkeit gestärkt und der Staat für den späteren Absolutismus präpariert wurde – methodisch betrachtet –, ein gewichtiger Pfeiler habsburgischer Politik.[524] Terminologisch gesehen ist die Bezeichnung dieser machtpolitischen Entwicklungen zugunsten des Staates uneinheitlich und unterschiedlichen Ursprungs. Es ist an verschiedenen Orten jeweils von landesherrlicher Kirchenadvokatie, päpstlicher Verleihung, Patronat, lehensrechtlichen Befugnissen oder speziellen Voigteirechten die Rede.[525]

Das landesherrliche Kirchenregiment fußt auf einem generellen Erstarken der weltlichen Landesherrschaft mit einer erhöhten Stellung und Autonomie des jeweiligen Landesherrn gegenüber dem Klerus, aber auch gegenüber dem habsburgischen Regenten. Insgesamt ist ein Anstieg der Landesgewalt aufgrund eines allmählichen Übergangs der *advocatia ecclesiae* (Schutz der Kirche) vom Kaiser auf die Landesherren auszumachen.[526] Die sich im Zuge dieser Entwicklung herauskristallisierende Machtstellung weltlicher Fürsten wurde über die Zeit immer umfassender, betraf nahezu alle relevanten Bereiche des kirchlichen Wirkens und erstreckte sich bis zum Regierungsantritt *Maria Theresias*, deren Regentschaft überdies Reformen gleichen Gedanken Kindes und noch darüber hinaus mit sich bringen sollte.[527]

Durch diese erneut auftretende Verweltlichungstendenz, welche in der Folge letztlich das Staatskirchentum und die Landeskirchen zur Entstehung brachte und zudem später Eingang in das *ius reformandi* aus dem Jahre 1555

---

523 *Heimberger:* Die Veränderung des Stiftungszwecks, S. 400

524 *Link:* Die habsburgischen Erblande, S. 511.

525 M.w.N. und zu weiteren Begriffen vgl. *Feine:* Kirchliche Rechtsgeschichte – Die Katholische Kirche, S. 489ff.

526 *Srbik:* Die Beziehungen von Staat und Kirche während des Mittelalters, S. 3.

527 Der Kampf um die landesherrliche Kirchenhoheit begann bereits unter *Rudolph IV.* zur Mitte des 14. Jahrhunderts; besonders *Friedrich III.* (1415–1493) konnte in den Verhandlungen um das Wiener Konkordat 1448 erhebliche päpstliche Zugeständnisse erwirken und setzt so den Anfangspunkt für ein erzwungenes Abrücken seitens des Klerus von den eigenen Privilegien zugunsten weltlicher Fürsten; vgl. *Link:* Die habsburgischen Erblande, S. 511f.

als Staatskirchengesetzgebung fand,[528] wurden die folgenden klerikalen Privilegien im Zuge des Machtzuwachses weltlicher Fürsten in besonderem Maße getroffen:

1 Gerichtsbarkeit und Jurisdiktion

Nach kanonischem Recht oblag der katholischen Kirche in Österreich eine eigene Gerichtsbarkeit. Dieses Klerikalprivileg umfasste nicht nur die Rechtsprechung über die dem Klerus zuzuordnenden und stets mit dem Stiftungswesen in Konnex stehenden Rechtsstreitigkeiten betreffend beispielsweise Testaments- und Pfründesachen. Darüber hinaus unterstanden der klerikalen Gerichtsbarkeit auch solche der weltlichen Bevölkerung innerhalb der Jurisdiktion des regierten Territoriums und der Klerus übte die Legislative aus.[529] Diese Rechte wurden bereits durch *Friedrich III.* zur Mitte des 15. Jahrhunderts radikal eingeschränkt, sodass der geistliche Gerichtsstand auf Kleriker begrenzt wurde und selbst dann noch eine Beschwerde gegen eine Entscheidung lediglich zu einem weltlichen Gericht zulässig war.[530]

Auf dieser Entwicklung aufbauend und derselben gesellschaftspolitischen Strömung entsprechend, zog Kaiser *Ferdinand III.* etwa ein Jahrhundert später die Zügel noch fester. Selbst ureigenste Belange kirchlicher Jurisdiktion werden dieser insofern entrissen, dass die ebenfalls stiftungsrelevanten Streitigkeiten wegen Zehntsachen und über die Besetzung von Pfründen nunmehr der weltlichen Gerichtsbarkeit unterworfen wurden.[531] *Leopold I.* wagte sich diesbezüglich während seiner Amtszeit noch einmal darüber hinaus und schaltete jedem einzelnen Verfahren nach kanonischem Recht ein Untersuchungsverfahren vor, welches die Vereinbarkeit der Vollstreckung aus dem Urteil des klerikalen Gerichts mit der Landesverfassung überprüfte.[532] Da es beinahe jeglicher Kompetenzen der Rechtsprechung beraubt war, konnte von einem Klerikalprivileg der eigenen Gerichtsbarkeit nach kanonischem Recht kaum mehr die Rede sein. Mit der Ausnahme einzelner Patronatsstreitigkeiten und einer Zuständigkeit für Ehesachen, vereinzelt auch noch

---

528 *Srbik:* Die Beziehungen von Staat und Kirche während des Mittelalters, S. 3.
529 Ebenda, S. 6.
530 *Link:* Die habsburgischen Erblande, S. 512.
531 Ebenda, S. 513.
532 Ebenda.

für Zehntsachen, war die kirchliche Gerichtsbarkeit de facto ausgeschaltet und in der Folge nicht mehr merklich existent.[533] Dies musste auch die Entscheidungsgewalt über stiftungsrechtliche Fragen und Auseinandersetzungen betreffen, gehörten diese aufgrund ihres engen Bezuges zum Kirchenwesen doch zuvor ebenfalls kirchlicher Jurisdiktion an.

2 Eindringen weltlicher Obrigkeit in die kirchliche Personalpolitik

Besonderes Anliegen weltlicher Landesherren war die Einflussnahme auf die Stellenbesetzung und die Regelung der Erbrechte bezüglich der Hoheitsgewalt bei kirchlichen Einrichtungen. Dies betraf sowohl die kommunale oder regionale Ebene (Abteien, Klöster, Stifte etc.) als auch die übergeordneten sogenannten Metropolitanverbände, also direkt der Kirche Roms unterstellte Zusammenschlüsse einzelner klerikaler Verwaltungseinheiten.[534] Primärziel solcher nicht immer von Erfolg gekrönten Versuche war stets die komplette Exemtion der Einrichtung aus dem Machtgefüge der Kirche und des Papstes, bei Nichterfolg wenigstens ein Nominationsrecht zur Einsetzung selbst ausgewählter höherer Dignitäten.

Es war abermals *Friedrich III.*, der durchaus erfolgreich war in seinem Streben, den Einfluss des Klerus auf den Staat und das Leben der Bevölkerung auf ein Minimum zu beschränken bzw. teils gleich in Gänze auszuschalten. Dies hatte er insbesondere dem Zutun des Papstes *Eugens IV.* zu verdanken. Dieser gestand *Friedrich III.* nach erfolgreicher Exemtion der Bistümer Wien, Wiener Neustadt und Laibach sowie der Reichsbistümer Chur, Trient und Triest die Kollatur für sämtliche geistige Vorsteher zu.[535] Weiterhin sah sich der Kaiser infolgedessen als obersten Erbvogt aller Klöster an und beanspruchte generell die Schirmvogtei über alle Prälaten.[536]

Konnte ein solches Nominationsrecht aufgrund der Wehrhaftigkeit eines energischen Kirchenvorstehers einmal nicht unmittelbar umgesetzt werden, so behalf man sich mit dem seit dem 13. Jahrhundert bestehenden *ius*

---

[533] *Srbik:* Die Beziehungen von Staat und Kirche während des Mittelalters, S. 4.

[534] *Link:* Die habsburgischen Erblande, S. 512.

[535] *Srbik:* Die Beziehungen von Staat und Kirche während des Mittelalters, S. 15; *Link:* Die habsburgischen Erblande, S. 512.

[536] *Brunner:* Land und Herrschaft. Grundfragen der territorialen Verfassungsgeschichte Österreichs im Mittelalter, S. 374ff.

primariarum precum.[537] Diese als Recht der ersten Bitte bekannte, außerordentliche Ernennungsbefugnis anlässlich der Krönung zum Kaiser, welche nicht aus einer päpstlichen Verleihung resultierte, führte in solchen Fällen zumeist zum gleichen Ergebnis.[538] Konnte auch eine darauf beruhende Ernennungsbefugnis nicht durchgesetzt werden, sicherte sich *Friedrich III.* wenigstens ein Bestätigungsrecht für die kirchlich gewählten Dignitäten und damit immer noch eine nicht unerhebliche Direktionskompetenz.[539]

Wie zuvor bei der Entsetzung des Klerus aus dem Handlungsgebiet der Rechtsprechung stießen auch die Staatsoberhäupter, die nach *Friedrich III.* folgten, der habsburgischen Erblande bezüglich der Personaleinsetzung mit fortschreitender Entwicklung immer weiter in diese Richtung vor. Es war *Maximilian II.*, welcher durch Generalanordnung für Klöster und Stifter im Erzherzogtum Österreich in den Jahren 1567/68 initiativ eine aus fünf Personen bestehende Kommission einsetzte, vor welcher sämtliche Prälaten innerhalb des Herzogtums Zeugnis über die Verwendung von Kirchengütern ablegen mussten. Sämtliche Erträge, Kapitalien und Rechte der kirchlichen Institution waren hiervon umfasst. Zugleich gelang es ihm, sich mit ebendieser Anordnung noch einigen Einfluss auf die Besetzung von Pfründestellen zu sichern.[540] In Anwesenheit der Kommissare dieses noch unter *Ferdinand III.* und *Leopold I.* bestehenden und sich in der Folge ausdehnenden Klosterrates mussten dann, sofern die Einsetzungsbefugnis der weltlichen Obrigkeit nicht ohnehin gegeben war, zudem alle Wahlen von Prälaten *„zur Wahrung der Temporalienrechte des Landesherrn“* abgehalten werden. Überdies war noch erforderlich, dass die Gewählten durch den Fürsten bestätigt wurden, sodass sich durch diese Ausdehnung des Voigteirechtes der landesherrliche Einfluss auf die Personalpolitik der kirchlichen Institutionen abermals drastisch erhöhte. [541] Es ergab sich somit das Bild, dass die Kirche in puncto Personaleinsetzung fast in Gänze ausgeschlossen war und selbst in den seltenen Fällen,

537 M.w.N. *Srbik:* Zum ius primariarum precum, in: ZRG, KA, 1914, S. 486–497.
538 *Link:* Die habsburgischen Erblande, S. 512.
539 Ebenda.
540 *Srbik:* Die Beziehungen von Staat und Kirche während des Mittelalters, S. 202; *Link:* Die habsburgischen Erblande, S. 512f.
541 *Link:* Die habsburgischen Erblande, S. 513.

in denen sie das Recht zur Durchführung kanonischer Wahlen behielt, die Wahl oftmals auf Vertrauenspersonen des Fürsten beschränkt blieb.[542]

3 Das Kirchen-, Kloster- und Stiftungsvermögen – Säkularisierungs- und Säkularisationstendenzen durch Aufweichung der kanonischen Realimmunität

Das Vermögen aller klerikalen Korporationen sowie der kirchlichen Stiftungen lässt sich generell in zwei Arten unterteilen, die Spiritualia und die Temporalia. An den sogenannten Spiritualia – unvergänglichen geistlichen und immateriellen Gütern und Befugnissen wie Sakramente oder Reliquien – hatten weltliche Machthaber mit Ausnahme der hier ebenso hinzuzuzählenden kirchlichen Ämter in der Regel wenig Interesse. Umso mehr Interesse bestand demgegenüber an den Temporalia. Hierunter fielen sämtliche Hoheits- und Regierungsrechte wie beispielsweise die Steuerprärogative in geistlichen Territorien. Überdies zählten alle weltlichen Güter und Rechte den Temporalia, darunter Grundstücke und Gebäude, Kapital, Erträge aus Lehensverhältnissen, Kapitalerträge und bewegliche Vermögensgegenstände. Hieraus ergaben sich in der Folge zunächst zwei Strömungen. Die Spiritualien blieben vorerst dem Klerus erhalten, die Temporalien gingen auf den Staat über.[543]

Ebenso vielfältig wie die Objekte weltlicher Begier waren auch die Möglichkeiten der Zueignung oder der Einflussgewinnung über die Verfügungsgewalt bezüglich der klerikalen Güter. Grundsätzlich galt zwar die Prämisse der kanonischen Realimmunität gegenüber weltlichen Herrschern, also die Befreiung von Steuern und Abgaben der Kleriker und der kirchlichen Erträge sowie die protektionistische Maßnahme des kirchlichen Veräußerungsverbotes.[544] Ein bunter Strauß an Handlungsformen und äußerste Kreativität war bei den weltlichen Herrschern jedoch stets dort auszumachen, wo der Versuch unternommen wurde, sich dieser Grundannahme der Unantastbarkeit kirchlicher Habe zu widersetzen. Die Nutzbarmachung des Kirchenvermögens für den Finanzbedarf des Landesherrn bildete immer einen Schwerpunkt weltlichen Handelns.[545]

---

542 *Link*: Die habsburgischen Erblande, S. 513.
543 *Srbik:* Die Beziehungen von Staat und Kirche während des Mittelalters, S. 14.
544 Ebenda, S. 131; *Reicke:* Stiftungsbegriff und Stiftungsrecht im Mittelalter, S. 251.
545 *Link:* Die habsburgischen Erblande, S. 512.

Das Prinzip der kanonischen Realimmunität (*immunitas ecclesiastica*) wurde unter dem Erstarken des Landesfürstentums und der landesfürstlichen Legislativgewalt dahin gehend aufgeweicht, dass dieses in kanonischem und Reichsrecht verbriefte Privileg kirchlicher Korporationen nicht mehr generell und dauerhaft, sondern nur noch punktuell gewährt und mit etlichen Beschränkungen versehen wurde. *Srbik* vertrat gar die Ansicht, eine vollwirksame Immunität hätte nie bestanden, vielmehr wären lediglich die Einkünfte der Kleriker sowie geistliche Eigenbaugüter, nicht jedoch das gesamte Kirchengut, von staatlicher Besteuerung (sogenannte ordentliche Steuer) befreit gewesen.[546] Jedenfalls kann konstatiert werden, dass sich der ländliche Klerus gegen die ordentliche Steuer grundsätzlich gar nicht zur Wehr setzte. Nur gegen außerordentliche und darüber hinaus beanspruchte Abgaben wehrte man sich. So zum Beispiel gegen die schon unter Herzog *Leopold* in den Jahren 1325/1326 erstmals verlangte Abführung des Zehnts, also jedes zehnten Teiles aller Einkünfte des Klerus.[547]

Von dieser Vorgehensweise der Sonderbesteuerung wurde in der Folge immer häufiger Gebrauch gemacht, insbesondere in Zeiten finanzieller Not des Staates und in Kriegszeiten. Gab es weitere, beschränkte man sich oftmals nicht allein auf eine an die kirchliche Institution gerichtete Sonderauflage, sondern diese wurden darüber hinaus sogar noch durch die Beherbergungsverpflichtung des jeweiligen Heeres belastet.[548] Aufgrund der stetig steigenden Häufigkeit solcher Vorkommnisse verloren derlei Sonderabgaben schnell den Charakter einer außergewöhnlichen Zahlungsverpflichtung. Es wurde zeitnah gelebte Praxis, dass betroffene Metropolitanverbände, Bistümer, Diözesen, Abteien, Klöster, Stifte etc. in die Pflicht genommen wurden. In Kombination mit den ebenfalls erhobenen, nicht unerheblichen Voigteiabgaben an die Landesfürsten in der Rolle der Kirchenadvokaten wurden etliche Institutionen alsbald an ihre finanzielle Leistungsgrenze getrieben.[549]

Neben der reinen Besteuerung standen die kirchlichen Temporalia stets auch selbst im Fokus staatsseitiger Säkularisationsbestrebungen. Eindeutiger kann der Ausspruch *„Pfaffenhabe ist mein Kammergut“*, was abermals *Friedrich*

---

546 *Srbik:* Die Beziehungen von Staat und Kirche während des Mittelalters, S. 131.
547 Ebenda, S. 133, S. 137.
548 Ebenda, S. 138f.
549 *Link:* Die habsburgischen Erblande, S. 512.

III. zugeordnet wird, kaum sein.[550] Unter Heranziehung höherer Mächte und mit einem gewissen Maß an Unterordnung des weltlichen Herrn wurde dieses Vorgehen damit zu begründen und zu rechtfertigen versucht, dass es Gottes Wille sei, dass keine Spende an Kirchen stattfinden kann, wenn dies dem Staat die Mittel entzieht.[551] *Friedrich III.* ließ seinen Worten Taten folgen und gestattete dem jeweiligen Landesherrn die eigenmächtige Inbesitznahme von Bistumsgütern – so beispielhaft für Schloss Wachseneck in Seckau und die Veste Mautenberg in der Steiermark –, nachdem zuvor schon sein Vorgänger *Rudolf IV.* rabiate und umfangreiche Säkularisationen vorgenommen hatte, deren Intensität die Eingriffe *Friedrichs* in nichts nachstanden.[552]

Eine wieder einmal Jahrhunderte in Anspruch nehmende Weiterentwicklung dieser Praxis führte letztendlich zu einer Rechtsauffassung weltlicher Landesherren, dass sämtliche Klöster und weitere kirchliche Korporationen zum Kameralgut zu zählen gewesen seien, ohne dass dies durch den Papst oder sonstige geistliche Vorsteher genehmigt oder bestätigt worden wäre. Zu begründen versucht wurde diese Ansicht einerseits mit den dem Fürsten zustehenden (Schirm-)Voigteirechten, andererseits damit, dass die im staatlichen Organismus im Zuge der Staatskirchengesetzgebung und Errichtung der Landeskirche aufgegangenen klerikalen Korporationen dem Staat in Zeiten von Krieg und Not ihre Hilfe, und sei sie nur finanzieller Natur, nicht verwehren durften.[553] Diese Konstellation entspricht freilich in Gänze der Lehre vom Obereigentum des Staates (Figur des *dominum eminens*) und brachte dieselben Konsequenzen mit sich.[554] Die Landesherren hatten in etlichen Fällen ein nahezu uneingeschränktes Verfügungsrecht über Kirchengut und waren demgemäß in der Lage, dieses nach Belieben und zur eigenen Bereicherung zu veräußern. Besondere Verwunderung ruft der Umstand hervor, dass schon unter *Friedrich III.* einzelne kirchliche Institute ohne Zwang diese Rechtsstellung der Fürsten anerkannten und so ohne Gegenwehr die *„Unterordnung in temporalibus"* ermöglichten, ferner auch noch Patronats- und

---

550 *Brunner:* Land und Herrschaft. Grundfragen der territorialen Verfassungsgeschichte Österreichs im Mittelalter, S. 375f.

551 *Heimberger:* Die Veränderung des Stiftungszwecks, S. 410.

552 *Srbik:* Die Beziehungen von Staat und Kirche während des Mittelalters, S. 44.

553 Ebenda, S. 59f.

554 Ebenda, S. 88.

Voigteirechte der weltlichen Gewalt gleichermaßen zugestanden und sich somit ohne Einschränkungen dem staatlichen Gewaltmonopol hingaben.[555]

Diese Verfügungsbefugnis über das Kirchenvermögen ermöglichte besonders in Zeiten von stets kostspieligen kriegerischen Auseinandersetzungen eine einfache, widerstandslose und schnell umsetzbare Säkularisation kirchlicher Güter. So konnte beispielsweise der exorbitante Finanzbedarf während des Türkenkrieges im Jahre 1686 durch das *„saubere Project, etliche Clöster in denen Erbländern umb Fortsetzung des Türkenkrieges aufzuhöben"*, gedeckt werden.[556] Tatsächlich wurden im Zuge dessen ordenszugehörige Klöster (jeweils zwei Klöster je Orden in den österreichischen Landen) zur Kriegsfinanzierung und -fortführung aufgehoben.[557]

Aus der Machtstellung der weltlichen Fürsten und den vielfältigen Amortisationsgesetzen heraus ergab sich noch eine dritte Variante der Administration des Kirchenvermögens. Es erfolgte eine Vindikation des Rechtes, die Sequestration von Immobiliargütern vorzunehmen, bewegliche Vermögensgegenstände zu konfiszieren und darüber hinaus den Erwerb und die Veräußerung von Kirchengut sowie die Entgegennahme von Vermächtnissen und Stiftungen an Klöster etc. unter das Erfordernis landesherrlicher Bewilligung und Beaufsichtigung zu stellen.[558] Diese Option stand neben der reinen Säkularisation kirchlichen Vermögens nicht weniger häufig zur Sicherung von Verfügungsrechten über dieses auf der Agenda landesfürstlicher Herrschaften. Insbesondere gegenüber missliebigen Kirchenfürsten und in den Fällen, in welchen eine Säkularisation aufgrund großen Widerstandes der Kircheninstitution oder der Bevölkerung (vorübergehend) nicht opportun schien, wurde hiervon reger Gebrauch gemacht.[559]

Gleich welcher der drei genannten Methoden sich der weltliche Herrscher bediente, im Ergebnis ist festzuhalten, dass der jeweilige Landesherr praktisch nach Belieben über das kirchliche Vermögen verfügen konnte. Eine freie Disposition klerikaler Vorsteher über die Güter und Mittel der jeweiligen kirchlichen Einrichtung war schon zu Zeiten vor der Regentschaft

---

555 Ebenda, S. 91.

556 *Latzke:* Die Klosterarchive, S. 305f.

557 *Winner:* Die Klosteraufhebungen in Niederösterreich und Wien, S. 14.

558 *Srbik:* Die Beziehungen von Staat und Kirche während des Mittelalters, S. 46; *Link:* Die habsburgischen Erblande, S. 512.

559 *Srbik:* Die Beziehungen von Staat und Kirche während des Mittelalters, S. 46f.

Maria Theresias abgeschafft und somit praktisch undenkbar geworden. Auch bezüglich des Vermögenssektors war das kirchliche Geflecht im Staats- bzw. Landeskirchentum aufgegangen oder diesem zumindest so sehr unterworfen, dass von Eigenständigkeit nicht mehr gesprochen werden konnte.

Hält man sich hier noch einmal den Konnex zwischen klerikalen Institutionen und den kirchlichen Stiftungen vor Augen, so muss man zu dem Schluss gelangen, dass Zweitere durch die Säkularisationen weltlicher Herrscher ebenso gravierend getroffen wurden wie die Kircheninstitutionen selbst. Stiftungen waren, wie bereits dargelegt, in vielfältiger Weise innerhalb des Kirchensektors zu finden. Seien es Zustiftungen von Immobiliar- oder Mobiliargütern, eigenständige Anstaltsstiftungen oder gar das Monasterium selbst als Stiftung; sowohl eine Herrschaftssäkularisation als auch eine Vermögenssäkularisation gegen die übergeordnete Institution betrafen alle Stiftungsformen unmittelbar. Wurde beispielsweise die Verwaltung einer Einrichtung okkupiert, so wurde diese freilich nach dem Dafürhalten des profanen Herren fortgeführt und damit in der Regel dem ursprünglich vorgesehenen Zweck des Stifters entrissen. Sieht man auf die diversen durch Privatleute zugestifteten Vermögenswerte – und insbesondere die Klöster waren ja bereits während des Mittelalters zu wahren Magnetbergen für fromme Zuwendungen von Gläubigen geworden[560] – so hatte die Säkularisation solcher Güter zwangsläufig ein Entreißen aus der stiftungsmäßigen Bestimmung und damit oftmals auch das Ende der Stiftung zur Folge.

4 Weitere Eingriffe in Kirchenwesen und Kultus

Neben den oben bereits genannten weltlichen Interventionen war ferner noch die Tendenz feststellbar, in die weiteren noch verbliebenen Bereiche geistlichen Wirkens einzuschreiten und auch in innerkirchlichen Vorgängen die Dominanz des Staates zu demonstrieren.

Hiervon betroffen waren oftmals insbesondere kleinere landsässige Klöster und Stifte sowie der niedere Klerus, welchen vielfach Visitationsrechte des Landesherrn und seiner Delegierten unter Ausschluss des kirchlichen Visitationsrechtes aufoktroyiert wurden. Gleichfalls wurden Begräbnis-, Feiertags-, Ablass-, Wallfahrts-, und kirchliches Unterrichtswesen zunehmend der landesfürstlichen Aufsicht unterstellt und damit dem kirchlichen Direktivrecht

560 *Steiner:* Die Klöster und ihre Wirken, S. 38.

entzogen.[561] Obgleich zunächst territorial begrenzt, wurde sogar in die kircheneigenste Aufgabe der Verkündung päpstlicher Bullen eingegriffen und diese ebenso von einer landesherrlichen Genehmigung (*placetum regium*) abhängig gemacht. Dieses Plazet wurde im Jahre 1641 unter *Ferdinand III.* generell eingeführt.[562]

5 Rekatholisierung der Erblande

Neben der wenigstens teilweisen, häufig jedoch gänzlichen Annektierung praktisch sämtlichen Wirkens der Kirche in weltlichen Belangen sowie der innerkirchlichen Angelegenheiten durch das jeweilige erbländische Staatsoberhaupt, die Landesfürsten und die städtische Obrigkeit, fanden sich im Anschluss an die Reformation im habsburgischen Raum sowie später in Böhmen kraftvolle gegenreformatorische Strömungen. Solche hatten eine enorme Rekatholisierung des verbliebenen Kirchenwesens zur Folge und dauerten bis zur Mitte des 17. Jahrhunderts an. Die den evangelischen Institutionen und Glaubensangehörigen durch Religionskonzessionen und -pazifikationen gewährten, eingeschränkten Religionsfreiheitsgarantien wurden allesamt aufgehoben und protestantische Lehrer, Prediger und nicht zu Konfessionswechsel bereite Bürger und Bauern verfolgt und aus Österreich vertrieben.[563] Umgesetzt wurde dieses Vorgehen durch sogenannte Reformationskommissionen, welche durch die Erblande zogen, Lehranstalten prüften, Pfarrer ihres Dienstes entsetzten und Protestanten in breiter Masse des Landes verwiesen.[564] Im Lande verbliebene Protestanten, die nach einer großen Emigrationswelle und bis zum Ende der Gegenreformation etwa im Jahre 1621 in ihrer Zahl gering waren, konnten ihren Glauben allenfalls im Geheimen praktizieren. Dies verursachte tiefsitzende Ressentiments gegenüber dem Staat und auch der katholischen Kirche und damit eine Spaltung der Bevölkerung.[565]

---

561 *Feine:* Kirchliche Rechtsgeschichte – Die Katholische Kirche, S. 408, S. 492ff.
562 *Link:* Die habsburgischen Erblande, S. 512f.
563 Ebenda, S. 513.
564 *Mecenseffy:* Geschichte des Protestantismus in Österreich, S. 87f.
565 *Link:* Die habsburgischen Erblande, S. 513.

II Reformen unter der Regentschaft Maria Theresias

Obgleich die zuvor genannten Eingriffe in das Kirchenwesen bereits tiefe Einschnitte in das kirchliche Autonomieverständnis und die daraus resultierende Realimmunität bedeuteten, so war die katholische Kirche Österreichs keinesfalls machtlos gestellt oder gar in ihrer Existenz bedroht. Vielmehr blieben in etlichen Territorien – welche zum Teil noch durch Bischof und Landesherr in Personalunion geführt wurden – Jurisdiktion, Wirtschafts- und Finanzwesen durch kirchliche Direktiven durchzogen. Oben genannte Bestrebungen weltlicher Kräfte, welche sicherlich als Übergriff tituliert werden können, waren allenfalls in ihren Konsequenzen für Kirchen- und Stiftungswesen nicht daseinsgefährdende Anfänge. Dies waren Vorboten eines Werdegangs, der sich im Theresianismus und Josephinismus innerhalb des aufgeklärten und absolutistischen Denkens ausbreitete und überbordende Entfaltung erfuhr.

Das katholische Kirchenwesen, aber auch die österreichischen Länder selbst, sollten dann im Fortschreiten der Historie des 18. Jahrhunderts weitreichenden Reformen unterliegen. Diese Reformen nahmen ihren Beginn mit der Regentschaft *Maria Theresias*. In besonderem Maße kausal dafür war einerseits die Lage der habsburgischen Lande und dessen Bevölkerung selbst, andererseits der Zustand der katholischen Kirche, welcher die Entfaltung eines solchen reformkatholischen Impetus überhaupt erst ermöglichte. Das Kirchen-, Kloster- und Stiftungswesen betreffend herrschte eine ausgeprägte Säkularisationstendenz vor, die in der Folge untersucht werden soll.

1 Staatsreformen ab dem Jahre 1740 und deren Ursachen

Bereits im 17. Jahrhundert befanden sich die habsburgischen Erblande in einer langanhaltenden Krisensituation. Die Wirren der Reformation, stetige kriegerische Auseinandersetzungen und Territorialstreitigkeiten, die inländischen Bauernkriege, darüber hinaus Seuchen und der Preisverfall eigener natürlicher Ressourcen (insbesondere Edelmetalle) aufgrund von umfangreichen Funden in der neuen Welt, hatten in den Erblanden wirtschaftliche Zerrüttung und Inflation hervorgerufen. Dies sorgte für gesellschaftliche und politische Spannung im ganzen Territorium, vor allem aber für einen Verfall der ständischen Gesellschaft, der mit der voranschreitenden

Pauperisierung der Landbevölkerung die Grundlage eines Großteils der Einnahmen entzogen wurde.[566]

In einer Zeit, in der diese mit reichlich Konfliktpotential ausgestattete Situation weiter schwelte, übernahm *Maria Theresia* im Jahr 1740 die Regierungsgeschäfte nach dem Tod ihres Vaters, *Karl VI.* Dieser hatte zuvor die Pragmatische Sanktion durchsetzen können, welche die Erbfolge einer weiblichen Person überhaupt erst ermöglicht und zugleich die habsburgischen Territorien auf Dauer einer Teilung entzogen hatte.[567] Der sich daraus ergebende Erbfolgekrieg mit Preußen, Bayern und Spanien, die allesamt die Thronfolge *Maria Theresias* nicht anerkannten, trug freilich nicht zu einer Gesundung der wirtschaftlichen Situation Österreichs bei. Vielmehr brachte dies die Monarchie – in Verbindung mit dem zugleich durch den Verfall der Ständegesellschaft entstehenden Machtvakuum – an den Rand des militärischen und wirtschaftlichen Kollaps.[568] Dieser Lage Herr zu werden galten in der Folge sämtliche staatspolitische Anstrengungen der Kaiserin. Ihre Maßnahmen erstreckten sich auf alle Bereiche des Staatswesens, gelangten bereits während des Erbfolgekrieges (1740–1748) zur Umsetzung und mündeten letztendlich in die große Staatsreform ab dem Jahre 1749. Im Fokus der Bemühungen standen zunächst die Bereiche, in denen innerhalb des Verwaltungssystems die schwersten Mängel offenbar wurden, das Militär- und Finanzwesen. Der aufgeblähte und handlungsträge Hofkriegsrat wurde infolge der Instruktion im Jahre 1745 personell reduziert und der diesem vorstehende Präsident mit weitreichenden Vollmachten ausgestattet. Zudem behielt sich *Maria Theresia*, ganz im Sinne der absolutistischen Allmachtsvorstellung, die endgültige Entscheidung über wichtige Vorhaben und Befehle selbst vor. Dies führte zeitnah zu einem handlungsfähigeren und schlagkräftigeren Militärwesen und in der Folge auch zu militärischen Erfolgen gegen die zunächst im Vorteil befindlichen Großmächte Europas.[569]

Ebenso wurden in der Finanzverwaltung Beamtenposten reduziert, was insbesondere die Wiener Hofkammer tangierte. Hier wurde die Entscheidungskompetenz den zahllosen und nach *Maria Theresias* Sicht überflüssigen

---

566 *Link:* Die habsburgischen Erblande, S. 514.
567 M.w.N. *Turba:* Die Grundlagen der pragmatischen Sanktion.
568 *Link:* Die habsburgischen Erblande, S. 516.
569 Ebenda, S. 517.

Referaten entzogen und der Direktive des auf acht Personen beschränkten Plenums zugewiesen.[570] Auch wenn hier eine erste Zentralisierung der Finanzverwaltung stattfand, war diese Reform nicht gleichermaßen von Erfolg gekrönt. Dies spiegelte sich insbesondere in der noch immer starken und einflussreichen Stellung der Ständegesellschaft und der eingefahrenen Eigenstruktur der habsburgischen Territorien wider. Deren Machtposition wagte man ob der Bedrohung im Zuge des herrschenden Kriegszustandes noch nicht anzutasten, sodass der Finanznot im Wesentlichen zunächst nicht abgeholfen werden konnte.[571]

Nachdem dann der Erbfolgekrieg am 18.10.1748 mit dem Frieden von Aachen beendet wurde und *Maria Theresia* sich der gesamten Impraktikabilität des habsburgischen Staats- und Verwaltungssystems abermals gewahr wurde, strebte sie im Jahre 1749 eine umfassende Staatsreform an.[572] Inspiriert wurde sie durch das Beispiel der preußischen Verwaltung. Der preußische Staat hatte es vermocht, sich der Ständegesellschaft zu entledigen und ein flexibles, effizientes, rationales und gesamtstaatliches Verwaltungssystem zu installieren. Erklärtes Ziel *Maria Theresias* war die Schaffung eines föderalistischen Gesamtstaates mit einer unmittelbaren Verbindung von Bürgern und Staat. Von hervorgehobener Bedeutung war die Zurückdrängung oder gar Abschaffung der insbesondere finanziell für den föderalistischen Staat nachteiligen Ständegesellschaft, welche zuvor gemäß der landständischen Verfassungen einen umfassenden Beteiligungsanspruch in den Landesverwaltungen geltend machen konnte.[573]

Ihren größten und wichtigsten Mitstreiter in diesem Unterfangen fand sie in *Friedrich Wilhelm Graf Haugwitz*, welcher mit seinem Haugwitzschen System als Begründer der modernen österreichischen Verwaltung angesehen wird.[574] Unter Anwendung dieses umfassenden Systems – das probehalber zuvor in Schlesien eingeführt wurde und dort unter Verdopplung der Staatseinnahmen große Erfolge verzeichnete – waren große Veränderungen in

570 *Walter:* ÖZV II, 1, 1, S. 36ff.
571 *Link:* Die habsburgischen Erblande, S. 518.
572 *Hintze:* Der österreichische und der preußische Beamtenstaat im 17. und 18. Jahrhundert, S. 403.
573 Ebenda, S. 406.
574 *Link:* Die habsburgischen Erblande, S. 519.

allen bedeutenden Sektoren der Staatsverwaltung notwendig.[575] Von herausragender Bedeutung war jedoch die Einführung des Föderalismus mit einer Zentralbehörde in Wien, einer dieser unterstellten Landesbehörde unter der Kontrolle des Landesfürsten im jeweiligen Territorium und der Gewährung von Eigenständigkeit an die Gemeinden und Kommunen als unterste Verwaltungseinheit. Hiergegen regte sich freilich großer Widerstand der Ständegesellschaft, welche neben den Einbußen an Einflussreichtum aufgrund der Entlastung bezüglich des Verwaltungsaufwandes höhere Kontributionen an den Staat zu leisten verpflichtet wurde. Innerhalb weniger Jahre hatte *Haugwitz* die Staatsverwaltung komplett umgestaltet, dabei tief in alle überkommenen Grundlagen der Habsburgischen Erblande eingegriffen und dadurch den Wandel von einem durch die alten Stände beherrschten Staat hin zu einem modern ausgerichteten Verwaltungs- und Zentralstaat vollzogen.[576]

Wie so häufig bei Umwälzungen dieses Ausmaßes in einem so kleinen Zeitrahmen entsprangen auch hier zahlreiche Probleme. Der große oppositionelle Druck, ausgeübt vor allem durch den entmachteten Adel, aber auch durch Verwaltungspraktiker, verwaltungspraktische Konfusion aufgrund neu eingerichteter und wenig eingeübter Verwaltungsstellen auf allen Ebenen sowie die erneute Kriegstreiberei auf dem Kontinent infolge des Siebenjährigen Krieges[577] versetzten die Erblande abermals in einen Zustand der Schwäche und der finanziellen Not und bedingten eine Überforderung des Landes in vielerlei Hinsicht.[578] Für diese Lage in die Verantwortung gezogen, verlor *Haugwitz* die Gunst der Monarchin und geriet so unter dem Druck des aufstrebenden Staatskanzlers Fürst *Wenzel Anton von Kaunitz-Rittberg* ins Hintertreffen, woraufhin er alsbald die Regierungsgeschäfte abgab. Der eben genannte *Kaunitz* brachte im Jahre 1760 unter Genehmigung der Kaiserin das nächste große Reformpaket auf den Weg, dessen Umsetzung einer

575 *Linke:* Friedrich Theodor von Merkel im Dienste fürs Vaterland, Teil II, S. 69.

576 *Walter:* ÖZV II, 1, 1, S. 92ff.

577 Im Fokus dieses zwischen Großbritannien/Kurhannover und Preußen einerseits, der österreichischen Habsburger Monarchie, Frankreich, Russland und dem Heiligen Römischen Reich Deutscher Nation andererseits geführten Krieges standen abermals territorial- und machtpolitische Interessen. M.w.N. zum Siebenjährigen Krieg (1756–1763) *Externbring:* Der Siebenjährige Krieg (1756–1763): ein europäischer Weltkrieg im Zeitalter der Aufklärung.

578 *Link:* Die habsburgischen Erblande, S. 525f.

Periode von etwa 20 Jahren bedurfte. Im Wesentlichen hielt *Kaunitz* zwar am föderalen System fest, besonderes Merkmal dieses Reformprogramms war jedoch die nicht unerhebliche Machtverschiebung, weg von den unteren Verwaltungsebenen hin zur obersten Verwaltungseinheit am Wiener Hof, dem neu eingeführten Ständigen Staatsrat. Diese Zentralisationstendenz brachte Beschränkungen der kommunalen Selbstverwaltung und der grundherrlichen Verwaltung, aber auch der städtischen Selbstverwaltung mit sich.[579] Nachdem sich bereits unter *Haugwitz* die Tendenz zeigte, von staatlicher Seite in alle Bereiche des öffentlichen Lebens und der Gesellschaft einzugreifen – so geschehen beispielsweise durch Reglementierung und Inobhutnahme von Straßenbau, Bildungswesen, kulturellem Leben, Handel, Zunftwesen, Religionsangelegenheiten und vielem mehr – verstärkte sich dieses Streben unter *Kaunitz* umso mehr.[580] Dies zeigt erneut die Stärke der vorherrschenden Idee der Aufklärung im Sinne eines übergeordneten Staates auf. Übergreifend betrachtet, eignete sich die absolutistische Monarchie Österreichs zum Nachteil des vormals dreistufigen Verwaltungsaufbaus (grundherrschaftliche Verwaltung, Ständeverwaltung und der Staat als übergeordnete Stelle) abermals ihr ursprünglich nicht zugewiesene Direktivkompetenzen an und setze weitergehende Machtansprüche immer mehr durch.[581]

2 Kirchenreformen – Staatliche Eingriffe in das Kirchenwesen und deren Ursachen

Neben der Verwaltungsorganisation des österreichischen Staates war über alle Maßen das Kirchenwesen und hier insbesondere die katholische Kirche mit allen ihr zugehörigen Institutionen, darunter auch die kirchlichen Stiftungen, von den Reformbemühungen *Maria Theresias* innerhalb des sogenannten Theresianismus betroffen. Zuallererst lassen sich diese staatskirchenrechtlichen Umwälzungen des 18. Jahrhunderts in Form eines „Übergriffes“ sicherlich der Errichtung des Staatskirchentums, also dem Ausbau landesherrlicher Kirchenhoheit mit dem Ziel der Staatsallmacht, und der kaiserlichen Vorstellung eines Wohlfahrtsstaates im Rahmen des

---

579 *Link*: Die habsburgischen Erblande, S. 526.

580 Ebenda, S. 525f.

581 *Hintze:* Der österreichische und der preußische Beamtenstaat im 17. und 18. Jahrhundert, S. 402.

aufgeklärten Absolutismus zuschreiben.[582] Zwar war das theresianische Staatskirchentum aufgrund der Frömmigkeit der Monarchin und der jansenistischen Einflüsse am Wiener Hofe auch durchaus von einem reformkatholischen Impetus durchzogen, dies änderte jedoch nichts an der generellen Abwertung des Kirchenwesens aufgrund der aufklärerischen Stimmung dieser Zeit und der Selbsterhebung des Staatswesens über klerikale Strukturen.[583] Finanzielle Interessen der weltlichen Obrigkeit spielten abermals eine genauso entscheidende Rolle wie der geschwächte (innere) Zustand der Kirche, ohne den eine Kirchenreform in diesem Maße wohl nicht hätte stattfinden können.

Eine innere Zerrissenheit kirchlicher Institutionen besonders im 18. Jahrhundert folgte zum einen aus einer generellen Rivalität zwischen Weltklerus und Ordensgeistlichkeit. Die Spaltung zwischen Säkularklerus in den Städten als Teil der Bevölkerung und Regularklerus als abgeschlossene Gruppe von Geistlichen in den Klöstern geht bereits auf viel frühere Zeiten zurück und lässt sich vor allem mit einem Wetteifern um die Zuständigkeitsbegründung für kirchliche Aufgaben und um finanzielle Mittel sowie wenig Verständnis für das Eigenleben der Ordensgesellschaften begründen. Oftmals wurde seitens des Weltklerus der Vorwurf der Erbschleicherei für Stiftungen und Vermächtnisse, aber auch der Beeinträchtigung der rein pfarrlichen Seelsorge erhoben. Dies verschärfte sich in der ersten Hälfte des 18. Jahrhunderts nicht nur durch eine den bestehenden Verteilungskampf forcierende, absolute Höchstzahl von in den Erbländern vorhandenen Geistlichen, sondern auch durch die der katholischen Aufklärung inhärenten antiklösterlichen Strömungen. Insbesondere die Literatur *Muratoris*,[584] welcher dem Staat umfassende Kompetenz für alle Belange des Klosterwesens zuschrieb und das Vorhandensein von zu vielen Ordensgemeinschaften für Landesschädlich hielt, fand bei Hofe große Beachtung.[585]

---

[582] *Raab:* Staatskirchentum und Aufklärung in den weltlichen Territorien des Reiches, S. 511.

[583] *Link:* Die habsburgischen Erblande, S. 528.

[584] *Ludovico Antonio Muratori* (1672–1750), italienischer Gelehrter und Geistlicher; Abhandlung von 1749: „Della pubblica felicitá“.

[585] *Holzknecht:* Ursprung und Herkunft der Reformideen Kaiser Josephs II. auf kirchlichem Gebiete, S. 10.

Andererseits fand man auch ein ausgeprägtes Konkurrenzdenken der Ordensgemeinschaften in den Klöstern untereinander. Diese buhlten ebenfalls um die kirchlichen Aufgabengebiete und vor allem natürlich um finanzielle Ressourcen.[586]

Jedoch auch der äußere Blick auf die Ordensgemeinschaften war mit voranschreitender Zeit nicht mehr mehrheitlich wohlwollend, weder vonseiten der Regierung noch vonseiten des Volkes oder des Säkularklerus. Die Tendenz, das kirchenaffine Staatsleben nicht mehr als seit jeher gegebene Normalität hinzunehmen, breitete sich unter dem aufgeklärten Naturrecht aus; die Stellung der Kirche und insbesondere der Ordensgemeinschaften wurde von Grund auf in allen seinen Aspekten kritisch hinterfragt.

Hier bot es sich in Zeiten der unzureichenden finanziellen Ausstattung der Erblande zunächst an, vonseiten des materiellen Besitzes auf die Klöster und damit auch auf die ihnen zugehörigen Stiftungen zu blicken. Welch übergeordnete Stellung die katholische Kirche in den Erblanden einst genoss, offenbarte schon die schier unfassbare Masse an Grundbesitz, Gebäuden und beweglichen Gütern. In den gesamten habsburgischen Landen machte der Grundbesitz des Klerus drei Achtel der Gesamtbodenfläche aus, wovon ein großer Teil den Klöstern zukam und weshalb Österreich mancherorts in aufgeklärten Kreisen die spottende Betitelung „Klösterreich" über sich ergehen lassen musste.[587] Betreffend die Anbaufläche befanden sich sogar 50% der gesamten Bodenressourcen im Eigentum der Kirche.[588]

Dies vorausgeschickt ist ohne Weiteres ersichtlich, weshalb der „Kampf" gegen die Orden für den Staat so lukrativ war. Nicht nur die damit einhergehende Machterweiterung im Sinne absolutistischen Bestrebungen war willkommen, darüber hinaus standen die schier unendlichen Besitztümer der Klöster im Fokus staatsökonomischer Überlegungen.[589]

Aber nicht allein die finanziellen Ressourcen der Kirche selbst begründeten den strikten Reformwunsch. Mit Neid blickte die österreichische Staatsführung gen Norden auf protestantische Länder wie etwa Preußen. Diese waren dem, aufgrund der Kriege und den daraus resultierenden Folgen, weit

---

586 *Winner:* Die Klosteraufhebungen in Niederösterreich und Wien, S. 14.

587 *Winter:* Der Josephinismus und seine Geschichte, S. 146.

588 *Link:* Die habsburgischen Erblande, S. 529.

589 Ebenda.

abgehängten Österreich in Sachen Staatsentwicklung, Verwaltung und Ökonomie weit vorausgeeilt. Einige Verbreitung auch in den Habsburgerlanden fand protestantisches Ideengut dadurch, dass bereits unter *Joseph I.* etliche nord- und mitteldeutsche Fabrikanten und Wirtschaftstreibende initiativ oder nach Angebot des Kaisers in Österreich ansiedelten, um Handel und Gewerbe zu treiben. Auch der in Frankreich und den Niederlanden aufstrebende Jansenismus, welcher seinen Weg bereits an den Wiener Hof gefunden hatte und großen Anklang fand, hatte großen Einfluss auf den sich bei *Maria Theresia* vollziehenden Sinneswandel gegenüber dem Katholizismus.[590]

Den Blick auf das protestantische Preußen richtend, wurde ein Versuch unternommen, ein die Staaten unterscheidendes Kriterium auszumachen, das für die österreichischen Missstände und Nachteile gegenüber anderen Großmächten in die Verantwortung gezogen werden konnte. Dass hier das katholische Ordenswesen in den Fokus geriet, kann letztlich wenig überraschen. Durch die zusehends rasche Verbreitung des Protestantismus, welcher Ordenshäusern seinerseits entbehrte und diesen zudem feindlich gesinnt war, sowie aufgrund des Umstandes, dass Österreich mit Klöstern reich gespickt war, waren klosterfeindliche Argumente schnell gefunden.[591] Noch durch generell ordensfeindlich gesinnte jansenitische Strömungen begünstigt, wandte sich *Maria Theresia* unter tatkräftiger Unterstützung durch *Kaunitz*, dem spiritus rector des theresianischen Staatskirchentums, der Reform des Ordenswesens zu.[592] Schon im Jahre 1751 fand sich in einer Denkschrift *Maria Theresias* eine dementsprechende Ankündigung: *„Dann kein Closter in dem Schranken der Stiftung verbleibet und viele Müßiggänger angenommen werden. Welches alles eine große Remedur noch erfordern wird, wo mit der Zeit und nach guter Überlegung die Sache weiters anzuführen gedencke."*[593] Obgleich sich eine „große Remedur" erst zu Beginn der 80er Jahre des 18. Jahrhunderts mit der Klosteraufhebung unter *Joseph II.* realisieren sollte, so schritt *Maria Theresia* bezüglich dieses Vorhabens bereits ab dem Jahre 1773 in Folge der

---

590 *Winner:* Die Klosteraufhebungen in Niederösterreich und Wien, S. 15.

591 Ebenda, S. 16.

592 *Deinhardt:* Der Jansenismus in deutschen Landen, S. 72; *Link:* Die habsburgischen Erblande, S. 529.

593 *Maaß:* Der Josephinismus, Band II, S. 18.

Aufhebung des Jesuitenordens mit aller Konsequenz zu Tat.[594] Zuvor, im Jahre 1767, hatte sie schon einige Maßnahmen der Kirchen- bzw. Klosterreform zur Umsetzung gebracht: Ausweitung des Plazets auf sämtliche päpstliche und bischöfliche Erlasse, Zensur aller kirchlichen Druckwerke, Untersagung von Visitationen durch päpstliche Nuntien, Beanspruchung der Aufsicht über die Verwaltung sämtlichen kirchlichen Vermögens, restlose Beseitigung der klerikalen Steuerfreiheit, Beschränkung der kirchlichen Gerichtsbarkeit auf den Klerus und Einschränkung des Vermögenserwerbs für Kleriker.[595] Im Jahre 1771 schränkte sie das Vermögen und die Vermögensfreiheit der toten Hand noch einmal radikal ein, nachdem sie bereits seit dem Jahr 1750 eine Kommission am Wiener Hof mit der Überwachung der Finanzverwaltung aller klerikalen Einrichtungen betraut hatte. Zudem wurde mit päpstlichem Einverständnis die Anzahl religiöser Feiertage weiter reduziert.[596]

Diesen weiteren und in ihrem Ausmaß tiefgreifender werdenden Beschränkungen des Eigenkirchenwesens zum Trotz, blieben die kirchlichen Institutionen in ihrem Bestand und in ihren Grundfesten zunächst weitestgehend unangetastet und erhalten. Diese noch vorhandene Zurückhaltung verschwand dann mit der erwähnten Aufhebung des Jesuitenordens im Jahre 1773 und bedeutete den Startpunkt einer neuen, weitaus radikaleren Kirchenpolitik der Habsburger Monarchie unter *Maria Theresia* und in der Folge umso mehr unter *Joseph II.*

3 Die Aufhebung des Jesuitenordens

Im Zuge der katholischen Restauration im 17. Jahrhundert gelang es der Gesellschaft Jesu, einen spektakulären Status innerhalb der Erblande und in großen Teilen Europas unter Ansammlung eines beträchtlichen (insbesondere Immobiliar-)Vermögens zu generieren, dass zu großen Teilen auch aus (Zu-)Stiftungen resultierte.[597] In jeder großen Stadt fand sich ein Jesuitenkollegium; Schul- und Universitätswesen, zudem auch das gesamte geistig-religiöse Leben sowie das Zensurwesen waren mit dem Orden tief

---

594 *Raab:* Staatskirchentum und Aufklärung in den weltlichen Territorien des Reiches, S. 518.

595 *Link:* Die habsburgischen Erblande, S. 529.

596 *Raab:* Staatskirchentum und Aufklärung in den weltlichen Territorien des Reiches, S. 517.

597 *Brendel:* Verwaltung der milden Stiftungen, S. 13.

verbandelt.[598] Hier von Neid und Missgunst des Staates gegenüber dem Einflussreichtum der Jesuiten zu sprechen, ist sicherlich keine Übertreibung. Trachtete der Staat doch danach, seinen eigenen Einfluss zu vergrößern, insbesondere auf den für die zukünftigen Staatsgeschicke so wichtigen Bildungssektor und informationspolitisch auch das Zensurwesen. So richteten sich erste Maßnahmen gegen den Jesuitenorden – zeitlich betrachtet in den 1730er Jahren und damit noch etliche Jahrzehnte von der Kassation entfernt – zunächst auch gegen dessen monopolartige Stellung innerhalb des Bildungswesens.[599]

Eine erste Einflussnahme des Staates in diesem Bereich ist dann mit der Einführung einer Studienordnung für Gymnasien zu konstatieren.[600] Diese Entwicklung sollte sich in der Folge insbesondere unter dem Wirken des kaiserlichen Leibarztes und antijesuitischen Jansenisten *Gerhard van Swieten* verstärken.[601] Mittels einer neuen Universitätsordnung und der Einsetzung einer Studienhofkommission ohne jegliche jesuitische Mitglieder wurde der Bildungsautonomie des Ordens ein weiterer schwerer Schlag versetzt. Übertroffen wurde dies nur noch dadurch, dass selbst die Professur für kanonisches Recht an der Wiener Universität dem zuvor stets jesuitischen Lehrkörper entzogen und in weltliche Hände gelegt wurde.[602] Der vorliegenden Stimmung entsprechend wurde die rasch anwachsende Ablehnung der Jesuiten durch *van Swieten* und den Wiener Hof besonders deutlich durch einen Bericht der Studienhofkommision aus dem Jahre 1766: „*[...] dass von keinem Religiosen, am wenigsten aber von einem Jesuiten eine erspriessliche und bey jetzigen Zeiten dem Staat anständige Lehre des juris canonici jemals zu hoffen sey.*“[603] *Maria Theresia*, die dem Orden grundsätzlich eher positiv gewogen war, folgte der Position *van Swietens* insofern, als dass sie sich immerhin damit einverstanden zeigte, mehr Laien in den Lehrkörper des kanonischen Rechts zu integrieren. Im Jahr 1771 war diese die Jesuiten ausschließende

598 *Winner:* Die Klosteraufhebungen in Niederösterreich und Wien, S. 19.
599 Ebenda, S. 20.
600 *Mayer:* Geschichte der geistigen Cultur in Niederösterreich, S. 116.
601 *Winner:* Die Klosteraufhebungen in Niederösterreich und Wien, S. 22.
602 Ebenda.
603 *Kink:* Die Geschichte der kaiserlichen Universität zu Wien, I/1, S. 501.

Tendenz jedoch bereits so weit gediehen, dass sich in wichtigen Positionen des Universitätslebens kein einziges Ordensmitglied mehr fand.[604]

Ebenso wie auf dem Gebiet des Bildungswesens forcierte *van Swieten* auch das Hinausdrängen der Ordensbrüder aus dem Zensurwesen, was angesichts der Überschwemmung der Erblande mit aufklärerischer Literatur von hervorgehobener Bedeutung war. Selbst bezüglich der theologischen Schriften, welche sogar *Haugwitz* im Zuständigkeitsbereich jesuitischer Zensur belassen hätte, zeigte *von Swieten* keine Kompromissbereitschaft und übernahm dies stattdessen gleich in persona. Obwohl sich *Maria Theresia* immerhin für die Einsetzung einer Revisionskommission unter jesuitischer Beteiligung aussprach, begrüßte sie dieses strikte Vorgehen dem Grunde nach. Dass sie schließlich sogar dem generellen Verbot stattgab, eigene Werke zu veröffentlichen,[605] hängt einerseits mit der kontinuierlichen Indoktrinierung durch *van Swieten* zusammen. Dieser eröffnete der Kaiserin bereits im Jahre 1759 Folgendes: *„Ich bin imstande, mit der höchsten Gewissheit den Beweis zu liefern, dass das wahre Ziel der Gesellschaft (Jesu) stets nur das eine gewesen, sich zu bereichern, und daß die Religion nur den Vorwand abgab, die Frömmigkeit Eurer Majestät und Ihrer glorreichen Ahnen zu mißbrauchen.“*[606]

Andererseits war die Monarchin allgegenwärtiger Propaganda gegen die Jesuiten durch wichtige Personen des Hofes ausgesetzt.[607] So stellte der Propst *Marc-Anton Wittola*, der sich am Wiener Hof durch die Übersetzung jansenistischer Schriften einen Namen gemacht hatte, die Jesuiten stets als Pharisäer, Scharlatane, Despoten und Ignoranten dar, die einer kindischen Frömmigkeit huldigten, Geisterbeschwörung betrieben und insbesondere in ihrer Missionierungstätigkeit „unübertreffliche Dummheit“ an den Tag legten.[608] Hierdurch entstand ein durchaus ambivalentes Verhältnis *Maria Theresias* zu den Jesuiten. Aus privaten Äußerungen ist ersichtlich, dass sie den Orden zwar aufgrund dessen großer Verdienste um das Land, insbesondere im Bereich der Bildung und der Mildtätigkeit, für Schutz- und Erhaltenswürdig hielt, sich

---

[604] *Winner:* Die Klosteraufhebungen in Niederösterreich und Wien, S. 23.

[605] Ebenda, S. 24.

[606] *Duhr:* Die Kaiserin Maria Theresia und die Aufhebung der Gesellschaft Jesu, Stimmen der Zeit, S. 218.

[607] *Winner:* Die Klosteraufhebungen in Niederösterreich und Wien, S. 26.

[608] Vgl. *Deinhardt:* Der Jansenismus in deutschen Landen, S. 84ff.; *Winner:* Die Klosteraufhebungen in Niederösterreich und Wien, S. 25.

demgegenüber allerdings einer im Raum stehenden Aufhebung durch den päpstlichen Stuhl in Rom nicht verwehren würde. Unmittelbaren Einfluss auf diese Haltung hatte die kaunitzsche Außenpolitik, denn dieser schloss ein für Habsburger enorm bedeutsames Bündnis mit dem jansenistischen Frankreich, das die Jesuiten im Territorium der Bourbonen bereits im Jahr 1764 verfolgt und ausgewiesen hatte.[609] Trotz dessen hatte Papst *Klemens XIII.* die Existenz des Ordens noch mit einer Bulle aus dem Jahre 1765 bestätigt, wobei sich über die Veröffentlichung dieser Bulle in den Erblanden ein Streit im Wiener Staatsrat entzündete. *Anton Freiherr von Stupan* sprach sich für die Publikation der Bulle aus und lobte die seelsorgerische Wirksamkeit und den exemplarischen Lebenswandel der Jesuiten. *Kaunitz* hingegen vertrat aus Treue den Franzosen gegenüber die Ansicht, die Bulle sei ausschließlich an Frankreich gerichtet und erlange deshalb in Österreich keine Geltung. Letztendlich blieb die Bulle unveröffentlicht; gleichzeitig ist dies ein deutliches Anzeichen für eine äußerst passive und beobachtende Position der Staatsregierung in dieser Frage.[610]

Eine Zäsur für dieses zurückhaltende Betragen im Rahmen der Ordensangelegenheiten bedeutete der Tod des Jesuitenfreundes *Klemens XIII.* im Jahr 1769. Dessen Nachfolger, Papst *Klemens XIV.*, scheute sich zunächst zwar ebenfalls vor der Aufhebung und war den Jesuiten nicht feindlich gesinnt, unterschrieb jedoch im Jahr 1772 letztendlich die Aufhebungsurkunde, welche als Entwurf eines Aufhebungsbreve im März des Jahres 1773 an den Wiener Hof gelangte.[611] *Maria Theresia* zeigte sich mit der Aufhebung einverstanden, monierte jedoch einen Aspekt des Entwurfes. Der Papst hatte dem geistlichen Stuhl die Verfügungsgewalt über sämtliches Mobiliar- und Immobiliarvermögen der Jesuiten zugesprochen. Hiermit konnte sich die Monarchin natürlich keinesfalls einverstanden erklären, lag die Zuführung der Ordenskapitalien doch gerade im Fokus staatlicher Säkularisationsbestrebungen.[612] Da die Franzosen und Portugiesen im Zuge der Vertreibungen der Jesuiten ebenso verfuhren und Ordensbesitz rigoros einbehielten, konnte deren Recht den Habsburgern nur billig sein, was auch *Kaunitz* gegenüber

---

609 *Winner:* Die Klosteraufhebungen in Niederösterreich und Wien, S. 27.

610 Ebenda, S. 27f.

611 *Kink:* Die Geschichte der kaiserlichen Universität zu Wien, I/1, S. 502.

612 *Duhr:* Die Kaiserin Maria Theresia und die Aufhebung der Gesellschaft Jesu, Stimmen der Zeit, S. 210.

der Kaiserin deutlich zu machen versuchte. Er appellierte deshalb an ihre Unabhängigkeit gegenüber dem Klerus und ihre Entscheidungsfreiheit: *„Alles was desfalls geschehen kann, bestehet hierinnen, dass die Ordinarii zu Rath gezogen werden, jedoch dergestalt, daß es Eurer Majestät selbst eigener Beurtheilung und Entscheidung vollkommen frey bleibt und bleiben muss, dasjenige auch gegen das Einrathen der Bischöfe zu bestimmen und bewerkstelligen zu laßen, was Allerhöchst Dieselbe für das allgemeine Beste der Religion und des Staats am ersprießlichsten finden werden. Wie dann Euer Majestät eben diese Grundsätze bey der bisherigen Aufhebung verschiedener Klöster im Meyländischen bereits festgesetzt und unabweichlich befolget haben."*[613] Die wenigen und leisen Stimmen der Gegenwehr, so beispielsweise die des Kardinals *Migazzi*, wurden nicht gehört. Dieser setzte sich dafür ein, die jesuitischen Provinzen unter neuer rechtlicher Stellung des Staates aufrechtzuerhalten und versuchte dies gegenüber der Kaiserin mit einem geistlichen Nutzen sowie der Nützlichkeit der kirchlichen Armen-, Kranken- und Hospizfürsorge und der Erziehung und Bildung der Jugend zu begründen. In diesem speziellen Fall erfolgte eine Ablehnung der Forderung insbesondere deshalb, da dies ja exakt die Bereiche darstellte, in welche der Staat vordringen und in eine Monopolstellung einrücken wollte.[614]

Unmittelbar nachdem der Wiener Hof von den Aufhebungsbestrebungen Kenntnis erlangt hatte, begann man mit den Vorbereitungen einer praktischen Umsetzung, wozu zunächst eine eigene Kommission eingerichtet wurde.[615] Diese gab ein Gutachten in Auftrag, welches unter anderem die Möglichkeit der Weiterbeschäftigung der Ordensleute in den Bereichen Seelsorge und Unterrichtswesen eruieren sollte und als Nebenprodukt die für den Staat unerwünschte Erkenntnis zutage förderte, dass sich der Jesuitenorden und dessen Einrichtungen und Tätigkeiten beim Volke großer Beliebtheit erfreuten, ganz besonders im Bereich der Seelsorge.[616]

Nach Abschluss dieser Vorarbeiten erarbeitete die Kommission einen die Grundzüge der Aufhebung umfassenden Abschlussbericht, welcher im Juni des Jahres 1773 fertiggestellt wurde.[617] Besonders auffallend ist die Tatsache,

---

613 *Maaß:* Der Josephinismus, Band I, S. 103.
614 *Winner:* Die Klosteraufhebungen in Niederösterreich und Wien, S. 30.
615 Ebenda, S. 33.
616 *Kröll:* Beiträge zur Geschichte der Aufhebung der Gesellschaft Jesu in Wien und Niederösterreich, S. 24.
617 *Winner:* Die Klosteraufhebungen in Niederösterreich und Wien, S. 34.

dass bereits zu diesem Zeitpunkt in nicht geringem Maße über die Güter des Jesuitenordens Verfügungen getroffen wurden, ohne dass die päpstliche Kurie ihrerseits auf die Geltendmachung von Ansprüchen verzichtet hätte. Sinnbildlich für die Zurückhaltung und Ambivalenz *Maria Theresias* gegenüber den Jesuiten ist der Umstand, dass sie selbst nicht in die Verhandlungen mit Rom eintrat. Vielmehr wählte sie den Umweg über den spanischen König *Karl III.*, welcher letztendlich eine Textänderung des päpstlichen Breve dahin gehend erwirken konnte, dass das Ordensvermögen in habsburgische Hände gelangte und dort verblieb.[618]

Nachdem Papst *Klemens XIV.* am 21.07.1773 die Aufhebungsbulle in ihrer Endfassung unterzeichnet hatte, wurde die praktische Aufhebung für die Erblande durch Hofdekret vom 19.09.1773 beschlossen.[619] Den mit der Verkündung gegenüber den Ordensinstitutionen betrauten Kommissionsangehörigen wurde noch einmal energisch eingeschärft, dass den Besitztümern des Ordens in Gänze eine Sperre anzulegen ist und sie für den Staat in Besitz zu nehmen sind. Dies erstreckte sich auch auf sämtliche Archive und Schriften. Für alle Ordenshäuser und -gemeinschaften waren Bilanzen anzufertigen; das Vermögen aller Kirchen, Bruderschaften, Akademien, Seminare und aller Stiftungen war in ein Realbesitz- und Inventarienverzeichnis einzupflegen. Die weltlichen Kommissionsmitglieder waren zuständig für die Säkularisation der Temporalien, demgegenüber hatten geistliche Kommissare des Weltklerus ordensspezifische Schriften zu sichten und nach nicht besonders umfassender Begutachtung zu verbrennen. Den Jesuiten wurde die Gewalt über all die ihnen zugewendeten Besitztümer und auch über ihr bestimmungsgemäßes Wirken genommen. Die Ordensleute selbst durften im besten Fall etwas Mobiliar und ihre persönliche Habe behalten.[620]

Was die Weiterführung der Geschäfte des Ordens Jesu anbetrifft, konnten diese aufgrund ihrer Größe und Vielzahl freilich nicht ad hoc zum Erliegen kommen, sodass jedweden Ordensinstitutionen ein Angehöriger des Weltklerus vorgestellt wurde.[621] Mit dem Ordenspersonal wurde unterschiedlich verfahren, obgleich auf allen Ebenen die Personaldichte erheblich reduziert

618 Ebenda, S. 34.
619 Ebenda, S. 35.
620 Ebenda, S. 38.
621 Ebenda, S. 36.

wurde. Priester und Novizen wurden in der Regel sofort entlassen, ihnen aber immerhin eine Übergangsversorgung aus Ordensgeldern zugestanden. Alte und gebrechliche Ordensleute erhielten zumeist Asyl in anderen kirchlichen Einrichtungen, mussten jedoch Kleidung des Weltklerus tragen und unterstanden der Direktive des jeweiligen Ordinarius.[622]

Mit dem säkularisierten Ordensvermögen und damit auch dem jeweiligen Stiftungsvermögen wurde dergestalt verfahren, dass dieses einem eigens errichteten, universalen Studienfonds zugeführt wurde.[623] Die Administration des Fonds wurde dem Wirkungskreis der Länder übertragen, die dazu zwar eigene Verwaltungseinheiten gründeten, jedoch dem Wiener Hof gegenüber rechenschaftspflichtig waren.[624] Diese regionale Administration der Ordens- bzw. Stiftungsgüter und der gesamte Säkularisationsprozess führten in hohem Maße zu Missbrauch, Fehlwirtschaft und in ihrer Gesamtheit zu einem kaum vorstellbaren Maß an Vernichtung von historisch bedeutsamen Objekten und Vermögenswerten. Am wenigsten Schaden richtete noch die viel zu günstige Verpachtung von Ordensimmobilien an. Einschneidender wirkte sich hingegen die Verschleuderung derselben aus, wobei auffallend oft Staatsdiener im Veräußerungsprozess Berücksichtigung fanden. Überdies entstand ein irreparabler Schaden insbesondere dadurch, dass Kunstsammlungen, einzelne Gemälde und Kunstgegenstände, Regalien und sonstiges Mobiliarkirchenvermögen zur Abhaltung spiritueller Riten zu Spottpreisen veräußert wurden, einzig um dem Fonds einige Gulden zukommen zu lassen.[625] Dieser Kapitalzufluss war andererseits dringend notwendig, denn der Studienfonds war durch die interimsweise Versorgung ehemaliger Ordensangehöriger stets an seiner finanziellen Belastungsgrenze. Insgesamt wurden allein in Niederösterreich und Wien etwa 450 Personen, die meisten davon Priester, von denen 2/3 ihres Dienstes entsetzt wurden, durch den Fonds subventioniert.[626] Nur eine geringe Zahl an Jesuiten behielt ihre Stellung, von diesen fand der Großteil eine Weiterverwendung im Unterrichtswesen.

---

[622] *Winner*: Die Klosteraufhebungen in Niederösterreich und Wien, S. 38.

[623] *Link:* Die habsburgischen Erblande, S. 529.

[624] *Latzke:* Die Klosterarchive, S. 389.

[625] *Diendorfer:* Die Aufhebung des Jesuitenordens im Bisthum Passau, S. 69; *Kröll:* Beiträge zur Geschichte der Aufhebung der Gesellschaft Jesu in Wien und Niederösterreich, S. 161.

[626] *Winner:* Die Klosteraufhebungen in Niederösterreich und Wien, S. 45.

Auch eine kleine Menge an Institutionen durften weiter ihren Bestimmungen nachgehen; es handelte sich hierbei meist um Schulen und kirchliche Stiftungen, die wenigstens in Teilen dem Gemeinwohl in Form der Jugendbildung, der Armen- und Krankenfürsorge sowie der Seelsorge nützlich erschienen, wenngleich der jeweilige Stiftungszweck und damit der Wille des Stifters in den meisten Fällen nur noch rudimentär Beachtung gefunden haben dürfte.

Ein Beispiel hierfür war die niederösterreichische Stadt Krems an der Donau.[627] Das dortige Jesuitenkollegium betrieb das einzige Gymnasium der Stadt und musste im Zuge der Aufhebung im Oktober des Jahres 1773 aufgrund der Entsetzung der jesuitischen Lehrkräfte schließen. Der mit der Aufhebung betraute geistliche Kommissar *Nikolaus Ernst von Gruber* bedauerte dies zutiefst und konstatierte etwas ironisch: *„Zu Crems [...] sind die Schulen aufgehoben, und wenn die Eltern diese Kinder nicht auf Wien ad studia schicken wollen, so sollen diese Soldaten werden! Es wird dem Staat andurch mehr geholfen sein.“*[628] Dieser Einschätzung folgend, wandte sich der Magistrat der Stadt mit einem Majestätsgesuch an den Wiener Hof, in welchem er die außerordentliche Wichtigkeit der Schulen in Krems und darüber hinaus auch die der örtlichen Jesuitenstiftungen für die Wirtschaft unter Aufzählung der erheblichen Nachteile durch die Schließungen hervorhob. Nach einigem hin und her und der zunächst ablehnenden Haltung des Hofes durfte die Schule im Jahr 1774 wiedereröffnet werden, wobei man sich des ehemaligen Jesuitenpersonals bediente.[629] Ebenso von Erfolg gekrönt war das Ersuchen, einige gestiftete Beichtväterstellen zur Erleichterung des Seelenheils der Bevölkerung aus jesuitischen Kreisen zu erhalten.[630] Doch nicht nur Zugeständnisse wurden an die Stadt gemacht. Vor allem dann, wenn die Erhaltung großer Vermögenswerte in Rede stand, zeigte sich die Aufhebungskommission weniger kompromissbereit. Das Jesuitenkollegium in Krems beruhte im Wesentlichen auf großen Stiftungen des Grafen *Adolf Althan* zu Beginn des 17. Jahrhunderts; die wesentlichen Kapitalien, die die notwendigen Erträge einbrachten, waren vier große Güter. Diese wurden

---

[627] Ebenda, S. 43.
[628] *Diendorfer:* Die Aufhebung des Jesuitenordens im Bisthum Passau, S. 62.
[629] *Winner:* Die Klosteraufhebungen in Niederösterreich und Wien, S. 43.
[630] *Kröll:* Beiträge zur Geschichte der Aufhebung der Gesellschaft Jesu in Wien und Niederösterreich, S. 33f.

zeitnah und ohne Rücksicht dem Studienfonds zugeschlagen und bald darauf veräußert, zusammen mit dem restlichen Monasteriumsbesitz.[631]

Neben dieses Vorgehen des Staates bezüglich der Ordensgüter stellt sich noch ein weiterer irreparabler Schadenseinschlag für den Orden und die gesamte historische Forschung. Im Zuge der Aufhebung wurde bei Veräußerungen von Liegenschaften stets das Herrschafts- oder Gutsarchiv an den Erwerber mitübergeben, zudem wurden im Jahre 1780 die Hauptbestände aller alten Klosterarchive dem Altpapier zugeführt. Hierdurch wurde eine unschätzbare Masse an geschichtlich relevanten Aufzeichnungen unwiederbringlich vernichtet.[632]

III Joseph II. und der Josephinismus

Zunächst werden der Begriff des Josephinismus sowie die Entwicklung *Josephs II.* dargestellt, bevor dann dessen Wirken auf geistlichem Terrain untersucht wird, namentlich die Große Remedur und die Klosteraufhebungen.

1 Begriff des Josephinismus

Der Begriff des Josephinismus beschreibt im Wesentlichen den aufgeklärten Absolutismus unter *Joseph II.*[633] in dessen Jahren der Alleinregentschaft zwischen den Jahren 1780 und 1790. *Joseph II.* stand unter starker Beeinflussung durch das Naturrecht nach *Grotius* und *Pufendorf* und strebte nach einer Neuordnung der staatlichen Verwaltung Österreichs sowie einer staatlich gelenkten religiösen Autarkie.[634] In der Literatur ist der Begriff des Josephinismus bezüglich seiner Zielsetzungen unterschiedlich konnotiert, insbesondere ist dies abhängig von der jeweiligen Ausrichtung und Gewichtung der zu bearbeitenden Themen durch den Verfasser.[635] So wird beispielsweise aus eher kirchlicher Perspektive vereinzelt hervorgehoben, dass der Josephinismus als geistig-geistliches, politisches und wirtschaftliches

[631] *Winner:* Die Klosteraufhebungen in Niederösterreich und Wien, S. 44.
[632] *Maaß:* Der Josephinismus, Band II, S. 30f.
[633] Kaiser Joseph II. (1741–1790), zunächst Erzherzog von Österreich, ab 1764 römischer König; vgl. *Schmitt-Vorster:* Die Porträts Josephs II., S. 16.
[634] M.w.N. *Reinalter:* Der Josephinismus: Bedeutung, Einflüsse und Wirkungen.
[635] Vgl. zu den unterschiedlichen Verfassern und deren Schwerpunktsetzung nur *Raab:* Staatskirchentum und Aufklärung in den weltlichen Territorien des Reiches, S. 514f.

Gesamtphänomen einen Ausgleich zwischen kirchlich-kulturellem Gebiet und Neuerungen der Aufklärung und des Naturrechts zu schaffen versuchte.[636] Demgegenüber steht die häufig vertretene Ansicht, welche in den unterschiedlichen Darlegungen nur geringe Unterschiede aufweist, dass der Hauptzweck des Josephinismus darin lag, im Sinne des Absolutismus und naturrechtlicher Anschauungen kirchliche Machtmonopole zu liquidieren und Staatsallmacht herzustellen.[637] Unabhängig davon, inwiefern kirchenpolitische Reformen nun totalitäre Züge annahmen und in welchem Maße dem Josephinismus auch nationalistische Tendenzen innewohnten,[638] wird den folgenden Ausführungen die Annahme zugrunde gelegt, dass diese Machtbestrebungen und der Wunsch, alle staatlichen und staatspolitischen Belange auf den Kompetenzbereich des Kaisers und seiner Regierung zu konzentrieren, den Kern der josephinischen Reformbestrebungen bildeten. Historisch ist anzumerken, dass der Josephinismus jedenfalls seinen Ursprung bereits im staatskirchlichen System *Maria Theresias* nahm und den Höhepunkt der aufgeklärten Staatsidee in den Erblanden bildete.[639]

2 Joseph II.

Joseph II., Sohn *Maria Theresias*, wurde von dieser bereits ab dem Jahre 1761 in die Regierungsgeschäfte miteinbezogen. Im Jahr 1765 wurde er, nach dem Tod seines Vaters, Kaiser *Franz I. Stephan von Lothringen*, zunächst ohne eigene Verfügungsbefugnis – jedoch unter Beteiligung an allen Herrschaftsaktivitäten – zum Mitregenten eingesetzt, bevor er dann nach dem Tod *Maria Theresias* im Jahre 1780 allein regierte.[640] Schon zu Zeiten seiner Mitregentschaft tat sich *Joseph II.* als aufgeklärter Reformer hervor und konnte vor allem in den Bereichen der Staatsverwaltung, des Militärs und auch des Umgangs mit der Bevölkerung einige Veränderungen bewirken. So war beispielsweise die Aufstockung des Militärs im Jahr 1771 Teil seiner Reformbestrebungen, ferner ist es seinem Wirken zuzuschreiben, dass in Österreich im Jahr 1774 die Schulpflicht eingeführt und im Jahr 1776 die

[636] *Valjavec:* Der Josephinismus, S. 7.
[637] So u.a. *Rieser:* Der Geist des Josephinismus und sein Fortleben, S. 81.
[638] Diese Tendenzen hervorhebend *Kann:* Kanzel und Katheder, S. 136.
[639] *Link:* Die habsburgischen Erblande, S. 532; *Raab:* Staatskirchentum und Aufklärung in den weltlichen Territorien des Reiches, S. 515.
[640] *Schmitt-Vorster:* Die Porträts Josephs II., S. 16, S. 19.

Abschaffung der Folter durchgesetzt wurde. Betreffend die Religionsausübung in den Erblanden zeigte sich der katholische Thronerbe zunächst weniger refüsierend gegenüber dem Protestantismus. Er widersetzte sich vehement der Erneuerung des sogenannten Ketzerdekretes zur rigorosen Ausweisung von Protestanten durch seine Mutter aus dem Jahr 1777, das dann tatsächlich in ein sogenanntes Vertrauenspatent umgewandelt werden sollte und die Vorstufe zu dem von *Joseph II.* im Jahre 1781 erlassenen Toleranzpatent gegenüber dem evangelischen Glauben bildete.[641] Nach dem Tod *Maria Theresias* war die Regentschaft *Josephs II.* dann insbesondere geprägt von einer regelrechten Welle von Reformen in allen Bereichen des Staats- und Kirchenwesens. Es entstand der Eindruck, zu Lebzeiten *Maria Theresias* habe der Thronfolger diese noch nicht zu Anwendung bringen können und trachtete, nun nach dem Ableben seiner Mutter, umso mehr danach.[642]

Die von *Joseph II.* durchgeführten Neuerungen wirkten sich mit großen Konsequenzen auf das Kirchenwesen und hier insbesondere das Ordenswesen und damit auch die klerikalen Stiftungen aus, was nachfolgend dezidiert untersucht werden soll.

3 Die kirchlichen Reformen des Josephinismus im Zeichen des aufgeklärten Absolutismus

Bevor die Maßnahmen *Josephs II.* im Einzelnen beleuchtet werden, muss man sich zuvor einmal den exorbitanten Umfang sowie die Ziele seiner Aufhebungs- und Säkularisationsbestrebungen gegenüber katholischen Institutionen vor Augen halten. Allein in den Jahren 1781–1783 hob *Joseph II.* über 700 Klöster, Stifte und weitere mit den Orden in Zusammenhang stehende Institutionen auf.[643] Folglich am meisten betroffen waren hier abermals, wie schon unter *Maria Theresia*, die beschaulichen Orden und die ihnen zugehörigen Stiftungen.[644] Trotz dessen wäre es sicher unzutreffend, dem ja selbst katholischen Kaiser eine generelle Ordens- und Stiftungsfeindlichkeit zu unterstellen. Sein Verhältnis zu den Monasterien bzw. zu deren Tätigkeiten für und Wirkungen auf die Bevölkerung Österreichs war vielmehr

---

641 *Schmitt-Vorster:* Die Porträts Josephs II., S. 18.

642 *Link:* Die habsburgischen Erblande, S. 532f.; *Schmitt-Vorster:* Die Porträts Josephs II., S. 19.

643 *Raab:* Der Untergang der Reichskirche in der großen Säkularisation, S. 542.

644 *Menzel:* Die Säkularisation in Schlesien 1810, S. 92f.

ambivalent und ist daher differenziert zu betrachten. Keinesfalls kann konstatiert werden, *Joseph II.* hob um der reinen Vernichtung willen und zu Zwecken der persönlichen Bereicherung an deren Vermögen Ordensgesellschaften auf.[645] Ebenso wenig löste er dergleichen auf, welche nach seiner Ansicht dem Volke Nutzen brachten.[646] Weshalb seine großen Reformen trotzdem das Ordens- und Klosterwesen so schwer tangierten, ergibt sich erst aus der Zusammenschau eines ganzen Konglomerats an Ursachen und den Ansichten und Zielen *Josephs II.* und seiner Regierung.

a Ursachen, Ansichten und Ziele des josephinischen Herrschertums im Kontext der Reform des Ordenswesens

Der aufgeklärte Kaiser sah sich als omnipotentes Staatsoberhaupt im Sinne des Absolutismus, begriff die habsburgischen Gebiete als territorialen Gesamtstaat unter weltlicher Verwaltung und ordnete diesem das Kirchenwesen als Teilgebiet der klerikalen Verwaltung im Sinne des Staatswohls unter.[647] Gemäß dem Ziel der aufgeklärten Administration und der Vereinheitlichung sämtlicher Staats- und Lebensbereiche der Bevölkerung, insbesondere der Karitas (Wohlfahrtsstaat), hatte *Joseph II.*, obwohl er nicht generell kirchenfeindlich war, vor allem am Ordenswesen einiges zu bemängeln. Er begriff es als Bremse der Aufklärung und Staatwerdung.[648] Jansenistisch geprägt war es ihm ein Anliegen, die zuvor von barocken Missbräuchen nicht verschont gebliebene Kirche in das Konstrukt des Staates zu integrieren. Diesem Ziel standen seiner Ansicht nach die absolutistischen Fürstenstaaten mit Personenidentität von Bischof und Landesherr im Wege.[649] Sein Leitmotiv war die staatstheoretische Maxime, dass sämtliche kirchliche Belange – inklusive aller Temporalien – kraft Zulassung durch die weltliche Territorialgewalt bestanden und der Direktive des weltlichen Souveräns unterlagen. Demgemäß entsprach seine Sicht der Dinge der Lehre des Staatskirchentums unter *Maria Theresia*.[650]

---

645 *Heimberger:* Die Veränderung des Stiftungszwecks, S. 407f.
646 *Link:* Die habsburgischen Erblande, S. 540.
647 *Raab:* Staatskirchentum und Aufklärung in den weltlichen Territorien des Reiches, S. 511f.
648 Ebenda, S. 513.
649 Ebenda, S. 512.
650 *Link:* Die habsburgischen Erblande, S. 539.

Eine weitere und abermals auftauchende Zwecksetzung bestand darin, dass gesamte Wohlfahrtswesen, also die Kranken- und Armenfürsorge sowie insbesondere die Seelsorge, unter weltliche Kontrolle zu bringen.[651] Dem in sich abgeschlossenen Mönchswesen, welches zuvor diese Bereiche monopolistisch innehatte, schenkte man wenig Vertrauen und war der Ansicht, dieser ausgewucherte Bereich klösterlichen Wirkens befördere nur den Müßiggang der Bevölkerung.[652] Zudem generierte dies den Orden eine durch den Staat gefürchtete Machtstellung, die für einen unversiegbaren Zufluss an Mitteln durch private Stifter sorgte. Dies beförderte den Umstand, dass vor allem in der Wiederaufbauphase nach den zahlreichen und kostenintensiven Kriegen die kirchliche Macht die Potenz des Staates in puncto finanzieller Ressourcen überflügelte, wohingegen bei einer genügenden Kontrollmöglichkeit staatlicherseits die Kirche mit ihrem Besitz und ihren stetigen Einkünften als Reservoir staatlicher Macht hätte dienen können.[653]

So kam *Joseph* letztendlich zu der Ansicht, dass es dem Staatswohl geschuldet sei, die Klöster in breiter Masse aufzuheben, die Seelsorge durch den eigens bestimmten Weltklerus fortführen zu lassen und das eingezogene Kirchenvermögen im Sinne des eigenen Nützlichkeitsgedankens zu verwenden. In diesem Bestreben standen ihm viele jansenistische Kräfte am Wiener Hofe mit Rat und Tat zur Seite und schürten seinen Eifer.[654] Als *Joseph II.* kurz nach seinem Regierungsantritt im Jahr 1780 mit der Umsetzung seiner Reformbestrebungen begann, bestätigte ihm beispielhaft Fürst *Kaunitz* als geschätzter Berater und Mitglied seines Regierungsrates noch einmal alle „Vorteile", welche die Aufhebung der Klöster mit sich brächte: *„Da ferners das Mönchswesen keinen wesentlichen Theil des Christenthums ausmachet und die Absicht eines Stifters der Klöster nicht auf die Gattung der Mönche, sondern nur darauf gerichtet ist, daß eine solche Stiftung zum Nutzen der Religion und des allgemeinen Wesens gereichen möchte, mithin, wenn diese Absicht auf bessere Art, als durch einige weder der Aufnahm der Religion noch dem Vortheile des Staats nutzbarer Klöster erreichet werden kann, die Aufhebung solcher Klöster und die*

[651] *Raab:* Staatskirchentum und Aufklärung in den weltlichen Territorien des Reiches, S. 512.

[652] *Winner:* Die Klosteraufhebungen in Niederösterreich und Wien, S. 65.

[653] *Raab:* Staatskirchentum und Aufklärung in den weltlichen Territorien des Reiches, S. 513.

[654] *Winner:* Die Klosteraufhebungen in Niederösterreich und Wien, S. 64.

Verwendung der Einkünfte derselben zu nützlicheren Anstalten nicht nur der ersten Absicht der Stifter, sondern auch der Sorgfalt der Regenten angemäßen ist.“[655]

In die gleiche Richtung argumentierte auch ein langjähriger Fachmann auf dem Gebiet der Kirchengesetzgebung, Hofrat *Franz Joseph von Heinke*, welcher in einem ausführlichen Gutachten vom 14.03.1781 noch einmal klarstellte, wie weit die Rechte des Kaisers in Kirchenangelegenheiten reichten und dass diesem auch die Beurteilung sowie die Entscheidung über Änderung, Duldung oder Aufhebung von Klöstern und Stiften oblag.[656]

Bezüglich der rechtlichen Form seiner Entscheidungen und deren Bekanntmachung bzw. Verkündung bediente sich der Monarch in aller Regel eines Dekretes. Im Rahmen der Klosteraufhebungen erließ *Joseph II.* über 6000 Verordnung dieser Art, sogenannte *„k.k. landesfürstliche Gesetze und Verordnungen in Publico-Ecclesiasticis“*.[657]

b Die Klosteraufhebungen in den Jahren 1781–1783 – Ablauf, staatliche Vorgehensweise, Konsequenzen

Der Prozess der Klosteraufhebungen begann am Anfang des Jahres 1781 und zog sich über die gesamte Alleinregierungszeit *Josephs II.* bis zu seinem Tod am 20.02.1790.[658] Aufhebungen erfolgten jedoch nicht immer in gleicher Häufigkeit und Intensität, sondern vielmehr in Wellenbewegungen, wobei diese als Folge von zahlreichen Dekreten der Jahre 1781 und 1783 ohne Zweifel am höchsten schlugen.[659]

Nach *Josephs* kirchenpolitischem Konzept sollte zunächst den – der Einschätzung des Kaisers und seiner Wegbegleiter nach – unnützen Klöstern sowie den bankrotten Institutionen ihre Daseinsberechtigung entzogen werden. Ihre Güter wollte man zur Verbesserung der staatlichen Volksfürsorge

---

655 *Maaß:* Der Josephinismus, Band II, S. 235.

656 *Maaß:* Der Josephinismus, Band III, S. 297, S. 299; *Reinhard:* Der Wandel des geschichtlichen Verhältnisses von Kirche und Staat, S. 19.

657 *Link:* Die habsburgischen Erblande, S. 539; Zitation der Dekrete als Publ. Eccl. I Nr. 1(beispielhaft für Band I Nr. 1); nahezu alle Dekrete sind enthalten in: Sammlung der kaiserlich-königlichen landesfürstlichen Gesetze und Verordnungen in Publico-Ecclesiasticis (1782–1905).

658 *Schmitt-Vorster:* Die Porträts Josephs II., S. 22.

659 *Raab:* Staatskirchentum und Aufklärung in den weltlichen Territorien des Reiches, S. 518; *Winner:* Die Klosteraufhebungen in Niederösterreich und Wien, S. 151f.

der Staatskasse zukommen lassen. Hierzu mussten allerdings erst einmal die „rechtlichen Grundlagen" für ein solches Vorgehen geschaffen werden.[660] Ein Hofdekret vom 24.03.1781 enthielt demgemäß noch einmal die Klarstellung, dass alle Ordensgemeinschaften der Weisung des Kaisers unterstanden. Ferner waren hierin noch zwei wichtige Nebenbestimmung enthalten. Zum einen untersagte dieses Dekret allen Orden die Korrespondenz ins Ausland, sodass die erbländischen Klöster insbesondere von der Kurie des Papstes in Rom abgeschnitten waren. Zum anderen unterstellte es die Orden bereits jetzt der direkten Weisung der Landesbischöfe, die ihrerseits wiederum der weltlichen Landesregierung weisungsgebunden dienten.[661]

Nachdem dann diese „rechtlichen Voraussetzungen" geschaffen wurden, wandte man diese erst einmal probehalber an. Aufgrund lapidarer Verfehlungen des Kartäuser-Klerus, was eine Liquidation unter normalen Umständen nicht hätten rechtfertigen können, hob man die Kartause Mauerbach insgesamt auf und führte deren Vermögen der Säkularisation zu.[662]

Im Dezember des Jahres 1781 begann sodann die sogenannte Große Remedur, wobei man in der Erwartung, dass dieses Vorgehen zunächst auf wenig Verständnis in der Bevölkerung stoßen würde, großen Wert auf Geheimhaltung legte.[663] Alles geschah zudem, was nach Vorhergesagtem wenig überraschen konnte, ohne zuvor in irgendeiner Form Rücksprache mit dem päpstlichen Stuhl zu halten. Dies war nach dem Dafürhalten des Kaisers auch nicht erforderlich, war dieser doch als absolutistischer Herrscher ohne Weiteres dazu berechtigt.[664]

Es erging am 06.12.1781 folgende kaiserliche Resolution, die in erster Linie die beschaulichen Orden, also solche, die ihre Tätigkeit auf die Glaubensausübung beschränken und in der Regel kaum Außenwirkung entfalteten, tangierte: *„Nicht dieser casus specificus [der Fall der Kartause Mauerbach, Anm. d. Verf.], sondern der schon lange bestehende Beweiß, daß diejenigen Orden, die dem Nächsten ganz und gar unnütz sind, nicht Gott gefällig seyn können, veranlasset mich der Kanzley aufzutragen, in gesammten Erblanden diejenigen Orden*

---

660 *Maaß:* Der Josephinismus, Band III, S. 251; *Winner:* Die Klosteraufhebungen in Niederösterreich und Wien, S. 71f.

661 Publ. Eccl. I Nr. 113.

662 *Winner:* Die Klosteraufhebungen in Niederösterreich und Wien, S. 72f.

663 Ebenda, S. 77.

664 Ebenda, S. 76.

männlich und weiblichen Geschlechts, welche weder Schulen halten noch Kranke unterhalten, noch sonst in studiis sich hervortun, von nun an per Commissarios durch die Länderstellen in einem jeden Lande aufzuschreiben, ihre Einkünfte und Vermögen, wie mit den Jesuiten geschehen, zu übernehmen und denen Individuis davon einstweilen nur Pensionen auszuwerfen, und ihnen frey zu lassen, entweder da sie nicht so zahlreich sind, ohne Pension außer Landes zu gehen, oder selbst bey der Behörde einzukommen, a votis dispensiert zu werden, um den weltgeistlichen Stand antreten zu können. Ich verstehe unter diesen Orden gesammte Karthäuser, Kamaldulenser, Eremiten, dann alle weibliche Karmeliterinnen, Klarisserinnen, Kapuzinerinnen und dergleichen mehr, so keine Jugend erziehen, keine Schulen halten, und nicht Kranke warten, und welche sowohl weiblich als männlich bloß vitam contemplativum führen. Die Kanzley wird also diesen meinen Befehl in Vollzug setzen und mir ehestens den Vorschlag über die Art der Befolgung und die Berichte über deren Einkünfte heraufgeben, damit ich hiernach selbe zum Besten der Religion und des Nächstens nutzbar verwenden könne."[665] Völlig außer Acht gelassen wurde hier der Umstand, dass sich diese kontemplativen, meist im Mittelalter entstandenen Orden in breiter Masse durch Zustiftungen von Privatleuten in Form von Seelgerätsstiftungen, Jahrtagsmessen, Altarpfründestiftungen usw. finanzierten und aufgrund dessen ihr innerklösterliches Leben nach der Zweckbestimmung der Zuwendungen ausrichteten.[666] Die Aufhebung einer solchen Einrichtung bedeutete so zugleich auch die Vernichtung unzähliger kleinerer, aber auch größerer Stiftungen und damit einen tiefen Einschnitt in die freie Stiftertätigkeit.

Der sich gegen diese Resolution regende, jedoch äußerst geringe Widerstand, unter anderem in Form einer Eingabe an die Regierung durch Kardinal *Migazzi*, welcher beinahe flehend noch einmal die Vorzüge des Ordenswesens hervorhob und auf deren lange währende Geschichte in den Erblanden verwies, wurde wegen angeblicher Unbegründetheit nicht gehört und blieb unbeantwortet.[667] Der Resolution folgend erhielt ein entsprechend

---

665 *Wolfsgruber:* Migazzi, S. 637f.

666 *Steiner:* Die Klöster und ihre Wirken, S. 38, S. 119, S. 190.

667 Ebenda, S. 638ff.; ein weiterer Widerspruch erfolgte durch den Nuntius *Garampi*, dessen Eingabe wiederum als so wichtig erachtet wurde, dass diese mittels Dekret beantwortet und zurückgewiesen wurde. Inhaltlich wurde dies damit begründet, dass der Nuntius einen solchen religiösen Übereifer an den Tag lege, dass dies nicht einmal der Heilige Stuhl seine Ansichten teilen würde, mithin persönlicher Diskreditierung

lautendes Aufhebungsdekret, ausgearbeitet durch den Hofrat *von Heinke*, mit kleinen Änderungen bereits am 30.12.1781 das kaiserliche Plazet, wurde am 12.01.1782 in den Ländern publiziert und erwuchs damit in Rechtskraft. Hierdurch gelangte die erste große Klosteraufhebung rechtlich zur Umsetzung und bedurfte nun der praktischen Ausführung.[668] Inhaltlich war es für den Fortgang der sich anschließenden Aufhebungen von Klöstern und deren Stiftungen so aufschlussreich und der Prozess der Aufhebung so detailreich ausgeführt, dass hier näher darauf eingegangen und in Teilen zitiert[669] werden soll. Gleich zu Beginn wurde verdeutlicht, und zwar ohne weitere Begründung, welche Stellung sich die Staatsgewalt zudachte und was das Vorhaben zum Inhalt hatte: *„Wir haben aus erheblichen Ursachen für gut befunden, alle Klöster nachstehender Orden in unsern Erbländern aufzuheben und über Personen und Vermögen nachfolgendes zu verfügen: 1. Alle Ordenshäuser, Klöster, Hospizien oder was diese geistlichen Versammlungshäuser sonst für Namen haben mögen, […], werden aufgehoben.“* Der zweite Punkt des Dekretes befasste sich mit der Art der Aufhebung. Jede Landesregierung hatte einen Kommissar in die Klöster zu entsenden, welcher dann nach der Verkündung des Dekretes die Kenntnisnahme durch die Ordensoberen unterzeichnen lassen musste, einen Aufnahmestopp für neue Novizen verhängte und insbesondere musste der Kommissar zudem *„die Schlüssel der Kassen, Kirchenschätze, Archive und Vorrathshäuser verlangen, alles jene, was zum täglichen Gebrauche in der Kirche und in dem Hause auf die Zeit des Dableibens der Ordenspersonen nicht nothwendig ist, versiegeln, das aber, was zur täglichen Nothdurft gehört, unversiegelt lassen. Es soll sogleich ein Inventar verfaßt, und die Verrechnung einem geschickten auch getreuen weltlichen Beamten übergeben werden, welcher den Geistlichen den täglichen Unterhalt, bis sie auseinander gehen, entrichtet.“*[670] Mit anderen Worten, die Verfügungsgewalt über sämtliches bewegliches und unbewegliches Vermögen, was nicht dem Privatbesitz der Ordensangehörigen angehörte, wurde entzogen. Da zu diesem Zeitpunkt zunächst noch alles an Ort und Stelle verblieb, wurden sämtliche Gegenstände in einer Inventarliste

---

des Nuntius; vgl. *Winner:* Die Klosteraufhebungen in Niederösterreich und Wien, S. 79.

668 *Maaß:* Der Josephinismus, Band III, S. 71ff.

669 Der Volltext des Dekretes ist abgedruckt in: *Wolf:* Die Aufhebung der Klöster in Innerösterreich, S. 27ff.

670 *Wolf:* Die Aufhebung der Klöster in Innerösterreich, S. 28.

vermerkt, die bei der Landesstelle abzugeben war.[671] Nach abgeschlossener Inventarisierung erfolgte gemäß Ziffer 5 des Dekretes die Weisung, *„sodann die Administrirung und Verwaltung des gesamten Vermögens der k.k. Hofkammer zu übergeben, [...].“*[672] Die Mitglieder der Orden, obgleich männlich oder weiblich, wurden mit Ausnahme der Novizen, die das Kloster zu verlassen hatten, bezüglich ihres persönlichen Schicksals vor die Wahl gestellt: sie konnten emigrieren und sich einer dem jeweiligen Orden zugehörigen Auslandsstelle anschließen, einem anderen (noch nicht von der Aufhebung betroffenen) Orden im Inland beitreten oder unter Zusage eines genügenden Säkularisierungswillens in den Weltpriesterstand übertreten, wobei hier die finanzielle Abfindung noch am einträglichsten war.[673]

Es erging in der Folge eine Vielzahl von weiteren Dekreten zur Konkretisierung des Aufhebungsvorgangs. Besonders relevant war insbesondere ein solches vom 13.01.1782, das der Kommission als eine Art Richtschnur für ihr Tätigwerden diente und zudem eine Fünfmonatsfrist zur Räumung der Klöster bestimmte bzw. gewährte.[674]

Mit einer weiteren Verfügung vom 28.02.1782 wurde sodann der Religionsfonds eingerichtet, in welchem sämtliches Klostervermögen zusammengeführt und durch die Hofkommission und regional durch die Länder mehr oder weniger treuhänderisch verwaltet wurde. Sich der ablehnenden Haltung der Bevölkerung gegenüber einer gänzlichen Säkularisation gewiss, unternahm man den Versuch, der Öffentlichkeit zu verdeutlichen, dass damit nur beste Absichten verfolgt würden. Es handele sich weniger um eine Enteignung, sondern vielmehr um eine notwendige staatliche Verwaltung kirchlichen Vermögens zur ordnungsgemäßen Pensionszahlung an die Entsetzten, zur Förderung der Wohlfahrt und damit um ein Vorgehen zum Wohle der Religion.[675] Deshalb wurde folgendes Hofdekret auch, was sonst unüblich war, dem Volk kundgetan: *„Nachdem nun die eine vitam contemplativam geführte Klöster beederley Geschlechts aufgehoben worden, so finden Seine k.k. Majestät an der Zeit zu sein, ihnen erst die Bestimmungen bekannt zu machen, so allerhöchst*

671 *Winner:* Die Klosteraufhebungen in Niederösterreich und Wien, S. 84.
672 *Wolf:* Die Aufhebung der Klöster in Innerösterreich, S. 29.
673 *Winner:* Die Klosteraufhebungen in Niederösterreich und Wien, S. 85.
674 *Wolf:* Die Aufhebung der Klöster in Innerösterreich, S. 31.
675 *Link:* Die habsburgischen Erblande, S. 540; *Winner:* Die Klosteraufhebungen in Niederösterreich und Wien, S. 88f.

Dieselben von ihrem gesamten Vermögen zu machen gesinnt sind. Weit entfernt das mindeste davon zu fremden blos weltlichen Gebrauch zu verwenden, wolle gedacht Seine k.k. Majestät selbes ganz zur Erreichung einer Religions- und Pfarr-Kassa widmen, aus welcher für jezo denen Individuis die ausgewiesenen Pensionen zu bezahlen kommen, der Überschuß aber und nach Maaß ihres Absterbens werden endlich die ganzen Einkünfte bloß und ganz allein zu Beförderung der Religion und des damit so enge verknüpften und so schuldigen Besten des Nächsten verwendet werden nach denenjenigen Vorschlägen, so allerhöchst denselben durch die Behörden geschehen werden."[676] Der Fonds nützte freilich nichts, ohne dass liquide Mittel hier zugeführt wurden, sodass *Joseph II.* die Entscheidung zu treffen hatte, auf welchem Wege diese akquiriert werden sollten. Bezüglich der klösterlichen Immobilien entschied der Kaiser sich aufgrund eines – seiner Ansicht nach – zu hohen Verwaltungsaufwandes gegen eine Verpachtung und anstelle dessen für die sofortige Veräußerung. Nur solche Güter, die unter Umständen noch zu Staatszwecken nutzbar waren, blieben im Besitz des Staates. Das Schicksal der Veräußerung teilten hingegen auch die Mobilien, welche in eigens dafür angemieteten Depots in Wien ausgestellt und zum Verkauf angeboten wurden; selbst Naturalvorräte waren zu veräußern und der Erlös dem Religionsfonds zuzuführen.[677] Betreffend das Losschlagen der Güter wurde im Wesentlichen so verfahren, wie dies schon im Zuge der Auflösung des Jesuitenordens im Jahr 1773 der Fall gewesen war. Dies lag darin begründet, dass Wirtschaftsdirektor *Augustin Holzmeister* mit der Administrationsplanung der Klosterliegenschaften federführend befasst war. Diesem oblag bereits die Verwaltung der ehemaligen Jesuitengüter.[678] Für den freien Verkauf war eine Frist von zwei Monaten anberaumt, anschließend wurden öffentliche Auktionen ausgeschrieben und die Güter unter allerlei Erleichterungen bezüglich der gestatteten Zahlungsmittel (Wertpapiere wie beispielsweise Schuldscheine etc.) versteigert.[679] Dem Wesen der Versteigerung entsprechend, konnten freilich nicht ansatzweise die gängigen Marktpreise erzielt werden; Gegenstände, deren Wert ideell und auch materiell kaum in Geld messbar war, wurden verschleudert.[680] Kirchen, Klöster,

---

[676] Publ. Eccl. I, Nr. 162.
[677] HHSTA (Haus-, Hof- und Staatsarchiv) Staatsrat 1782/726.
[678] *Winner:* Die Klosteraufhebungen in Niederösterreich und Wien, S. 89.
[679] NÖLA (Niederösterreichisches Landesarchiv) Klosterrat 211 Fasz. 15/487.
[680] *Link:* Die habsburgischen Erblande, S. 540.

Stifte, Refektorien, Bibliotheken und dergleichen mehr, für die sich kein Käufer fand, wurden nach der befohlenen Räumung in etlichen Fällen nicht instandgehalten und verfielen bzw. verrotteten oder wurden gar zweckentfremdet und als Holz-, Stroh- oder Getreidespeicher genutzt.[681] Unschätzbar ist noch heute das Ausmaß des Verlustes an Kulturgütern und selbst eine ungefähre Annäherung an die Höhe der vernichteten Vermögenswerte ist nicht möglich.[682]

Als dieser Dimension des Verlustes ebenbürtig können allenfalls die Auswirkungen betrachtet werden, die die Aufhebungen auf die vielen klösterlichen Bibliotheken und Archive sowie, worauf später näher eingegangen wird, die Wissenschaft und das Kultur- und Lehrwesen bewirkten.[683]

Bezüglich der Bibliotheken und Archive wurde zunächst ähnlich wie mit den restlichen Kloster- und Stiftungsgütern verfahren. Die örtliche Aufhebungskommission hatte die Schlüssel zu den Räumlichkeiten einzuziehen und damit alles in Verwahrung zu nehmen und unter Verschluss zu halten. Alle Ordensangehörigen mussten einen sogenannten Manifestationseid ablegen, wodurch sie sich dazu verpflichteten, aus den Bibliotheken und Archiven nichts zu verhehlen, zu verbergen oder zu unterschlagen. Sämtliche Dokumente, Manuskripte, Codices und Bücher mussten sodann, sofern nicht bereits geschehen, katalogisiert und diese Inventarlisten dann zur Einsichtnahme an die Wiener Hofbibliothek versandt werden.[684] Ein Gutachten der Wiener Studienhofkommission, das durch die geistliche Hofkommission angeregt wurde, nahm dann dazu Stellung, wie zum besten Nutzen mit allen Schriftstücken verfahren werden sollte. Folgend dem Gedanken der Aufklärung wurde alles als nützlich empfundene Schriftwesen zur Einlieferung nach Wien befohlen, der Rest, sofern nicht schon anderweitig abhandengekommen, dem Religionsfonds zugeschlagen und dem Verkauf anheimgegeben.[685]

---

681 *Winner:* Die Klosteraufhebungen in Niederösterreich und Wien, S. 114.

682 *Raab:* Staatskirchentum und Aufklärung in den weltlichen Territorien des Reiches, S. 518.

683 *Raab:* Der Untergang der Reichskirche in der großen Säkularisation, S. 542.

684 NÖLA Klosterrat 210 Fasz. 14/3.

685 *Laschitzer:* Die Verordnungen über die Bibliotheken und Archive der aufgehobenen Klöster in Österreich, 401ff.

Beschriebenes Vorgehen im Zuge einer Ordensaufhebung soll zur Verdeutlichung der Praxis und des Umfangs einmal an der größten Kartause Österreichs zu dieser Zeit dargestellt werden, der Kartause Gaming, gestiftet im Jahre 1330 durch den österreichischen Herzog *Albrecht II.*[686] Die Aufhebung begann am 22.02.1782 und wurde durch eine eigens und ausschließlich hierfür eingesetzte Aufhebungskommission unter der Führung von Graf *Rudolf von Abensberg und Traun* realisiert. Als die Kommission am 27. Januar das Kloster in Gaming selbst erreichte und das Aufhebungsdekret *Josephs II.* von ebendiesem Tag verkündete, war dies für die ordensangehörigen Kartäuser keinerlei Überraschung mehr, hatte man doch zuvor von etlichen Aufhebungen Kenntnis erlangt und wenigstens gedanklich mit der eigenen Betroffenheit gerechnet.[687] Bei der tags darauf einberufenen Versammlung wurden zunächst die Klosterbrüder vor die Wahl ihrer geistlichen Zukunft gestellt, sich entweder dem Weltklerus oder einem anderen Orden anzuschließen. Kein einziger der 17 Priester sah sich imstande, die Regeln und Lebensgewohnheiten eines anderen Ordens anzunehmen, sodass sich alle für die Säkularisierung entschieden, nicht jedoch ohne sich bis zum Zeitpunkt ihrer Entsetzung aus der Klostergemeinschaft gegen den Aufhebungsprozess zur Wehr zu setzen. So verweigerten sie inständig das Ablegen ihrer Ordenskleidung und insistierten auf die Durchführung von Klausur, Chorgebet und Fasten nach den Vorschriften ihres Ordens. Dies ist kaum verwunderlich, waren die Mönche doch aufgrund ihres eremitischen Lebenswandels eines Lebens außerhalb der Klostergemeinschaft kaum fähig. Wenige Tage später jedoch – nachdem alle Priester den sog. Manifestationseid abgelegt hatten – mussten diese von ihren Ämtern zurücktreten und auch alle weltlichen Diener und Gehilfen wurden nach Ablauf einer als Gnadenfrist zu verstehenden Zeitspanne des Klosters verwiesen. Nicht selten erlitten diese das Schicksal, sich ihren Lebensunterhalt erbetteln zu müssen. Am 28.06.1782, nachdem der Passauer Bischof die Gelübde der Mönche auf deren Wunsch hin gelöst hatte, hatten alle Ordensleute das Kloster verlassen, waren in den Weltpriesterstand übergetreten und erhielten im besten Falle Seelsorgestellen oder

---

686 M.w.N. zur Kartause Gaming und zu deren Aufhebung *Hoffmann:* Die Aufhebung der Kartause Gaming.

687 *Winner:* Die Klosteraufhebungen in Niederösterreich und Wien, S. 111.

wenigstens Aushilfsposten in den Pfarreien.[688] Die weitere Administration der Kartäusergüter, darunter freilich auch alle Stiftungsgüter, oblag sodann dem Wirtschaftsdirektor *Holzmeister*. Dieser begann sogleich mit der Inventur und war damit aufgrund der schieren Größe und Vielfältigkeit der Kartause bis zum 14.03.1782 befasst.[689] Der Einflussreichtum des Kartäuserordens wird deutlich, wenn man allein das Konvolut an Grundbesitz und Gebäuden überblickt. Neben dem Kloster selbst und den klosterzugehörigen Gebäuden besaß die Kartause Gaming ebenda und im näheren Umland die ihrer Jurisdiktion unterstehenden Pfarreien in Gaming, Scheibbs, Ruprechtshofen und Oberndorf mit etlichen untergeordneten Filialen, eine Mühle, fünf Tavernen, die gleiche Anzahl an Lesehöfen, einen Freihof und zwei weitere Häuser in Wien, das weltliche Schloss in Scheibbs als Sitz des Priors mit zugehörigem Hofrichterhaus, sechs Maierhöfe sowie exorbitanten Grundbesitz von über 30.000 Joch, also etwa 730.000 Hektar, welcher freilich auch das Jagdrecht beinhaltete. Daneben hatte man die Grundherrschaft über die Orte Gaming, Lunz und Scheibbs, Eigentum der Fischereirechte in Erlauf, Ybbs und am Lunzer See, zudem großzügigen Weingartenbesitz mit Schwerpunkten in Baden, Perchtoldsdorf, Nußdorf und weiteren, außerdem noch Einkünfte aus Bergbaurechten und Zehnten. Die Aktiva der Kartause beliefen sich zum Zeitpunkt der Aufhebung auf 519.574 Gulden.[690]

Wenige Monate nach Abschluss der Inventur, im Juli des Jahres 1782, begann man mit der Liquidation. Zunächst begann man mit dem Verkauf der beweglichen Güter, wovon diejenigen Gegenstände, welche nicht an Ort und Stelle veräußert werden konnten, nach Wien verbracht wurden. In Gaming selbst wurden einige Kirchengerätschaften und wertvolle Zuchttiere, für die das Kloster bekannt war, mit einem Gesamterlös von 2445 Gulden losgeschlagen. Ferner wurden auch die vollständigen Rüstkammern Gamings und Scheibbs in Gänze für den Preis von 360 Gulden verschleudert. Die nach Wien überführten Realitäten – eine große Zahl von bedeutenden Gemälden, Ornaten, Büchern und Kirchengegenständen, darunter auch unermesslich wertvolle Zimelien wie beispielsweise die Trauringe des Stifterpaares der Kartause – wurden am 01.03.1783 auf *Josephs* Anordnung hin versteigert und

[688] *Winner:* Die Klosteraufhebungen in Niederösterreich und Wien, S. 112.
[689] Ebenda, S. 111.
[690] Ebenda, S. 112.

erzielten lediglich einen Erlös von 5118 Gulden. Die Versteigerung erfolgte trotz wiederholter Anfrage, ob man diese materiell und ideell wertvollen Gegenstände nicht der Hofbibliothek oder der Schatzkammer überlassen könnte.[691]

Noch destruktiver gestaltete sich der Umgang mit der über 20.000 Werke umfassenden, tadellos geführten Bibliothek und dem ebenso verwalteten Archiv des Klosters. Große Mengen an Unterlagen und Buchwerken ging während der Verbringung nach Wien verloren oder wurden zersplittert. Nur wenige Werke von besonderer Seltenheit wurden in die Hofbibliothek aufgenommen, etwa 12.000 Bücher wurden der Wiener Universitätsbibliothek übergeben, die jedoch zum Verkauf aller doppelt vorhandenen Exemplare gezwungen war. Von dem großen Konglomerat an Unterlagen des Kartäuserarchivs in Gaming behielt man nur einige wenige Bestände, insbesondere solche, die unmittelbar der Verwaltung dienlich erschienen.[692]

Nachdem die Kirche, das Kloster und die weiteren Gebäude der Klosteranlage final geräumt waren, überließ man diese dem Verfall; Instandhaltungsmaßnahmen schienen zu aufwändig und wenig nutzbringend.[693]

Nicht weniger verlustreich stellte sich die in den darauffolgenden Jahren ereignende Veräußerung der Immobilien und des Grundbesitzes der Kartäuser dar. Abgesehen von den weitläufigen Waldgebieten, aus welchen in großem Maße Holz für den Hof entnommen wurde und jene deshalb unter staatlicher Administration verblieben, wurden unzählige Gebäude und Güter zu letztendlich grotesk niedrigen Summen feilgeboten.[694]

Mit Abschluss der Aufhebung des kontemplativen Kartäuserordens und praktisch aller weiteren eremitischen Orden geringerer Größe ging die erste Klosteraufhebungsperiode um die Jahre 1781 und 1782 zu Ende. Die erbländische Staatsregierung und allen voran *Joseph II.* waren mit dem Ergebnis und der Umsetzung sehr zufrieden, das dekretweise geschaffene System hatte sich im Wesentlichen als funktionstüchtig erwiesen und zudem wurde der

691 *Winner:* Die Klosteraufhebungen in Niederösterreich und Wien, S. 113f.
692 Ebenda, S. 114.
693 Ebenda.
694 *Liermann:* Geschichte des Stiftungsrechts, S. 194; *Winner:* Die Klosteraufhebungen in Niederösterreich und Wien, S. 115.

päpstliche Stuhl in Rom nicht behelligt. Eine Einmischung dessen konnte folglich verhindert werden.[695]

Nicht zu unterschlagen und ebenfalls der ersten Säkularisationswelle hinzuzurechnen sind die Aufhebungen der in großer Zahl vorkommenden Sekundärorden, mithin solche des weiblichen Geschlechts – der Nonnenklöster. Auch diese waren – obschon in ihrem Wirken für die Gesellschaft von ebenso hervorgehobener Bedeutung wie die männlichen Ordensgemeinschaften – in breiter Masse der Aufhebung anheimgefallen. So ließ auch das den Eingriff begründende Votum des Kaisers im Januar des Jahres 1782 keinen Raum für Interpretationen oder Kompromisse. *Joseph II.* legte fest, dass Nonnenklöster, die sich nicht *„ex institutio"* mit Schulunterricht oder Krankenpflege beschäftigen, ihre Daseinsberechtigung verwirkt hätten.[696] Nachdem nun auch die weiblichen Orden in den Fokus kaiserlicher Aufhebungsbestrebungen geraten waren und einige dieses Schicksal bereits erlitten hatten,[697] hielt der Monarch nach weiteren Aufhebungsobjekten Ausschau und beauftragte die Regierung, über aufhebungswürdige Ordensgemeinschaften Bericht zu erstatten: *„Da sich außer denen bereits aufzuheben anbefohlenen Frauenklöstern einige andere hierlandes befinden dürften, welche weder Schulen noch Kostkinder halten noch Kranke besorgen und überdieß ihrer Lage nach für das Publikum von keiner besonderen Nutzbarkeit seyn können, so befehlen Seine k.k. Majestät, daß von ihr Regierung in Ansehung aller derley hierlandes befindlichen Frauen-Klöster das ehestens der standhafte gutächtliche Bericht erstattet werden solle, ob derley Klöster nicht ebenfalls aufzuheben seyen."*[698] Das daraus resultierende Gutachten vom 14.03.1782 setzte sich mit der aktuellen Lage der Nonnenklöster dezidiert auseinander und gab etliche Weitere der Aufhebung preis. Und dies unterdessen selbst dann, wenn diese in irgendeiner Form in Schulwesen oder Armenfürsorge tätig waren. So betrachtete es die Staatsgewalt im Falle des Klosters Kirchberg beispielsweise nicht als ausreichend, dass diese eine Nähschule für Mädchen betrieb. Vielmehr wurde argumentiert, einerseits sei ein regelmäßiger Schulbesuch und damit eine zufriedenstellende Ausbildung der Schülerinnen aufgrund der rauen

---

[695] *Winner:* Die Klosteraufhebungen in Niederösterreich und Wien, S. 124.
[696] *Hock/Bidermann:* Der Österreichische Staatsrat, S. 403.
[697] Ebenda.
[698] NÖLA Klosterrat 210 Fasz. 14/20.

Witterungsbedingungen in diesen Teilen Österreichs gar nicht möglich, andererseits sei der Betrieb einer Nähschule lediglich ein Vorwand, um der drohenden Aufhebung zu entgehen.[699]

Trotz der nunmehr erfolgten Aufhebung praktisch aller beschaulichen Orden (insgesamt 143 Stück)[700] – also solcher, die nach Ansicht des Monarchen zum „allgemeinen Besten" nichts beizutragen imstande waren – hielt *Joseph II.* das Staatsziel der umfassenden Reform des Ordenswesens für nicht erfüllt. Sogleich wurde die Planung wieder aufgenommen und der Anwendungsbereich auf viele weitere Ordensarten und Klostergemeinschaften erweitert.[701]

Die nächste Etappe der Klosteraufhebungen legte dann in aller Deutlichkeit *Josephs II.* Gedankengut offen und bestätigte abermals seine Ambivalenz gegenüber den katholischen Orden. Selten wurde so sehr deutlich, wie sich Aufklärung und Absolutismus gegenseitig verhalten, wenn dies ins Verhältnis zur Religion gesetzt wird und ein seinerseits ebenfalls katholischer Monarch, dem Nützlichkeitsgedanken folgend, in seinem Allmachtsanspruch Eingriffe in das Kirchenwesen vornimmt. Die aufgeklärte Prämisse, dass alles, was im Sinne des Gemeinwohls als unnütz empfunden wurde, radikal beseitigt werden musste, paarte sich hier mit dem Noema, nur der absolutistische Herrscher könne in seiner gottgegebenen Weisheit bestimmen, was als unnütz zu klassifizieren sei und wie dieser Fehlstellung abgeholfen werden könnte.[702] Dem folgend ergaben sich hier, nachdem ja bereits alle kontemplativen Orden liquidiert waren, zwei neue Ansatzpunkte kaiserlicher Reformbestrebungen. Einerseits bedurften solcherlei Klostergemeinschaften der Abhilfe, welche an innerlichen Gebrechen wie zum Beispiel einem Mangel an finanziellen Ressourcen oder einer zu geringen Anzahl an Ordensmitgliedern und Nachwuchsproblemen litten. Andererseits trug *Joseph II.* den Gedanken in sich, Gebäude und Stiftungsmittel der Klöster, welche in den Bereichen der Schulbildung und der Armenfürsorge tätig waren, nach seinem eigenen Dafürhalten zum Wohle des Gemeinwesens besser zu verwenden – mit anderen Worten der staatlichen Direktive unterzuordnen.[703] Notleidende Klöster wurden in der Folge ohne Weiteres aufgehoben und deren Güter

---

[699] NÖLA Klosterrat 210 Fasz. 14/80.
[700] *Maaß:* Der Josephinismus, Band II, S. 366.
[701] *Winner:* Die Klosteraufhebungen in Niederösterreich und Wien, S. 138.
[702] *Link:* Die habsburgischen Erblande, S. 539.
[703] *Maaß:* Der Josephinismus, Band II, S. 366f.

dem Religionsfonds zugeführt.[704] Von größerer Relevanz waren jedoch der Umgang mit dem Priestertum und weitere Eingriffe in das Ordenswesen, die diese Art kirchlichen Wirkens der Direktive des Staates unterwerfen sollten. Hier nützt es, sich die Beweggründe für die Einrichtung des Religionsfonds vor Augen zu halten, welchem alle eingezogenen Klostergüter zugeführt wurden. Dessen Zwecksetzung bestand ursprünglich darin, kirchliche, schulische und karitative Zwecke zu erfüllen. Die Erfüllung ebendieser Zwecke dachte sich jedoch im Zuge der Aufklärung der Staat zu und so galt es, diese Tätigkeiten dem Ordensinneren zu entreißen und ein neues System der Volksfürsorge in diesen Belangen zu etablieren. Die Durchsetzung dieser Reformbestrebung ist mittels der Durchführung der sogenannten Pfarrregulierung vorgenommen worden, welche aus diesem Grunde mit den Klosteraufhebungen in untrennbarer Verbundenheit stand.[705] Die Pfarrregulierung bedeutete zunächst einmal die Entstehung hunderter neuer Pfarreien zur Verbesserung der zuvor tatsächlich zersplitterten und ineffizient gewordenen Seelsorge und eine schematische Neuordnung dessen.[706] Für das gesamte Priestertum hatte dies zur Konsequenz, dass es nach den Lehren der Aufklärung in Gänze dem staatlichen Gefüge der weltlichen Berufsstände zugeordnet wurde und seine Daseinsberechtigung nur dann bewahren konnte, sofern es dem Staat unmittelbar diente; dies jedoch nur unter der Prämisse, dass Religion einzig ein wirksames Mittel zur Ausbildung und Aufrechterhaltung der sittlichen Moral der Bevölkerung darstellte.[707] Die einzelnen Pfarreien dabei in Verwaltungsbezirke einteilend, wurde eine uniforme, exakt geregelte und administrativ äußerst ausgeprägte Pfarrseelsorge geschaffen, die zwar eine enorme Verarmung des geistlichen Lebens der Bevölkerung nach sich zog, von jansenistisch beeinflussten, weltlichen Klerikern und Regierungsangehörigen mit dem Ziel der Ausschaltung des ungeliebten Ordenswesens jedoch befördert und begünstigt wurde.[708]

---

704 *Link:* Die habsburgischen Erblande, S. 540.

705 *Raab:* Staatskirchentum und Aufklärung in den weltlichen Territorien des Reiches, S. 518; *Link:* Die habsburgischen Erblande, S. 540; *Winner:* Die Klosteraufhebungen in Niederösterreich und Wien, S. 147.

706 *Link:* Die habsburgischen Erblande, S. 540.

707 *Kann:* Kanzel und Katheder, S. 170, S. 174.

708 *Winner:* Die Klosteraufhebungen in Niederösterreich und Wien, S. 147.

Die Reformbedürftigkeit der kontemplativen Orden und die Schaffung eines neuen Systems des Unterrichts- und Seelsorgewesens wurde auch in der zeitgenössischen Literatur häufig thematisiert und regelmäßig damit begründet, dass durch die ordensinterne Ausübung der Geistlichkeit für die Bevölkerung keinerlei Nutzen entstünde. Deren „Aberglaube“ sei sogar schädlich und zudem sei es schon Christis Ansinnen gewesen, den Glauben nach außen zu tragen und nicht hinter verschlossenen Türen abzuhalten. So hieß es dann auch beispielsweise bei dem Kirchenrechtsprofessor – und Polemiker gegen kirchliche Lehrsätze – *Eybel*: *„Eben deßwegen, weil Christus keine Mönche stiften, kein Klosterleben ausrichten, sondern nur der Religion und dem Staat nützliche Lehrer der sämmtlichen Pflichten aus seinen Aposteln, und Jüngern machen wollte, ließ er sie nicht sich in 4 Mauern verschliessen, und mit dem zufrieden seyn, daß etwann einer einen Sonntagsprediger, der andere einen Feyertagsprediger, der dritte nur einen Bruderschaftspater abgebe; die übrige aber als bloße Meßlehrer, Chorsänger, oder Beichtväter erscheinen. Allen, die er, der Heyland erwählte, sagte er: Gehet hin, und lehret, […].“*[709]

Um sodann die staatliche Seelsorge in den Pfarreien gewährleisten zu können, sollten aus den kontemplativen Orden noch möglichst viele befähigte Ordensbrüder in den weltlichen Priesterstand überführt werden. Es erging am 29.01.1782 bereits ein entsprechendes kaiserliches Dekret, wonach sämtliche Klöster und Stifte nach geeignetem Personal revidiert werden mussten und die Bischöfe den Auftrag erhielten, infrage kommende Kleriker einer Tauglichkeitsprüfung zu unterziehen.[710] Für die Orden selbst bedeutete dies eine weitere Aufhebungswelle großen Ausmaßes und eine erneute Einschränkung ihrer seelsorgerischen Tätigkeiten. Mit mehreren Dekreten zwischen März und Juli des Jahres 1783 wurde zunächst die Pfarreinteilung neu reguliert und sodann eine neue Gottesdienstordnung erlassen, welche den Klosterkirchen den Zugang zum Volk umfassend verwehrte. Predigt, Segen, Segenmessen und alle öffentlichen Andachten wurden untersagt. Sofern in Frauenklostern die Predigt noch in Einzelfällen gestattet war, musste diese hinter verschlossenen Türen und ohne Gesang und lautes Gebet stattfinden.[711] Neben einer personellen Reduzierung, insbesondere der größeren

---

[709] *Eybel:* Sieben Kapitel von Klosterleuten, S. 34, § 47.
[710] Publ. Eccl. I., Nr. 156.
[711] Publ. Eccl. II., Nr. 36.

Ordensgemeinschaften,[712] legte die Hofkanzlei im Juli des Jahres 1783 ein Verzeichnis derjenigen Ordenshäuser vor, die aufgrund der nunmehr pfarrlich geleisteten Seelsorge „entbehrlich" waren und deshalb der Aufhebung anheimfallen sollten. Diese Liste umfasste noch einmal etwa 30 Klöster auf einen Schlag, darunter vor allem solche der Karmeliter-, Franziskaner- und Kapuzinerorden.[713]

Infolge der umfassenden Reformen wurde schon zuvor in aller Deutlichkeit offenbar, dass es zur Überwachung und Koordination der Reglementierungen und Aufhebungen einer neuen, übergeordneten Behörde bedurfte. So errichtete man bereits im Juni des Jahres 1782 das Geistliche Oekonomat, später als Geistliche Hofkommission betitelt, dass dann die alte Aufhebungskommission ablöste.[714] Neben anderen abermals von Hofrat *Heinke* geführt, wurde der Aufgaben- und Kompetenzbereich der Kommission neu definiert und um ein Vielfaches erweitert, wodurch nunmehr alle klösterlichen Belange der Verwaltung des Staates unterlagen. Im Einzelnen besonders bedeutsam waren hier: die Oberdirektion über alle eingezogenen Güter, die Pensionsverteilung an alle Exreligiosen, die Überwachung aller kirchlichen Einkünfte, die Verwendung der vermögenden Stifte und Klöster zur Seelsorge, die Verwendung der Klosterbibliotheken, die Weiterverwendung der Klostergebäude, die Aufsicht über die geistlichen Güteradministratoren, die Bestimmung über Weiterbestand oder Schließung von Klosterkirchen, der Entscheid über Erwerb und Verkauf von geistlichen Gütern, Beschwerden der Geistlichkeit sowie auch die Verteilung der Stiftungen.[715] Im Ergebnis wurde der Regularklerus in seiner Gesamtheit nach staatlichen Vorgaben reorganisiert, was insbesondere durch die staatliche Annektierung der wichtigen Bereiche der Exemtionen und der ordensinternen Jurisdiktion sichergestellt wurde.[716]

Ein weiteres Areal, in welchen der Staat mit aller Macht vorzudringen gewillt war, war das Schul- und Universitätswesens sowie die Ausbildung der Priester. Diese zuvor durch bischöfliche Seminare und Ordenslehranstalten geleisteten Klosterstudien waren schon zuvor mit einer Vielzahl kaiserlicher

---

712 HHSTA Staatsrat 1783/544.

713 *Winner:* Die Klosteraufhebungen in Niederösterreich und Wien, S. 157f.

714 Ebenda, S. 149.

715 NÖLA Klosterrat 226 Fasz. 18/387.

716 *Winner:* Die Klosteraufhebungen in Niederösterreich und Wien, S. 150.

Verordnungen reglementiert worden.[717] Um jedoch eine staatstreue, im Geiste der Aufklärung erzogene Priesterschaft zu gewährleisten, beriet der Staatsrat bereits im August des Jahres 1782 über diese Materie und kam zu dem Schluss, nur durch eine generelle Liquidierung klösterlicher Ausbildungsstellen die Reformziele erreichen zu können.[718] Nach einer kontroversen Debatte setzen sich die Befürworter der Aufhebung, darunter *Kaunitz* und der Abt von Braunau – welcher kurzfristig seine Meinung geändert hatte – mit der radikalen und überspitzt formulierten Ansicht durch, Klöster seien „*Konservatorien aller Gattungen von Unglauben, ultramontanen Prinzipien, seelenverderblichen Sittenlehren, Dummheit und Barberei*", weshalb diesen keinesfalls die wissenschaftliche Ausbildung des Nachwuchses überlassen werden konnte.[719] Ein halbes Jahr später, im März des Jahres 1783, erging ein dahinlautendes Hofdekret zur Schließung aller dieser Anstalten und zur Einrichtung der sogenannten Generalseminare in den Universitätsstädten. Ohne den Besuch derselben durfte kein Kleriker mehr in der Lehre zugelassen werden, gleich ob aus einem Orden oder dem Weltpriesterstand.[720]

Es war nun mit der Klosterreform nach der zweiten Aufhebungswelle um das Jahr 1783 und den unzähligen josephinischen Klosterverordnungen soweit gediehen, dass dem Regularklerus sämtlicher Einfluss innerhalb des gesamtösterreichischen Kirchenwesens, alle Tätigkeiten der Schulbildung und Armenfürsorge, die interne Jurisdiktion und Disziplinargewalt und darüber hinaus die Direktive über Aufnahme, Ausbildung und Verwendung der Ordensmitglieder fortgenommen worden war.[721]

Aufgrund dessen, dass man von Regierungsseiten das Wirken der Orden und deren Wichtigkeit für das Bevölkerungswohl kolossal unterschätzt hatte, zeigten sich in den Folgejahren der großen Aufhebungen erste Missstände in mehreren Bereichen. Bezüglich des Religionsfonds wurde deutlich, dass dieser keinesfalls den Finanzbedarf des Klerus in einer Weise decken konnte, die ein funktionierendes Pfarrsystem und damit Bildung und Seelsorge der

[717] *Winner*: Die Klosteraufhebungen in Niederösterreich und Wien, S. 152.

[718] *Link:* Die habsburgischen Erblande, S. 540; *Winner:* Die Klosteraufhebungen in Niederösterreich und Wien, S. 152.

[719] *Holzknecht:* Ursprung und Herkunft der Reformideen Kaiser Josephs II. auf kirchlichem Gebiete, S. 60.

[720] Publ. Eccl. II., Nr. 30; *Link:* Die habsburgischen Erblande, S. 540.

[721] *Winner:* Die Klosteraufhebungen in Niederösterreich und Wien, S. 220.

Bevölkerung erforderte. Die Verschleuderung des Kloster- und Stiftungsvermögens war freilich nicht ertragreich genug und die Zahlung von Pensionen und die Versorgung der ehemaligen Ordensmitglieder belasteten den Fonds zusätzlich.[722] Der Versuch, abermals der staatlichen Finanznot durch die Reformen Abhilfe zu schaffen, verursachte im Gegenteil einen Teufelskreis. Je mehr es dem Fonds an liquiden Mitteln fehlte, desto mehr Klöster hob man auf. Die Güter wurden wiederum veräußert oder verwahrlosten; die Klöster, welche Bestand hatten, wurden mit finanziellen Belastungen belegt – wie beispielsweise einer Religionsfondssteuer – und dazu verpflichtet, sämtliche Überschüsse an den Staat abzuführen sowie alle Lehensherrschaften dem Staat zu übertragen.[723] Auf sämtliche Einkünfte der Geistlichen war darüber hinaus eine Einkommenssteuer in Höhe von 7,5 % zu zahlen.[724]

Daneben ergab sich durch die Einsetzung der Generalseminare und der Schaffung eines unifizierten Weltklerus ein eklatanter Mangel an Geistlichen, welche sich der Seelsorge und des Unterrichts annehmen konnten. Hatten es die Orden aufgrund langer Erfahrung und einer funktionierenden Ordensstruktur vorzüglich vermocht, personelle Bedürfnisse der Ordensgemeinschaften zu befriedigen, ergab sich nun aufgrund staatlicher Übernahme und vielfältiger Bevormundung ein konträres Bild.[725] Obwohl ein Priestermangel vielerorts bereits vorhergesagt wurde, hielt die geistlich Hofkommission an ihren Reformbestrebungen fest und beharrte auf der Ansicht, etwaigen Missständen durch wohlüberlegte Gesetzgebung entgegenwirken zu können.[726] Dies stellte sich hingegen als Irrglaube heraus, denn schon durch die Beschränkung der Aufnahmezahlen von neuen Studenten sowie der massenhaften Entsetzung von Ordensgeistlichen war eine ausreichende Seelsorge unmöglich zu erreichen. Vielmehr ergab sich ein Defizit wiederum aus der subjektiven Abneigung gegen den ordenszugehörigen Priesterberuf junger Studenten. Der Beitritt zu einem Orden schien zu unsicher. Neben allen Reglementierungen drohte bekanntlich stets die Aufhebung des Ordens und auch bei den durch das Pfarrsystem vorgesehenen Absolventenzahlen für den Weltklerus stand vor Abschluss des Studiums keinesfalls fest, dass sich jeder

---

722 Ebenda, S. 199, S. 226.

723 HHSTA Staatsrat 1786/1649, 1786/1977.

724 Publ. Eccl. VI., Nr. 7.

725 *Winner:* Die Klosteraufhebungen in Niederösterreich und Wien, S. 220, S. 222.

726 Publ. Eccl. V., Nr. 39.

davon für die Weihe und damit gegen ein weltliches Leben entschied.[727] Als diese Sorge *Joseph II.* im Jahre 1788 von einigen Bischöfen neuerlich vorgetragen wurde, zeigte dieser sich von dem Umstand, dass es zu wenig Seelsorger geben werde, geradezu überrascht und entgegnete, er habe alle Maßnahmen doch nur zum Wohle der Seelsorge unternommen und wenn er Gebräuche, Kleidung und Lebensart der Mönche „wohlbedächtlich" lächerlich gemacht habe, so sei dies doch nur aus dem Ansinnen heraus geschehen, den Beruf des weltpriesterlichen Seelsorgers bevorzugenswert erscheinen zu lassen.[728]

c Tod Josephs II. – teilweise Rückgängigmachung der Reformen unter Leopold II.

Die Regierungszeit *Josephs II.* endete mit seinem Tod am 20.02.1790.[729] Noch in seinem letzten Regierungsjahr sah er, trotz des Widerrufs bzw. der Abschwächung einiger Maßnahmen, von seinen Reformzielen nicht endgültig ab, obgleich sowohl das Schulwesen und die Armenfürsorge als auch der Religionsfonds auf ein Fiasko zusteuerten und die Reformbemühungen augenfällig zum Scheitern verurteilt waren.[730] So wurde im März des Jahres 1789 das Zisterzienserstift Lilienfeld als letzte der Klosteraufhebung zum Opfer gefallene Einrichtung liquidiert.[731]

Ein Abrücken von den reformatorischen Maximen des Josephinismus trat erst unter der Regierung *Leopolds II.* ein. Der jüngere Bruder *Josephs II.* war zwar ebenfalls ein glühender Anhänger des Staatskirchentums, hatte sich jedoch bereits zu Lebzeiten seines Vorgängers von dessen Grundsätzen distanziert. Er sah sich wegen der prekären Situation des Landes infolge des erneut ausgebrochenen Türkenkrieges und der stetig lauter zu Tage dringenden Unzufriedenheit der Bevölkerung und des Klerus zum Handeln – und damit zu einer teilweisen Rücknahme der Aufhebungsmaßnahmen – gezwungen.[732] Da insbesondere die tiefgreifenden Veränderungen auf kirchlichem Gebiet bei der Bevölkerung wenig Gegenliebe erfuhren, stellte sich hier die Abhilfe

---

[727] *Winner:* Die Klosteraufhebungen in Niederösterreich und Wien, S. 226.
[728] *Maaß:* Der Josephinismus, Band IV, S. 4f.
[729] *Schmitt-Vorster:* Die Porträts Josephs II., S. 22.
[730] *Winner:* Die Klosteraufhebungen in Niederösterreich und Wien, S. 229.
[731] Ebenda, S. 218f.
[732] *Link:* Die habsburgischen Erblande, S. 544.

als dringlichste Aufgabe *Leopolds* dar. Eine Milderung des josephinischen Systems bedeutete zunächst erst einmal die Wiederherstellung einiger Stifte und Klöster sowie die Lockerung der bisherigen Gottesdienstordnung, was wiederum nicht als Abbau des Staatskirchentums, sondern vielmehr als Beitrag zum inner-erbländischen Befriedungsprozess gewertet werden muss.[733] Mit großem Eifer tat sich diesbezüglich abermals Kardinal *Migazzi* hervor, der sich unmittelbar nach dem Regierungswechsel an den neuen Monarchen wandte und für die Rückgängigmachung der Reformen im Klosterwesen warb. Er verwies insbesondere auf das am Boden liegende Ordenswesen, den Mangel an Priestern und auf die Wirkungslosigkeit der Generalseminare: „*In solang denen wirklich noch bestehenden Klöstern ihre weitere Erhaltung zugesichert und insolang nicht die klösterliche Disziplin wiederum vollkommen hergestellt ist, lasset sich bey den Klöstern weder die Nachzüglung guter Religiosen, weder einiger Beyhilf zur Seelsorge, noch der geringste Nutzen vor die Religion erhoffen.*“[734] *Leopold II.* nahm sich der Sache unmittelbar an und sorgte für Abhilfe. Der Hofkammer wurde anbefohlen, Maßnahmen zu erarbeiten, mit welchen „*dem künftig zu besorgenden Mangel an Geistlichkeit abgeholfen und vorzüglich wie den noch bestehenden Klöstern ein Zugang zu Kandidaten verschafft werden könnte*“.[735] Als bestätigende Geste wurde zunächst mit Hofresolution vom 22.04.1790 das Zisterzienserstift Lilienfeld wiedererrichtet und es wurden nachfolgend zwei josephinische Maßnahmen aufgehoben, die das Ordenswesen besonders erdrückten. Mit Hofdekreten vom 04. und 27.07.1790 wurden alle Generalseminare zum Ende des laufenden Ausbildungsjahres aufgehoben und den Orden gestattet, wieder selbst für die Ausbildung der Priesterschaft zu sorgen. Zudem wurde das Institut der Kommendataräbte aufgehoben, sodass ein gewisses Maß an Selbstständigkeit und die Aufrechterhaltung der Ordensdisziplin gewährleistet waren.[736] Diese Erleichterungen dürfen jedoch nicht darüber hinwegtäuschen, dass viele der Reformen *Josephs II.* in Kraft blieben und allenfalls eine punktuelle Milderung des josephinischen Systems eintrat. Im Wesentlichen blieb die vielfältige Reglementierung und Bevormundung des Ordenswesens erhalten, viele der aufgehobenen Klöster

---

[733] *Raab:* Staatskirchentum und Aufklärung in den weltlichen Territorien des Reiches, S. 523; *Link:* Die habsburgischen Erblande, S. 544

[734] *Wolfsgruber;* Migazzi, S. 744.

[735] *Maaß:* Der Josephinismus, Band IV, S. 4; *Wolfsgruber;* Migazzi, S. 743.

[736] Publ. Eccl. VIII, Nr. 18; Publ. Eccl. VIII, Nr. 19.

und insbesondere die Stiftungen wurden nicht restituiert. Einschränkungen bezüglich der Kandidatenaufnahme blieben bestehen und schlechterdings galt der Grundsatz fort, dass „*die politische Rücksicht der Seelsorge mit der ökonomischen des Religionsfonds*" noch immer zu verbinden war.[737]

4 Der Josephinismus mit besonderem Blick auf das Stiftungswesen – Zugriff auf die Stiftungen und deren Vermögen als klosterzugehörige Institutionen

Die Neukonzeption und damit die Verstaatlichung der Armenfürsorge lag *Joseph II.* besonders am Herzen. Immer wieder nahm er sich dieser Materie bis ins Detail an und schärfte den zuständigen Landesbehörden die ordnungsgemäße Ausstattung und Kontrolle der betreffenden Institutionen ein. So entstand innerhalb seiner Regierungszeit eine Vielzahl unterschiedlicher Einrichtungen der Volksfürsorge. Namentlich waren dies Armeninstitute, Spitäler, Armen- und Altenhäuser, Versorgungsanstalten für Invalide, Findel- und Waisenhäuser, Irrenanstalten, Blinden- und Taubstummeninstitute, Heime für alte und mittellose Kleriker und dergleichen mehr.[738] Dieser Ausbau der Seelsorge wurde gänzlich durch das zum Religionsfonds eingezogene Klostervermögen finanziert.[739] Abermals ist anzumerken, dass dies nicht in einer generellen Kirchen- oder Stiftungsfeindlichkeit Josephs II. begründet lag, „*denn Josef wollte auf keinen Fall kirchliches Eigentum der Kirche entfremden. Er zwang nur die Kirche mit seiner tyrannischen Liebe, ihre Mittel anzuwenden, wie er es für heilsam hielt.*"[740] Hiervon waren, wie bereits erwähnt, auch die kirchlichen Stiftungen in Österreich schwer betroffen, da sie mit dem Klostervermögen nach dem kollegialistischen Rechtsdenken der Aufklärung unmittelbar verbandelt waren. Bereits zur Mitte des 18. Jahrhunderts hatte man in den Erblanden mittels der Gemeindeordnung örtliche Stiftungen der Verwaltung des Gemeindeverbandes unterstellt und damit zu Gemeindevermögen gemacht. Gleiches galt für die klösterlichen bzw. klosterzugehörigen Stiftungen. Diese wurden gleichfalls ohne weitere Differenzierung dem Klostervermögen zugeordnet und fielen damit ebenso

---

737 *Wintermayr:* Die Aufhebung des Chorherrenstiftes St. Dorothea in Wien, S. 79.

738 *Link:* Die habsburgischen Erblande, S. 544.

739 *Liermann:* Geschichte des Stiftungsrechts, S. 193.

740 *Winter:* Der Josephinismus und seine Geschichte, S. 154; *Heimberger:* Die Veränderung des Stiftungszwecks, S. 408f.

der Klosteraufhebung anheim.[741] Innerhalb der durch einen Stifter errichteten, ordenszugehörigen Anstalten spielte sich zuvor ein Großteil der gesamten Karitas ab; nicht immer jedoch, ohne dass sich dabei Missbrauchsfälle ereigneten. Insbesondere die Achtung vor dem durch den Stiftungszweck repräsentierten Stifterwillen ging den Ordensoberen nicht selten ab. Die persönliche Bereicherungsmöglichkeit war oftmals zu verlockend. Hier zeigte sich dann wieder einmal ein ungeschriebenes Gesetz des historischen Stiftungswesens: Schlechte Verwaltung von Stiftungen ruft die Staatsgewalt auf den Plan, die dann ihrerseits nach den Stiftungen greift und diese sich regelmäßig in irgendeiner Form fiskalisch einverleibt.[742] So auch bei *Joseph II.*, dessen Sozialpolitik maßgeblich von den Lehren des Jansenisten *Ludovico Muratori* geprägt war. Die Karitas war eines der wesentlichen Betätigungsfelder kirchlichen Wirkens; versagten dabei die kirchlichen Instanzen, so hatte der Staat sie zur genügenden Umsetzung anzuhalten oder selbst einzuspringen.[743] Dies wurde realisiert durch eine Vielzahl von sogenannten Armeninstituten, welche als kirchliche Bruderschaft mit dem Namen „Vereinigung aus Liebe des Nächsten"[744] zwar einen privaten und kirchlichen Charakter bewahrten, jedoch aus staatlichen Mitteln (Religionsfonds) dotiert wurden und der Aufsicht der eigens eingerichteten Stiftungshofkommission unterstanden.[745]

Staatliche Einwirkungen auf das Stiftungswesen zeigten sich demgegenüber nicht erst unter der Regierung *Maria Theresias* und *Josephs II.*, sondern nahmen ihren Anfang in Österreich schon mit Beginn des Aufkeimens aufgeklärter Ideen. Bereits frühzeitig ging der österreichische Staat mit einer ausgeprägten Amortisationsgesetzgebung gegen den Erwerb der toten Hand vor und sicherte sich dadurch weitgehende Rechte der Aufsicht und Mitwirkung bei der Verwaltung des Stiftungsvermögens. Unter der Herrschaft *Maria Theresias* forcierten sich diese Bestrebungen innerhalb des Staatskirchentums und führten zu einer Zentralisierung der Stiftungsverwaltung in der Hand des Staates. Schon zuvor hatten die kirchlichen Stiftungen jedoch ihre Eigenständigkeit größtenteils eingebüßt, oblag die Stiftungsverwaltung

---

741 *Liermann:* Geschichte des Stiftungsrechts, S. 193f.

742 Ebenda, S. 194f.

743 *Link:* Die habsburgischen Erblande, S. 543.

744 *Winter:* Der Josephinismus und seine Geschichte, S. 176f.

745 Dazu im Einzelnen *Walter*, ÖZV II 1, 2. Halbband, S. 40ff.

doch nunmehr den Territorialherren, den Stadträten und anderen öffentlichen Korporationen. Von diesem Zeitpunkt an ergab sich vermittels der Inhaberschaft der Verwaltungshoheit über die Stiftungen das Recht, Stiftungszwecke aus Nützlichkeitsgründen abzuändern.[746] Oftmals wurde durch die zuständigen, weltlichen Stiftungsbehörden von diesem Recht Gebrauch gemacht, um die Verwaltungsart der Stiftungen zu vereinfachen oder mit dem vorhandenen Stiftungsvermögen dringendere Bedürfnisse als die dem Stiftungszweck entsprechenden zu befriedigen.[747] Dieser dem Grundgedanken des Stiftungswesens zuwiderlaufende Missbrauch war freilich in Zeiten finanzieller Not besonders häufig zu beobachten. Er zeichnete sich dadurch aus, dass man ohne Rücksicht Stiftungen zur Dotierung einer neuen Anstalt zusammenlegte oder weiterbestehenden Stiftungen Abgabenpflichten auferlegte, denen diese oftmals kaum nachkommen konnten.[748]

Die zuvor grundsätzlich dem Bischof zustehende Verfügungsmacht und Verwaltungsdirektive unter Beachtung des Stifterwillens wurde dann in den Folgejahren unter *Maria Theresia* Schritt für Schritt zurückgedrängt. Es wurde die Zentralisation der Stiftungsverwaltung in der Hand des Staates vorbereitet, bevor diese unter *Joseph II.* ihr Höchstmaß erreichte und zu einer fast völlig uneingeschränkten Verfügungsgewalt der Staatsmacht mutierte, sofern die betreffende Stiftung nicht ohnehin das Schicksal des aufgehobenen Klosters teilte und der Aufhebung zum Opfer fiel, das Stiftungsvermögen mithin dem Religionsfonds zugeschlagen wurde.[749]

Wie stets wurde das Recht des Staates auch in der Theorie zu begründen versucht und so schloss beispielsweise der Kanonist *Pehem* auf einen grundsätzlichen Status des dominum eminens: *„Das Kirchen- und Stiftungsrecht kann als Patrimonium Christi, Res pauperum, Vota fidelium, Pretium peccatorium durch Widmung zu kirchlichen und wohltätigen Zwecken von Menschen in keine engeren rechtlichen Beziehungen zu Gott, dem absoluten Herrn aller Dinge, gebracht werden, als an und für sich schon bestehen; der Mensch darf gemäß den göttlichen Geboten niemanden irgendwie schädigen, mithin auch den Staat nicht etwa dadurch, daß er Vermögensstücke, die unter Umständen zur Förderung der*

---

[746] *Heimberger:* Die Veränderung des Stiftungszwecks, S. 400.
[747] Ebenda, S. 401.
[748] Ebenda, S. 405.
[749] *Link:* Die habsburgischen Erblande, S. 543d; *Heimberger:* Die Veränderung des Stiftungszwecks, S. 407, S. 409.

Staatsinteressen nötig sind, dem staatlichen Zugriff durch Schenkung oder Widmung für Kirchen- und Wohltätigkeitszwecke entzieht.“[750] Das Recht, Stiftungszwecke nach eigenem Dafürhalten abändern zu können, konnte wiederum nicht auf ein Obereigentum des Staates oder auf ein göttliches Gebot gestützt werden, stand dieses doch dem Grunde nach dem Stifter oder dem durch diesen eingesetzten Verwalter zu. Vielmehr entwickelte sich ein solches aus der Rechtsstellung des Monarchen als Inhaber des *ius circa sacra*, dem Recht über das Heilige.[751] Hier setzte sich in den Erblanden in der zweiten Hälfte des 18. Jahrhunderts immer weiter die Auffassung durch, sämtliches Kirchen- und Stiftungsvermögen sei Staatsgut, welches freilich der sorgenden Aufsicht der weltlichen Staatsmacht unterstand. Schon der Jurist und Rechtsphilosoph *von Martini* begründete dies zur Mitte des 18. Jahrhunderts folgendermaßen: *„Diese Rechte und Pflichten des Regenten [Obsorge über das Kirchenvermögen etc., Anm. d. Verf.] werden noch mehr bestätiget, wenn man bedenket, daß durch die Religion weder Verbindlichkeiten aufgehoben, noch auch Rechte erzogen werden, und daß die der Kirche gewidmeten Güter nicht aufhören Güter des Staates, noch auch die Religionsdiener Bürger und Unterthanen des Staates zu seyn.“*[752]

Zusammenfassend lässt sich über die kirchlichen Stiftungen in den Habsburgerterritorien festhalten, dass diese das Schicksal der Monasterien als deren Anhängsel nach der Korporationenlehre in nahezu allen Belangen teilten: Wurde das betreffende Kloster aufgehoben und dessen Vermögen an den Religionsfonds abgeführt, so geschah dies auch mit dem Stiftungsvermögen. Wurde die Verwaltung der Ordensgemeinschaft staatlicherseits okkupiert, oblag der weltlichen Macht auch die Verwaltung der Stiftung. Besonders hervorzuheben ist zudem die bereits zuvor einfach mögliche Änderung des Stiftungszweckes durch den Staat, obwohl es sich bei den Stiftungen ja stets um durch Privatleute gestiftetes Vermögen handelte, deren Wille in extremer Form übergangen oder ignoriert wurde.[753]

---

750 *Pehem:* Jus ecclesiasticum, § DCCCCXIII; zitiert nach *Heimberger:* Die Veränderung des Stiftungszwecks, S. 410.

751 *Heimberger:* Die Veränderung des Stiftungszwecks, S. 411.

752 *Martini:* Allgemeine Staatslehre, § 237.

753 *Liermann:* Geschichte des Stiftungsrechts, S. 193; *Heimberger:* Die Veränderung des Stiftungszwecks, S. 400, S. 411.

IV Fazit

Die hektischen und häufig rücksichtslosen Reformen, die kleinlichen Eingriffe in das kirchliche Leben und volksfrommes Brauchtum, die unerträgliche Bevormundung der Kirche durch den Staat haben den Josephinismus trotz der Abstellung mancher Missstände und der Einführung begrüßenswerter Neuerungen im Endeffekt als Reformbewegung unglaubwürdig gemacht und die Fundamente lebendigen Glaubens in einer ebenso für Kirche und Staat bedrohlichen Weise erschüttert.[754] Die Einführung des Staatskirchentums unter *Maria Theresia* hat dieser Entwicklung den Weg geebnet und erste Eingriffe in das Ordensleben mit dem Höhepunkt der Aufhebung des Jesuitenordens salonfähig gemacht. Ganz aufgeklärt und durch den absolutistischen Allmachtsgedanken bestärkt, schritt *Joseph II.* zur Tat, um das Ordenswesen und damit auch das Stiftungswesen in Österreich nach seinen Vorstellungen zu reformieren. Der Monarch hat, getrieben durch einen blinden Fürsorgewillen, innerhalb weniger Jahre beinahe die komplette Auslöschung eines über etliche Jahrhunderte gewachsenen, umfangreichen Teils des erbländischen Kirchen- und Staatswesens provoziert. Allein in den Territorien Niederösterreichs und Wiens sind nicht weniger als 70 Ordenshäuser in ihrer Gesamtheit der josephinischen Klosterpolitik zum Opfer gefallen; insgesamt wurden über 800 Klöster und alle ihnen zugehörigen Stiftungen aufgehoben, zur Schaffung und Aufrechterhaltung des Religionsfonds zerschlagen und letztendlich liquidiert.[755] Obgleich den *Joseph II.* nachfolgenden Regenten Kaiser *Leopold II.* und Kaiser *Franz II.* zugutegehalten werden kann, dass diese einer Rückgängigmachung der Reformen nicht verschlossen gegenüberstanden und sogar einige Maßnahmen zum Wohle des am Boden liegenden Ordenswesens unternahmen, so war ein unersetzlicher Schaden bereits angerichtet und nicht mehr zu revidieren. Auch das gar erst im Jahr 1802 ergangene Dekret, welches die meisten Reformen *Josephs II.* letztlich wieder aufhob, vermochte die Zeit

[754] *Raab:* Staatskirchentum und Aufklärung in den weltlichen Territorien des Reiches, S. 522.

[755] *Liermann:* Geschichte des Stiftungsrechts, S. 194; *Winner:* Die Klosteraufhebungen in Niederösterreich und Wien, S. 283.

nicht zurückzudrehen und den Niedergang der Ordensgemeinschaften ungeschehen zu machen.[756]

Das fatale Resultat ist bekannt, jedoch in seinem Ausmaß noch immer nicht abschätzbar: Unermesslich ist schon der Verlust an Kulturgütern, Schriften, Archivbeständen und Devotionalien der Klöster.[757] Von nicht bezifferbarer Höhe sind auch der reine Kapitalverlust und die Inflationsraten, welche durch den Religionsfonds und die zahlreichen Abverkäufe entstanden, sowie die Destruktion von Immobilien, die in der Hand des Staates verblieben und aufgrund mangelnder Instandhaltung der Verrottung anheimfielen. Schwerer als die Erkenntnis, dass durch die josephinischen Reformen auch die kirchliche Wissenschaft vorerst total zum Erliegen kam,[758] wog nur noch die Zerstörung, die im ureigensten Bereich der Kirche entstand: der Seelsorge. Verächtlichmachung und Unterdrückung der durch das Ordenswesen beförderten Frömmigkeitsformen verursachte einen nie dagewesenen Bruch in der sonst in kontinuierlicher Weiterentwicklung befindlichen, geistigen Bildung der Bevölkerung. Keinesfalls konnte dies durch die staatlich installierte, pfarrliche Seelsorge kompensiert werden, welche die gesamte Zeit über unter einem akuten Personal- und Nachwuchsdefizit litt.[759] Die letztendlich verbleibende Konsequenz war eine Trümmerlandschaft des österreichischen Kloster- und Stiftungswesens sowie die unwiederbringliche Vernichtung von Kirchen- und Stiftungsgütern, welche der erbländischen Bevölkerung und dem Staatswohl insgesamt zuvor so intensiv zu dienen imstande waren.

C Die Nationalisierung des Kirchenguts in Frankreich als Revolution von unten

Der Untersuchungsgegenstand dieses Abschnittes soll sich nicht darin erschöpfen, historische Grundlagen der Französischen Revolution[760] wiederzugeben, weshalb dies im Wesentlichen unterbleibt und nur bei absoluter Notwendigkeit historische Geschehnisse ausführlicher dargestellt werden

---

756 *Winner:* Die Klosteraufhebungen in Niederösterreich und Wien, S. 270.

757 *Raab:* Der Untergang der Reichskirche in der großen Säkularisation, S. 542.

758 Ebenda.

759 *Winner:* Die Klosteraufhebungen in Niederösterreich und Wien, S. 283.

760 Zu den historischen Begebenheiten der französischen Revolution vgl. das Gesamtwerk von *Mathiez*; *Mathiez:* Die Französische Revolution, Band I-III.

sollen. Vielmehr soll herausgearbeitet und untersucht werden, inwiefern sich die Nationalisierung der Kirchengüter im Jahre 1789, die Aufhebung von Orden, die nicht dem Unterricht oder der Armen- und Krankenpflege dienten, im Jahre 1790 und schlussendlich die Nullifikation aller übrigen Religionsgesellschaften im Jahre 1792 auf die Stiftungen und das Stiftungswesen Frankreichs, aber auch auf kirchliche Strukturen und das Ordenswesen insgesamt ausgewirkt haben.[761] Im Mittelpunkt stehen soll abermals eine Betrachtung der zeitgenössischen Begleitumstände, mithin gesellschaftspolitischer Strömungen mit der Tendenz eines staatlichen Machterlangungsbestrebens gegenüber klerikalen Strukturen dieser Zeit, jedoch vorliegend mit der Besonderheit, dass dieses vom französischen Volke, also „von unten“ ausging.

I Das französische Stiftungswesen als kirchlicher Kontext

Wie in weiten Teilen des abendländischen Europas, erwuchs auch das französische Stiftungswesen aus dem kanonischen Recht und war deshalb bis in das späte Mittelalter mit der Kirche untrennbar verbunden. Untrennbar zunächst dergestalt, dass Wohltätigkeitsanstalten grundsätzlich nur als kirchliche Anstalten errichtet werden konnten. Dies lag zunächst einmal darin begründet, dass die Kranken- und Armenpflege, überdies oft auch der Bereich der Erziehungsanstalten, der Fremdenherbergen und weiterer Wohltätigkeitsanstalten durchweg in den Wirkungsbereich der Kirche fiel, diese Institutionen stets von Geistlichen geleitet wurden, der Aufsicht des Bischofs unterstanden und der kirchlichen Gesetzgebung unterlagen.[762] Aber auch weitere Formen stifterischer Tätigkeit – so beispielsweise (Zu-)Stiftungen durch Privatpersonen aus frommer Gesinnung zum Erhalt des Gedenkens über den Tod des Stifters hinaus oder zur Errettung des Seelenheils – erfolgten seit dem Mittelalter in breiter Masse an kirchliche Institutionen als Dauerperson und eigenen Rechtsträger.[763] Auch diese vom Umfang her kleineren Stiftungen waren damit regelmäßig dem Wirkungsbereich klerikaler Einrichtungen, insbesondere den Ordensgemeinschaften,

[761] *Raab:* Der Untergang der Reichskirche in der großen Säkularisation, S. 543; *Menzel:* Die Säkularisation in Schlesien 1810, S. 93.

[762] *Roth:* Über Stiftungen, S. 195.

[763] *Steiner:* Die Klöster und ihre Wirken, S. 38, S. 119, S. 190.

zuzurechnen. Obgleich schon in der früheren Geschichte Frankreichs der absolutistische Staat, beispielsweise mittels königlichem Dekret bereits im Jahre 1543, die Verwaltung der Stiftungen und damit vor allem die Armenfürsorge im Zuge einer leichten Verweltlichungstendenz in Teilen auf sich selbst zu übertragen versuchte und sich zudem in geringem Maße auch ein privat-bürgerliches Stiftungswesen entwickelte, so änderte dies nichts an der fortwirkenden Kirchenzugehörigkeit nahezu aller dieser Institutionen bis in die Epoche der Aufklärung hinein.[764] Dass die Karitas nach diesen zarten Versuchen der Säkularisierung weiterhin dem Klerus oblag, hing vor allem damit zusammen, dass sich das Ancien Régime in diesem Bereich als völlig unfähig herausstellte.[765]

Nur um die kirchen-, genauer gesagt kloster- und ordenszugehörigen Stiftungen soll es in den folgenden Teilen gehen, da diese in besonderem Maße von den tiefgreifenden Umwälzungen der Revolution betroffen waren und der Teil der gar nicht oder nur lose mit der Kirche in Zusammenhang stehenden Stiftungen demgegenüber zu vernachlässigen ist.

Beachtlich ist hier einmal mehr der Umstand, dass sich die einschlägigen Säkularisationsvorhaben ab dem Jahre 1789 nicht unmittelbar gegen die kirchlichen Stiftungen, sondern vielmehr gegen die (katholische) Kirche als Korporation bzw. den Klerus als Teil der Ständegesellschaft richteten.[766] Dies ist trotz des Umstandes haltbar, dass die Institution der Stiftung als solche bereits zur Mitte des 18. Jahrhunderts unter dem Blickwinkel des Naturrechts und des aufklärerischen Gedankenguts eine gewisse Ablehnung erfuhr. Dies lag insbesondere in der dauerhaften Bindung von Vermögen begründet, sodass der französische Gesetzgeber schon im Jahr 1749 eine freie Stiftertätigkeit stark eingeschränkt hatte.[767] Hier sei abermals auf *Turgot* verwiesen, der diese Gesetzgebung außerordentlich begrüßte und infolgedessen die radikale Beseitigung des gesamten Stiftungswesens forderte.[768]

---

[764] *Wieland:* Die leitenden Grundsätze des Stiftungsrechtes in den verschiedenen, insbesondere in den deutschen Staaten; *Roth:* Über Stiftungen, S. 196.

[765] *König:* Die katholischen Körperschaften, S. 66.

[766] *Liermann:* Geschichte des Stiftungsrechts, S. 172.

[767] Ebenda, S. 173.

[768] *Oeuvres de Turgot*, herausgegeben von Gustav Schelle, Band I, S. 593.

II Die Lage der katholischen Kirche während und besonders zum Ende des Ancien Régime

Wie für die Kirchen in anderen Territorialstaaten Europas ebenso, stellte das 18. Jahrhundert auch für die das Stiftungswesen beherrschende katholische Kirche Frankreichs mit allen ihr zugehörigen Institutionen (die sogenannten Moralischen Personen)[769] vor allem eine schwierige Zeit des Umbruchs dar. Anstatt jedoch selbstständig eine innere Erneuerung zu erstreben und voranzutreiben, verlor sich insbesondere die römische Kurie weiterhin in Dekadenz. Auch wenn man sich nach außen weiter den Anstrich großer Mächtigkeit zu geben wusste, schier unendliche Reichtümer sein Eigen nannte, gewaltige Privilegien genoss und zudem vom Staat mitgetragen wurde, häuften sich mit voranschreitender Zeit auch die Misstöne innerhalb der Bevölkerung und auch innerhalb von Teilen des Klerus selbst. Immer weitreichender schien die Kluft zwischen der römischen Kurie und der sich kulturell, wirtschaftlich und gesellschaftlich weiterentwickelnden Weltlichkeit zu werden.[770] Schlecht gelang augenscheinlich auch die Unterscheidung zwischen tatsächlich für die Glaubensausübung notwendigem Zubehör und „Prunk", welcher das Kriterium der Notwendigkeit nach Ansicht der aufgeklärten breiten Masse natürlich nicht erfüllen konnte. Hinzu kam die voranschreitende Emanzipation des Adels und des gebildeten Bürgertums unter dem Einfluss der Aufklärung. Diese Vertraten das nunmehr eher philosophische als theologische Denkmodell eines Lebens auf säkularisierter Basis, der Autonomie des Individuums gegenüber allen politischen und kirchlichen Autoritäten und einer natürlichen Religion unter Tolerierung anderer Meinungen. Dies förderte eine Distanzierung von klerikalen Dogmen, Sakrilegen und der kirchlichen Organisation insgesamt.

Dergestalt die klassisch durch die Kirche besetzten Themengebiete der Wissenschaft bzw. des Unterrichts, der gesellschaftlichen Entwicklung und der Erziehung immer mehr einnehmend, war die Stellung der Kirche schon zu Zeiten des Ancien Régime nicht mehr so stabil wie noch zuvor. Befeuert wurde diese Entwicklung zudem durch die in Frankreich vorherrschenden Strömungen des Febronianismus und des Gallikanismus, welche die Unabhängigkeit der Bischöfe und der gesamten katholischen Kirche vom

---

[769] *Taine:* Die Entstehung des modernen Frankreich, Band II, S. 196.
[770] *Aubert:* Die katholische Kirche und die Revolution, S. 5.

päpstlichen Stuhl in Rom zum Ziel hatten und sich im gesamten katholischen Europa immer mehr zum Allgemeingut ausdehnten.[771]

Als dem Volk gegenüber besonders prekär anmutend konnten die Verhältnisse innerhalb des französischen Ordenswesens deklariert werden. Keine andere kirchliche Institution war im absolutistischen Frankreich im Vorfeld des großen Gewitters der Revolution in ihrer Akzeptanz bei der mittleren und oberen Bevölkerungsschicht so tief gesunken und zugleich auch innerlich so zerrüttet. Es krankte an mehreren Stellen: Zunächst gab es, wie so oft, missbräuchliche Eingriffe von außen. Innerhalb des Pfründewesens, das der Ausstattung und Versorgung der einzelnen Ordens- bzw. Klostermitglieder dienen sollte, maßte sich der weltliche oder klerikale Territorialsouverän in nicht seltenen Fällen an, die Pfründestellen zur Befriedigung des örtlichen Adels mit ihm genehmen Personen, meistens deren Nachkommen, zu besetzen. Abgesehen davon, dass dies natürlich vor allem in Zeiten der finanziellen Not eine schwere Belastung der Ordenskassen bedeutete, trug diese Besetzungspraxis klerikaler Stellen durch Laien freilich nicht zu einer adäquaten Glaubensausübung und Verwaltung innerhalb der Klöster bei, vor allem da die adeligen Nachzöglinge selten an der Erbringung einer Gegenleistung interessiert waren.[772] Hinzu kamen die sogenannten Kommenden des Königs, welche ihm ein inhaltsgleiches Recht der Ausstattung nahestehender Personen mit kirchlichen Mitteln zudachte.[773]

Dies darf jedoch nicht darüber hinwegtäuschen, dass die finanzielle Situation des Regularklerus und der katholischen Kirche insgesamt grundsätzlich solide war.[774] Die Einkünfte setzten sich aus mehreren, nicht zu versiegen drohenden Quellen zusammen, woraus vermutlich auch die allgemeingültige Phrase *„unter'm Krummstab ließ sich's leben“* herrührte.[775] Die Monasterien profitierten zunächst von ihrem Privileg zur Selbstverwaltung ihrer Güter (Herrschaftsrechte), welche einerseits durch die eigenständige Bestellung von Feldern und Nutzung der Wälder, Reben und Gärten, andererseits durch Verpachtung, vornehmlich an die Bauern des dritten Standes, stetige

---

[771] *Mathiez:* Die Französische Revolution, Band I, S. 161; .*Aubert:* Die katholische Kirche und die Revolution, S. 3f.

[772] *Aubert:* Die katholische Kirche und die Revolution, S. 6.

[773] *König:* Die katholischen Körperschaften, S. 74.

[774] *Taine:* Die Entstehung des modernen Frankreich, Band II, 195f.

[775] *König:* Die katholischen Körperschaften, S. 51.

Einnahmen generierten.[776] Ferner brachte das exorbitante Barvermögen vielerlei Ertragsarten hervor. Neben ordentlichen, reinen Kapitalerträgen erlangte die Kirche auch durch Verleihungen beachtliche Zinsen. Sie tat sich als fairer Darlehensgeber hervor, indem sie an Private, aber auch an Städte und Gemeinden Darlehen valutierte und selten mehr als 5% Zinsen verlangte sowie weitergehenden Stundungsabreden stets offen gegenüberstand.[777] Darüber hinaus war der Klerus als eigener Stand insofern privilegiert, dass eine Steuererhebungsbefugnis bestand. Ein solcher Zehnt wurde insbesondere zur Finanzierung des Schul- und Unterrichtswesens, der Armenfürsorge und zur Besorgung des Kultus erhoben.[778] Nicht zu vernachlässigen waren daneben vor allem auch die an die klerikalen Institutionen gegründeten Stiftungen. Neben der reinen Zuwendung selbst, generierten diese ebenfalls Zinserträge und machten insgesamt einen erheblichen Teil des kirchlichen Einkommens aus.[779]

Bezüglich des gesellschaftlichen Ansehens der Orden setzte sich sodann immer mehr das Bild durch, bei den Ordensbrüdern und -schwestern handele es sich um finanziell gut situierte Müßiggänger, welche den ausgedehnten Grundbesitz verwalteten, ihren kontemplativen Pflichten aus den Stiftungen nachkamen und außerordentlich kostspielige Prunkbauten errichten ließen bzw. unterhielten.[780] Hier auszunehmen waren nur die Bettelorden, da diese ja kaum Besitztümer ihr Eigen nannten und vielmehr mit Meßstipendien in Form privater Stiftungen ihr spärliches Auskommen sicherstellten.[781] Diese wurden wiederum aufgrund ihrer teils frenetischen Glaubensausübung kritisch beäugt und sicher geht auch der Einwurf nicht fehl, dass sich innerhalb dieser Ordensgesellschaften der „kirchliche Plebs“ sammelte.[782]

Gegnern des Ordenswesens war es aufgrund der vielen Schwächen somit ein Leichtes, demselben seine Nützlichkeit für das Gemeinwesen in Abrede

---

776 *Mathiez:* Die Französische Revolution, Band I, S. 159; *König:* Die katholischen Körperschaften, S. 53f.

777 *König:* Die katholischen Körperschaften, S. 54, S. 57.

778 *Mathiez:* Die Französische Revolution, Band I, S. 159; *König:* Die katholischen Körperschaften, S. 59.

779 *König:* Die katholischen Körperschaften, S. 54, S. 57.

780 *Aubert:* Die katholische Kirche und die Revolution, S. 6f.

781 *König:* Die katholischen Körperschaften, S. 57.

782 *Aubert:* Die katholische Kirche und die Revolution, S. 7.

zu stellen. So wurden auch die territorialen Regierungen immer mehr von dem gesellschaftspolitischen Drang erfasst, das Klosterwesen zu reformieren. Es fanden im Verlauf der zweiten Hälfte des 18. Jahrhunderts bereits erste Säkularisationen statt. Hiervon wurden nur solche Anstalten zunächst nicht tangiert, die dem Unterrichtswesen und der Krankenpflege dienten. Diesbezüglich gelangte hingegen der Gedanke zur Ausprägung, dass man aufgrund des stetigen Bevölkerungswachstums ein in ein staatskirchliches System eingeflochtenes Pfarrsystem mit etlichen neuen Pfarreien benötige, dessen Direktive bestenfalls dem Staat obliegen sollte.[783] Auch der Weltklerus wurde grundsätzlich erst einmal als erhaltenswert angesehen, sollte jedoch gleichfalls in ein radikales System des Staatskirchentums integriert werden.[784]

Zur Beseitigung dieser Missstände innerhalb des Regularklerus wurde im Jahre 1766 eine *commission des réguliers* eingesetzt; diese legte dem französischen König *Ludwig XV.* sodann im Jahre 1768 einen noch im selben Jahr als Edikt erlassenen Maßnahmenkatalog vor, der letztendlich bereits vor der Revolution zur Aufhebung von 426 Klöstern und den zugehörigen Stiftungen führte, die Proteste des Heiligen Stuhls aus Rom ignorierte und einen Präzedenzfall schuf, an welchen sich die Nationalversammlung[785] gut 20 Jahre später erinnern sollte.[786] Im Wesentlichen muteten die Maßnahmen als solche gar nicht so einschneidend an, beinhalteten diese doch lediglich einige Reglementierungen der Ordensverwaltung selbst. Beispielsweise wurde das Mindestalter für die Ablegung des Klostergelübdes bei Frauen auf 18 Jahre, bei Männern auf 21 Jahre heraufgesetzt. Ferner wurde bestimmt, dass sich in jeder Provinzstadt nur eine Niederlassung des jeweiligen Ordens befinden dürfte, deren Insassenanzahl sich zwischen 9 und 15 bewegen musste,

---

783 Ebenda.

784 *König:* Die katholischen Körperschaften, S. 1.

785 Nationalversammlung oder synonym Konstituante (französisch *Assemblée nationale constituante*) bezeichnete die verfassungsgebende Nationalversammlung in Frankreich, welche vom 09.07.1789 bis zum 02.09.1791 tagte und Frankreichs erste Verfassung, mit welcher Frankreich in eine konstitutionelle Monarchie umgewandelt wurde, vorlegte. Sie wurde abgelöst durch die Gesetzgebende Nationalversammlung (französisch *Assemblée nationale legislative*), welcher keine Mitglieder der Konstituante angehören durften; m.w.N. *Taine:* Die Entstehung des modernen Frankreich, Band I, S. 125ff., S. 220ff.

786 *Aubert:* Die katholische Kirche und die Revolution, S. 8; *König:* Die katholischen Körperschaften, S. 4.

um nicht mit einem anderen Kloster zusammengelegt oder zahlenmäßig reguliert zu werden.[787] Daneben wurde auch die Kontrolle der Bischöfe über die Orden erhöht, welche zuvor nur ihrer eigenen Verwaltung und Gerichtsbarkeit unterstanden.[788] Auf die Mitgliederzahlen wirkte sich vor allem die Heraufsetzung des Mindestalters negativ aus. Kamen die jungen Leute erst einmal mit weltlichen Freuden in Berührung, so sank das Interesse an einem zölibatären Leben in der Klosterzelle. Der so entstehende Mangel an Nachwuchs bedingte freilich einen Rückgang der Mitgliederzahlen, was die hohe Zahl der Aufhebungen in Form von Zusammenlegungen der Klostergemeinschaften bereits vor der eigentlichen Revolution zu erklären vermag. Lag die Zahl der Ordensgeistlichen im Jahr 1770 beispielsweise noch bei 26.774, so waren es bereits im Jahr 1790 nur noch 17.000 Ordensangehörige.[789]

Diese Leiden insbesondere des Regularklerus einmal beiseitegeschoben, lässt sich die Lage der gesamtkatholisch-französischen Kirche am Vorabend der Revolution ab dem Jahr 1789 folgendermaßen zusammenfassen: Als offizielle Institution, die mit dem Staat verschmolzen war, vermittelte die Kirche Frankreichs zu diesem Zeitpunkt noch immer den Eindruck der Stärke und der Macht. Dieser begann jedoch trotz ihrer Allgegenwart erst langsam, dann rascher zu bröckeln, da es in den Köpfen gebildeter Kreise gärte und die klerikalen Institutionen durch innere Streitigkeiten durchsetzt waren.[790] Nichtsdestotrotz war das kirchliche Geflecht von monumentaler Größe – war die katholische Kirche Frankreichs doch die größte Europas und zudem Frankreichs größte Feudalherrin.[791] Der französische Klerus umfasste zum Ende des Ancien Régime etwa 110.000 – 120.000[792] Personen, nicht hinzugerechnet das viele Laienpersonal. Auch die wirtschaftliche Macht von Welt- und Ordensklerus war beträchtlich; 10% der gesamten Grundfläche des Landes fielen diesen zu, was allein ein jährliches Einkommen von

787 *König:* Die katholischen Körperschaften, S. 4.

788 *Aubert:* Die katholische Kirche und die Revolution, S. 8.

789 *Sciout:* Histoire de la constitution civile du clergé 1790–1801, S. 39.

790 *Aubert:* Die katholische Kirche und die Revolution, S. 16.

791 *Liermann:* Geschichte des Stiftungsrechts, S. 193.

792 Ermittlung der Zahl der Geistlichen von 110.000 Personen mit dezidierter Berechnung in *Taine:* Die Entstehung des modernen Frankreich, Band I, Erste Note, S. 413; *Aubert* nimmt ca. 120.000 Geistliche an, vgl. *Aubert:* Die katholische Kirche und die Revolution, S. 18.

100 Millionen Livres generierte. Die gleiche Summe brachte noch einmal das der Kirche obliegende Recht der Erhebung der Zehnte ein. Hinzu kamen die umfassenden Privilegien, beispielsweise eine eigene Gerichtsbarkeit und die Steuerfreiheit nahezu aller Einkünfte.[793] Lediglich einen freiwilligen Betrag von 4 Millionen Livres steuerte man zum Staatswesen bei, ca. 2% der eigenen Einnahmen. Bereitwillig übernahm man demgegenüber die Armenfürsorge sowie das Unterrichtswesen, wodurch die Kirche innerhalb der Gesellschaft tiefe Wurzeln zu schlagen imstande war.[794] So bildeten Kirchen- und Klosterwesen zu diesem Zeitpunkt noch immer einen guten Nährboden für vielfältige Stiftertätigkeiten.

III Die Anbahnung des Revolutionsgewitters – das Aufbegehren des 3. Standes gegen den Klerus und den Adel

Nirgendwo sonst brachen sich die Ideen der Aufklärung so sehr Bahn wie in Frankreich gegen Ende des 18. Jahrhunderts und sorgten mit der Absetzung des in der Krise befindlichen Ancien Régime[795] im Jahre 1789 für einen Staats- und Gesellschaftsumsturz auch nur annähernd ähnlichen Ausmaßes. Zur Nachvollziehbarkeit der Vorgänge dieser Zeit als Revolution von unten bedarf es zunächst der Inaugenscheinnahme des Begriffs „unten“. Es war der dritte Stand, bestehend aus Bauern- und Bürgertum, der im Sommer des Jahres 1789 den Ausgangspunkt der Revolution bildete. Zuvor jedoch mussten sich aufgeklärte Denkmodelle erst einmal entwickeln und, mindestens von gleicher Wichtigkeit, sich in breiten Schichten der Bevölkerung festsetzen, diese zum Aufbegehren und auch Handeln animieren.

1 Die Ablösung der Religion durch das Vernunftprinzip als aufklärerische Idee in den Salons – die großen französischen Philosophen

Über Jahrhunderte – insbesondere das ganze Mittelalter hindurch – stand die Religion als Offenbarung im Mittelpunkt menschlichen Wirkens und

---

[793] *Taine:* Die Entstehung des modernen Frankreich, Band I, S. 18, S. 62.

[794] *Aubert:* Die katholische Kirche und die Revolution, S. 18; genauere Berechnungen abermals bei *Taine:* Die Entstehung des modernen Frankreich, Band I, S. 62f.

[795] *Mathiez:* Die Französische Revolution, Band I, S. 13ff.

Seins.[796] Sie lieferte eine vollendete Theorie der moralischen Welt des Menschen und auch die großen Denker des 17. Jahrhunderts – *Pascal, Bossuet, Descartes, Malebranche* und andere mehr – gingen von diesem Dogma aus.[797]

Entwickeln sich neue Denkweisen, Prinzipien, Ansichten oder ergeben sich neue Erkenntnisse beispielsweise auf dem Gebiet der Wissenschaft, so brauchen diese immer auch ein Sprachrohr, um an die Außenwelt zu gelangen, und einen nährstoffhaltigen Boden, auf welchem sie sich festsetzen und gedeihen können. Die 80er Jahre des 18. Jahrhunderts waren genau dies: ein willfähriger Nährboden für neue Ideen der Aufklärung. Die Salons, in denen sich die oberen Bevölkerungsschichten aus Adel und Klerus trafen, hatten aufgrund ihrer exponierten gesellschaftlichen Stellung die Deutungshoheit des politischen und gesellschaftlichen Diskurses für sich; die großen französischen Philosophen dieses Jahrhunderts, in diesen Kreisen stets vertreten und viel beachtet, bildeten hier das notwendige Sprachrohr und entwickelten immer neue Theorien. *Voltaire, Diderot, Montesquieu, Rousseau, Turgot*, allesamt naturwissenschaftlich gebildet, nahmen sich dem alten Dogma der Religion und den daraus resultierenden Moralvorstellungen an und verkehrten es unter Heranziehung der Wissenschaft ins Gegenteil. Die Stellung des einzelnen Menschen in der Welt, die Wahrnehmung seiner Umgebung und der Schluss auf seine Seele, ihren Ursprung und ihr Geschick löste sich von der Theologie und wurde mit den physikalischen Wissenschaften verbunden. Aus Beobachtungen wurden Folgerungen angestellt, die das vernunftbasierte Feld der Moralwissenschaften eröffneten.[798] Demnach konstituierte sich der Mensch als Individuum von Geburt an mit der ihm innewohnenden Vernunft, der Moral, dem Gerechtigkeitsinstinkt. Die gesellschaftliche Zusammensetzung, die Sprache, alles wurde auf den Prüfstand gestellt und neu zu ergründen versucht. Es gelangte die Erkenntnis zutage, dass als Konsequenz der Vervollkommnung der Wissenschaft und der Sprache endlich Wahrheit und Vernunft vorherrschen könnten. Die Philosophie war die neue Religion; die alte Tradition, welche sich aus der Religion und dem Absolutismus zusammensetzte, wurde abgelöst durch die Vernunft.[799] Diese zweigliedrige

---

[796] *Mathiez*: Die Französische Revolution, Band I, S. 159.

[797] *Taine:* Die Entstehung des modernen Frankreich, Band I, S. 178.

[798] Ebenda.

[799] *Mathiez:* Die Französische Revolution, Band I, S. 166f.; *Taine:* Die Entstehung des modernen Frankreich, Band I, S. 184f., S. 207, S. 210.

Tradition besetzte die Rolle des Hauptfeindes des neuen Utilitarismus, da man diese einfach nicht verstand.[800] Die einzige Daseinsberechtigung von Monarchie und Christentum ergab sich nach Ansicht der Aufklärer aus der Gewohnheit. Seit 800 Jahren war dem Menschen aufoktroyiert worden, ein guter Untertan und ein guter Christ zu sein, wodurch das Volk sich mit seiner unterdrückten Rolle zufriedengab.[801] Der Nützlichkeit widersprechend, vegetierte die Autorität der Tradition zudem bar jeder Gegenleistung vor sich hin, insistierte auf seine Privilegien und verlor sich in Egoismus und Missbrauch.[802] Dieses den vernünftigen Menschen beeinträchtigende und niederhaltende Staatskonstrukt galt es zu beseitigen, insbesondere das kirchliche Bollwerk niederzureißen.[803] Immer lauter wurden die Stimmen, die der Tradition alle Rechtsansprüche aberkannten und ihre Herrschaft als Usurpation darlegten. Die Vernunft schickte sich an, ihr die Herrschaft über die Seelen zu entreißen und die Wahrheit und die Nützlichkeit zum Wohle eines neuen Staates zu voller Ausprägung zu bringen.[804] Damit selbst einer Art Religion ähnlich, ging sie voran mit dem gleichen Glaubensschwung, demselben Hoffnungseifer, demselben Enthusiasmus, mit gleichem propagandistischen Geist, gleicher Herrschsucht, derselben Strenge, derselben Toleranz und demselben Ehrgeiz, den Menschen umzubilden und das gänzliche menschliche Leben nach vorgefassten Typen zu regulieren.[805]

Was das Dasein insbesondere der kirchlichen Institutionen und der Kleriker in starker Weise tangierte, waren die Theorien *Rousseaus* und *Voltaires*. Ersterer stand an der Spitze eines Bataillons an Sozialisten, die mit lauter Stimme die Rückkehr zur Natur und damit die Abschaffung der Gesellschaft und die Unterminierung der bestehenden Ordnung forderten.[806] *Rousseau* betrachtete den Menschen als von allgemein guter Natur, rechtschaffend und ordnungsaffin. „*Die Natur hat die Menschen gut und glücklich gemacht, die Gesellschaft macht ihn schlecht und elend*“ resümierte er; seine Lösung lautete:

---

800 *Taine:* Die Entstehung des modernen Frankreich, Band I, S. 215.

801 Ebenda, S. 217

802 Ebenda, S. 220.

803 *König:* Die katholischen Körperschaften, S. 84.

804 *Taine:* Die Entstehung des modernen Frankreich, Band I, S. 218.

805 *Mathiez:* Die Französische Revolution, Band I, S. 173; *Taine:* Die Entstehung des modernen Frankreich, Band I, S. 207.

806 *Taine:* Die Entstehung des modernen Frankreich, Band I, S. 226.

„Befreiet ihn durch das Denken von seinen künstlichen Gewohnheiten, seinen überflüssigen Bedürfnissen, seinen falschen Vorurtheilen; entfernt die Systeme; haltet Einkehr in euer eignes Herz; beachtet die Stimme des Gefühls; lasset euch vom Lichte des Instinkts und des Gewissens leiten; [...]“.[807] Von diesen Gedankenspielen ausgehend, bedurfte seine spiritualistische Lehre der Reform, welche einer umfassenden Neuordnung des menschlichen Miteinanders und des staatlichen Gefüges gleichkam. Die Menschen als edle Wesen waren nach *Rousseau* keine Vereinigung von Organen, sondern vielmehr Individuen. Diese schlossen sich ihrem Willen nach zusammen und bildeten so die oberste Instanz des Staates selbst. *Rousseaus* Gesellschaftsvertrag (contrat social) proklamierte die Volkssouveränität als den im Staate allein maßgebenden Faktor, der durch diesen Vertrag die einzige autonome und absolute Körperschaft bildete und daneben keine andere Körperschaft gleicher Ebene duldete. Der bis dahin mächtigste Organismus, die katholische Kirche, wurde hiernach freilich degradiert und auf den hinteren Rang verwiesen.[808]

Daneben gesellte sich *Voltaire* als „geistiger Brandstifter“ und Vertreter des Skeptizismus, der die antikirchlichen Strömungen der Aufklärung zu einem wogenden Strom vereinigte. Dessen auf die katholische Kirche bezogener Schlachtruf lautete *„écraser l'infám“*, *„Zermalmt das Niederträchtige“*.[809] Vor Polemik strotzend attestierte er den antiken Einrichtungen den Verlust des göttlichen Prestiges, insbesondere sei das Christentum der Ursprung allen Übels gewesen und bedingte die Blockade der notwendigen Modernisierung. Denn als Staatsreligion die Oberhand habend, maßregelte es die Gedankenfreiheit, ließ Bücher verbrennen und zensieren und deren Verfasser verbannen oder inhaftieren.[810]

2 Verbreitung kirchenantipathischer Tendenzen innerhalb der französischen Bevölkerung

Nachdem oben dargestellte Ideen und Haltungen zunächst nur in den höheren Kreisen bzw. in einer Art Filterblase des 1. und 2. Standes zirkuliert wurden, gelang es *Rousseau* und *Voltaire* neben einigen weiteren zusammen

[807] *Taine*: Die Entstehung des modernen Frankreich, S. 228.
[808] *König:* Die katholischen Körperschaften, S. 83; *Taine:* Die Entstehung des modernen Frankreich, Band I, S. 228.
[809] *König:* Die katholischen Körperschaften, S. 83.
[810] *Taine:* Die Entstehung des modernen Frankreich, Band I, S. 219.

an der Spitze der sich herausbildenden und unmittelbar bevorstehenden Revolution, das auf jahrtausendealte Geschichte gebaute Bollwerk der Kirche zu brechen und antiklerikales Gedankengut in den Köpfen der breiten Masse zu etablieren.[811] Hierzu bediente man sich unterschiedlicher Methoden, beispielsweise der Lächerlichmachung klerikaler Riten oder Personen, Derbheiten und Benutzung zotiger, dafür aber einfacher Sprache.[812] Von einem reinen Nützlichkeits- und Vernunftgedanken infiziert, wendete sich ein großer Bevölkerungsteil immer weiter von der einst so wertgeschätzten Kirche ab und man adaptierte praktisch alle Argumente, die gegen die Beibehaltung der klerikalen Institutionen in der jetzigen Form sprachen oder auch nur in diese Richtung ausgelegt werden konnten. Vielmehr wuchs das Bedürfnis, sich unter Einschluss aller Güter einem allumfassenden Staatsgefüge hinzugeben, das für alle relevanten Belange des menschlichen Daseins und daneben insbesondere Gleichheit, soziale Einheit und eine gerechte Gesellschaft Sorge trägt.[813] Von untergeordneter Rolle war die manchenorts aufkommende Befürchtung, dass diese Abschaffung der Stände und die Einsetzung einer neuen Regierung mit allumfassender Kompetenz unter Umständen ihrerseits direkt die Absolutheit auf neue und anderen Weise vorantreiben und gar in eine Diktatur durch wenige führen könnte.[814]

Dies betraf, wie angemerkt, zunächst wiederum nur einen großen Teil der Bevölkerung, nicht jedoch die gesamte. Ein gewisser Teil war von dieser Antipathie nicht beseelt: die einfachen, meist auf dem Lande lebenden Bevölkerungsteile und davon in der Regel Arme, Kranke und Greise. Diese stellten eine Gruppe dar, die freilich von den karitativen kirchlichen Institutionen, insbesondere den milden Stiftungen, profitierten. Dieser Bevölkerungsgruppe hinzuzuzählen waren zudem auch Bauern, Handwerker und Kaufmänner, die mit den ländlichen Klöstern und Orden in geschäftlichem Kontakt standen, beispielsweise im Rahmen von Pacht, Aufträgen oder Handelsgeschäften.[815] Obgleich es zum Ende des Ancien Régime auch in diesen Korporationen krankte, so konnte von diesen Teilen der Bevölkerung keinesfalls der Untergang des klerikalen Gefüges gewünscht sein. Zwar wurden den jeweiligen

811 *König:* Die katholischen Körperschaften, S. 84.
812 Ebenda, S. 268.
813 *Taine:* Die Entstehung des modernen Frankreich, Band I, S. 239.
814 Ebenda, S. 238, S. 253.
815 *König:* Die katholischen Körperschaften, S. 78f.

Vertretern in den Generalständen – welche sich später zur Assemblée entwickeln sollten – die sogenannten Beschwerdehefte (*cahiers de doléance*) eingereicht. Diese enthielten regelmäßig aber nur gemäßigte Kritik, zum Beispiel an der Höhe der Zinsen oder an dem Geldabfluss durch Verleihung an verbundene Institutionen im Ausland.[816] Dieser Kritik zum Trotz wurde in manchen Heften sogar eine Steigerung der Autonomie in finanziellen Belangen dem Staat gegenüber sowie die Verhinderung von Eingriffen in die Verwaltung der Institutionen und von deren Unterdrückung durch höhere Instanzen gefordert. Dies allein wäre darüber hinaus niemals geeignet gewesen, eine gänzliche Zerstörung insbesondere der Klöster-, Ordens- und Stiftungslandschaft herbeizuführen. Diesem Teil der Franzosen war durchaus bewusst, was er an ihnen hatte und es war nicht in seinem Sinne, wie die Revolution nun Hand an die katholischen Körperschaften legte.[817]

Dies änderte jedoch letztendlich nichts daran, dass diese Antipathie gegenüber dem den Boden belästigenden und das Volk unterdrückenden und ausnutzenden Klerus in der Folge auch Eingang in die sich dann im Juli des Jahres 1789 konstituierende, verfassungsgebende Konstituante fand. Die Nationalversammlung zögerte mit ihrem Vorgehen nicht, sondern holte sogleich im Folgemonat zum ersten schweren Schlag gegen die Kirche aus, welchem weitere folgen sollten.[818]

IV Die großen Säkularisationsdekrete der Nationalversammlung von 1789 bis 1793 und deren Auswirkungen auf Kirchen- und Ordenswesen

Zunächst war es das Ancien Regimé, welches sich als Eigentümer sämtlicher mobilen und immobilen Güter in Frankreich und als unangefochtener Herrscher gerierte.[819] Zwar ging es der neu gegründeten Nationalversammlung vornehmlich um die Beseitigung dieses – ihrer Ansicht nach – „Schurken-Regimes". Aber rückwirkend betrachtet erinnerte auch deren Handeln an vergangen geglaubte Zeiten des Missbrauchs von Eigentumsrechten

816 *Aubert:* Die katholische Kirche und die Revolution, S. 23.
817 *König:* Die katholischen Körperschaften, S. 80f.
818 Ebenda, S. 84.
819 *Taine:* Die Entstehung des modernen Frankreich, Band II, S. 158

anderer, insbesondere solchen der katholischen Kirche und der ihr zugehörigen Kongregationen – beispielsweise der Stiftungen.

Kurze Zeit nach dem Zusammentreten der Generalstände[820] im Sommer des Jahres 1789 gründete sich am 9. Juli die Konstituante. Einberufen hatte sie *Ludwig XVI.*, der tatsächlich um das Wohl des Volkes besorgt war und in Zeiten einer großen Staatskriese mit Hungersnöten und großer Armut Abhilfe zu schaffen suchte.[821] Diese aus Vertretern aller Stände bestehende Versammlung nahm sogleich ihre revolutionierende Arbeit auf, wobei davon hier solche Maßnahmen im Mittelpunkt stehen sollen, die das Kirchen-, Ordens- und Stiftungswesen unmittelbar tangierten.

Zur verfassungsgebenden Nationalversammlung selbst ist zu konstatieren, dass hier insbesondere die zahlreichen Vertreter des dritten Standes lautstark die Initiative ergriffen und aufgrund des Mangels an einer Hausordnung regelmäßig tumultartige Zustände herrschten. Adel und Klerus hielten sich demgegenüber mit Beiträgen und Gegenreden zurück. *Taine* zeichnete ein Bild, nach welchem Köpfe mangelnder Intelligenz unbestimmte Begriffe aufflammten und der emotionale, weiche und wehleidige Franzose des 18. Jahrhunderts sich über die vielfältigen Missstände innerhalb des Landes vehement beklagte.[822] Mit dem Einverständnis von Adel und Klerus erstritt sich der dritte Stand innerhalb der Assemblée zunächst ein doppeltes Stimmrecht und damit eine weitreichende Möglichkeit der Einflussnahme in die zukünftige französische Politik.[823]

Ebenfalls mit Einverständnis der beiden oberen Stände wurde am 04.08.1789 ein erstes Dekret erlassen, das bereits zu diesem Zeitpunkt den Untergang alles Kirchlichen vorhersehbar machte. Dieses bedeutsame Dekret beinhaltete nicht weniger als die Aufhebung des Feudalsystems.[824] Es überrascht über alle Maßen, wie lethargisch Adel und Klerus sich in dieser causa verhielten und nicht nur ohne Gegenwehr ihr Einvernehmen signalisierten, sondern zum Teil sogar noch aktiv diesem Versammlungsbeschluss zustimmten. Anscheinend war man sich seitens der oberen Gesellschaft der Konsequenzen nicht nur dieser Entscheidung noch nicht vollumfänglich bewusst oder verkannte

---

820 M.w.N. zu den Generalständen *Mathiez:* Die Französische Revolution, Band I, S. 46ff.

821 *Taine:* Die Entstehung des modernen Frankreich, Band I, S. 314.

822 Ebenda, S. 337.

823 *Taine:* Die Entstehung des modernen Frankreich, Band II, S. 8.

824 *Aubert:* Die katholische Kirche und die Revolution, S. 23.

die Tragweite des Aufbegehrens der zuvor Beherrschten. Hierüber hatte man in den Salons ja ausgiebig mit der Erkenntnis philosophiert, dass eine Grunderneuerung des Staatsgefüges in gewissem Maße nicht schädlich sei. *Taine* veranschaulichte die aktuelle Situation des Staatsgefüges mit der Metapher eines Hauses: *„Im ersten Stockwerk des Hauses, in den schönen vergoldeten Gemächern waren die Gedanken bloß Abendbeleuchtungen, Salonfunken, lustige bengalische Feuer, mit denen man spielte, und die man lachend aus den Fenstern warf. Im Halbgeschoß, im Parterre, in den Geschäftslokalen, in den Magazins und in den Kontors angesammelt, haben sie Brennstoffe vorgefunden: seit langer Zeit angehäufte Holzhaufen, die sich nun zu großen Feuern entzünden. Es scheint sogar eine Feuersbrunst entstanden zu sein, denn die Schornsteine rauchen schon wild und eine rothe Helle fällt auf die Fenster. Die oben Wohnenden sagen: ‚Ach nein, die unten Wohnenden werden sich wohl gehütet haben, das Haus in Brand zu stecken, denn sie bewohnen es ja ebenfalls, nicht nur wir. Was wir da schimmern sehen, ist ein Stroh-, höchstens ein Kaminfeuer, das man mit einem Eimer kalten Wassers löschen kann; überdieß reinigen derlei kleine Unfälle die Schornsteine, indem sie den alten Ruß ausbrennen.‘ Mögen sie sich in Acht nehmen, denn in den Kellern des Hauses, unter dessen tiefem Fundament, befindet sich ein riesiges Pulvermagazin.“*[825]

Dieses Dekret jedenfalls stellte sie mit einem Schlag dem niederen Volk vollkommen gleich, beseitigte die Autorität des Monarchen und bedeutete eine generelle Verzichtserklärung auf alle Privilegien. Betreffend den Klerus beispielsweise den Verzicht auf das ihr nach alter Rechtslage zustehende Recht auf Erhebung des Zehntes und damit auf eine große Einnahmequelle.[826]

Bereits drei Monate später – am 02.11.1789 – erließ die Nationalversammlung ein weiteres Dekret, welches unmittelbar die gesamte katholische Kirche Frankreichs faktisch enteignete. Mit diesem Dekret wurde das gesamte Kirchen-, und damit auch Stiftungsgut, im Zuge einer latenten Finanzkrise kurzerhand zu Nationalgut erklärt.[827] Zwar erklärte sich der Staat zu diesem Zeitpunkt wenigstens bereit, für sämtliche Kosten des Kultus aufzukommen und auch für den Unterhalt des Klerus zu sorgen. Nichtsdestoweniger war

---

[825] *Taine:* Die Entstehung des modernen Frankreich, Band I, S. 339.

[826] *König:* Die katholischen Körperschaften, S. 84; *Taine:* Die Entstehung des modernen Frankreich, Band II, S. 31, S. 137.

[827] *Brendel:* Verwaltung der milden Stiftungen, S. 14; *lAubert:* Die katholische Kirche und die Revolution, S. 24; *König:* Die katholischen Körperschaften, S. 143.

den Körperschaften die materielle Grundlage ihrer Existenz genommen und dem Staate in die Hand gegeben worden. Besonders betroffen war in jeder Hinsicht der Ordensklerus, dessen Untergang innerhalb der Nationalversammlung beschlossene Sache zu sein schien. Der Staat griff in alle Belange der Kontemplativgeistlichkeit ein: das Personalwesen, die materiellen Güter und auch in das zugehörige Stiftungswesen, mithin das karitative Wirken.[828]

Was die personelle Auswahl und Aufnahme von neuen Ordensklerikern anbetrifft, so war bereits einige Tage zuvor – am 28.10.1789 – das Ablegen des Klostergelübdes per Dekret untersagt worden und somit die Nachwuchsgewinnung verunmöglicht. Überdies erfolgte eine weitere Anordnung im Februar des Jahres 1790. Diese regelte, dass sich in jeder Gemeinde nur ein Ableger einer jeden Institution befinden dürfe und rekurrierte somit auf die Anordnungen der Reformkommission vorrevolutionärer Jahre.[829] Wenngleich diese Maßnahmen der Konstituante als einzelne die Kongregationen nicht sogleich dem Untergang weihten, so waren diese doch der Startschuss für tiefgreifendere Maßnahmen. Durch die Passivität der Deputierten des Kirchenstandes, zum Teil sogar unter deren Beifall, verloren die Abgeordneten des dritten Standes zusehends die Hemmung im Vorgehen gegen den zum Feind erkorenen Klerus, insbesondere die „Müßiggänger" des Ordenswesens.[830]

Per Dekret vom 13.02.1790 wurden alle Kongregationen und Klöster aufgehoben und enteignet. Ausgenommen waren nur solche, die in der Kranken- und Armenpflege oder im Unterrichtswesen tätig waren.[831] Die Ordensangehörigen wurden zunächst vor die Wahl gestellt, entweder in das bürgerliche Leben zurückzukehren und eine Staatspension zu beziehen, oder sich in einem der durch den Staat zur Verfügung gestellten Häuser bis zu ihrem Tod in Armut zu verdingen.[832] Dies war angesichts der noch folgenden Maßnahmen gegen die Mönche und Nonnen jedoch noch eine sehr

---

828 *König:* Die katholischen Körperschaften, S. 84f.

829 Ebenda, S. 85.

830 *Plongeron:* Das Ringen um eine „Theologie der Säkularisation" in Frankreich 1789 bis 1801, S. 71; *König:* Die katholischen Körperschaften, S. 85.

831 *Mathiez:* Die Französische Revolution, Band I, S. 159; *Aubert:* Die katholische Kirche und die Revolution, S. 25.

832 *König:* Die katholischen Körperschaften, S. 103; *Aubert:* Die katholische Kirche und die Revolution, S. 25.

milde Anordnung, die in den einzelnen Departements zudem nicht so strikt gehandhabt wurde.[833] Innerhalb der männlichen Orden kam es in der Folge vermehrt zu Aus- bzw. Übertritten in das konstitutionelle Kirchenwesen. Demgegenüber lösten sich vergleichsweise nur wenige Nonnen von ihrem Gelübde und verblieben in neuer Zusammensetzung in den ihnen teilweise belassenen Klöstern, die durch die jeweilige Territorialvertretung des Staates sequestriert wurden.[834]

Diese Maßnahmen gingen der Konstituante jedoch keinesfalls weit genug. Sie stellte den Grundsatz auf, dass innerhalb eines Laienstaates, in welchem zwar Glaubensbekenntnis und Kultus frei waren, das Kirchenwesen dem souveränen Staat untergeordnet sein musste. Handelte es sich hierbei doch um eine eigene Gesellschaft mit eigener Verwaltung und Hierarchie. Der Staat wiederum als höchste Korporation konnte keine eigenständige Vereinigung mit derlei Strukturen in seinem Schoß dulden, ohne dass diese in ihm vollständig aufging. Die Konsequenz dieses Ansatzes war ein radikales Staatskirchentum ohne Duldung gleichgeordneter Institutionen. Alle Kleriker mussten staatlich besoldete Beamte sein, die Aufsicht über die sittlichen und gottesdienstlichen Angelegenheiten eines Departements führten.[835] Zur Umsetzung dessen wurde am 12.07.1790 – ohne jegliche Beteiligung der päpstlichen Kurie in Rom – die sogenannte Zivilkonstitution des Klerus verabschiedet und mit Dekreten vom 27. November und 26. Dezember gleichen Jahres in Gesetze gegossen. Neben einer Neueinteilung der Diözesen verpflichtete diese Konstitution alle Kleriker und mit diesen in Verbindung stehende Personen – d.h. Erzbischöfe, Bischöfe, Pfarrer, Vikare, Prediger, Seminarvorstände und -direktoren, Professoren der geistlichen Kollegien usw. – dazu, einen aktiv und sogar schriftlich in Gegenwart von Gemeindebeamten abzulegenden Schwur auf die Französische Verfassung zu leisten.[836] Wer dem nicht nachkam, war ein Eidesverweigerer und Widerspenstiger, ein sogenannter *réfractaire*, und damit per se suspekt.[837] Die Nichtleistung des

---

[833] *Aubert:* Die katholische Kirche und die Revolution, S. 25.
[834] Ebenda.
[835] *Taine:* Die Entstehung des modernen Frankreich, Band II, S. 210.
[836] *Mathiez:* Die Französische Revolution, Band I, S. 168f.; *Aubert:* Die katholische Kirche und die Revolution, S. 27, S. 30; *Taine:* Die Entstehung des modernen Frankreich, Band II, S. 212.
[837] *Aubert:* Die katholische Kirche und die Revolution, S. 30.

Eides hatte für den Einzelnen weitreichende Folgen. Man ging grundsätzlich seiner Stelle verlustig, man konnte als Ruhestörer und Rebell verfolgt werden, der sich gegen das Gesetz auflehnt, und man lief sogar Gefahr, seine aktiven Bürgerrechte zu verlieren.[838] Was die Nationalversammlung jedoch völlig verkannte, war der ausgesprochene Corps-Geist (*esprit de corps*) und die Solidarität der katholischen Kleriker. Abhängig vom Gebiet leisteten viel weniger Kleriker den Eid als von der Konstituante prognostiziert. In vielen Gebieten waren es gerade einmal 30–40%, im Elsass sogar nur 10–20%. Von den 138 hochrangigen (Erz-)Bischöfen leisteten ihn nur vier, *Talleyrand*, *Jarente*, *Brienne*, und *Lamourette* allesamt als ungläubige Lebemänner bekannt. Selbst an der Speerspitze der Revolution, in Paris, verweigerte Rund die Hälfte den Schwur. Dies ist angesichts dessen, dass in der Folge sogar noch eine nicht geringe Zahl an Klerikern den Eid widerrief, umso erstaunlicher.[839] Von insgesamt etwa 70.000 Priestern in Frankreich wurden ca. 46.000 ihrer Stellen entsetzt, was die Ausstattung der neuen Pfarreien des Staatskirchensystems mit Personal freilich ungemein erschwerte.[840] Die Gemeindedirektionen waren nun gezwungen, zur Besetzung der über 40.000 Pfarrstellen auch auf diejenigen zurückzugreifen, welche dem Glauben nicht so sehr zugeneigt waren. Diese Praxis führte wiederum zu einem Folgeproblem: Einige wehrhafte Geistliche, welche sich des Wohlwollens insbesondere der Landbevölkerung sicher waren, verblieben entgegen den neuen Gesetzen auf ihren Posten und leisteten unter Einsatz ihres Lebens weiterhin Gottesdienst und Seelsorge. Dies führte natürlich zu einem Konflikt bzw. Machtkampf innerhalb des Sprengels und damit zu einem weiteren inneren Zerwürfnis in Form eines Schismas mit den neu eingesetzten Kirchenbeamten, deren Dienste in weiten Teilen des Volkes Ablehnung erfuhren.[841]

Mit der Gesetzgebenden Versammlung, der *Assemblée législative*, welche am 01.10.1791 die Konstituante ablöste, zog abermals ein politisch wie religiös

---

[838] *Taine:* Die Entstehung des modernen Frankreich, Band II, S. 213.

[839] *Aubert:* Die katholische Kirche und die Revolution, S. 30f.; *Taine:* Die Entstehung des modernen Frankreich, Band II, S. 214.

[840] *Taine:* Die Entstehung des modernen Frankreich, Band II, S. 214; *Mathiez:* Die Französische Revolution, Band I, S. 166.

[841] *Mathiez:* Die Französische Revolution, Band I, S. 165, S. 167; *Taine:* Die Entstehung des modernen Frankreich, Band II, S. 215; *Aubert:* Die katholische Kirche und die Revolution, S. 34.

schärferer, links geprägter Sturm auf. Man gelangte angesichts der immer stärker wogenden religiösen Unruhen in zahlreichen Provinzen zu der Ansicht, die *réfractaires* seien der Auslöser all dessen und gefährdeten die nationale Einheit. Die bisweilen irreligiösen Girondisten vollzogen eine Kehrtwende und lösten sich sogleich von dem zuvor durch die Konstituante erwogenen Vorhaben, den Eidesverweigerern Amnestie zu gewähren. Von nun an galten alle *réfractaires*, die nicht innerhalb von acht Tagen den Eid leisteten, *„als der Revolte gegen das Gesetz und böser Absicht gegen das Vaterland suspekt"* und wurden, neben der Aberkennung jeder Pension und Verlust des Wohnsitzes, als schlechte Bürger und Agenten der Konterrevolution proklamiert. Mit dem Dekret vom 29.11.1791 setzte – trotz Veto seitens *Ludwig XVI.* – die radikale Verfolgung und Internierung der Kleriker ein, die Tausende von Geistlichen in die Emigration trieb.[842]

Was die Kapitalien der klerikalen Institutionen anbetrifft, so wurde schon durch die Konstituante in ähnlich radikaler Weise verfahren. Bezüglich der Güter der „unnützen" kontemplativen Orden erfolgte die Liquidierung zudem in zeitlich sehr rascher Abfolge. Bereits das Dekret vom 02.11.1789 hatte ja den sämtlichen Kirchenbesitz zu Nationaleigentum erklärt und dessen Verwaltung mit Wirkung zum 01.01.1790 den weltlichen Departement- und Distriktverwaltungen übertragen.[843] Sogleich im März und im April wurden die Klöster selbst und alle darin befindlichen beweglichen Gegenstände – darunter freilich unzählige Stiftungsgüter mit besonderer Zweckbindung – inventarisiert, beschlagnahmt und, sofern der Abtransport nicht unmittelbar erfolgen konnte, versiegelt. Hierunter fielen insbesondere auch der Inhalt der reichen Bibliotheken und Archive (die Archive insbesondere zur Erlangung der die Kirche berechtigenden Titel und Verträge), Kirchengeräte sowie Kunstgegenstände.[844] Mobilien, welche von Wert waren, also vor allem metallene Sakristeigeräte, Münzen und gar Kirchglocken, wurden per Dekret vom 03.03.1790 nach Paris beordert, dort versteigert oder eingeschmolzen und zu Münzen geprägt, welche dann freilich ebenso zum Wohle des Staates

---

[842] *Aubert:* Die katholische Kirche und die Revolution, S. 35.
[843] *König:* Die katholischen Körperschaften, S. 143.
[844] *Liermann:* Geschichte des Stiftungsrechts, S. 196; *König:* Die katholischen Körperschaften, S. 99f.; eine beispielhafte Aufzählung von eingezogenen Gütern bei *Taine:* Die Entstehung des modernen Frankreich, Band II, S. 204.

verwendet wurden.[845] Daneben kam es, da insbesondere das Bauernvolk von der aufgebrachten Stimmung der Revolution infiziert und die Revolution weit davon entfernt war, in einigermaßen geregelten Bahnen zu verlaufen, immer wieder zu eigenständigen Übergriffen und Plünderungen durch den Dritten Stand. Bei derlei Übergriffen wurden beispielsweise die den Orden als Gutsherren und Gläubiger ausweisenden Urkunden gesucht, sich persönlich bereichert, aus der Not heraus Nahrung gestohlen oder einfach nur aus blinder Wut auf die Feudalherren zerstört.[846]

Was die Verwendung und Verwertung der Liegenschaften anbetrifft, so verhielt es sich in weiten Teilen kongruent zum Vorgehen in den Habsburgischen Erblanden unter *Maria Theresia* und *Joseph II.* Die Mehrzahl der verpachteten Ländereien wurden verkauft oder versteigert. Laufende Pachtverträge stellten hierfür keinen Hinderungsgrund dar, sollten jedoch vom neuen Eigentümer beachtet werden. Die Nationalversammlung achtete immerhin peinlich genau darauf, dass eine Kumulierung von Nationalgütern in den Händen weniger Käufer vermieden wurde und so auch der „kleine Mann" eine reelle Chance hatte, Eigentum zu erwerben.[847]

Die kirchlichen und klösterlichen Gebäude aller Art erlitten unterschiedliche Schicksale. Am schlechtesten war es um solche Gebäude bestellt, die nach der Entsetzung der Mönche und Nonnen leer standen und keine weitere Verwendung fanden bzw. nicht losgeschlagen werden konnten. Diese waren ohne große Instandhaltungsbemühungen Wind und Wetter, und damit dem Verfall, preisgegeben. Kirchengebäude wurden oftmals zu Pfarrkirchen und somit in das konstitutionelle Kirchensystem eingebunden. Nur einige wenige dieser Immobilien verblieben durch die Begründung von Mietverhältnissen den katholischen Gemeinden, meistens um einen Funken der Kultusausübung aufrecht zu erhalten.[848] Die großen und prunkvollen Kloster- und Stiftsanlagen konnten in der Regel nicht an einen einzigen Käufer veräußert

845 *König:* Die katholischen Körperschaften, S. 157; *Liermann:* Geschichte des Stiftungsrechts, S. 196; *Taine:* Die Entstehung des modernen Frankreich, Band II, S. 204.

846 *Taine:* Die Entstehung des modernen Frankreich, Band II, 87, S. 89; *König:* Die katholischen Körperschaften, S. 97.

847 *König:* Die katholischen Körperschaften, S. 151.

848 Ebenda, S. 153f.

werden. Sie wurden deshalb zerschlagen und kleinteilig versteigert oder vermietet.[849]

Wie es in Österreich ebenso der Fall war, wurden einige Gebäude, für welche kein Käufer gefunden werden konnte, in den Behördengebrauch überführt. Besonders viele dieser Gebäude okkupierte das Militär.[850] Insgesamt zog der Staat unbewegliche Güter im Wert von vier Milliarden Livres ein.[851]

Den endgültigen Todesstoß versetzte die Gesetzgebende Versammlung den Kongregationen dann im August des Jahres 1792, etwa drei Monate nachdem der Krieg zwischen Österreich und Preußen ausgebrochen war und der Papst den emigrierten französischen Abt *Maury* als Legaten zum Deutschen Kaiser beordert hatte. Es erging ein Dekret zur Aufhebung ausnahmslos aller Ordensgesellschaften, sodass dieses Mal auch jene der Karitas und des Unterrichtswesens erfasst waren. Zudem wurden alle Eidesverweigerer spätestens jetzt nicht mehr nur als Helfershelfer der Reaktion, sondern vielmehr als sogenannte *„fünfte Kolonne"* betrachtet.[852] Im Zuge des Sturzes des Königs und der teilweise als zweite Revolution bezeichneten Machtübernahme durch die Sansculotten am 10.08.1792 wurden antiklerikale Prozesse in radikaler Weise beschleunigt.[853] Sämtliche Klöster, die Arme und Kranke pflegten oder Lehrtätigkeiten ausübten – mithin zuvor als nützlich galten – sowie die wenigen anderen verbliebenen Ordensgemeinschaften, wurden ebenfalls aufgehoben. Deren Güter wurden verschleudert, das Tragen klerikaler Kleidung untersagt und in Paris wurde ein generelles Prozessionsverbot ausgesprochen.[854] Zudem verpflichtete man alle Kleriker, nachdem infolge der Absetzung des Monarchen alle vorherigen Eide gegenstandslos geworden waren, einen neuen Eid, den Freiheit-Gleicheits-Eid, zu schwören. Am 26. August erging die Generalorder zur Deportation aller Pfarrer, die Rom die Treue hielten; eine Woche später begannen die sogenannten Septembermorde

849 *Taine:* Die Entstehung des modernen Frankreich, Band II, S. 204; *König:* Die katholischen Körperschaften, S. 155.

850 *Brendel:* Verwaltung der milden Stiftungen, S. 17; *König:* Die katholischen Körperschaften, S. 154.

851 *Taine:* Die Entstehung des modernen Frankreich, Band II, S. 203.

852 *Aubert:* Die katholische Kirche und die Revolution, S. 25, S. 35.

853 *Plongeron:* Das Ringen um eine „Theologie der Säkularisation" in Frankreich 1789 bis 1801, S. 78.

854 *Brendel:* Verwaltung der milden Stiftungen, S. 14.

(Septembermassaker).[855] Diesem Massaker fielen über 300 in Paris internierte Geistliche zum Opfer; über 30.000 Kleriker verließen daraufhin das Land.

Knapp ein Jahr später, am 23.07.1793, ergingen weitere Dekrete größter Härte, die für Eidesverweigerer die Todesstrafe oder die Deportation nach Französisch Guayana vorsahen. Erwartungsgemäß verblieben anschließend nur sehr wenige Geistliche in Frankreich. Diese hielten sich versteckt, um im Geheimen unter Einsatz ihres Lebens den Gläubigen die Sakramente zu spenden.[856]

Im Zuge einer erneuten großen Welle der Dechristianisierung in den Jahren 1793/94 innerhalb der Terrorherrschaft unter *Robespierre*[857] wurde dann letztendlich sogar die konstitutionelle Kirche als Volksfeind gebrandmarkt, führte diese in die endgültige Zerrüttung und verbannte auch sie in den Untergrund.[858]

V Konsequenzen der Säkularisationsdekrete für stifterische Tätigkeiten

Mit gleicher Wucht wie die Kirche und insbesondere die Orden traf der Hammerschlag der Revolution auch das in Frankreich unter der Schirmherrschaft der Kirche gut gedeihende Stiftungswesen.[859] Betreffend das reine Vermögen der Stiftungen scheint es hier nicht notwendig, dessen Säkularisation und damit beinahe totale Vernichtung im Einzelnen noch einmal darzustellen. Als dem Kirchenvermögen zugehörig, erlitt es durch die Nationalisierung aller Kirchengüter und die Aufhebung sämtlicher Kongregationen das gleiche Schicksal wie das seiner Trägerkorporation. Demgegenüber soll jedoch untersucht werden, wie es sich mit den Konsequenzen für die einzelnen Tätigkeitsbereiche der Stiftungen sowie mit der Verwirklichung des durch den Stifter gewählten Stiftungszwecks verhielt und inwiefern eine freie Stiftertätigkeit innerhalb der Revolution unter dem Dach der schwer gebeutelten Kirche überhaupt möglich war. Zudem soll beleuchtet werden, wie sich karitative Unternehmungen vor der Nationalisierung der

---

[855] M.w.N. *Caron:* Les massacres de septembre.
[856] *Aubert:* Die katholische Kirche und die Revolution, S. 35f.
[857] M.w.N. *Mathiez:* Die Französische Revolution, Band II, S. 457ff.
[858] *Aubert:* Die katholische Kirche und die Revolution, S. 36.
[859] *Brendel:* Verwaltung der milden Stiftungen, S. 14.

Stiftungsgüter durch mildtätige Institutionen und danach durch die Hand des Staates gestalteten. Es ist zu fragen, ob und in welchem Maße sich durch die Revolution der durch das Stiftungswesen geprägte Wohltätigkeitssektor zum Nachteil der französischen Bevölkerung verschlechterte.

Wie bei den anderen europäischen Großmächten, hing man auch in Frankreich der Theorie vom Obereigentum des Staates sowie eine übergeordneten Macht- und Direktivstellung dessen an. Der Grundsatz des *dominum eminens*, der hier von der Konstituante als eisernes Prinzip verfolgt wurde, ließ sich auf die kirchlichen Institutionen wie auch auf die kirchlichen Stiftungen übertragen: Ein Institut, welches das Gelübde des Gehorsams fordert, widerspricht den Menschenrechten und eine Gesellschaft mit eigenen Strukturen neben dem Staat kann nach dem *contrat social* nicht geduldet werden. Für die Stiftungen lässt sich dies noch um einen Umstand erweitern. Die Nationalversammlung vertrat den Standpunkt, dass jemand, der eine Stiftung begründete, dies in dem sicheren Wissen tat, dass diese den Orden respektive der Kirche angehörte. Die kirchliche Institution war wiederum Teil des Staates. Ergo habe der Stifter die Stiftung der Nation zugewandt, weshalb diese, repräsentiert durch die Konstituante, die einzig Verfügungsberechtigte sein musste. Hinzu kam eine äußerst sophistische Argumentation. Nachdem die Korporationen nun einmal aufgehoben waren, existieren sie nicht mehr; und wer nicht existiert, der kann auch kein Besitzer sein.[860] Dass dies aus den Handlungen des weltlichen Souveräns unmittelbar resultierte, war nicht von Belang.

Die Säkularisation der Stiftungen widersprach freilich auch hier wieder einmal allen Grundsätzen des Stiftungswesens. Ihr inneres Wesen, den von einem in der Regel privaten Stifter testamentarisch gewählten Zweck – sei es zur Förderung der Religion, der Erziehung oder der Wohltätigkeit – über den Tod hinaus (tote Hand) zu wahren und das Legat, abgesehen von zeitgemäßen Umgestaltungen im Falle überholter Zwecke, auf Dauer zu achten, war den Revolutionären völlig fremd und blieb unberücksichtigt.[861]

Festgehalten werden kann an dieser Stelle jedenfalls, dass, wann immer der Staat entgegen den Grundsätzen stiftungsartiger Tätigkeit Vermögen kirchlicher Stiftungen zum eigenen Vorteil einzog, große Werte und

---

[860] *Taine:* Die Entstehung des modernen Frankreich, Band II, S. 200f.
[861] Ebenda, S. 197

unwiederbringliche Kulturschätze vernichtet wurden, ohne dass die Füllung der Staatskasse im erstrebten Umfang oder wenigstens ansatzweise zum Gegenwert der eingezogenen Güter erfolgte.[862]

Von den monetären Liquidierungsfolgen einmal abgesehen, war auch der von der Nationalversammlung durch die Aufhebung der kirchlichen Stiftungen angerichtete immaterielle Schaden für die Bevölkerung kaum zu bemessen. Dies wird deutlich, wenn man den Blick einmal auf die vielfältigen, ausgedehnten Wirkungskreise der Monasterien im Armen-, Kranken- und Unterrichtswesen richtet. Zu dieser Zeit bestanden beispielsweise hunderte von Nonnenklöstern, welche mangels Mädchenschulen die Erziehung junger Mädchen und Frauen versahen. 14.000 barmherzige Schwestern in 429 Klöstern leisteten die Krankenpflege in den Spitälern, versorgten die Schwachen, erzogen Waisen und Findelkinder. All dies wurde regelmäßig finanziert durch private Stiftungen.[863] Der gesamte Bereich der Seelsorge, des Unterrichts und weitere Tätigkeiten der Karitas wie beispielsweise die Verteilung von Almosen, die Beherbergung Reisender, die Leistung des Pfarrdienstes, die Armenpflege oder die Zahlung von Hinterbliebenenpensionen wurde durch die Ordensgeistlichkeit gewährleistet und ebenfalls durch Stiftungen, beispielsweise Meß- und Schulstipendien und dergleichen, finanziert.[864]

All dieses Tun hatte der Staat schon zum Zeitpunkt der Enteignung des Kirchengutes im November des Jahres 1789 – und damit vor der Aufhebung der Orden – zu übernehmen angekündigt. Im Gegenzug hatte er sich zur Pensionszahlung der nachfolgend entsetzten Geistlichen verpflichtet, wozu es allerdings nie kam.[865] Nichts legte die Konstituante für Gottesdienst, Krankenpflege, Armenhäuser, Spitäler und Schulen zurück. Hinterbliebenenpensionen, Almosen und die spärlichen Pensionen an Pfarrer, Mönche und Nonnen konnten bereits ab dem Jahr 1790 aufgrund des drohenden Bankrotts trotz Einnahmen in Höhe von mehreren Milliarden Livres nicht mehr gezahlt werden oder wurden es von Anfang an nicht.[866] Das gesamte

---

862 So auch *Liermann:* Geschichte des Stiftungsrechts, S. 196.

863 *Taine:* Die Entstehung des modernen Frankreich, Band II, S. 196; *König:* Die katholischen Körperschaften, S. 154.

864 *König:* Die katholischen Körperschaften, S. 181f.

865 *Liermann:* Geschichte des Stiftungsrechts, S. 195.

866 *König:* Die katholischen Körperschaften, S. 181f.; *Taine:* Die Entstehung des modernen Frankreich, Band II, S. 204f.

Wohltätigkeits- und Erziehungswesen kam unmittelbar zum Erliegen; zu keiner Zeit war seitens der Nationalversammlung eine vorausschauende Planung erkennbar, durch die der Fortbestand dieser Sektoren hätte gesichert werden können.[867] Nur vereinzelt konnten Ordensgemeinschaften für gewisse Zeit ihren Fortbestand durch den Verkauf der Vorräte oder durch Geschenke einzelner Bürger sichern und in ihrer Tätigkeit fortwirken. So beispielsweise die Ursulinerinnen von Ornans, welche die einzige Bildungsanstalt der Stadt unterhielten, da deren Erhalt einigen Bürgern am Herzen lag.[868] In Außerachtlassung dieser äußerst raren Fälle kann damit geschlossen werden, dass die Nationalversammlung innerhalb von drei Jahren das über Jahrhunderte gewachsene, florierende Stiftungswesen und damit die für das private Leben der Bevölkerung so bedeutsame geistliche Fürsorge und Mildtätigkeit völlig ausgelöscht hatte.[869]

VI Das Kirchen- und Stiftungswesen und diesbezügliche Restitutionsbemühungen bis zum Religionsfrieden 1801 – insbesondere das Wirken von Napoleon Bonaparte

Die großen Wirren der Revolution und eine nochmals gesteigerte Religions- und Stiftungsfeindlichkeit sollten erstmalig mit dem Sturz der Jakobiner und der Errichtung des sogenannten Direktoriums[870] im Jahre 1795 etwas gemildert werden. Die Hinrichtung *Robespierres* am 27.07.1794 bedeutete das Ende der Schreckensherrschaft (la *terreur*) und schuf immerhin erstmalig seit dem Jahre 1789 wieder ein minimales Maß an Religionsfreiheit.[871] Dies änderte wiederum nichts daran, dass das katholische Kirchenwesen und das Stiftungswesen nach der Enteignung am Boden lagen; auch kam es unter der Herrschaft des Direktoriums im Zuge einer abermals antiklerikalen Politik noch vereinzelt zu Verfolgungen der Katholiken, so

---

867 *Taine:* Die Entstehung des modernen Frankreich, Band II, S. 204f.

868 *Brendel:* Verwaltung der milden Stiftungen, S. 14f.; *Taine:* Die Entstehung des modernen Frankreich, Band II, S. 205.

869 *Aubert:* Die katholische Kirche und die Revolution, S. 25; *Liermann:* Geschichte des Stiftungsrechts, S. 196.

870 M.w.N. zur Entstehung des Direktoriums und dessen Regierungstätigkeit vgl. *Mathiez:* Die Französische Revolution, Band III, S. 25ff.

871 *Liermann:* Geschichte des Stiftungsrechts, S. 196.

beispielsweise im Jahre 1797, als die royalistische Opposition auf dem Land spürbar erstarkte und dies dem Wirken katholischer Kleriker zugerechnet wurde.[872]

Ganz kleinteilig jedoch, überregional kaum vernehmbar, begann schon zu Zeiten des Direktoriums eine innere Reorganisation des Kirchen- und Ordenswesens. Diese war trotz der vorherrschenden Zustände bis 1799 auf dem Gebiet des Unterrichtswesens und der Krankenpflege einigermaßen von Erfolg gekrönt. Es gelang in Teilen sogar die Wiederaufnahme eines Klosterlebens vorzubereiten, über welches vor wenigen Jahren noch das Todesurteil gefällt zu sein schien.[873]

Die Reorganisationsmaßnahmen erfolgten aus unterschiedlichen Richtungen: In verschiedenen französischen Gebieten begannen einige ehemalige Nonnen, sich erneut zu gruppieren und Privatunterricht zu geben. Hierfür machten sie sich einen Artikel der im Jahre 1791 geschaffenen und vom Direktorium im Wesentlichen übernommenen Verfassung zunutze, der dies ausdrücklich privaten Vereinigungen gestattete.[874] Zudem wurden sich vielerorts auf dem Lande Pfarrer der Tatsache bewusst, dass der Staat auch weiterhin nicht den Eindruck erweckte, sich des Krankenwesens und der Erteilung von Religionsunterricht annehmen zu wollen, sodass diese Betätigungsfelder folglich brachlagen. Sodann begannen diese, junge Mädchen und Frauen dazu anzuhalten, sich ebenfalls zu gruppieren und die Krankenpflege und den Unterricht zu übernehmen. Hiermit wurde der Grundstein gelegt für typische Kongregationen des 19. Jahrhunderts, insbesondere für solche des später florierenden Hospitalwesens.[875] Der niedere männliche Klerus ergriff jedoch auch eigene Maßnahmen, so beispielsweise im Jahre 1799 in Marseille, wo man ein Jugendheim gründete und sich verwahrlosten Waisen und Findelkindern annahm; ebenfalls eine Institution, welche im 19. Jahrhundert eine große Zukunft hatte.[876]

Für das Kirchen-, Kloster- und Stiftungswesen ebenso bedeutsam war das Wirken *Napoleon Bonapartes*, insbesondere der zwischen ihm und Papst

---

[872] *Aubert:* Die katholische Kirche und die Revolution, S. 42.

[873] Ebenda, S. 43.

[874] Ebenda, S. 43.

[875] *Brendel:* Verwaltung der milden Stiftungen, S. 15; *Aubert:* Die katholische Kirche und die Revolution, S. 44.

[876] *Aubert:* Die katholische Kirche und die Revolution, S. 83.

Pius VII. respektive zwischen Frankreich und der katholischen Kirche im Jahre 1801 geschlossene Religionsfrieden.[877] In den auf dem Europäischen Kontinent wütenden Koalitionskriegen zwischen den Großmächten tat sich *Napoleon* bereits als General mit großen militärischen Erfolgen und der Verteidigung der Revolution gegen die konservativen Mächte Preußen und Österreich hervor. Am 09.11.1799 (18. Brumaire) schaltete er durch einen Staatsstreich das Direktorium aus, proklamierte sich als 1. Konsul und ergriff die Macht in und über Frankreich.[878] Unmittelbar danach sorgte er auf religiöser Ebene für Entspannung: die Jagd auf die Unvereidigten wurde eingestellt, viele Kirchen konnten wieder geöffnet werden und auf eine Fortsetzung der Politik systematischer Dechristianisierung wurde verzichtet. Dies lag nicht darin begründet, dass der Konsul im Verhältnis zu den Revolutionären äußerst gläubig war. *Napoleon* erkannte vielmehr, dass vor allem die Landbevölkerung katholisch bleiben wollte und dass in einem katholischen Land der Einfluss der Priester eine Macht darstellt, die man sich besser zunutze macht als bekämpft. Zudem erkannte er das Prestige, dass eine Einigung mit der päpstlichen Kurie ihm bei den Italienern, im katholischen Spanien und bei den damaligen Großmächten des Ancien Régime einbringen würde.[879] Nach einigen militärischen Siegen auf italienischem Gebiet und aus einer Position der Stärke heraus, nutzte er die günstige Gelegenheit zum Einstieg in insgesamt mühselige und langwierige Verhandlungen mit *Pius VII.* Es blieb somit *Napoleon* vorbehalten, mit der römisch-katholischen Kirche am 15.07.1801 um Mitternacht Frieden zu schließen.[880] Der relativ kurze Text dieses Konkordates, welches die Anerkennung der Republik als rechtmäßige Regierung Frankreichs durch den Papst sowie des Katholizismus als die Religion der großen Mehrheit der Bürger Frankreichs zum Inhalt hatte,[881] entfaltete mit den sogenannten Organischen Artikeln im Wesentlichen folgende Wirkungen für das Kirchen-, Kloster- und Stiftungswesen: In Artikel

---

877 *Raab:* Der Untergang der Reichskirche, S. 547f.; *Liermann:* Geschichte des Stiftungsrechts, S. 196.

878 *Aubert:* Die katholische Kirche und die Revolution, S. 67.

879 Ebenda, S. 68.

880 *Liermann:* Geschichte des Stiftungsrechts, S. 196; *Aubert:* Die katholische Kirche und die Revolution, S. 69.

881 *Plongeron:* Das Ringen um eine „Theologie der Säkularisation“ in Frankreich 1789 bis 1801, S. 82.

1 wurde der katholische Glaube immerhin für öffentlich und frei erklärt, allerdings nur, soweit er sich nach dem Polizeiverordnungen richtete, deren Erlass die Regierung zur Aufrechterhaltung der öffentlichen Ordnung für notwendig erachtete.[882]

Überragende Wichtigkeit kam Artikel 13 zu, welcher den Verzicht *Pius VII.* auf sämtliche nationalisierten Kirchengüter erklärte. Hiergegen hatte sich der Heilige Stuhl vergeblich zu wehren versucht und sodann wenigstens die Restitution der noch unveräußerten Güter gefordert, jedoch blieb auch dieses Bemühen gegenüber dem entschlossenen *Bonaparte* ohne Erfolg. Das gesamte der Säkularisation zum Opfer gefallene Vermögen blieb unwiederbringlich verloren.[883] Im Gegenzug hierfür gewährte Artikel 15 eine Erklärung der Regierung, dass das katholische Stiftungswesen in Zukunft gestattet und in seiner Ausübung frei sei, jedoch wiederum mit einer Einschränkung in Artikel 73, wonach Stiftungen zum Unterhalt der Kleriker oder für den Kultus nur in Form von Staatspapieren gemacht werden konnten.[884] Keinerlei Regelung enthielt das Konkordat zu den kirchlichen Orden, welche dem 1. Konsul ohnehin nur wenig am Herzen lagen; gegenüber den männlichen Kongregationen konnte seitens Bonaparte sogar eine gewisse Feindlichkeit ausgemacht werden.[885]

Trotz dessen kam es in der Folge zu einer steten Restauration des Ordenswesens. Betreffend die weiblichen Orden in den Bereichen des Unterrichts und der Krankenpflege, hier insbesondere in Form von Hospitälern, wurden diese nicht nur von der Regierung nicht belästigt, sondern deren Gründung und Erhalt vielmehr begrüßt.[886] Dies mag darin begründet gewesen sein, dass dies in Zeiten großer Kriege zur Versehrtenversorgung äußerst nützlich war. Jedenfalls brachte *Napoleon* seine Wertschätzung der Hospitäler dadurch zum Ausdruck, dass er ihnen eine gewisse Eigenständigkeit zubilligte, ihnen als

---

882 *Aubert:* Die katholische Kirche und die Revolution, S. 69, S. 73

883 *Liermann:* Geschichte des Stiftungsrechts, S. 196; *Aubert:* Die katholische Kirche und die Revolution, S. 70.

884 Ebenda.

885 *Aubert:* Die katholische Kirche und die Revolution, S. 70, S. 80

886 Ebenda, S. 80.

Einzigen die nationalisierten Güter zurückgegeben wurden und *Napoleons* Mutter das Protektorat über das Hospitalwesen persönlich übernahm.[887]

Obwohl nun *Napoleon* mit Ausnahme der Hospitäler keine kirchliche Institution restituierte, diese folglich monetär nach der Säkularisation durch die Konstituante nunmehr sich selbst und dem Stiftungswillen von Privatpersonen überlassen blieben, wurde der Konsul nach seiner Krönung zum Kaiser 1804 als „*Wiederhersteller der Altäre*" und großer Heilsbringer der katholischen Kirche Frankreichs gefeiert.[888]

VII Fazit

In Frankreich erfolgte die Beraubung der katholischen Kirche und der Stiftungen im Sturme der Revolution, welche weder Recht noch Gesetz kannte. Säkular- und Regularklerus hatten den Fehdehandschuh, den der Staat ihnen hinwarf, in Teilen widerwillig, ansonsten gar nicht aufgenommen, bis es letztendlich zu spät war und alle klerikalen Organisationen vom Staat einfach verschlungen wurden.

Für die Ordensmitglieder war kein Platz mehr in Frankreich. Sie wurden in alle Welt verstreut, die meisten hatten ihre Heimat freiwillig verlassen; der Rest wurde oftmals friedlos durch die Revolutionsheere in die Fremde gescheucht, ihre Güter fielen an den Staat. Die Kirchen, Klöster und Stiftungen der Korporationen hatte man ihrer prunkvollen Geräte beraubt, der Kultus wurde unterdrückt. Der Staat entzog sich wiederum allen Verpflichtungen, welche er zu übernehmen zugesagt hatte: Er prellte noch den letzten Körperschaftsangehörigen um seine Pension und für soziale und karitative Pflichten hatte er keinerlei Verständnis. Das gesamte kirchliche Stiftungswesen hörte im Wesentlichen auf zu existieren. Die unzähligen kleinen und großen Stiftungen, die infolge der Freigiebigkeit privater Stifter zuvor der Bevölkerung im Rahmen der Mildtätigkeit sehr gedient hatten, wurden mit den sie tragenden Kircheninstitutionen ersatzlos vernichtet. Eine private Stiftertätigkeit hatte in diesen verworrenen Zeiten keinen Platz mehr und versiegte.

---

[887] *Liermann:* Geschichte des Stiftungsrechts, S. 197; *Aubert:* Die katholische Kirche und die Revolution, S. 80.

[888] *Aubert:* Die katholische Kirche und die Revolution, S. 86.

Die Revolution hat die katholischen Körperschaften insgesamt zerstört, ohne etwas Neues und Besseres, oder aber auch nur ansatzweise Gleichwertiges an deren Stelle zu setzen. Dabei benahm sich der Staat wie ein Kind, welches mit einem Schlag ein viel zu großes Erbe angetreten war, hiermit nicht hauszuhalten wusste und bereits mit Ablauf eines Jahres nach einer Veräußerungsorgie gigantischen Ausmaßes nichts mehr übrigbehielt.

Insbesondere in Bezug auf die Kongregationen war der sie treffende Revolutionssturm an Übertreibung und Sinnlosigkeit schwerlich zu übertreffen. Vielmehr hätte an dieser Stelle genügt, es bei den maßvollen Reformen der Orden ab der Mitte des 18. Jahrhunderts zu belassen. Diese wären, wie sich dies bereits in den Jahren 1789–1790 andeutete, auf eine gesunde Größe zurückgeschrumpft. Der Missbrauch hätte mit angemessener Gesetzgebung ausgemerzt werden und sie hätten weiterhin ein absoluter Nutzbringer nicht nur für die Gesellschaft, sondern auch für das Staatswohl insgesamt bleiben können. Auch die Stiftungen hätten in großem Maße weiter den ihnen durch den Stifter gegebenen Zweck verfolgen können und wären nicht in diesem Umfang zweckentfremdet und zerstört worden. Wohl kaum hätten sonst große Teile der großen Landbevölkerung die Nationalversammlung ausdrücklich um deren Erhalt gebeten.

So resultierte aus der französischen Revolution jedoch die beinahe gänzliche Vernichtung der katholischen Körperschaften, sogar in noch weiterem Umfang, als dies noch zuvor in Österreich der Fall gewesen war.[889] Damit lag auch das vielfältige französische Stiftungswesen völlig am Boden.

D Der Reichsdeputationshauptschluss – Das Säkularisationsedikt und seine Folgen für das Stiftungswesen

„Im Reichsdeputationshauptschluss 1803 wurde mit beispielloser Verletzung alles positiven Rechts und aller geschichtlichen Kontinuität der geistliche Fürstenstand vernichtet und der Gier der weltlichen Fürsten überantwortet." (*Srbik*);[890] *„Wenige unter den großen Staatsumwälzungen der neueren Staatsgeschichte erschienen so*

---

[889] *König:* Die katholischen Körperschaften, S. 185f.; *Taine:* Die Entstehung des modernen Frankreich, Band II, S. 192, S. 194, S. 203f.

[890] *Srbik:* Die Schicksalsstunde des alten Reiches, S. 14.

häßlich, so gemein, so niedrig wie die Fürstenrevolution von 1803.“ (*Treitschke*);[891] *„Die Säkularisation ist jedoch mehr als nur eine Enteignung der geistlichen Fürsten. Die Unterstellung katholischer Untertanen unter protestantische Fürsten, die Aufhebung der Klöster und Universitäten bedeutete insgesamt eine Zerstörung katholischer Einrichtungen, wie sie bis dahin in der Geschichte einmalig war.“* (*v. Aretin*);[892] *„Fast alle Staaten [...] haben kirchliches Vermögen an sich genommen und dadurch [...] Schimpf und Schande auf sich geladen. Es ist auf jeden Fall aber der brandenburgisch-preußische Staat unter den europäischen Staaten derjenige Staat, der das einträgliche Geschäft der Säkularisation am häufigsten betrieben hat.“* (*v. Raumer*).[893] So lauten nur einige Zitate zeitgenössischer und jüngerer Literatur, welche sich auf den Reichsdeputationshauptschluss aus dem Jahre 1803 und seine Folgen beziehen. Den Wahrheitsgehalt dieser Aussagen und die begleitenden politischen, soziokulturellen und (stiftungs-) rechtlichen Umstände gegen Ende des 18. und zu Beginn des 19. Jahrhunderts gilt es im Folgenden einer genaueren Untersuchung zu unterziehen und insbesondere die Frage zu stellen, inwiefern sich die Geschehnisse auf die Stiftungen und das Stiftungswesen insgesamt auswirkten.

Generell sei die Feststellung vorausgeschickt, dass für die große deutsche Totalsäkularisation trotz gewisser grundsätzlicher Unterschiede die zuvor dargelegte französische Revolution mit ihrem Umgang mit den geistlichen Korporationen und Territorien gleich in zweifacher Hinsicht als Vorbild diente. Einerseits waren, wie sogleich dargestellt wird, linksrheinische Gebiete unmittelbar durch die französische Okkupation und später durch die Abtretung an Frankreich von deren Politik und Gesetzgebung betroffen.[894] Andererseits fand dieses nach *Brendel „verwerfliche System“* in vieler Hinsicht Nachahmung durch deutsche Staatsmänner.[895] Darüber hinaus sei angemerkt, dass es sich bei dem Heiligen Römischen Reich Deutscher Nation um ein Konglomerat autonomer Gebietschaften handelte, sodass die Ausführungen zu den Entwicklungen keine Allgemeingültigkeit beanspruchen können, sondern es sich vielmehr um einen bunten Flickenteppich unterschiedlicher Vorgehensweisen

---

891 *Raab:* Der Untergang der Reichskirche, S. 550.
892 *Aretin:* Papsttum und moderne Welt, S. 33f.
893 *Rudolphi:* Die katholische Kirche in Preußen, S. 19.
894 *Liermann:* Geschichte des Stiftungsrechts, S. 195.
895 *Brendel:* Das Recht und die Verwaltung der milden Stiftungen, S. 19f.

der Regierungen in den Territorien des Reiches handelte.[896] Zunächst bedarf es jedoch der Darstellung des Zustandekommens des sogenannten Reichsdeputationshauptschlusses sowie einer kurzen Skizzierung dessen Inhaltes.

I Der Reichsdeputationshauptschluss – Genese und Extrakt

Ursprünglich handelte es sich bei dem Reichsdeputationshauptschluss (im Folgenden RDHS) um ein Gutachten der außerordentlichen Reichsdeputation vom 25.02.1803 zur Entschädigungsfrage betreffend die an Frankreich abgetretenen, linksrheinischen Gebiete.[897] Durch Reichsgutachten vom 26. März und kaiserliche Ratifikation vom 27./28.04.1803 erhielt der RDHS Gesetzeskraft.[898] Inhaltlich setzte der RDHS den Artikel 7 des Friedens von Luneville aus dem Jahr 1801 um, der seinerseits auf Artikel 1 des Entwurfs eines Friedenschlusses innerhalb des Rastatter Kongresses (1797–1799) beruhte, jedoch nicht zur Umsetzung gelangte. Dieser Artikel sprach schon etliche Jahre vor dem RDHS die linksrheinischen Gebiete den Franzosen zu und behandelte ebenso die Entschädigung weltlicher Fürsten durch rechtsrheinisch gelegene Territorien der Geistlichkeit.[899] Hier hieß es: „*Alle geistlichen Staaten Deutschlands, namentlich die, welche Besitzungen auf dem linken Rheinufer haben, werden zum Vorteil der Erbfürsten säkularisiert.*"

Inhaltlich identisch regelte Artikel 7 des Friedens von Luneville: „*Und da durch Abtretung, die das Deutsche Reich der Französischen Republik macht, insbesondere mehrere Fürsten und Stände des Reichs ihrer Besitzungen ganz oder zum Teil entsetzt werden, da es doch dem gesamten Deutschen Reich obliegt, die aus den Stipulationen des gegenwärtigen Traktats entstehenden Verluste zu tragen, so ist zwischen Sr. Majestät dem Kaiser […] und der Französischen Republik vereinbart worden, daß […] das Reich verpflichtet sein soll, jenen Erbfürsten […] eine Entschädigung zu geben, welche in dem Deutschen Reich selbst genommen werden soll.*"[900]

---

[896] *Freiin von Oer:* Die Säkularisation von 1803, S. 9.

[897] *Raab:* Der Untergang der Reichskirche, S. 548f.

[898] *Zeumer:* Quellensammlung zur Geschichte der Deutschen Reichsverfassung in Mittelalter und Neuzeit, S. 32; *Liermann:* Geschichte des Stiftungsrechts, S. 199.

[899] *Liermann:* Geschichte des Stiftungsrechts, S. 199.

[900] *Zeumer:* Quellensammlung zur Geschichte der Deutschen Reichsverfassung in Mittelalter und Neuzeit, S. 439; *Liermann:* Geschichte des Stiftungsrechts, S. 200.

Somit war politisch der Weg für eine Totalsäkularisation geistlicher Institutionen und Güter auf deutschem Boden bereitet. Zudem hatte ein aufklärerisches Staatsrecht bereits vielenorts die Existenzfrage der geistlichen Territorien und die Frage nach Verfügungsgewalt über Kirchengut gestellt, abermals unterstützt durch kirchenfeindliche Belletristik und Literatur.[901] In vielen Blättern wurde sich mit der Stiftungsadministration und den zugehörigen Gütern auseinandergesetzt, oftmals fanden sich die Stichwörter und Phrasen der Entbehrlichkeit von Gütern zu Staatszwecken, des öffentlichen Verkaufs dieser und generell zur inneren Säkularisationsbereitschaft betroffener Institutionen.[902]

1 Die Bedeutung Frankreichs und Napoleons für die deutsche Totalsäkularisation

Bereits im Jahre 1792 hatte Frankreich unter der Herrschaft der Girondisten erstmalig linksrheinische Gebiete sowie die Bischofsstädte Speyer und Mainz okkupiert. Ab Oktober des Jahres 1794 befanden sich die linksrheinischen Gebiete dann fest in französischer Hand. Der Erzkanzler des Reiches, der Kurfürst-Erzbischof von Mainz, sah sich aufgrund der Uneinigkeit der verbündeten Kriegsmächte und deren Kriegsmüdigkeit – insbesondere auch aufgrund des politisch-militärischen Desinteresses Preußens – dazu veranlasst, beim Reichstag zu beantragen, dass sich das Reich um Frieden mit Frankreich bemühen möge. Betroffen von den hierdurch eintretenden Gebietsverlusten waren – neben den Großmächten Preußen, Bayern und Österreich – auch eine Reihe geistlicher Fürsten, insbesondere die drei geistlichen Kurfürsten, deren linksrheinische Herrschaft durch die militärische Besatzung in die Hände der weltlichen (französischen) Gewalt überging.[903] Was diese Gebietschaften anbetrifft, so gestalteten sich die Verwaltung und Säkularisation wie in den anderen Teilen Frankreichs zu dieser Zeit und wie oben bereits ausgeführt.[904] Diese Säkularisationen hatten folglich die gleiche Konsequenz für alle kirchenzugehörigen Stiftungen und

[901] *Raab:* Der Untergang der Reichskirche, S. 541.

[902] *Brendel:* Das Recht und die Verwaltung der milden Stiftungen, S. 21.

[903] *Raab:* Der Untergang der Reichskirche, S. 545f.; *Freiin von Oer:* Die Säkularisation von 1803, S. 12.

[904] *Liermann:* Geschichte des Stiftungsrechts, S. 198.

verunmöglichten eine weitere freie Stiftertätigkeit sowie häufig auch einen Fortbestand dieser Stiftungen.

Im Zuge des Fortgangs der Koalitionskriege zur Mitte der 90er Jahre des 18. Jahrhunderts sah sich zunächst Preußen zum Friedenschluss mit Napoleon veranlasst, was am 05.04.1795 in den Frieden von Basel münden sollte. Durch diesen wurde erstmals eine das nördliche Deutschland vom Süden trennende Linie gezogen; dessen Vorbild folgten auch Hessen-Kassel, Württemberg, Baden und Bayern.[905] Nach *Napoleons* Vormarsch durch Oberitalien mitten hinein in das Herz der Erblande und weiteren militärischen Erfolgen konnte letztendlich auch Österreich zum Friedensschluss gezwungen werden, dem Frieden von Campo Formio vom 17.10.1797. Hierin erklärte sich der Kaiser des Reiches, *Franz II.*, sogar bereit, an der Abtretung der linksrheinischen Gebiete an Frankreich aktiv mitzuwirken. Dadurch fielen in der Folge alle geistlichen Staaten westlich der Linie Basel-Andernach-Venlo an Frankreich, was zu einer heißen Säkularisation u.a. der vormals geistlichen Territorien Speyer, Worms, Mainz, Trier, Prüm und Lüttich führte.[906] Ebenso innerhalb dieses Friedensschlusses wurde bereits die Entschädigung rechtsrheinischer Fürsten verabredet, welche durch die Abtretung Gebietsverluste erlitten hatten. Nähere Regelungen sollten auf einem Kongress im Einverständnis mit der Französischen Republik getroffen werden.[907] Dies war dann auch der Entstehungszeitpunkt der sogenannten Reichsdeputation vulgo der Reichs-Friedens-Deputation, welche sodann nach Aufnahme ihrer Tätigkeit am 05.03.1798 offiziell erfuhr, dass die Entschädigungen der depossedierten Fürsten aus Säkularisationen gebildet werden sollten. Zudem sah dieser Friedensschluss, was hier überrascht, ebenfalls die Entschädigung der geistlichen Kurfürsten vor.[908] Innerhalb des sich anschließenden Rastatter Kongresses waren die Verhandlungen zwischen Reich und Republik zunächst fruchtlos, bevor der Reichsausschuss am 11.03.1798 letzten Endes die Abtretung der linksrheinischen Gebiete als Friedensgrundlage offiziell zugestand und man sich zudem öffentlich darüber einigte, die geschädigten Reichsstände durch

---

[905] *Jacobs:* Geschichte der in der preußischen Provinz Sachsen vereinigten Gebiete, S. 494; *Raab:* Der Untergang der Reichskirche, S. 546.

[906] *Raab:* Der Untergang der Reichskirche, S. 546f.; *Jacobs:* Geschichte der in der preußischen Provinz Sachsen vereinigten Gebiete, S. 495

[907] *Raab:* Der Untergang der Reichskirche, S. 547.

[908] *Freiin von Oer:* Die Säkularisation von 1803, S. 12.

die Säkularisation geistlicher Stifter, Abteien und Klöster, insgesamt also durch geistliche Territorien und Güter, zu entschädigen.[909] Bereits durch das Desinteresse an kirchlichen Rechten und sogar kirchenfeindliches Gebaren der Parteien des Rastatter Kongresses im Jahre 1798 wurde ersichtlich und absehbar, dass die auf diese Verhandlungen zurückzuführende Säkularisation mehr als nur eine reine Enteignung geistlicher Fürsten werden sollte.[910]

Die Regierung Preußens unter König *Friedrich III.* hatte die Zeichen der Zeit erkannt; man versuchte schon während des Rastatter Kongresses, sich durch intensive Verhandlungen mit Frankreich und *Napoleon* eine bestmögliche Ausgangslage im Kampf um die zur Entschädigung dienenden geistlichen Fürstentümer zu verschaffen. Ganz anders Österreich: ein letzter verzweifelter Waffengang im letzten Jahr des Jahrhunderts sollte den Ausgang der Koalitionskriege siegreich gestalten. Die erbländischen Armeen wurden jedoch in den Schlachten von Marengo und Hohenlinden vernichtend geschlagen und so war der Friedensschluss des Reiches mit Frankreich unvermeidlich. Die wenigstens vorübergehende Befriedung des Reiches ergab sich aus dem Frieden von Luneville vom 07.03.1801.[911]

2 Der Frieden von Lunéville

Zwei Artikel des Friedensvertrages von Lunéville[912] sind an dieser Stelle hervorzuheben. Durch Artikel VI wurden die vier rheinischen Departements, deren Abtretung ja bereits Gegenstand der Verhandlungen des Friedens von Campo Formio und des Rastatter Kongresses gewesen waren, als Teile der Französischen Republik erklärt.[913] Die Säkularisation dieser vier linksrhei-

---

909 *Jacobs:* Geschichte der in der preußischen Provinz Sachsen vereinigten Gebiete, S. 495.

910 *Plongeron:* Das Ringen um eine „Theologie der Säkularisation" in Frankreich 1789 bis 1801, S. 83

911 *Raab:* Der Untergang der Reichskirche, S. 547; *Jacobs:* Geschichte der in der preußischen Provinz Sachsen vereinigten Gebiete, S. 495.

912 Die Bestimmungen des Rastatter Kongresses wurden nach Gesandtenmord, tumultartiger Auflösung des Kongresses und Wiederausbruch des Krieges samt Niederlage des Reiches im zweiten Koalitionskrieg angenommen; vgl. *Freiin von Oer:* Die Säkularisation von 1803, S. 13; Der Vertrag über den Frieden von Luneville wurde durch Reichstag und Kaiser am 07. und 09.03.1801 ratifiziert; amtl. Text bei *Zeumer:* Quellensammlung zur Geschichte der Deutschen Reichsverfassung in Mittelalter und Neuzeit, S. 508.

913 *Raab:* Der Untergang der Reichskirche, S. 547.

nischen Gebietschaften unter Frankreich führte, wie oben bereits dargelegt, zur Einziehung des gesamten geistlichen Besitzes und zur Aufhebung der Klöster (09.06.1802).[914] Auch die rechts des Rheins gelegenen Liegenschaften und Gefälle der linksrheinisch aufgehobenen Stifte wurden umgehend arrestiert (so zum Beispiel Hessen-Darmstadt und Hessen-Kassel) und schon vor der Ratifikation des RDHS in den Besitz der Territorien überführt. Nachdem der Heilige Stuhl in Rom die linksrheinische Säkularisation Napoleons per Konkordat genehmigt hatte, lag die Reichskirche praktisch schon zu diesem Zeitpunkt in Trümmern.[915]

Zudem wurde in Artikel VII festgelegt, dass *„in Gemäßheit der beim Rastatter Kongreß aufgestellten Grundsätze das Deutsche Reich gehalten sei, den erblichen (also weltlichen) Fürsten, welche auf der linken Rheinseite Besitzungen verlören, eine Entschädigung zu geben, die aus dem Schoße des Reiches zu nehmen sei.“*[916] Die infolgedessen zur Regelung der dadurch erwachsenen Probleme durch den Kaiser am 02.08.1802 neu eingesetzte und aus acht Subdelegierten bestehende Reichsdeputation wurde zunächst nach Regensburg beordert.[917] Dieser blieb aufgrund der schwachen Stellung des Reiches wiederum nicht viel mehr zu tun, als den von Frankreich und Russland (welches als Garantiemacht des Westfälischen Friedens ein Mitspracherecht besaß) entwickelten Entschädigungsplan am 23.11.1802 anzunehmen, wobei sie sich zudem zur Regelung der Entschädigungsfrage selbst als völlig unfähig erwies und eine Schiedsrichterstellung Frankreichs schon im Frieden von Lunéville angedeutet war.[918] Das Reichsgesetz wurde vom Reichstag am 24.03.1803 verabschiedet und erwuchs durch kaiserliches Ratifikations-Kommissions-Dekret vom 27. April des gleichen Jahres in Gesetzeskraft.[919] Dieses verbindliche Reichsgrundgesetz besiegelte das Schicksal der geistlichen Staaten, indem es die Entschädigungsleistungen auf diese abwälzte und sämtliche Säkularisationen

---

914 *Rudolphi:* Die katholische Kirche in Preußen, S. 33f.

915 *Raab:* Der Untergang der Reichskirche, S. 548.

916 *Rudolphi:* Die katholische Kirche in Preußen, S. 33f.

917 *Freiin von Oer:* Die Säkularisation von 1803, S. 13; *Rudolphi:* Die katholische Kirche in Preußen, S. 34; *Jacobs:* Geschichte der in der preußischen Provinz Sachsen vereinigten Gebiete, S. 495.

918 *Brendel:* Das Recht und die Verwaltung der milden Stiftungen, S. 20; *Raab:* Der Untergang der Reichskirche, S. 548f.

919 *Freiin von Oer:* Die Säkularisation von 1803, S. 13; *Raab:* Der Untergang der Reichskirche, S. 548.

auch auf rechtrheinischem Gebiet sanktionierte.[920] Die Auswirkungen des RDHS sollten sich für die Geistlichkeit, die geistlichen Territorien und die Stiftungen einschneidender gestalten als noch die Reformation und der Westfälische Frieden. Die Säkularisation *„erschütterte den letzten Rest kaiserlicher Autorität, sie stand und fiel mit den geistlichen Herrschaften, aus deren Emporkommen das Heilige Römische Reich nun einmal erwachsen und von deren Dasein es nicht zu lösen war.“*[921] Bemerkenswert an dieser Stelle ist zudem, dass seitens der Römischen Kurie und der geistlichen Fürsten praktisch keinerlei Widerstand auszumachen war. Der Grund hierfür erschließt sich, wenn man bedenkt, dass sich der Päpstliche Stuhl zu dieser Zeit nach den großen Auseinandersetzungen mit *Napoleon* in einer Art Schockstarre befand, man zudem politische Rücksicht nahm und auch eine gewisse Gleichgültigkeit oder gar kurialistische Antipathie gegen die Reichskirche vorherrschte.[922]

3 Rechtslage nach dem neuen Reichsgesetz

Vorauszuschicken ist der Umstand, dass durch den RDHS[923] größtenteils völlig unverhältnismäßige Entschädigungen auf Kosten geistlicher Territorien vorgenommen und somit praktisch sämtliche geistliche Fürsten mediatisiert, mithin in Gänze ihrer weltlichen Herrschaft beraubt wurden.[924] Wie sehr die Entschädigungsleistungen außer Verhältnis zu den Verlusten depossedierter Fürsten standen wird deutlich, wenn man einzelne Staaten beispielhaft beleuchtet: Preußens Entschädigungsquote betrug das Fünffache der abgetretenen Gebiete, Hessen und Darmstadt wurden achtfach restituiert, Baden sogar zehnfach. Zudem wurden teilweise sogar Fürsten entschädigt, die überhaupt keine Territorien verloren hatten.[925]

---

[920] *Raab:* Der Untergang der Reichskirche, S. 549.

[921] *Schäfer:* Deutsche Geschichte, Band II, S. 271.

[922] *Raab:* Der Untergang der Reichskirche, S. 549.

[923] Vollständiger Abdruck des Reichsdeputationshauptschlusses sowie des Reichsgutachtens und der Ratifikationsurkunde bei *Zeumer:* Quellensammlung zur Geschichte der Deutschen Reichsverfassung in Mittelalter und Neuzeit, S. 439ff.

[924] Zur genauen Darlegung und Bezifferung der Gebietsverluste und finanziellen Einbußen, welche die katholischen Territorialherren links- und rechtsrheinisch hinnehmen mussten vgl. *Rudolphi:* Die katholische Kirche in Preußen, S. 34.

[925] *Rudolphi:* Die katholische Kirche in Preußen, S. 34; *Raab:* Der Untergang der Reichskirche, S. 549.

Die neue Rechtslage nach dem Reichsgesetz nahm im Wesentlichen die in Rastatt und Lunéville getroffenen Vorentscheidungen auf und bestätigte noch einmal die Abtretung von insgesamt über 10.000 Quadratkilometern des Reichsgebietes sowie die Entschädigung der ihrer Territorien ganz oder teilweise entsetzten Erbfürsten durch die Säkularisation der rechtsrheinischen Gebiete der Geistlichkeit.[926] Eine einzige Ausnahme fand sich in § 26 RDHS, wonach eine Säkularisation der Besitzungen des Malteserordens und des Deutschen Ordens aufgrund der geleisteten Kriegsdienste zu unterbleiben hatte, diese sogar ihrerseits Entschädigungen für Gebietsverluste erhalten sollten: *„Aus Rücksicht für die Kriegsdienste ihrer Glieder, werden der Deutsche und der Maltheser Orden der Säkularisation nicht unterworfen, und erhalten für ihren Verlust auf der linken Rheinseite zur Vergütung, nemlich, der Fürst Hoch- und Deutschmeister und der Deutsche Orden: die mittelbaren Stifter, Abteyen und Klöster [...]. Der Fürst Großprior, und das deutsche Großpriorat der Maltheser Ordens: die Grafschaft [...].“* In seiner Struktur regelt der RDHS in den §§ 1–32 sehr detailliert die Entschädigung der Begünstigten im Einzelfall für jedes Territorium. Hervorzuheben ist, dass die §§ 34, 35 RDHS neben der reinen Herrschaftssäkularisation auch die Vermögenssäkularisation geistlicher Personen und Institutionen gewährte, worauf in der Folge mit Bezug auf das Stiftungswesen noch näher einzugehen sein wird.[927]

II Politische und rechtliche Voraussetzungen sowie Ursachen der Säkularisation von 1803

Um sich die Triebfedern für Säkularisationsvorhaben innerhalb des RDHS noch einmal vor Augen zu führen, nützt es, zunächst den Rechtsbegriff der Säkularisation heutiger Zeiten dem der kanonischen Literatur im 18. und 19. Jahrhundert gegenüberzustellen und die Ziel- und Zwecksetzung, soweit möglich, herauszuarbeiten. Eine neuere Definition lautet: *„Säkularisation (Verweltlichung) ist die zwangsweise Überführung geistlicher Einrichtungen und Besitzungen auf weltliche Hoheitsträger.“*[928] Hierbei steht jedoch der im Jahre 1803 erfolgte Verfassungswandel des Reiches und damit die Übertragung

---

[926] *Erler:* Rechts- und verfassungsgeschichtliche Probleme der Säkularisation durch den Preußischen Staat, S. 5.

[927] *Freiin von Oer:* Die Säkularisation von 1803, S. 14.

[928] *Creifelds:* Rechtswörterbuch, S. 937.

von Herrschaftsrechten im Mittelpunkt, die vermögensrechtliche Seite bleibt hingegen weitestgehend unbeachtet. Diese Herrschaftssäkularisation war durch den RDHS freilich intendiert und auch von der zeitgenössischen Literatur vorbereitet.[929] Daneben stand jedoch mit wenigstens gleicher Gewichtigkeit die Vermögenssäkularisation. Für diese war die Überführung der Herrschaftsrechte nur notwendiges Vehikel. Der Vorteil der generellen Herrschaftssäkularisation war, dass andere Motive der die Säkularisation innerhalb des Reiches betreibenden Kräfte nicht so offen ausgesprochen werden mussten und dennoch realisiert werden konnten. Den weltlichen Territorialherren ging es vornehmlich um den Erwerb des kirchlichen Vermögens, welches in von Krieg gezeichneten Zeiten ausgeprägter Finanznot die Füllung der eigenen Kassen und damit naturgemäß auch die Mehrung staatlicher Macht und Größe zur Folge haben sollte.[930] Die Unterscheidung von Herrschafts- und Vermögenssäkularisation ist hier deshalb wichtig, insbesondere für die kirchlichen Stiftungen, da man es in diesen Fällen ausschließlich auf deren Vermögen abgesehen hatte, eine Säkularisation dessen ohne vorherige Akquirierung der Herrschaftsrechte jedoch nicht möglich gewesen wäre. Beide Säkularisationsstränge gingen damit Hand in Hand.[931]

Die Säkularisation der finanziell zum Teil bestens ausgestatteten Stiftungen als der Kirchenkorporation zugehörige Vermögensmasse erschien den weltlichen Herren ohne Frage äußerst lukrativ und auch notwendig, bedenkt man die wirtschaftlich schwierigen Umstände dieser Zeit und den flächendeckend vorherrschenden Finanzbedarf. Der fortgesetzte Kriegsstand verschlang Unsummen, insgesamt mehr als 2/3 der gesamten Staatseinkünfte; die zum Dienst eingezogenen Männer fehlten im Ackerbau und in den Fabriken. Auch die Bevölkerung selbst hatte unter außerordentlichen Kriegslasten und den steigenden Staatsbedürfnissen zu leiden, denn immer häufiger wurden vielfältige Steuern und Gebühren erhoben. Man erhob zum Beispiel Stempel- und Einschreibungsgebühren, Grund-, Boden-, Tür-, Fenster-, Salz-, Tabak-, Konsum- und außerordentliche Kriegssteuern, Mauten, erhöhte Posttaxen,

---

929 *Strätz:* Wegweiser zur Säkularisation in der kanonistischen Literatur, S. 44.

930 Ebenda, S. 44f.

931 *Freiin von Oer:* Der Eigentumsbegriff in der Säkularisationsdiskussion, S. 196; *Strätz:* Wegweiser zur Säkularisation in der kanonistischen Literatur, S. 44; *Liermann:* Geschichte des Stiftungsrechts, S. 202f.

zudem gab es freiwillige und gezwungene Anlehen und Staatslotterien.[932] Die Stimmung des Volkes vermochte dies natürlich nicht zu heben und zum Vertrauen in die jeweilige Regierung trug freilich auch die Aufhebung der Landstände nicht bei. Hatte das Volk ehemals noch eine entscheidende Stimme innerhalb der Politik des Reiches, so wurde nun deutlich, dass der Staat kein Zutrauen in die Bevölkerung hatte, obwohl diese es doch war, die dem Staat ihr verdientes Geld zur Verfügung stellte. Das Deutsche Reich, das vormals für seine Freiheit und öffentliche Verwaltungsart über die Reichsgrenzen hinaus bewundert und geschätzt wurde, gerierte sich immer mehr als unbegrenzter, geheimniskrämerischer Herrscher, der keine Transparenz gewährte und somit folglich den Eindruck des Missbrauchs erweckte.[933]

III Stiftungsrelevante Paragraphen des RDHS

Bevor auf die einzelnen Bestimmungen des RDHS eingegangen werden kann, die das (kirchliche) Stiftungswesen mittelbar oder unmittelbar betrafen, ist noch einmal eine Unterscheidung zwischen zwei Formen der Säkularisation vorzunehmen. Die äußere oder auch politische bzw. reichsständische Säkularisation hätte die Stiftungen im Grunde überhaupt nicht tangieren müssen, da sie lediglich die Abtretung geistlicher Territorien an Erbfürsten bedeutete und daher rein staats- und völkerrechtlicher Natur war. Dagegen griff die sogenannte innere oder vermögensrechtliche und damit eher verwaltungs- respektive finanzrechtliche (Güter-)Säkularisation tief in das Stiftungswesen ein.[934]

Wenn man die Regelungen des RDHS einzeln betrachtet, so findet sich ein gewisses Bestreben, die Stiftungen vor der gänzlichen Vernichtung durch weltliche Herrscher zu schützen. Dieser Schutzmechanismus erfuhr jedoch in der praktischen Anwendung eine starke Einschränkung.[935] Dazu im Einzelnen: Der generalklauselartige § 35 RDHS stellte den zu entschädigenden Landesfürsten die Säkularisation aller Stifter, Abteien und Klöster anheim und damit unterlagen sie deren voller Disposition:

---

932 *Brendel:* Das Recht und die Verwaltung der milden Stiftungen, S. 22.

933 Ebenda, S. 22f.

934 *Raab:* Der Untergang der Reichskirche, S. 549; *Liermann:* Geschichte des Stiftungsrechts, S. 200.

935 *Liermann:* Geschichte des Stiftungsrechts, S. 201.

> *„Alle Güter der fundirten Stifter, Abteyen und Klöster, in den alten sowohl als in den neuen Besitzungen, Katholischer sowohl als A.C. Verwandten, mittelbarer sowohl als unmittelbarer, deren Verwendung in den vorhergehenden Anordnungen nicht förmlich festgesetzt worden ist, werden der freien und vollen Disposition der respectiven Landesherrn, sowohl zum Behuf des Aufwandes für Gottesdienst, Unterrichts- und andere gemeinnützige Anstalten, als zur Erleichterung ihrer Finanzen überlassen, unter dem bestimmten Vorbehalte der festen und bleibenden Ausstattung der Domkirchen, welche werden beibehalten werden, und der Pensionen für die aufgehobene Geistlichkeit, nach den unter theils wirklich bemerkten, theils noch unverzüglich zu treffenden näheren Bestimmungen."*

Was genau und in welchem Umfang dies zur Disposition der Landesherren stand, hob § 36 RDHS noch einmal explizit hervor:

> *„Die namentlich und förmlich zur Entschädigung angewiesenen Stifter, Abteyen und Klöster, so wie die der Disposition der Landesherren überlassenen, gehen überhaupt an ihre neuen Besitzer mit allen Gütern, Rechten, Kapitalien und Einkünften, wo sie auch immer gelegen sind, über, sofern oben nicht ausdrückliche Trennungen festgesetzt worden sind."*

Dies war in diesem Umfang in den Abmachungen von Rastatt und Lunéville sowie auch in den russisch-französischen Entschädigungsplänen überhaupt nicht vorgesehen. Man ging somit über den Bericht der Deputation hinaus und griff, wenn man so will, direkt in das (Privat-)Eigentum der kirchlichen Institutionen ein.[936] Obzwar dies auch zum *„Behuf des Aufwandes für Gottesdienst, Unterrichts- und andere gemeinnützige Anstalten"* geschehen sollte, räumte der folgende Passus *„als zur Erleichterung ihrer Finanzen"* den Territorialherren eine umfassende Verwendungsprärogative ein, welche die säkularisierten Institutionen freilich nicht zu schützen vermochte. Es entzündete sich zunächst immerhin eine Kontroverse über die Zweckbestimmung der Dispositionsgüter, da die Verwendung zur Erleichterung der eigenen Finanzen in § 35 RDHS letztgenannt war; dennoch scherten sich die Betreiber der Säkularisationen – auch wegen des Fehlens einer Instanz, durch die man gesetzeswidriges Vorgehen hätte überprüfen lassen können – letzten Endes wenig um diese Reihenfolge. Ihnen war damit ein Rechtstitel zur Vereinnahmung an die Hand gegeben. Dies betraf insbesondere auch die Stiftungen, behandelte man diese doch aufgrund des kollegialistischen

---

936 *Freiin von Oer:* Die Säkularisation von 1803, S. 14; *Strätz:* Die Säkularisation und ihre nächsten staatskirchenrechtlichen Folgen, S. 55f.

Rechtsdenkens nicht als Subjekte mit eigener Rechtspersönlichkeit, sondern vielmehr als mit der jeweiligen kirchlichen Korporation als in irgendeiner Weise zusammenhängend und damit als reine Vermögensbestandteile der säkularisierten Stifter, Abteien und Klöster.[937] Die Frage nach dem Eigentum an den Kirchengütern und -institutionen, welche sich aufgrund dessen, dass ein unmittelbarer Übergang in § 35 RDHS ja gerade nicht angelegt war („*werden der freyen und vollen Disposition*"), stellte sich selten. Insbesondere war sie auch unerheblich und tangierte die Rechtslage nur peripher, stand dem Landesherrn doch – unabhängig davon, ob es sich nun direkt um Entschädigungsgüter (§ 36 RDHS)[938] oder „nur" Dispositionsgüter handelte – die ausschließliche Verfügungsbefugnis zu.[939]

Wurde soeben auch die Verfügungsbefugnis restituierter Erbfürsten über Stiftungen bejaht, so läuft dies dem Wortlaut des § 65 RDHS eigentlich diametral entgegen. Dieser lautete:

„*Fromme und milde Stiftungen sind, wie jedes Privateigentum, zu conserviren [...].*"

Man könnte geneigt sein, anzunehmen, dies bedeutete als Lex specialis einen wirksamen Schutz der milden Stiftungen vor der Regelung des § 35 RDHS. Es schloss sich jedoch ein wichtiger zweiter Halbsatz an:

„*[...], doch so, daß sie der landesherrlichen Aufsicht und Leitung untergeben bleiben.*"

Dies stellte natürlich ein Einfallstor für einen mehr oder minder willkürlichen Umgang mit dem Stiftungsvermögen dar. Die landesherrliche Stiftungsadministration hatte damit bei der Verwendung der Erträge und der Stiftungsgüter selbst weitestgehend freie Hand, wenngleich sich hier nach

---

937 *Strätz:* Die Säkularisation und ihre nächsten staatskirchenrechtlichen Folgen, S. 55f; *Liermann:* Geschichte des Stiftungsrechts, S. 203.

938 Der § 36 RDHS nimmt hier zunächst eine Unterscheidung der beiden Güterarten vor, lässt sie jedoch gleichermaßen an den „neuen Besitzer" übergehen, ohne jedoch ausdrücklich den Eigentumsübergang festzulegen, wobei eine juristische Trennung von Besitz, Eigentum und Verfügungsbefugnis zu dieser Zeit nicht vorgenommen wurde. Der Gesetzestext des § 36 RDHS lautet: „*Die namentlich und förmlich zur Entschädigung angewiesenen Stifter, Abteyen und Klöster, so wie die der Disposition der Landesherren überlassenen, gehen überhaupt an ihre neuen Besitzer mit allen Gütern, Rechten, Kapitalien und Einkünften, wo sie auch immer gelegen sind, über, [...].*"

939 So auch *Strätz:* Die Säkularisation und ihre nächsten staatskirchenrechtlichen Folgen, S. 53f.

dem Gesetzeswortlaut gleichwohl ein gewisser Bestandsschutz herauslesen ließ. Abhängig war das jeweilige Schutzniveau jedoch auch immer davon, wie strikt der Erbfürst die Regelungen de RDHS beachtete.[940] Die Konsequenz einer möglichen, jedoch nicht gegebenen Einhaltung des Reichsgesetzes ist simpel zu extrahieren: Hätte man sich strikt an den Wortlaut des § 65 gehalten, wäre es sicher infolge des RDHS nicht zu einem großflächigen Stiftungssterben gekommen, obgleich auch schon der Wortlaut dieser Norm dem jeweiligen Stiftungszweck und damit der Idee des Stiftungswesens im Ganzen fundamental entgegenstand.[941]

Auch § 42 RDHS betraf das Stiftungswesen:

> *„Die Säcularisation der geschlossenen Frauenklöster kann nur im Einverständniß mit dem Diöcesan-Bischofe geschehen. Die Mannsklöster hingegen sind der Verfügung der Landesherrn oder neuen Besitzer unterworfen, welche sie nach freiem Belieben aufheben oder beibehalten können. Beiderlei Gattungen können nur mit Einwilligung des Landesherrn oder neuen Besitzern Novizen aufnehmen."*

Dieser räumte den Landesherren eine ausdrückliche, freie Aufhebungsmöglichkeit bezüglich der männlichen Kongregationen ein, welchen die milden und frommen Stiftungen, wie zuvor herausgearbeitet, als Vermögensmasse in breiter Zahl anhingen. Da die Klostergemeinschaften nach ihrer Aufhebung als nicht mehr existent galten und folglich nicht mehr vermögensfähig waren, fielen ihre Güter und die zugehörigen Stiftungsvermögen ohne Zwischenschritt dem neuen Besitzer zu.[942] Lediglich die weiblichen Orden, welche als für das Wohl des Volkes in den Bereichen Bildung, Krankenpflege und Seelsorge nützlich galten, konnten gemäß des S. 1 des § 42 RDHS nicht ohne Weiteres aufgehoben werden.

Ein weiterer Sonderfall ergab sich für Teile der Gebietschaften und jeweiligen Einrichtungen noch aufgrund ihrer Belegenheit, geregelt in § 37 des RDHS:

> *„Die auf der einen Rheinseite befindlichen Güter und Einkünfte, welche Spitälern, Fabriken, Universitäten, Kollegien und andern frommen Stiftungen, wie auch Gemeinden der*

[940] *Freiin von Oer:* Die Säkularisation von 1803, S. 14; *Liermann:* Geschichte des Stiftungsrechts, S. 204; *Strätz:* Die Säkularisation und ihre nächsten staatskirchenrechtlichen Folgen, S. 54.

[941] *Liermann:* Geschichte des Stiftungsrechts, S. 201, S. 204.

[942] *Strätz:* Die Säkularisation und ihre nächsten staatskirchenrechtlichen Folgen, S. 53.

andern Rheinseite gehörten, bleiben davon getrennt und der Disposition der respectiven Regierungen überlassen, d.h. so viel die rechte Rheinseite betrifft, der Regierung derjenigen Orte, wo sie liegen oder erhoben werden. Jedoch sollen die Güter und Einkünfte solcher litterarischen Anstalten, die ehemals beiden Rheinseiten gemeinschaftlich waren, und dermalen auf dem rechten Rheinufer fortgesetzt werden, diesen auf der rechten Rheinseite fortdauernden Anstalten verbleiben, insofern sie nicht in Gebieten entschädigter Fürsten liegen."

Freilich kam es vor, dass geistliche Institutionen ihren Sitz auf der einen oder anderen Rheinseite hatten, Teile dessen, dem Gesetzeswortlaut nach Güter oder Einkünfte, aber auf der anderen Rheinseite lagen. Diese Regelung bestimmte nun, was angesichts der völkerrechtlichen Lage nicht unlogisch daherkam, dass der jeweilige Belegenheitsort entschied und dementsprechend der Territorialherr anstelle der auf dem anderen Ufer ansässigen Institution die Dispositionsbefugnis innehatte. Linksrheinisch wurde diesbezüglich unter französischer Herrschaft totalsäkularisiert. Für die rechtsrheinischen Güter, welche ja gleichermaßen der „*Disposition der respectiven Regierung*" überlassen waren, ergab sich bei wortlautgemäßer Auslegung des Gesetzes faktisch eine Enteignung, da die Dispositionsbefugnis mehr beinhaltete als die reine Gewährung der Verwaltungsdirektive an die rechtsrheinischen Regierungen.[943]

Nachdem bereits dargelegt wurde, dass es keine gerichtliche Instanz zur Verteidigung gegen Maßnahmen nach dem RDHS gab, stellt sich abschließend bezüglich der Rechtslage noch die Frage, inwiefern der Hauptschluss von den Staaten und Fürstentümern als rechtlich verbindlich angesehen wurde. Bezeichnend kann an dieser Stelle die Einstellung Preußens gegenüber dem RDHS beispielhaft herangezogen werden. Von Beginn an sprach man diesem eigentlich verbindlichen Reichsgrundgesetz seinen Gesetzescharakter ab und hielt sich daran, wenn überhaupt, nur freiwillig und nach eigenem Ermessen. Dies lag darin begründet, dass Preußen sich selbst als souveränen Staat außerhalb des Reiches begriff.[944] Das Gleiche galt jedoch auch für die

---

[943] Anderer Ansicht war *Longard:* Die Säcularisation des Kirchengutes in Deutschland, S.89; hier heißt es: „*Die Bestimmung des § 37 steht außer aller Verbindung mit der Säcularisation, der Ausmittelung des Kirchengutes als Entschädigungsmasse und dem Entschädigungsgeschäfte überhaupt. Derselbe ist nur ein Ausfluß der strengen Scheidung beider Rheinufer [...].*"

[944] *Schmitt:* Staat und Kirche, S. 18.

anderen Staaten spätestens nach der Auflösung des Reiches im Jahre 1806. Folglich fanden die Bestimmungen des RDHS insbesondere dann Anwendung, wenn dies den Territorialherren vorteilhaft erschien, anderenfalls galt die Befolgung eher als fakultativ.[945]

IV Die praktische Umsetzung der Säkularisation

Im Gegensatz zu Frankreich, wo die Säkularisation in den linksrheinischen Gebieten durch allgemeine Gesetze überall gleichförmig und bereits vor der Ratifikation des RDHS durchgeführt wurde,[946] ergab sich innerhalb des Reiches ein Flickenteppich unterschiedlicher Vorgehensweisen. Dies hing damit zusammen, dass man den RDHS vielenorts eher als ein Rahmengesetz mit programmatischen Normen ansah, welches den einzelnen Staaten bei der Umsetzung der Säkularisation einen weiten Spielraum lies.[947]

Mit nur kurzer Verzögerung gegenüber dem Vorgehen in der Französischen Republik begannen auch die deutschen Territorien bereits im Jahr 1801 und noch ohne reichsrechtliche Legitimation mit ersten Säkularisationsvorhaben. Man begründete sein Recht der Sache nach schon mit den Regelungen des Rastatter Kongresses und Art. VII des Friedens von Luneville.[948] Hierzu bemühten sich die deutschen Fürsten zunächst um Verhandlungen mit Frankreich, um möglichst viel für sich rauszuschlagen.[949]

Um derlei Verständigung bemühten sich auch Bayern und Preußen, sodass zwischen Bayern und Paris bereits im Jahr 1801, zwischen Paris und Preußen im Jahr 1802 Abkommen geschlossen und umfangreiche

---

945 *Liermann:* Geschichte des Stiftungsrechts, S. 202.

946 Wie im Rest Frankreichs, wurde in den rheinischen Departements alle geistlichen Institutionen nach einigem hin und her am 09.06.1802 aufgehoben; nur solche, die der Kranken- und Armenpflege sowie dem Unterricht dienten, wurden zum Teil erhalten. Das Vermögen dieser Institutionen wurde größtenteils zwischen Mai 1803 und Oktober 1813 auf öffentlichen Auktionen zugunsten der französischen Staatskasse versteigert und in bare Münze umgeschlagen; vgl. *Raab:* Der Untergang der Reichskirche, S. 547; *Freiin von Oer:* Die Säkularisation von 1803, S. 16f.

947 *Schmitt:* Staat und Kirche, S. 17f.; *Raab:* Der Untergang der Reichskirche, S. 547; *Freiin von Oer:* Die Säkularisation von 1803, S. 16; *Liermann:* Geschichte des Stiftungsrechts, S. 201.

948 *Strätz:* Die Säkularisation und ihre nächsten staatskirchenrechtlichen Folgen, S. 36.

949 *Freiin von Oer:* Die Säkularisation von 1803, S. 19.

Säkularisationsvorhaben innerhalb der Territorien dieser Großmächte sogleich aufgenommen wurden.[950]

Diese Säkularisationen in Folge des RDHS gelangten über etliche Jahre hinweg insbesondere in diesen beiden Großmächten innerhalb des Reiches zu besonderer Ausprägung und sollen daher im Folgenden Gegenstand einer näheren Betrachtung sein. Zudem würde eine detaillierte Darstellung der unterschiedlichen Säkularisationsvorgänge in allen unterschiedlichen, noch so kleinen Territorien des Reiches den Rahmen dieser Arbeit um ein Vielfaches sprengen, sodass Bayern und Preußen hier zur beispielhaften Veranschaulichung der Geschehnisse am besten dienen können.

1 Säkularisationen im Zuge des RDHS im Kurfürstentum und späteren Königreich Bayern

Die Säkularisation der kirchlichen Territorien wurden im Bayerischen Kurfürstentum[951] unter dem Regime des aufgeklärten Grafen *Montgelas*[952] von langer Hand vorbereitet und letztendlich im Zuge des RDHS radikal und doktrinär durchgeführt. Nach *Liermann* kann Bayern gar als das klassische Land der deutschen Säkularisation bezeichnet werden.[953] Grundlage hierfür war das bereits seit dem 16. Jahrhundert tief in Bayern verwurzelte katholische Staatskirchentum und eine bis in das letzte Detail durchgeplante Säkularisationsgesetzgebung. Letztere beinhaltete eine Fülle an Rechtsnormen und übertraf diejenigen anderer Länder bei weitem. Die neuerlichen Entwicklungen im Reich trafen sodann freilich auf nährhaften Boden, hatte sich eine staatliche Aufsicht über das bayerische Kirchenvermögen – und damit auch das Stiftungsvermögen – in Form des sog. Geistlichen Rates doch seit langem etabliert.[954]

Überdies hatte man in Bayern schon zuvor kalte Säkularisationen von Stiftungsgütern geplant und durchgeführt. Hinzu kam, dass die Römische Kurie

---

950 Ebenda.

951 Nach dem Zerfall des Deutschen Reiches 1806 Königreich Bayern; vgl. *Müller:* Schlaglichter der deutschen Geschichte, S. 138.

952 *Maximilian Carl Joseph Franz de Paula Hieronymus Freiherr von Montgelas*, ab 1809 Graf von Montgelas (1759–1828), bayerischer Politiker und Staatsreformer des 19. Jahrhunderts; m.W.n. *Herre:* Montgelas: Gründer des bayerischen Staates.

953 *Liermann:* Geschichte des Stiftungsrechts, S. 217.

954 Ebenda, S. 216.

bereits seit dem Jahre 1798 die Immunität der bayerischen Klöster zugunsten des bayrischen Kurfürsten aufgehoben hatte. Dies hatte zwar nicht zu einer völligen Enteignung, immerhin aber zu einer Art legalen Brandschatzung von Kirchen- und Stiftungsgütern im Vorfeld des RDHS geführt.[955] Nachdem dann im Jahr 1801 die Verhandlungen mit Paris abgeschlossen waren, wurde im Januar des Jahres 1802 in München eine Kommission zur Aufhebung der Klöster und Bettelorden eingesetzt. Diese Kommission orientierte sich am Vorgehen der Franzosen und agierte noch wesentlich zielstrebiger.[956] Betreffend das Stiftungswesen im Speziellen setzte man im Oktober des Jahres 1802 den Administrationsrat der Kirchen und geistig-milden Stiftungen ein; dieser führte gebündelt die Aufsicht über alle kirchlichen Anstalten und Stiftungen.[957]

Was das generelle Zustandekommen des RDHS anbetrifft, war das Kurfürstentum insofern von hervorgehobener Bedeutsamkeit, als dass Bayern ein Mitglied der Reichsdeputation stellte und hier treibende Kraft war. Wie sodann nach der Ratifikation des Reichsgesetzes vorgegangen wurde, kann angesichts des vorherigen Umgangs mit kirchlichen Institutionen kaum verwundern. Es stellte dies doch nur die logische Konsequenz einer in Bayern bereits zuvor einsetzenden Entwicklung dar. Insbesondere der durch *Montgelas*, Vertreter einer starken Staatssouveränität unter Ablehnung jedweder Selbstverwaltung, im Jahr 1802 vorgelegte Säkularisationsplan für das Kurfürstentum kann ohne Zweifel als Vorstufe der gesamtdeutschen Säkularisation im Jahre 1803 angesehen werden.[958] Was die Beweggründe für eine Übertragung des geistlichen Vermögens waren, sprach Kurfürst *Maximilian Josef* in einer Breve an Papst *Pius VII.* vom 12.02.1803, also ebenfalls schon vor Entstehung des RDHS, unverblümt aus: *„Was ich über das Kirchenvermögen verfügt habe, ist im Drange der Not des endlos traurigen Krieges, wo die äußerste Gefahr der Plünderung durch Feindeshand drohte, zur Erleichterung der öffentlichen Lasten ohne irgendwelche Verminderung des Schmuckes bei dem öffent-*

955 *Raab:* Der Untergang der Reichskirche, S. 543; *Strätz:* Wegweiser zur Säkularisation in der kanonistischen Literatur, S. 58.

956 *Freiin von Oer:* Die Säkularisation von 1803, S. 19f.; *Schleglmann:* Geschichte der Säkularisation im rechtsrheinischen Bayern, S. 190f.

957 *Mitterwieser:* Geschichte der Stiftungen und des Stiftungsrechts in Bayern, S. 71.

958 *Pölnitz:* Der erste Entwurf zur bayerischen Säkularisation, S. 206; *Liermann:* Geschichte des Stiftungsrechts, S. 217.

lichen Gottesdienste und endlich nach dem Beispiel der älteren Kirche geschehen, die immer bereitwilligst die toten Schätze herausgab, um damit den lebendigen Gliedern Christi eine Erleichterung zu verschaffen."[959] Dies dürfte gleich in zweifacher Hinsicht nicht der Wahrheit entsprochen haben. Einerseits tat sich die Geistlichkeit sehr wohl schwer, jegliche Art von Vermögensgegenständen an weltliche Herrscher herauszugeben, andererseits dürfte auch die Behauptung, der Schmuck für den Gottesdienst sei unangetastet geblieben, als reine Schutzbehauptung gegenüber der Kurie anzusehen sein.

Die bayerischen Säkularisationsbestrebungen brachten generell einige Wirrungen mit sich. Diese wurden noch befördert durch Streitigkeiten mit den Nachbarländern um die mediatisierten und säkularisierten Gebiete sowie die auf diesem Territorium befindlichen, aufzuteilenden Stiftungen. Daneben kristallisierten sich jedoch fünf klare staatspolitische Ziele *Montgelas*' heraus, die nach heutiger Betrachtung sowohl richtige als auch grundsätzlich falsche Ansätze der Regulierung des Stiftungswesens in mannigfaltiger Verwobenheit beinhalteten.

Erstens stand freilich die Zentralisierung des Stiftungswesens im Mittelpunkt und zweitens im Zuge dessen eine umfassende Verstaatlichung. Durch die Zusammenlegung der (insbesondere gleichartigen) Stiftungen sollte drittens eine Konsolidierung des gesamten Stiftungswesens erreicht werden. Viertens strebte man zur besseren Organisation und Verwaltung der Stiftungen eine saubere Trennung von anderen Verwaltungszweigen innerhalb des Verwaltungsapparats des Staates an. Zuletzt vertrat *Montgelas* die Ansicht, es müsse eine Umwandlung des reichlichen Grundbesitzes der kirchlichen Stiftungen hin zu beweglichem Vermögen, mithin eine Kapitalisierung der unbeweglichen Kirchengüter, stattfinden, um deren übermäßiger Fundierung auf Grundstücke (tote Hand) entgegenzuwirken.[960] Die Kapitalisierung des Stiftungsvermögens stand ganz im Lichte der Aufklärung und den Bemühungen gegen den Besitz der toten Hand, befand sich doch auch in Bayern zur Jahrhundertwende mehr als die Hälfte des Grund und Bodens im Eigentum kirchlicher Korporationen und Stiftungen.[961]

---

959 *König:* Pius VII. Die Säkularisation und das Reichskonkordat, S. 307.

960 *Fischer:* Die Neugestaltung des bayerischen Stiftungswesens unter dem Ministerium Montgelas, S. 2; *Liermann:* Geschichte des Stiftungsrechts, S. 222.

961 *Liermann:* Geschichte des Stiftungsrechts, S. 224.

Diese Umwandlung stellte sich als absolut nachteilig heraus. Zwar versprach man sich nicht zu Unrecht eine leichtere Verwaltung des Vermögens, jedoch bildete der Grundbesitz schon immer die sicherste Art der Vermögensausstattung von Stiftungen. Liquide Mittel waren demgegenüber stets großen Schwankungen der Konjunktur sowie der Inflation unterworfen; dies insbesondere in unsicheren, von Kriegen gezeichneten Zeiten. Zudem bedingte die hohe Zahl feilgebotener Grundstücke freilich einen nicht unerheblichen Preisverfall innerhalb des Immobilienmarktes.[962]

Die Konsolidierung der Stiftungen, welche im Wesentlichen aus der Zusammenlegung bestand, widersprach dem Zweck der Stiftung, wie bereits an anderen Stellen dargelegt, in größtmöglicher Weise.

Die Purifikationsbemühungen, also die Herauslösung der staatlichen Stiftungsverwaltung aus anderen Verwaltungszweigen sowie die Trennung von beispielsweise solchen Personen, die zugleich Mitglieder des Rates (und dadurch oftmals geneigt waren, sich des Vermögens zur Erreichung anderer Zwecke zu bedienen) stellte sich hingegen dem Grunde nach als sinnvoll heraus. Ein Missbrauch des Stiftungsvermögens hätte hierdurch wirksam unterbunden werden können. Einzig blieb diese Maßnahme ebenfalls wirkungslos. Es fand im Zusammenhang mit der Zentralisierung lediglich ein Übergang der Verfügungsgewalt von regionalen Stiftungsverwaltern auf den Staat statt, der nun durch die Einsetzung reiner Staatsdiener anstelle von Stiftungsorganen seinerseits die Stiftungsgüter nach eigenem Dafürhalten einzusetzen imstande war.[963]

Nach der Einsetzung des Administrationsrats der Kirchen und geistigmilden Stiftungen im Oktober des Jahres 1802 erreichte die für das Stiftungswesen schädlichste Maßnahme *Montgelas'* – die Zentralisation – einige Jahre später ihren Höhepunkt. Und dies, obwohl sogar in der Verfassung des Königreichs Bayern ein Stiftungsschutz enthalten war, welcher nach seinem Wortlaut äußerst klar erscheinen musste: *„Allen Religionstheilen ohne Ausnahme wird der ausschließliche und vollkommene Besitz der Schul- und Kirchengüter, wie sie unter die 3 Rubriken des Cultus – des Unterrichts – und der*

[962] *Fischer:* Die Neugestaltung des bayerischen Stiftungswesens unter dem Ministerium Montgelas, S. 9; *Mitterwieser:* Geschichte der Stiftungen und des Stiftungsrechts in Bayern, S. 198.

[963] *Liermann:* Geschichte des Stiftungsrechts, S. 224.

Wohltätigkeit in eine Administration vereiniget sind, bestätiget. Diese Besitzungen können weder unter einem Vorwande eingezogen, noch zu einem fremden Zweck verwendet werden."[964] Selbst eine so deutliche Formulierung vermochte die Stiftungen angesichts der Zentralisationsbestrebungen *Montgelas*' nicht zu retten. Durch zwei Organische Edikte – vom 29.12.1806 und vom 01.10.1807 – wurden alle Stiftungen dem Ministerium des Innern, Sektion der Stiftungen, unterstellt.[965] Bezüglich der Direktive über das Stiftungsvermögen und der Verfügungsbefugnis besonders charakteristisch gestaltete sich schon der Wortlaut des Organischen Edikts „*Die Verwaltung der Stiftungen betreffend*" vom 29.12.1806. Hier hieß es: „*Wir haben [...] dasjenige Vermögen im Staate, welches teils nach seinen Quellen, teils nach seinen Zwecken von dem allgemeinen Staats- oder Finanzvermögen sich unterscheidet [...] in die Kompetenz Unseres neu errichteten Ministeriums des Innern Eingewiesen. [...] Das der obersten Administration Unseres Ministeriums anvertraute Vermögen zerfällt in zwei Hauptteile: 1. In das Stiftungsvermögen, 2. in das Kommunalvermögen. [...] die Masse des Stiftungsvermögens, welche sich nach dieser Konsolidierung für den Zweck des Kultus darstellt, wird mit dem gesamten Bedürfnisse des Kultus [...] in Bilanz gesetzt [...] die aus dieser Bilanz hervorgehenden Überschüsse bilden die Fundierung einer Zentral-Stiftungs-Kasse im Sitze des Ministeriums des Innern.*" In die im Zuge dessen eingerichtete Zentralisierungskasse mussten also zunächst sämtliche Überschüsse der Institutionen sowie eine Sonderzahlung von 30.000 Gulden eingezahlt werden.[966] Nur aufgrund des Widerstandes der bisherigen geistlichen Stiftungsverwalter, die freilich um ihre Einkünfte fürchteten, ging die Extradition recht langsam vonstatten.[967] Daneben stellte sich die zentrale Verwaltung der vielen Stiftungen durch einen extrem aufwändigen und bürokratischen Verwaltungsapparat schnell als völlig impraktikabel heraus. Dies lag vor allem an der ausgesprochenen Kleinteiligkeit jedweder Maßnahmen. Zur Verdeutlichung seien hier zwei Beispiele genannt: 1. Zum

---

964 Constitution des Königreichs Bayern, Tit. 1 § VI; vgl. *Brendel:* Das Recht und die Verwaltung der milden Stiftungen, S. 18.

965 *Mitterwieser:* Geschichte der Stiftungen und des Stiftungsrechts in Bayern, S. 196; *Dyroff:* Die Entwicklung des bayerischen Staatskirchenrechts, S. 670; *Fischer:* Die Neugestaltung des bayerischen Stiftungswesens unter dem Ministerium Montgelas 1806–1810, S. 1.

966 *Liermann:* Geschichte des Stiftungsrechts, S. 225.

967 *Mitterwieser:* Geschichte der Stiftungen und des Stiftungsrechts in Bayern, S. 74.

Verkauf eines auch noch so kleinen Grundstücks war die Unterschrift des Königs unter Gegenzeichnung des Ministers erforderlich. 2. Die für die Stiftungen verantwortliche Verwaltungseinheit hatte sich unter anderem mit der Erhöhung des Waschlohnes für Kirchenwäsche oder der Anschaffung eines Kirchenseiles zu befassen.[968] Als die neue Verwaltung zudem auf passiven Widerstand innerhalb der Bevölkerung traf, wurde diese bereits im Jahre 1812 stark eingeschränkt und ab dem Jahr 1814 gänzlich wieder aufgehoben.[969]

Dies änderte jedoch nichts daran, dass bis zu diesem Zeitpunkt unzählige kirchliche Stiftungen und Institutionen bereits aufgehoben, dem Staatsvermögen zugeschlagen und zweckentfremdet, oder gleich in Gänze vernichtet wurden.[970]

2 Säkularisationen im Zuge des RDHS in Preußen

Im Verlauf des 18. Jahrhunderts hatte Preußen unter der Führung *Friedrichs II.* längst einige nicht unerhebliche Säkularisationen von Kirchen- und Stiftungsgütern durchgeführt. *Ranke* bezeichnet Preußen gar als einen auf dem Prinzip der Säkularisation begründeten Staat.[971] *„Das protestantische Preußen, als natürlicher Gegner der geistlichen Staaten"*, zog schon zur Mitte des letzten Jahrzehnts des 18. Jahrhunderts die Säkularisation einiger Fürstbistümer zur Deckung von Kriegskosten in Erwägung, wobei dies der Ansicht des Königreichs nach *„durch die Geschichte schon hinlänglich gerechtfertigt sei"* und keinen *„wahren Nachteil, keine Unzufriedenheit hervorbringen könne"*.[972] Innerhalb des Ersten Koalitionskrieges verpflichtete sich Preußen im Separatfrieden von Basel vom 05.04.1795 und in geheimen Zusatzverträgen vom 05.02.1795 gegenüber Frankreich zu strikter Neutralität. Im Gegenzug sollte Preußen rechtsrheinisch durch die Säkularisationsgelegenheit betreffend Teile des Hochstifts Münster und das kurkölnische Vest Recklinghausen entschädigt werden.[973]

---

968 *Mitterwieser:* Geschichte der Stiftungen und des Stiftungsrechts in Bayern, S. 198f.

969 *Liermann:* Geschichte des Stiftungsrechts, S. 226; *Mitterwieser:* Geschichte der Stiftungen und des Stiftungsrechts in Bayern, S. 196.

970 *Mitterwieser:* Geschichte der Stiftungen und des Stiftungsrechts in Bayern, S. 75.

971 *Raab:* Der Untergang der Reichskirche, S. 538f.

972 Zitiert nach *Raab:* Der Untergang der Reichskirche, S. 546.

973 Ebenda.

Innerhalb der deutschen Totalsäkularisation im folgenden Jahrhundert sind zwei Phasen preußischer Säkularisationsbestrebungen zu unterscheiden. Die erste Phase erstreckte sich auf den Zeitraum rund um den Gesetzgebungsprozess des RDHS, die zweite Phase wiederum lag noch einige Jahre entfernt.[974]

Die erste Phase nahm ihren Anfang unmittelbar zu Beginn des 19. Jahrhunderts. Bereits im Juni des Jahres 1802, direkt im Anschluss an den Friedensschluss von Lunéville, wurde die Okkupation der geistlichen Territorien (Herrschaftssäkularisation) politisch vorbereitet und wenig später durchgeführt; freilich noch bevor das kaiserliche Ratifikationsdekret des RDHS vom 27.04.1803 in Rechtskraft erwuchs. Am 03.08.1802 band das preußische Königreich das Fürstbistum Paderborn, am 06.08.1802 das Fürstbistum Münster in sein Hoheitsgebiet ein. Hinzu kamen das Bistum Hildesheim und die kurmainzischen Gebietsteile Eichsfeld und Erfurt.[975] Zwar machte man sich in Teilen sogleich an die radikale Aufhebung der Klöster und Stifte und betrieb die rigorose Einziehung des Stiftungs- und Kirchenvermögens, doch galt dies nicht für alle (nunmehr) preußischen Gebiete gleichermaßen und auch nicht für alle säkularisierten geistlichen Institutionen.[976] Viel hing immer auch von der Einstellung des jeweils mit der Säkularisation befassten Beamten ab und so kam es durchaus vor, dass mit dem Säkularisationsobjekt schonend und korrekt umgegangen wurde.[977] Preußen hob sich zudem insofern von den Säkularisationsbestrebungen in Bayern ab, als dass es hier eine protestantische Macht war, die nunmehr über vormals rein katholische Gebiete regierte und man es deshalb nicht wagte, in gleicher Stringenz zu verfahren. Darüber hinaus verhinderten kriegerische Auseinandersetzungen und insbesondere die Besetzung preußischer Gebiete durch Frankreich ein kontinuierliches Säkularisationsvorgehen.[978]

---

974 *Liermann:* Geschichte des Stiftungsrechts, S. 212f.

975 *Brück:* Geschichte der katholischen Kirche in Deutschland im neunzehnten Jahrhundert, Band I, S. 157.

976 *Rudolphi:* Die katholische Kirche in Preußen, S. 35; *Liermann:* Geschichte des Stiftungsrechts, S. 213.

977 *Liermann:* Geschichte des Stiftungsrechts, S. 213.

978 *Brück:* Geschichte der katholischen Kirche in Deutschland im neunzehnten Jahrhundert, Band I, S. 200f.

In besonderer Weise gemäßigt und mit einem gewissen Gespür für den ideellen Wert mildtätiger Einrichtungen zeigte sich bei der Aufhebung und Vereinnahmung kirchlicher Institutionen der Staatsminister *Heinrich Friedrich Karl Reichsfreiherr vom und zum Stein*.[979] Zwar hob auch dieser in nicht geringem Umfang klerikale Stiftungen, Orden, Stifter und Abteien auf. Er gründete jedoch den sogenannten Religionsfonds für Schulen, Predigerstellen, Armenanstalten, Arbeitshäuser und Invalidenanstalten. Dadurch konnten weiterhin diese essentiellen Bedürfnisse der preußischen Bevölkerung wenigsten in eingeschränktem Maße bedient werden.[980]

Zudem blieben insbesondere einige Orden verschont, wenn diese entweder zu arm waren, als dass eine Säkularisation sinnvoll oder rentabel erschien, oder wenn solche Kongregationen gute Dienste im geistlichen Kultus leisteten. So blieben beispielsweise die Dominikaner- und Kapuzinerklöster in Hildesheim und Peine gänzlich in ihrem Bestand erhalten.[981]

Ansonsten ging man jedoch mit preußischer Gründlichkeit vor. Man dokumentierte alles, berichtete nach Berlin und hob, wenn es lukrativ schien, Kloster für Kloster und Stiftung für Stiftung auf.[982] *Steins* differenzierte Einstellung gegenüber der Säkularisation gründete auf einer genauen Beobachtung der Vorgänge und der Behandlung von Kircheninstitutionen in den linksrheinischen Departements. Diese ließ ihn eine Zentralisierung der Verwaltung für wenig erstrebenswert halten: *„Man vermeide nur ja alles generalisieren zu wollen und alles zu denen General Cassen zu ziehen, alle Local Einrichtungen zu sprengen und zu vernachlässigen, auch Gesetze zu geben, ohne von ihrer Ausführbarkeit und der Zustimmung der öffentlichen Meinung überzeugt zu seyn. Man blicke nur auf das linke Rhein Ufer und sehe die schrecklichen Folgen eines solchen Verfahrens.“*[983]

---

[979] *Heinrich Friedrich Karl Reichsfreiherr vom und zum Stein* (1757–1831), preußischer Beamter, Staatsmann und Reformer; m.W.n. *Duchhardt:* Freiherr vom Stein: Preußens Reformer und seine Zeit.

[980] *Freiin von Oer:* Die Säkularisation von 1803, S. 23.

[981] Immediat-Berichte *Schulenburgs*, Hildesheim 24.11.1802 und 04.01.1803 in: Preußen und die katholische Kirche seit 1640, 8. Teil, S. 671f., S. 704.

[982] *Freiin von Oer:* Die Säkularisation von 1803, S. 24.

[983] Brief des *Freiherrn vom Stein* an *Sack*, Nassau vom 11.09.1802; *Hubatsch:* Freiherr vom Stein: Briefe und amtliche Schriften, Band I, S. 565.

Insgesamt hatte Preußen gegenüber anderen Staaten weniger Hast und war in den Aufhebungen bedächtiger und gründlicher, was insbesondere mit den im Gesamten besser situierten Staatsfinanzen in Zusammenhang stand und demnach einfach die finanzielle Not nicht zu sofortigem Handeln zwang.[984] Zudem betrachtete man die Vermeidung jeglicher Störung der praktischen Seelsorge als ein wesentliches staatliches Interesse. Man nahm Rücksicht auf die religiösen Gefühle der Bevölkerung und fürchtete in Zeiten des Krieges deren Demoralisierung, sollte man Staatsdiener, wie dies häufig und nicht nur in Preußen vorgekommen war, mit Kirchengut übermäßig ausstatten.[985]

Bezüglich der ersten Phase preußischer Säkularisationen kann folglich konstatiert werden, dass neben dem langfristigen Ziel der Verbesserung der Staatsfinanzen vor allem die Durchsetzung der königlichen Souveränität im Fokus jeglicher Säkularisationsbestrebungen stand.[986]

Wenig später jedoch schloss sich die zweite Phase an. Im Jahr 1806, nach der Auflösung des Heiligen Römischen Reiches Deutscher Nation durch die Niederlegung der Krone durch Kaiser *Franz II.*, rückten französische Truppen in preußisches Gebiet ein und okkupierten die soeben in Besitz genommenen Territorien.[987] Mit Abschluss des Friedensvertrages von Tilsit am 09.07.1807 unterlagen nun einige dieser Gebiete wieder französischer Herrschaft.[988] Zudem bedeutete dieser Friedensschluss für Preußen weitere enorme Gebietsverluste innerhalb des Stammlandes, Militärstraßen zugunsten Frankreichs und darüber hinaus hohe Kontributionszahlungen.[989] Insgesamt verlor Preußen fast 50% des Staatsgebietes und seiner Untertanen.[990]

Aus dieser leidlichen Situation heraus nun, lebend unter ständiger Abhängigkeit von *Napoleon Bonaparte* in einem in der Größe halbierten und von Krieg und Besatzung verwüsteten Staatsterritorium, ergab sich die Notwendigkeit zur Erneuerung des Staates. Große Reformen wurden angestrebt

---

984 *Freiin von Oer:* Die Säkularisation von 1803, S. 24.
985 Ebenda, S. 25.
986 Ebenda.
987 *Erler:* Rechts- und verfassungsgeschichtliche Probleme der Säkularisation durch den Preußischen Staat, S. 8.
988 *Freiin von Oer:* Die Säkularisation von 1803, S. 22f.
989 *Erler:* Rechts- und verfassungsgeschichtliche Probleme der Säkularisation durch den Preußischen Staat, S. 8.
990 Ebenda, S. 9.

unter *Stein* und *Hardenberg*, welche natürlich der Finanzierung bedurften. Hier gerieten im Anschluss an den Tilsiter Frieden als Quelle für liquide Mittel zur Finanzierung der angestrebten Reformen die zahlreichen, gut situierten Klöster Schlesiens erstmals in den Fokus, ohne dass es jedoch gleich zu Aufhebungen kommen sollte.[991] In den Jahren 1807 und 1808 zog man ernsthaft in Erwägung, klösterliche und Stiftungsgüter zur Zahlung der Kriegskontributionen einzuziehen. Die Staatsmacht fühlte sich jedoch zunächst gehemmt, da man der Gunst des dies ablehnenden Volkes nicht verlustig gehen wollte. Aufgrund der sich weiter verschlechternden Gesamtsituation tauchten diese Bestrebungen allerdings im Jahr 1810 erneut auf, dieses Mal mit einer wesentlich konkreteren Vorstellung hinsichtlich der Vorgehensweise und unter weitestgehender Ablegung der Zurückhaltung aus Gründen der Staatsräson.[992]

Zunächst wurde nur die Verpflichtung geistlicher Stiftungen und Korporationen erwogen, den zehnten Teil ihres Einkommens zum sogenannten Staatsschulden Tilgungsfonds abzugeben. Diese Maßnahme konnte jedoch schon der Planung nach nicht viel einbringen, weshalb die totale Vermögenssäkularisation als weiterreichende Maßnahme überdacht und letztendlich durchgeführt wurde.[993] Hierzu erging ein Säkularisationsedikt vom 30.10.1810 für den gesamten preußischen Staat, dessen Motive sogar innerhalb des Dokumentes in genau dieser Reihenfolge benannt wurden:

1. *„Die Zwecke, wozu geistliche Stifter und Klöster bisher errichtet wurden, sind teils mit den Ansichten und Bedürfnissen der Zeit nicht vereinbar und soweit sie damit vereinbar sind, können sie auf veränderte Weise besser erreicht werden.“;*
2. *„Alle benachbarten Staaten haben Klosteraufhebungen durchgeführt.“;*
3. *„Nur durch die Aufhebung geistlicher Stifter und Klöster wird die pünktliche Abzahlung der Kontribution an Frankreich möglich.“;*
4. *„Durch die Einziehung der Klostergüter ermäßigt der Staat die ohnehin sehr großen Anforderungen an das Privatvermögen seiner getreuen Untertanen.“*[994]

---

[991] *Liermann:* Geschichte des Stiftungsrechts, S. 216; *Erler:* Rechts- und verfassungsgeschichtliche Probleme der Säkularisation durch den Preußischen Staat, S. 14.f.

[992] *Erler:* Rechts- und verfassungsgeschichtliche Probleme der Säkularisation durch den Preußischen Staat, S. 23, S. 26.

[993] Ebenda, S. 26.

[994] Edikt über die Einziehung sämtlicher geistlichen Güter in der Monarchie vom 30.10.1810 (Säkularisationsedikt); abgedruckt in: Gesetz-Sammlung für die königlichen Preußischen Staaten vom Jahre 1810, S. 32.

Dies sagte freilich einiges über die Denkweise des aufgeklärten preußischen Staates aus. Nicht nur, dass man sich natürlich selbst als den am besten geeigneten Verfügungsbefugten über die Kirchengüter verstand und dementsprechend gerierte. Man schreckte in seiner Selbstüberzeugung nicht einmal davor zurück, das Handeln anderer – ehemals als Feinde betrachteter – Staaten rechtfertigend heranzuziehen und zu suggerieren, die Säkularisation der Kloster- und Stiftungsgüter erfolge zum Wohle und zur Entlastung der Bevölkerung. Einzig das soeben unter Nummer drei aufgeführte Motiv dürfte als wahre Triebfeder der Einverleibung zu betrachten sein. Vor dem historischen Hintergrund der Bedingungen des Tilsiter Friedens und der katastrophalen Finanzsituation Preußens dürfte es im Kern um die Verbesserung der Staatsfinanzen und die Ermöglichung des Fortgangs der hardenbergschen Staatsreformen gegangen sein.

Beachtlich ist daneben, dass nur in schlesischen Gebieten säkularisiert wurde bzw. auch nur werden konnte.[995] Dies hatte seinen einfachen Grund darin, dass die unmittelbar auf den RDHS folgenden Säkularisationen in den anderen Gebieten im Wesentlichen bereits durchgeführt waren. Nur in Schlesien waren die geistlichen Institutionen in ihrem Bestand wenigstens größtenteils unangetastet geblieben, da einerseits Schlesien zur Zeit des RDHS nicht zum Deutschen Reich gehörte, andererseits Preußen den Habsburgern nach Eroberung der schlesischen Gebietschaften versprach, den Status quo der katholischen Körperschaften – und damit ihren mehr oder minder unangetasteten Bestand – aufrechtzuerhalten.[996]

V Allgemeine Auswirkungen des RDHS auf die Geistlichkeit und das reichsdeutsche Stiftungswesen

Die Konsequenzen des RDHS waren für Stiftungen, Orden, Klöster, Abteien und Stifte, mithin für die katholische Kirche insgesamt, wie zuvor in Österreich und Frankreich, abermals gravierend. So heißt es schon bei *Aretin*, der sich nur auf die Zeit bis zur Auflösung des Reiches im Jahre 1806 bezieht, beispielhaft und vielsagend: „*War das Reich in seiner*

995 *Erler:* Rechts- und verfassungsgeschichtliche Probleme der Säkularisation durch den Preußischen Staat, S. 1.

996 Ebenda, S. 29f.

engen verfassungsmäßigen Verbindung mit den geistlichen Fürsten bis 1803 katholisch regiert worden, so erschien es danach, 1806, ohne dass sich die Konfessionsverhältnisse geändert hatten, als ein vorwiegend protestantisches Land.“[997]

Es muss jedoch noch unterschieden werden zwischen dem Umgang mit der Geistlichkeit, den Konsequenzen für das religiöse Leben der Bevölkerung und den durch mildtätige Stiftungen geprägten Bereichen von Unterricht und Karitas einerseits sowie dem Umgang mit dem Kirchen- und insbesondere Stiftungsvermögen andererseits.

1 Status von Kirche und Geistlichkeit – Konsequenzen für Stiftungen in Karitas und Unterricht

Die Säkularisationen im Zuge des Hauptschlusses der Reichsdeputation führten als Fürstenrevolution und staatliche Reformbestrebung zur Beseitigung der Reichskirche, zum Ende des Heiligen Römischen Reiches Deutscher Nation und auch zur endgültigen Überwindung des deutschen Mittelalters. Der deutschen Kirchenorganisation, welche der Reform und der inneren Erneuerung dringend bedurft hätte, kam der RDHS mit seiner unbändigen Neuerungssucht im Sinne der Aufklärung zuvor. Eine Neuordnung war damit, wenn nicht generell infrage gestellt, auf die ferne Zukunft verschoben und das Schicksal der katholischen Körperschaften in die Hände der Weltlichkeit gelegt.[998]

Die katholische Kirche Deutschlands hat dadurch insgesamt – teils mittelbar, teils unmittelbar – ihre gesamte äußerliche Machtstellung und zudem praktisch ihr ganzes Vermögen eingebüßt.[999] Darüber hinaus wurde die hohe Geistlichkeit umfassend von einer Beteiligung an der Reichsregierung ausgeschlossen. Dies lag vor allem darin begründet, dass die Reichsstandschaft gemäß § 24 RDHS in der Regel an ein reichsunmittelbares Lehen geknüpft war, dessen der Klerus freilich durch den Hauptschluss und die Säkularisation der Herrschaftsrechte durch weltliche Fürsten und Regierungen verlustig ging.[1000] Hinsichtlich des deutschen Staatskirchensystems kann von einer

---

997 *Aretin:* Papsttum und moderne Welt, S. 33f.

998 *Raab:* Der Untergang der Reichskirche, S. 551.

999 *Rudolphi:* Die katholische Kirche in Preußen, S. 29.

1000 *Strätz:* Die Säkularisation und ihre nächsten staatskirchenrechtlichen Folgen, S. 41f.

umwälzenden Neuerung durch die Säkularisationsbestimmungen des RDHS nur schwerlich gesprochen werden. Vielmehr war das Staatskirchenrecht nach der großen Säkularisation als Entfaltung des weit vorher in den Territorialstaaten mehr oder weniger entwickelten Grundmodells ausgesprochener Staatskirchenhoheit anzusehen. Es stellt folglich den abschließenden Höhepunkt einer gewalttätig aufgeklärten Kirchenpolitik dar.[1001]

Was die einzelnen klerikalen Korporationen und die mildtätigen Stiftungen anbelangt, so kann konstatiert werden, dass deren Wirken, deren Einfluss, ihr Bestand überhaupt in vielerlei Hinsicht infrage gestellt wurde. Ein beträchtlicher Teil der Ordensgeistlichkeit wurde im Zuge der Übernahme der Verwaltung und deren Zentralisation nach dem Gedanken der Konfraternität in Sammelklöster überwiesen (sogenannte Krepierinstitute). Die Rechte vormals wirkmächtiger Bischöfe wurden regelmäßig durch die säkularen Fürsten okkupiert. Vielenorts wurden die oftmals in Stiftungsform daherkommenden Universitäten und Bildungsanstalten, neben den Ordensgemeinschaften selbst, aufgehoben. Dies wirkte sich ohne Zweifel äußerst nachteilig auf das Geistesleben des katholischen Volksteils aus und bedingte in der Konsequenz die Anfänge des sich über die nächsten Jahrzehnte verstärkenden katholischen Bildungsdefizits. Zudem war nun eine flächendeckend geordnete und dem Volkswohl zuvor genügende Seelsorge durch die Reglementierung des Priesterwesens und damit einhergehende Reduzierung der Eigenständigkeit bei der Gewinnung des Priesternachwuchses infrage gestellt. Die ehemals blühende stiftische Kulturlandschaft, besonders in Süddeutschland, verödete.[1002]

Neben der beinahe gänzlichen Beendigung des sonstigen geistig-kulturellen Lebens in Deutschland hat die Zäsur aus dem Jahre 1803 auch die Kontinuität der Entwicklung des Schul- und Bildungswesens, der Krankenpflege, der gelehrten Forschung, der Kunst und auch der gesamten Kultur empfindlich gestört, in Teilen sogar völlig vernichtet.[1003] Dies waren zuvor diejenigen

---

1001 Ebenda, S. 61.

1002 *Möhler:* Einige Gedanken über die zu unserer Zeit erfolgte Verminderung der Priester, S. 430; *Raab:* Der Untergang der Reichskirche, S. 552f.; *Freiin von Oer:* Die Säkularisation von 1803, S. 28.

1003 *Raab:* Auswirkungen der Säkularisation auf Bildungswesen, Geistesleben und Kunst, S. 65f.

Bereiche, welche von privater Stiftungstätigkeit unter dem Dach der Kirche besonders profitierten und der Bevölkerung einen großen Nutzen brachten.

Eine Ausnahme betreffend das Kranken- und Schulwesen bildete abermals Preußen. Ähnlich wie in Österreich und teilweise in Frankreich blieben auch noch im Jahre 1810 diejenigen Orden, welche in diesen Bereichen tätig waren, durch das Säkularisationsedikt vom 30.10.1810 verschont, sie wurden sogar gemäß § 4 des Ediktes aktiv in ihrem Erhalt und in ihrem Wirken gefördert. Krankenpflege und Jugenderziehung galten als wichtiger Beitrag zum Besten der bürgerlichen Gesellschaft und entsprachen damit dem der Aufklärung innewohnenden Allgemeinwohlbestreben des Staates. Hierzu wurde durch die Säkularisationshauptkommission beispielweise eigens eine Schuldeputation eingerichtet, welche zwar ein gewisses Maß an Aufsicht und Kontrolle über die Orden ausübte, diesen jedenfalls aber in Kooperation mit geistlichen Führern allenfalls Vorschläge zur Verbesserung der inneren Organisation bezüglich der Aufnahme neuer Mitglieder, Belange des Gottesdienstes, des Schulunterrichts und der Krankenpflege anheimstellte.[1004]

In der Gesamtschau ändert dies jedoch nichts daran, dass durch die Aufklärung innerhalb des Reiches die Religion und die Kirche vom obersten Rang verdrängt wurden. Deren Stellung als beherrschende Macht von Geist und Seele der gebildeten Öffentlichkeit wurde eingenommen durch eine neue Sichtweise der Vernunft, der Philosophie und der Natur, in deren Mittelpunkt der omnipotente Staat stand.[1005] Dem aufgeklärt-spätabsolutistischem Staat war es gelungen, den Übergang von der Kontemplativität zur Weltlichkeit zu vollziehen, sich darüber hinaus mit eher naturrechtlichen, utilitaristischen und staatsegoistischen als kirchlich-religiösen Argumenten ein umfangreiches Aufsichts- und Sorgerecht über die Untertanen zu generieren.[1006]

Besonders folgenschwer für den ordensseitig und zum großen Teil durch Stiftungen getragenen Sektor der Bildung und der Wissenschaft war die

---

1004 *Erler:* Rechts- und verfassungsgeschichtliche Probleme der Säkularisation durch den Preußischen Staat, S. 48.

1005 *Raab:* Auswirkungen der Säkularisation auf Bildungswesen, Geistesleben und Kunst, S. 67.

1006 Ebenda.

Aufhebung von insgesamt 18 stiftungsgemäß katholischen Universitäten.[1007] Diese wurden allesamt umgewandelt respektive degradiert zu mehr oder weniger paritätischen Hochschulen oder höheren Lehranstalten, was aus katholischer Sicht einem Kahlschlag gleichkam.[1008]

2 Die vermögensrechtliche Seite – Vernichtung und Zweckentfremdung von Kirchen- und Stiftungsvermögen

Bedauerliche Begleiterscheinung war abermals – wie dies schon von den Säkularisationen in den Erblanden und der Französischen Republik bekannt ist – die negativen Auswirkungen auf klerikale- bzw. Stiftungsgüter. Wieder einmal in großem Maßstab zu finden waren die Verschleuderung von Kunstwerken, Bibliotheken, Handschriften und Archiven sowie das Losschlagen oder die Zweckentfremdung respektive Profanisierung kirchlicher Bauten *„zum Wohle des Staates“*.[1009] Beispielsweise wurden allein im linksrheinischen Köln unter französischer Herrschaft über 50 Kirchen und Kapellen niedergerissen. In Trier als Hauptstadt des durch den Frieden von Lunéville endgültig französisch gewordenen Saardepartements nutzte man wertvollste Bibliotheksbestände als Heizmittel.[1010] In den rechtsrheinischen Gebietschaften verlief der Umgang mit kirchlichen Gütern nicht weniger nachteilig. Zu einer in vielerlei Hinsicht ungünstigen Zeit wurden Domänen, Klöster und Stiftsgüter verschleudert, anstatt sie für dringendere Umstände aufzubewahren oder wenigsten teilweise und nach und nach mit gehöriger Umsicht zu veräußern. Das übermäßige Angebot auf einem ohnehin kaufschwachen Markt sorgte freilich für einen Preissturz der Immobilien- und Grundstückspreise. Zudem konnte der Gegenwert beweglicher Güter, welcher ideell und kulturell nicht einmal einschätzbar war, keinesfalls auch nur ansatzweise erzielt werden.[1011] Der dadurch zudem wesentlich erhöhte Verwaltungsaufwand verursachte den Staaten und Fürstentümern nur noch mehr Kosten. Anstelle einer vereinfach-

---

[1007] Zu den einzelnen Universitäten und dem Umgang mit diesen vgl. *Raab:* Auswirkungen der Säkularisation auf Bildungswesen, Geistesleben und Kunst, S. 70ff.

[1008] *Raab:* Auswirkungen der Säkularisation auf Bildungswesen, Geistesleben und Kunst, S. 70f.

[1009] Ebenda, S. 84f.

[1010] *Raab:* Clemens Wenzeslaus und seine Zeit (1739–1812), Band I, S. 14f.

[1011] *Brendel:* Das Recht und die Verwaltung der milden Stiftungen, S. 22f.

ten Verwaltung erhielt man einen monströsen Verwaltungsapparat, ein *„vielköpfiges Ungeheuer“* (*Brendel*). Aus der freien Verfügungsbefugnis der weltlichen Herrscher ergab sich noch eine weitere, für die Bevölkerung nachteilige Entwicklung. Anstelle von Armen- und Krankenhäusern oder Bildungseinrichtungen, derer es in dieser Zeit tatsächlich bedurft hätte und welche im Gegenteil vermehrt geschlossen wurden oder wegen Vermögenslosigkeit schließen musste, wurden in nicht geringer Zahl herrliche Paläste, Theater, ungeheure Zollhäuser und entbehrliche, kostspielige öffentliche Geschäftshäuser gebaut.[1012]

Was das Vermögen der Stiftungen im Speziellen betraf, so regelte § 65 RDHS zwar, dass dieses wie Privateigentum zu behandeln war; dass sich die weltlichen Territorialherren ohne Umschweife darüber hinwegsetzten, wurde jedoch schon dargelegt und ebenso, dass es ohnehin keine Instanz zur Geltendmachung von etwaigen Ansprüchen infolge des Missbrauchs gab. Es wird also deutlich, dass die Stiftungen gerade nicht wie private Eigentümer behandelt wurden oder ihnen Rechtspersönlichkeit zugedacht wurde. Im Gegenteil: Stiftungen wurden eher wie „Staatsverbrecher“ behandelt, wenn man bedenkt, dass solcher Personen Vermögen ohne Weiteres konfisziert werden konnte.[1013] Auch die Prämisse, milde und fromme Stiftungen nach dem Recht der Minderjährigen zu behandeln, wie dies beispielsweise im preußischen Allgemeinen Landrecht angelegt war, wurde nicht beachtet. Wie ist es sonst vorstellbar, dass zwar der Vormund eines Minderjährigen keinesfalls dazu berechtigt war, liegende Gründe des Bevormundeten zu veräußern, bei den Stiftungen jedoch, welche einen großen Mehrwert für die Gesellschaft generierten und deshalb des besonderen Schutzes bedurft hätten, genau dies stetig geschah? Neben der wiederholt auftretenden und augenscheinlichen Nichtbeachtung des Stiftungszwecks als Verstoß gegen das innerste Wesen des Stiftungsrechts – was der Säkularisation von Stiftungsvermögen freilich immanent war – ergab sich auf diese Weise die unbegrenzte Anwendung der Lehre vom Obereigentum des Staates in seiner wohl

---

1012 *Brendel*: Das Recht und die Verwaltung der milden Stiftungen, S. 23, S. 42f.

1013 Ebenda, S. 31.

größtmöglichen Entfaltung. Der Staat nahm die Stellung des Obervormundes der Stiftungen ein und verfügte über ihr Vermögen uneingeschränkt nach seinem Dafürhalten.[1014]

VI Fazit

Die Säkularisation von 1803 wurde durch die von Frankreich adaptierte, aufklärerische Stimmung sowie die kanonistische Literatur und kirchenfeindliche Belletristik der zweiten Hälfte des 18. Jahrhunderts umfassend vorbereitet und somit der Weg geebnet.[1015] Insbesondere die durch die Literatur geleistete Vorarbeit erschöpfte sich darin, den inneren Schutz des Eigentums der kirchlichen Rechtsträger und ergo auch der kirchlichen Stiftungen zu marginalisieren. Es gelang zudem, die zeitgenössischen, aufgeklärten Staatsauffassungen in einen wesentlichen Teil des kanonistischen Systems zu integrieren, wodurch es zum Zeitpunkt der Umsetzung des RDHS an einer überzeugenden und glaubhaften kanonistischen Basis für die Verteidigung der Kirchen- und Stiftungsgüter mangelte.[1016]

Es lässt sich konstatieren, dass sich die große deutsche Totalsäkularisation als entscheidende Weichenstellung zur Entwicklung eines freundlich-neutralen und distanzierten Staats-Kirchen-Verhältnisses darstellte, welches noch heute gilt und – abgesehen von einigen Reibungspunkten und marginaler Mängel – passabel funktioniert. Die Kirche wurde durch den RDHS von vielfältigen weltlichen Aufgaben befreit und insbesondere löste sich die tiefgreifende Verflechtung zwischen Kirche und überkommenem Adelsstand, was den Weg frei machte für das Eindringen des Bürgertums in die kirchlichen Strukturen in maßgeblicher Rolle und damit für frischen Wind und eine innere Erneuerung vor allem der katholischen Kirche sorgte.[1017]

1014 *Gradenwitz:* Der Wille des Stifters, S. 193f.; *Brendel:* Das Recht und die Verwaltung der milden Stiftungen, S. 31f.

1015 M.w.N. *Kaiser:* Erscheinungsformen der Säkularisierung in der deutschen Literatur des 18. Jahrhunderts, S. 91ff.; *Raab:* Der Untergang der Reichskirche, S. 541; *Brendel:* Das Recht und die Verwaltung der milden Stiftungen, S. 20; *Freiin von Oer:* Die Säkularisation von 1803, S. 9.

1016 *Strätz:* Wegweiser zur Säkularisation in der kanonistischen Literatur, S. 67.

1017 *Strätz:* Die Säkularisation und ihre nächsten staatskirchenrechtlichen Folgen, S. 62.

Nichtsdestoweniger kann damit geschlossen werden, dass die Tatsache, dass die Säkularisation letztlich einen segensreichen geistig-religiösen Erneuerungsprozess innerhalb der katholischen Kirche des 19. Jahrhunderts eingeleitet hat, die Verluste in den Bereichen der Nächstenliebe, der Seelsorge, der Bildung, der Armen- und Krankenpflege und des Kultus, also praktisch des gesamten Stiftungswesens, nicht aufwog.[1018] Nachdem die Wogen, welche die Säkularisationen des Reichsdeputationshauptschlusses geschlagen hatten, sich langsam glätteten und sich nach dem Ende der Koalitionskriege und der Auflösung des Reiches so etwas wie Normalisierung in den Staaten auf deutschem Boden einstellte, lag das Stiftungswesen in Trümmern. Der vor und noch während des Beginns der Aufklärung leuchtende Stiftungsgedanke war vorerst erloschen. Zu viele Stiftungen und mildtätige Einrichtungen waren weltlichen Herrschern zum Opfer gefallen, sei es in Form der Übernahme der Verwaltung, der Zentralisierung oder der heißen Gütersäkularisation.

Es bedurfte eines Zeitraumes von über einem Jahrzehnt nach Ratifikation des RDHS, bis nach dem Wiener Kongress im Jahre 1815 und einer längeren Zeit der Etablierung einer gewissen Stabilität innerhalb Europas, der Gedanke an ein Wiederaufleben des Stiftungsrechts erneut zur Ausprägung gelangte. Das Zeitalter der Aufklärung und der Säkularisationen hatte tiefe Wunden geschlagen und das Stiftungswesen beinahe tödlich getroffen. Trotz aller Stiftungsfeindlichkeit, die nicht nur einzelne Stiftungen in großer Zahl beseitigte, sondern dem Stiftungswesen auch die geistliche Grundlage entzog, brachte diese Zeit in der Gesamtwürdigung auch konstruktive Gedanken hervor und machte den Weg frei für eine neue Konzeption stiftungsrechtlicher Dogmatik, heraus aus den überkommenen Strukturen des kanonischen Rechts und aus der zwanghaften Kirchenzugehörigkeit, mitten hinein in das Privatleben der bürgerlichen Gesellschaft.[1019]

[1018] *Reicke:* Art. Säkularisation, RGG [1961] 1286.

[1019] *Liermann:* Geschichte des Stiftungsrechts, S. 229f.

Ergebnisse und Schlussbetrachtung

Die Entwicklungsgeschichte des Stiftungswesens erstreckte sich über Jahrtausende. Stiftungsartige Gebilde fanden sich bereits in der Antike. Erste „tatsächliche" Stiftungen brachte, sofern man die Subsumption unter einer – nach heutigen Maßstäben – geläufigen Rechtsstruktur oder Rechtspersönlichkeit aus dem Fokus lässt, das christliche Altertum unter kanonischem und römischem Recht in Form der *piae causae* hervor. Dieser im Wesentlichen zunächst auf klerikalem Boden gewachsene Strang der Karitas befasste sich mit unterschiedlichsten Aspekten der Bedürfnisse der Bevölkerung; mit sozialen Aufgaben, kirchlich-religiösen Zwecken oder der Sorge um das Seelenheil.

Mit Anbruch des Mittelalters hielten auch bürgerliche Kräfte Einzug in das Stiftungswesen und konnten in stiftungsrechtlicher Hinsicht mit der Implementierung der Hauptgeldstiftung in das bestehende Rechtssystem, das im Kern noch immer auf kanonischem und römischem Recht basierte, für einigen Fortschritt sorgen. Dies änderte wiederum nichts daran, dass sich ein großer Teil der Stiftungstätigkeiten weiterhin innerhalb kirchlicher Strukturen abspielte, insbesondere im Ordens- und Klosterwesen. Hier ist noch heute die Frage nach der Vermögensfähigkeit und der Unterscheidung zwischen Anstalt und Korporation nicht abschließend geklärt. Beide Stiftungsformen jedenfalls – die kirchliche und die weltliche – erfuhren zu dieser Zeit eine rasante, stetige Weiterentwicklung und schwangen sich zu einer ersten Blütezeit auf, auch wenn die Herausbildung einer eigenen und klar definierten Rechtspersönlichkeit nicht in Gänze gelang. Eine Stiftung in Form einer juristischen Person als Träger von eigenen Rechten und Pflichten nach heutigem Rechtsverständnis gelangte nicht zur Entstehung.

Diese Blütezeit jedoch fand mit dem Ende des Spätmittelalters ein jähes Ende. Infolge der Zäsur der Reformation und des Westfälischen Friedens im Jahre 1648 setzte für das Stiftungswesen eine neue Zeitrechnung mit völlig konträren Denkweisen ein. Dies hätte in der Rückschau und unter Einbeziehung aller Konsequenzen für ein bis dato in vielerlei Hinsicht florierendes Stiftungswesen kaum nachteiliger sein können. Standen (vor allem kirchliche) Stiftungen bis zu diesem Zeitpunkt noch für Mildtätigkeit und Nächstenliebe, für Unterstützung des Armen-, Kranken- und Unterrichtswesens bar jeglicher Gegenleistung, so büßten sie diesen positiv konnotierten Status mit dem Aufkeimen der Aufklärung und dem Erstarken naturrechtlicher Ideen ein.

Rekurriert man noch einmal auf das von *Liermann* gezeichnete Bild der generellen Stiftungsfeindlichkeit während der Epoche der Aufklärung, so ist die Frage nach deren Vorliegen in der Gesamtschau nur unter differenzierter Betrachtung zu beantworten. Einerseits ist zu trennen zwischen den verschiedenen Territorien Preußen, Österreich, Frankreich und Reichsdeutschland. Andererseits kommt es wiederum entscheidend auf das Verständnis des Begriffs der Stiftungsfeindlichkeit an. Versteht man diesen als unmittelbare Geringschätzung stifterischer Tätigkeiten und aktives Vorgehen explizit gegen Stiftungen, so ergaben sich in den Territorien unterschiedliche Bilder. Sieht man eine Feindlichkeit jedoch bereits als gegeben an, wenn im Zuge der Säkularisierung weltliche Herrscher dazu übergingen, kirchliche Institutionen und insbesondere Orden einer Säkularisation zuzuführen, sodass auch die zugehörigen Stiftungen und ihre Güter als Stiftungssubstrat ihrem ursprünglichen Zweck entrissen und damit vernichtet wurden, dann muss man bei allen europäischen Großmächten durchaus eine Stiftungsfeindlichkeit konstatieren. Eine Unterscheidung ist also vorzunehmen zwischen einer aktiven bzw. unmittelbaren, sowie einer passiven bzw. mittelbaren Stiftungsfeindlichkeit.

Im preußischen Staat waren Säkularisationen von Kirchen und Klöstern mitnichten eine Neuheit der Aufklärung. Bereits seit der Reformation griffen weltliche Herrscher nach (meist katholischen) Kirchen- und Klostergütern, wie beispielsweise bei dem Kloster Lehnin im Jahre 1542. Diese Aufhebung richtete sich gegen den Orden selbst. Die zugehörigen Stiftungen bzw. ihre Güter fielen ihr jedoch gleichermaßen zum Opfer und wurden in weltliches Vermögen überführt. Man kann davon ausgehen, dass die Stiftungsgüter zu diesem Zeitpunkt als Gesamtgut des Klosters angesehen wurden und sich *Joachim II.* keine unmittelbaren Gedanken bezüglich der Säkularisation von Stiftungsgütern machte.

Eine solche Betrachtungsweise ist jedoch für den Preußischen Staat der Aufklärung nicht mehr uneingeschränkt angezeigt. Zunächst standen hier die diversen Säkularisationsvorhaben *Friedrichs des Großen*, welche im Ergebnis Nebenprodukte umfassender außen- und reichspolitischer Konzeptionen waren. Sie dienten in erster Linie der Machterweiterung und Arrondierung der Staatsgrenzen.[1020] Hier ist es noch verfehlt, von einer aktiven Stiftungsfeindlichkeit zu sprechen, waren doch selbst vollzogene Klosteraufhebungen und damit aktive Maßnahmen gegen klerikale Institutionen meist nur Mittel zum Zweck, wenngleich auch die Säkularisation von Vermögen eine willkommene Begleiterscheinung war. Dennoch können die Säkularisationsvorhaben und Säkularisationen *Friedrichs II.* nur als Teilaspekt der friderizianischen Staats- und Außenpolitik gewertet werden.[1021] Sie richteten sich nicht in erster Linie gegen das Stiftungswesen.

Demgegenüber kann jedoch dem Wesen des Allgemeinen Landrechts für die Preußischen Staaten ein stiftungsfeindlicher Impetus zugesprochen werden. Das Gesetz aus dem Jahre 1794 folgte zwei strengen Theorien; dem kollegialistischen Rechtsdenken und der Lehre vom Obereigentum des Staates.[1022] Danach wurde das Stiftungsvermögen per se der Institution zugerechnet, der die Stiftung zugehörig war. Außerdem stand der Staat als Machtmonopol und übergeordneter Eigentümer oberhalb der Kirche.[1023] Ein eigenständiges Stiftungswesen unter dem Dach der Kirche war nicht nur gar nicht vorgesehen, sondern wurde sogar aktiv unterbunden. Der Staat sah sich als allzuständigen Korpus im preußischen Gebiet und schrieb sich deshalb auch die umfassende Direktive über das zuvor durch Stiftungen vielfältig abgedeckte Feld der Armenfürsorge, Krankenfürsorge und Mildtätigkeit zu.

1020 *Baumgart:* Säkularisierungspläne König Friedrichs II. von Preußen, S. 60.

1021 Ebenda, S. 68.

1022 *Liermann:* Geschichte des Stiftungsrechts, S. 185.

1023 *Hinschius:* Das preußische Kirchenrecht im Gebiete des Allgemeinen Landrechts, S. 270f.

Die einzige Ausnahme hierzu bildeten die privaten Familienstiftungen, welche das Landrecht aktiv und weitestgehend der staatlichen Kontrolle entzog und somit einen Ansatz für ein modernes Stiftungsrecht hinsichtlich privater Stiftungen enthielt. Diese Art der Stiftung war jedoch dem Wirkungskreis der Kirche vollends entzogen. Die kirchlichen Stiftungen wurden der Einflussnahme des Staates unmittelbar geöffnet und eine freie Stiftungstätigkeit in diesem Sektor verunmöglicht.

Auch bei *Immanuel Kant* findet sich eine ausgeprägte Ablehnung des Stiftungswesens. Hatte er dieses in seiner Erstauflage der Metaphysik der Sitten aus dem Jahre 1797 zunächst gar nicht thematisiert, so tritt seine Haltung in einem Anhang zur zweiten Auflage aus dem Jahre 1798 umso deutlicher zutage. Dies stand wie im Allgemeinen Landrecht damit in Verbindung, dass *Kant* seine Vorstellung eines Staatssystems in Anlehnung an die Lehren *Hobbes* und *Pufendorfs* bereits umfassend entwickelt hatte und der Leitgedanke dessen die Einheitlichkeit des Staates sowie die Vollumfänglichkeit seines Herrschaftsanspruches war. Auch er wendete sich gegen die dauerhafte „Bodenbelästigung durch die tote Hand“, insbesondere durch zahlreiche kirchliche Anstaltsstiftungen mit großem Grundbesitz. Seiner Sichtweise nach banden diese das Volksvermögen in hohem Maße an überholte Zwecke und hielten an veralteten gesellschaftlichen Strukturen fest. Generell lehnte er die machtvolle Stellung des Klerus ab und damit auch insgesamt ein kirchliches Stiftungswesen. *Kants* Blick auf das Stiftungswesen war durchzogen von den Ideen der Aufklärung und dem durch die aufgeklärte Vernunft geprägten Verständnis des Verhältnisses zwischen Kirche und Staat. Danach war die Idee der Stiftung nicht zeitgemäß und diente in vielen Fällen nicht in bestmöglicher Weise dem Wohle des Volkes, sodass es dem allmächtigen Staat oblag, zu diesem Zweck verbessernd und aus seinem natürlichen Recht heraus einzuschreiten. Bei *Kant* ist somit eine aktive Antipathie gegen Stiftungen festzustellen.

Eine ebenso differenzierte Betrachtung bezüglich einer Stiftungsfeindlichkeit ist für die österreichischen Erblande unter *Maria Theresia* und *Joseph II.* angezeigt. Auch hier ergaben sich staatliche Einwirkungen auf das Stiftungswesen nicht erst während der Aufklärung. Schon zuvor ging der Staat mit einer umfassenden Amortisationsgesetzgebung gegen den Erwerb der toten Hand vor, um sich weitgehende Rechte der Aufsicht und Mitwirkung bei der Verwaltung der Stiftungsvermögen zu sichern. Diese Tendenzen verstärkten sich dann unter *Maria Theresia* und mündeten in einer Zentralisierung der Stiftungsverwaltung in der Hand des Staates im Rahmen des Staatskirchentums.[1024] Ihre Reformen bildeten den Grundstein für die großflächigen Klosteraufhebungen und die Verstaatlichung der Armenfürsorge mit Einrichtung des Religionsfonds unter *Joseph II.* Das Verhältnis *Josephs II.* zu den Stiftungen kann jedoch nur als ambivalent bezeichnet werden; ihm eine generelle Stiftungsantipathie zu unterstellen, scheint verfehlt. In Österreich wurde – wie in Preußen – die kollegialistische Theorie vertreten, wonach das Stiftungsvermögen zum Kirchenvermögen gerechnet wurde. Zudem war der Monarch Anhänger des aufgeklärten Absolutismus und sah insbesondere in der Armenfürsorge den Staat als einstandspflichtig an. Hinzu kam die Tatsache, dass manchenorts innerhalb der Orden durchaus missbräuchlich mit dem Stiftungsvermögen umgegangen wurde, wodurch sich wieder einmal ein ungeschriebenes Gesetz des historischen Stiftungswesens zeigte. Schlechte Verwaltung von Stiftungen ruft die Staatsgewalt auf den Plan, die dann ihrerseits nach den Stiftungen greift und diese sich regelmäßig in irgendeiner Form fiskalisch einverleibt.[1025] Dies war vor allem in Zeiten finanzieller Not häufig der Fall, welche aufgrund vieler kriegerischer Auseinandersetzungen während der Aufklärung freilich ebenfalls häufig gegeben waren. Nach alledem war somit nicht die unmittelbare Vernichtung von Stiftungen *Josephs* Anliegen. Vielmehr stand eine Reformierung des Stiftungs- und Klosterwesens zur Durchsetzung staatlich-weltlicher Allmachtsansprüche im Rahmen des Absolutismus im Mittelpunkt, *„denn Josef wollte auf keinen Fall kirchliches Eigentum der Kirche entfremden. Er zwang nur die Kirche mit seiner tyrannischen Liebe, ihre Mittel anzuwenden, wie er es für heilsam hielt.“*[1026] Jedoch änderte auch seine nicht antiklerikale Einstellung nichts am tatsächlich herbeigeführten Erfolg seiner Maßnahmen. Es erfolgte eine völlige Zentralisation der Stiftungsverwaltung in der Hand des Staates, sofern nicht betroffene Stiftungen ohnehin das Schicksal des aufgehobenen Klosters teilten und dem Religionsfonds zugeschlagen wurden. Eine solche Aufhebung der Stiftung wurde jedoch nicht als unzulässig angesehen, war

---

1024 *Heimberger:* Die Veränderung des Stiftungszwecks, S. 400.

1025 *Liermann:* Geschichte des Stiftungsrechts, S. 194f.

1026 *Winter:* Der Josephinismus und seine Geschichte, S. 154; *Heimberger:* Die Veränderung des Stiftungszwecks, S. 408f.

der Staat doch als *dominum eminens* ohnehin mit Eigentumsrechten ausgestattet, die alle anderen Rechte überlagerten. Hiernach war ein solches Vorgehen sogar geboten, denn *„der Mensch darf gemäß den göttlichen Geboten niemanden irgendwie schädigen, mithin auch den Staat nicht etwa dadurch, daß er Vermögensstücke, die unter Umständen zur Förderung der Staatsinteressen nötig sind, dem staatlichen Zugriff durch Schenkung oder Widmung für Kirchen- und Wohltätigkeitszwecke entzieht.“*[1027]

Für die Stiftungen in den habsburgischen Erblanden lässt sich festhalten, dass ihr Bestand regelmäßig vom Schicksal der Monasterien abhing. Wurde ein Kloster aufgehoben und das Klostervermögen dem Religionsfonds zugeschlagen, galt dies für das Stiftungsvermögen gleichermaßen. Übernahm der Staat die Verwaltung des Klosters, folgte dem auch die Direktive über die Stiftungsgüter. Eine Beachtung des jeweils vom privaten Stifter gewählten Stiftungszwecks erfolgte nicht. Hier ist folglich zwar nur eine passive Stiftungsfeindlichkeit zu konstatieren, diese hat wiederum dennoch eine unwiederbringliche Vernichtung unzähliger Stiftungen und einen großflächigen Niedergang des kirchlichen Stiftungswesens herbeigeführt.

Auch im revolutionären Frankreich war der ganz überwiegende Teil des florierenden Stiftungswesens zum Beginn der Aufklärung mit dem Kirchen- und Klosterwesen assoziiert. Alle Institutionen der Kranken- und Armenpflege, überdies oft auch Erziehungs- bzw. Bildungsanstalten, Fremdenherbergen und weitere Wohltätigkeitsanstalten fielen in den Wirkungskreis der Kirche. Sie wurden von Geistlichen geleitet, unterstanden der Aufsicht des Bischofs und unterfielen dem kanonischen Recht.[1028] Die Kräfte der Revolution begehrten auf gegen den Klerus als Teil der Ständegesellschaft. Es ergab sich eine ausgesprochene Ordens- bzw.- Kirchenfeindlichkeit, die den Einflussreichtum dieses Standes generell ablehnte und in deren Konsequenz das gesamte Kirchenvermögen per Dekret vom 02.11.1789 durch die Konstituante zu Nationaleigentum erklärt wurde.[1029] Bereits hierdurch, aber auch noch während des späteren Verlaufs der Revolution, wurden im Sinne einer passiven bzw. mittelbaren Stiftungsfeindlichkeit sämtliche Ver-

---

1027 *Pehem:* Jus ecclesiasticum, § DCCCCXIII; zitiert nach *Heimberger:* Die Veränderung des Stiftungszwecks, S. 410.

1028 *Roth:* Über Stiftungen, S. 195.

1029 *König:* Die katholischen Körperschaften, S. 143.

mögensgüter klosterzugehöriger Stiftungen der Säkularisation zugeführt. Zusammen mit allen weiteren Klostergütern wurden Stiftungskapitalien den weltlichen Departementverwaltungen übertragen und durch diese beschlagnahmt, inventarisiert und veräußert. Sie wurden damit ihrer Zweckbindung entrissen; auf eine vormals freie Stiftertätigkeit unter dem Dach der Kirche nahm der zerstörerische Drang der Revolution keine Rücksicht. Schon die Nationalisierung der Kirchen- und Klostergüter als Träger der Stiftungsgüter versetzten den Stiftungen einen so schweren Schlag, dass im Anschluss daran eine geregelte Ausübung von Armen- und Krankenfürsorge sowie sonstigen karitativen Tätigkeiten und Unterrichtswesen nicht mehr möglich war. Mobiliares sowie *immobiliares*, materielles sowie immaterielles Vermögen wurden in gigantischem Ausmaß durch Misswirtschaft und fehlgeleitete, übereilte Maßnahmen unwiederbringlich vernichtet.

Allerdings ist zudem hier auf französischem Gebiet während der Aufklärung auch eine aktive und unmittelbare Stiftungsfeindlichkeit festzustellen. Auch hier galt der Grundsatz vom Obereigentum des Staates und ebenfalls hatte man starke Vorbehalte gegen die Bindung des Bodens durch die tote Hand.[1030] Besonders *Turgot* tat sich hier hervor, der ein bereits im Jahre 1749 erlassenes Gesetz, welches eine Stiftungstätigkeit radikal einschränkte, ausdrücklich begrüßte und in seinem Beitrag aus dem Jahre 1757 zur französischen Enzyklopädie – einer genuinen Feindin des Stiftungswesens –[1031] die vollständige Beseitigung stifterischer Tätigkeiten aus Gründen der Vernunft forderte.[1032]

Auch der letzte Untersuchungsgegenstand, die große deutsche Totalsäkularisation im Rahmen des Reichsdeputationshauptschlusses, wies eine deutliche und aktive Stiftungsfeindlichkeit auf. Zwar ging es im Kern zunächst um die Entschädigung depossedierter weltlicher Fürsten des linken Rheinufers und damit um die Säkularisation generell-kirchlicher Territorien. Dennoch tritt hinsichtlich der Stiftungen schon bei der reinen Lektüre des damaligen Gesetzestextes des RDHS eine ablehnende Haltung hervor. Ursächlich hierfür war, dass die Stiftungen als der Kirchenkorporation zugehörige Vermögensmasse monetär zu großen Teilen erheblich ausgestattet waren und der

[1030] *Taine:* Die Entstehung des modernen Frankreich, Band II, S. 197, S. 200f.
[1031] *Heimberger:* Die Veränderung des Stiftungszwecks, S. 408.
[1032] *Oeuvres de Turgot*, herausgegeben von *Schelle*, Band I, S. 593.

fortgesetzte Kriegsstand im Reich Unsummen verschlang. Hier wurde den Stiftungen abermals das kollegialistische Rechtsdenken zum Verhängnis.

Wie gesehen, beinhaltete der Gesetzestext, dem Wortlaut nach, ein gewisses Maß an Schutz für den Bestand und gegen den uneingeschränkten Zugriff weltlicher Herrscher auf die Stiftungen. Nach dessen § 65 waren fromme und milde Stiftungen wie Privateigentum zu behandeln. Dieser Schutzmechanismus war nur in der Praxis völlig unzureichend. Aufgrund des generalklauselartigen § 35 gestanden sich die weltlichen Herrscher eine freie Dispositionsbefugnis zu und überdies sahen viele Gebietsregierungen den RDHS ohnehin als fakultatives Recht an. Völlig unbrauchbar wurde der Stiftungsschutz dann durch den zweiten Halbsatz des § 65, wonach Stiftungen nur insofern Bestandsschutz genossen, dass sie unter landesherrlicher Aufsicht und Leitung standen. Nun ließ sich eine aktive Stiftungsfeindlichkeit zwar bereits aus dem Gesetzestext herauslesen, letztendlich entscheidend waren aber freilich dessen Anwendung und die Handlungen seitens weltlicher Herrscher in der Praxis. Auf bayerischem Gebiet ging man unter der Führung *Montgelas'* radikal und zielstrebig vor. Mit der Einsetzung des Administrationsrates der Kirchen und geistig-milden Stiftungen wurde bereits während der Verhandlungen um den RDHS eine aufsichtführende, übergeordnete Behörde geschaffen, mit welcher das gesamte kirchliche Stiftungswesen den staatspolitischen Zielen unterworfen und zunutze gemacht wurde. Diese Ziele waren natürlich von den Ideen der Aufklärung durchdrungen. Stiftungen wurden mit dem Ziel der Verwaltungsvereinfachung zentralisiert und verstaatlicht, solche mit gleicher Zwecksetzung sogar zusammengelegt. So sehr dies dem Streben nach einem omnipotenten Staat der Aufklärung entsprach, so sehr widersprach ein solches Vorgehen einer freien Stiftertätigkeit und dem Schutz von privat zur Verfügung gestellten Stiftungsgütern. Hinzu kam abermals die Kapitalisierung von Stiftungsvermögen, um so der Bindung von Grund und Boden durch die tote Hand entgegenzuwirken. Zentralisierung, Purifikation, Konsolidierung und Kapitalisierung hätten für das über Jahrhunderte gewachsene Stiftungswesen nicht nachteiliger sein können. Innerhalb kürzester Zeit wurden so gigantische Summen verschleudert und unzählige Stiftungen zerstört.

Etwas anders gestaltete sich die Situation in Preußen, deren Säkularisationsbestrebungen sich in zwei Phasen aufteilten. In der ersten Phase kann man wenigstens in Teilen des Territoriums von einem eher gemäßigten

Säkularisationsvorgehen sprechen. Durchaus nahm man auf Bedürfnisse sowohl des Klerus als auch der Bevölkerung Rücksicht, wenngleich auch hier schon Stiftungen aufgehoben oder zusammengelegt und damit dem vom Stifter gewählten Zweck entrissen wurden. Immerhin wurden durch den eingerichteten Religionsfonds noch die essentiellen Bedürfnisse bedient und Schulen, Predigerstellen, Armenanstalten, Arbeitshäuser und Invalidenanstalten nunmehr staatlicherseits finanziert. Es zeigte sich eine ablehnende Haltung insbesondere des Staatsminister *Steins* gegenüber einer generellen Zentralisierung wie beispielsweise in Frankreich oder Bayern. Dies änderte sich dann jedoch auch in Preußen mit Beginn der zweiten Phase. Aufgrund kriegerischer Auseinandersetzungen insbesondere mit Frankreich und daraus resultierender Finanznot fielen auch die übrigen Stiftungen – und mit ihnen unzählige Ordens- und Kirchengemeinschaften – der Totalsäkularisation im Rahmen weitreichender Staatsreformen zum Opfer.

Abschließend und übergreifend lässt sich festhalten, dass diese von Antipathie gegen kirchliche Strukturen und Institutionen geprägte und unter dem Zeichen aufstrebender und sich emanzipierender Städte und Territorialherrscher stehende Epoche in den Stiftungen unter klerikaler Direktive nichts als eine fortdauernde Belästigung des Bodens durch die tote Hand und Gerümpel aus dem überkommenen Mittelalter sah. Sie standen dem alles überlagernden Machtanspruch des Staates diametral entgegen und bedurften der Beseitigung.

Das während des Mittelalters aufkeimende Interesse an privatrechtlichen Stiftungen ging im Zuge dieser politischen und soziokulturellen Strömung ohnehin schnell verloren, gegen das kirchliche Stiftungswesen wurde aktiv vorgegangen. Im Mittelpunkt stand stets die Erlangung von Macht, Herrschaftsansprüchen und nicht zuletzt Vermögen in jeglicher Form. Die voranschreitende Säkularisierung brachte schon gegen Ende des 17. Jahrhunderts erste (Teil-)Säkularisationen mit sich und die Lehre vom Obereigentum des Staates erlangte ganz herausragende Bedeutung für das Vorgehen weltlicher Herrscher aller Art.

Die Folgen der Aufklärung für das kirchliche Stiftungswesen und die kirchlichen Kongregationen selbst waren verheerend und diese Epoche war von Höhepunkten der Vernichtung von Stiftungen und kirchlichen Gütern reich gespickt. Eine sich fast einhundert Jahre anbahnende Entwicklung kirchenfeindlicher Tendenzen ab der Mitte des 17. Jahrhunderts gelangte in zeitlich kurzer Abfolge ab dem Jahr 1780 zu voller Entfaltung: Die Klosteraufhebungen durch *Joseph II.* unter umfangreicher Vorbereitung *Maria Theresias* in Österreich, die Aufhebung geistlicher Institutionen im revolutionären Frankreich und der Hauptschluss der deutschen Reichsdeputation mit den sich diesem anschließenden Säkularisationen kirchlicher Territorien.

In ihrem Resultat haben diese drei historischen Ereignisse eines gemein. Sie alle führten in ihrem jeweiligen Gebiet den Exitus des Stiftungswesens auf kirchlichem Boden herbei und beendeten damit vorerst eine stets dem Wohle des Volkes zuträgliche Stiftungstätigkeit durch Privatleute. Auch in den Ursachen und Motiven gab es großflächige Überschneidungen. Die Macht und der Einfluss der durch die päpstliche Kurie kontrollierten (katholischen) Kirche waren allerorts, also in Österreich, in Frankreich und auch im Deutschen Reich, enorm. Hiernach strebten freilich die weltlichen Herrscher. Hinzu kam der staatliche Anspruch, die Kirche aus dem privaten Leben der Untertanen weitestgehend auszuschließen, um so selbst die relevanten Bereiche, beispielsweise den des Bildungswesens, zu besetzen. Nicht zuletzt standen finanzielle Anreize im Mittelpunkt staatlicher Säkularisierungs- und Säkularisationsbestrebungen, waren doch das kirchliche Mobiliarvermögen sowie deren Grundbesitz von kaum überschaubarer Größe. Dass diesbezüglich der Klerus an manchen Stellen dazu neigte, zunächst sich selbst zu übervorteilen, wurde sodann stets als Begründung für ein staatliches Einschreiten im Sinne aufgeklärter Ideen aufgegriffen.

Unzweifelhaft gab es vonseiten der Kirche ein solch missbräuchliches Verhalten an vielen Stellen. Auch kann man sich dem Eindruck nicht erwehren, dass klerikale Institutionen zur Erreichung karitativer Ziele einer so reichen Ausstattung nicht bedurften. Dies war eine von vielen Ursachen, die die Kirchenoberen häufig dazu verleitete, sich nach Außen über alle Maßen prunkvoll zu inszenieren und trotz großer Armut der Bevölkerung die ihnen von Dritten überlassenen Mittel ohne Beachtung der jeweiligen Zwecksetzung zu verwenden. Eine der wenigen positiven Konsequenzen der Okkupation kirchlicher Institutionen und Güter durch die weltlichen Machthaber war demnach, dass die katholische Kirche von diesen Missbrauchsfällen „reingewaschen" wurde. Eines solchen Umfangs hätte es jedoch keinesfalls bedurft. Vielmehr wären gezielte Eingriffe und, dem Wirkungsgrad nach, fein abgestimmte Reformen ausreichend und tatsächlich hilfreich gewesen. Zudem nahm man dem Klerus jede Möglichkeit, autonom eine innere Erneuerung anzustreben und durchzuführen.

Nichtsdestotrotz ging man vor, wie es vorliegend untersucht und herausgearbeitet wurde. Die Maßnahmen der weltlichen Herrscher konnten der Kirche und den Stiftungen keine Unterstützung bieten, sie vernichteten sie vielmehr. Der Ertrag der durchgeführten Säkularisationen stand zu jeder Zeit völlig außer Verhältnis zu dem, was auf sozialer, kultureller, historischer, wissenschaftlicher, karitativer und finanzieller Seite verloren ging. Unschätzbar ist damit noch heute sowohl der materielle als auch der immaterielle Verlust, der durch umfassende Herrschafts- und Vermögenssäkularisationen in den drei gegenständlichen Staaten herbeigeführt wurde.

Wie im vorangegangenen Kapitel dieser Arbeit soeben dargestellt, bedurfte es nach den letzten Eingriffen in das Stiftungswesen infolge des Reichsdeputationsschlusses einer Findungsphase von etlichen Jahren, bis der Stiftungsgedanke im Zuge der das Mittelalter verehrenden Romantik erstmalig wieder zu einiger Ausprägung gelangte und einen neuen, bis heute andauernden Siegeszug unter Begründung einer neuen und umfassenden Stiftungsrechtsdogmatik antrat. Erklären lässt sich dies mit der geistesgeschichtlichen Erkenntnis, dass das Pendel nach Abschluss der einen Entwicklung sodann in die andere Richtung ausschlägt, was vorliegend bedeutet, dass das altehrwürdige Institut der Stiftung abermals in seinem immateriellen Wert erkannt und zu neuerlicher Verwendung gebracht wurde. Begleitet wurde diese Wiederauferstehung der Stiftungen – nach ihrer fast vollständigen Vernichtung nur wenige Jahre zuvor – bereits ab dem Jahre 1814 von Lobgesängen: *„Die milden Stiftungen sind Vorratskammern von edler Freigiebigkeit errichtet [...].“*, *„Der Staat, nicht seiner Idee, sondern seiner gegenwärtigen wirklichen Erscheinung nach, kann ohne milde Stiftungen nicht bestehen, [...].“*[1033]

Dieser Gedanke der Freigiebigkeit und des Altruismus, aber auch des ichbezogenen Motivs der Errichtung einer Stiftung, die theoretisch unvergänglich ist und dem Stifter dauerhaft zur Ehre gereicht, halten sich bis heute. Trotz der fast vollständigen Vernichtung des Stiftungswesens in der Epoche der Aufklärung und des Naturrechts blieb die Stiftungsidee lebendig. *Heise*

1033 *Brendel:* Das Recht und die Verwaltung der milden Stiftungen, S. 31, S. 34.

mit seinem Grundriss eines Systems des Gemeinen Zivilrechts,[1034] *Mühlenbruch*[1035] und *Savigny*[1036] blieb es – neben weiteren – vorbehalten, der Stiftung als Rechtsform mit Rechtspersönlichkeit zu voller Entfaltung zu verhelfen. Ihre rechtlich tiefgreifenden Betrachtungen, Auseinandersetzungen und Ausarbeitungen legten den Grundstein dafür, dass die Rechtsform der Stiftung sowie der schillernde Begriff der Stiftung so herausgearbeitet wurden, wie wir dies heutzutage kennen, und dass sich die Rechtsform der Stiftung auch heutzutage des regen Gebrauches zum Wohle der Allgemeinheit erfreut.

1034 *Heise:* Grundriss eines Systems des Gemeinen Civilrechts zum Behuf von Pandecten-Vorlesungen, S. 27.

1035 *Mühlenbruch:* Rechtliche Beurteilung des Städelschen Beerbungsfalles, S. 77f.

1036 *Savigny:* System des heutigen Römischen Rechts, Zweyter Band, S. 277ff.

Literaturverzeichnis

Allmand, Christopher T.: Henry V., London 1992

Aretin, Karl Otmar von: Papsttum und moderne Welt, München 1970

Baruzzi, Arno: Zum Begriff und Problem „Säkularisierung“, in: *Rauscher, Anton (Hrsg.):* Säkularisierung und Säkularisation vor 1800 (Beiträge zur Katholizismusforschung Reihe B), Paderborn u.a. 1976

Baumgart, Peter: Säkularisierungspläne König Friedrichs II. von Preußen, in: *Köhler, Joachim* (Hrsg.): Säkularisationen in Ostmitteleuropa - zur Klärung des Verhältnisses von geistlicher und weltlicher Macht im Mittelalter, von Kirche und Staat in der Neuzeit; Würzburg u.a. 1984 (in: Band 19, Forschungen und Quellen zur Kirchen- und Kulturgeschichte Ostdeutschlands; *Hrsg. Bernhard Stasiewski*)

Böhmer, Justus Henning: Ius ecclesiasticum protestantium, Halle 1723

Borgolte, Michael: Die Stiftungen des Mittelalters in rechts- und sozialhistorischer Sicht, in: ZRG, Kan. Abt. Band 74, 1988

Borgolte, Michael: Von der Geschichte des Stiftungsrechts zur Geschichte der Stiftungen, in: *Liermann:* Geschichte des Stiftungsrechts, 2. Auflage, unveränderter Nachdruck der ersten Auflage 1963, Berlin 2002

Borgolte, Michael (Hrsg.): Stiftungen in Christentum, Judentum und Islam vor der Moderne – Auf der Suche nach ihren Gemeinsamkeiten und Unterschieden in religiösen Grundlagen, praktischen Zwecken und historischen Transformationen, Berlin 2005

Bornhak, Conrad: Preußische Staats- und Rechtsgeschichte, Berlin 1903

Brendel, Sebald: Das Recht und die Verwaltung der milden Stiftungen mit besonderer Rücksicht auf die Vermengung ihrer Einkünfte mit dem Staatsvermögen und die von Staatswegen versuchte Veräußerung ihrer Realitäten, Leipzig 1814

Brinz, Alois von: Lehrbuch der Pandekten, Band III, Zweite Abteilung, 1. Lieferung, Das Zweckvermögen, Erlangen 1888

Bruck, Eberhard Friedrich: Kirchenväter und soziales Erbrecht. Wanderungen religiöser Ideen durch die Rechte der östlichen und westlichen Welt, Berlin u.a. 1956

Bruck, Eberhard Friedrich: Die Stiftungen für die Toten in Recht, Religion und politischem Denken der Römer, in: *ders.:* Über römisches Recht im Rahmen der Kulturgeschichte, Berlin 1954

Brück, Heinrich: Geschichte der katholischen Kirche in Deutschland im neunzehnten Jahrhundert, Band I, Mainz 1887

Brunner, Heinrich: Abhandlungen zur Rechtsgeschichte, in: *Rauch, Karl (Hrsg.):* Gesammelte Aufsätze, Band II, Weimar 1931

Brunner, Otto: Land und Herrschaft. Grundfragen der territorialen Verfassungsgeschichte Österreichs im Mittelalter, 6. Aufl., Darmstadt 1973

Bruns, Karl Georg: Geschichte und Quellen des römischen Rechts, in: *Holtzendorff (Hrsg.):* Encyclopädie der Rechtswissenschaft in systematischer und alphabetischer Bearbeitung, Leipzig 1870

Buchholzer, Josef: Die Säkularisation katholischer Kirchengüter während des 18. und 19. Jahrhunderts, Luzern 1921

Campenhausen, Axel Freiherr von / Becker, Hans Jürgen: Theologische Realenzyklopädie, Bd. 32, Berlin 2001

Caron, Pierre: Les massacre de septembre, Paris 1935

Coing, Helmut: Europäisches Privatrecht, Band I, Älteres Gemeines Recht (1500 bis 1800), Frankfurt 1985

Coing, Helmut: Europäisches Privatrecht, Band II, 19. Jahrhundert (1800 bis 1914), Frankfurt 1989

Creifelds, Carl (Hrsg.): Rechtswörterbuch, 3. Aufl., München 1973

Crusius, Irene (Hrsg.): Zur Säkularisation geistlicher Institutionen im 16. und im 18./19. Jahrhundert, Göttingen u.a. 1996

Deinhardt, Wilhelm: Der Jansenismus in deutschen Landen - Ein Beitrag zur Kirchengeschichte des 18. Jahrhunderts, in: Münchener Studien zur historischen Theologie, Heft 8, München 1929

Dernburg, Heinrich: Lehrbuch des Preußischen Privatrechts und der Privatrechtsnormen des Reiches, Band 1, Halle u.a. 1894

Diendorfer, Joh. Ev.: Die Aufhebung des Jesuitenordens im Bisthum Passau, Passau 1891

Dießelhorst, Malte: Die Prozesse des Müllers Arnold und das Eingreifen Friedrichs des Großen, Göttingen 1984

Dirksen, Heinrich Eduard: Civilistische Abhandlungen, Band II, Berlin 1820

Duchardt, Heinz: Europa am Vorabend der Moderne 1650–1800, in: *Blickle, Peter (Hrsg.):* Handbuch der Geschichte Europas, Band 6, Stuttgart 2003

Duchardt, Heinz: Freiherr vom Stein: Preußens Reformer und seine Zeit, München 2010

Duhr, Bernhard: Die Kaiserin Maria Theresia und die Aufhebung der Gesellschaft Jesu, Stimmen der Zeit, Freiburg 1926

Dyroff, Anton (Hrsg.): Die Entwicklung des bayerischen Staatskirchenrechts, in: Annalen des Deutschen Reichs für Gesetzgebung, Verwaltung und Volkswirtschaft, Jahrgang 1905, München 1905

Elvers, Christian Friedrich: Theoretisch-praktische Erörterungen aus der Lehre von der testamentarischen Erbfähigkeit insbesondere juristischer Personen, Göttingen 1827

Erler, Uta-Karin: Rechts- und Verfassungsgeschichtliche Probleme der Säkularisation durch den preußischen Staat in Schlesien im Jahre 1810, Frankfurt/M. 1978

Erzberger, Matthias: Die Säkularisation in Württemberg von 1802–1810, Stuttgart 1902

Externbrink, Sven (Hrsg.): Der Siebenjährige Krieg (1756–1763): ein europäischer Weltkrieg im Zeitalter der Aufklärung, Berlin 2011

Eybel, Joseph Valentin: Sieben Kapitel von Klosterleuten, Wien 1782

Feine, Hans Erich: Kirchliche Rechtsgeschichte – Die Katholische Kirche, 4. Aufl., Köln u.a. 1964

Fischer, Anton: Die Neugestaltung des bayrischen Stiftungswesens unter dem Ministerium Montgelas 1806–1810, Oberbayerisches Archiv, Bd. 65, München 1927

Franz, Albert K. / Liermann, Hans / Nedden, Hans Helmut zur / Pölnitz, Götz Freiherr von (Hrsg.): Deutsches Stiftungswesen 1948–1966 – Wissenschaft und Praxis, Tübingen u.a. 1968

Freiin von Oer, Rudolfine: Die Säkularisation von 1803 – Durchführung und Auswirkungen, in: *Langner (Hrsg.):* Säkularisation und Säkularisierung im 19. Jahrhundert, München u.a. 1978

Frie, Ewald: Friedrich II., Hamburg 2012

Gerber, Carl Friedrich von: Die Familienstiftung in der Function des Familiendeikommisses; in: Jahrbücher für die Dogmatik des heutigen römischen und deutschen Privatrechts, Band 2, 1958

Gierke, Otto von: Das deutsche Genossenschaftsrecht, Band III, Berlin 1873

Gneist, Rudolf: Das heutige englische Verfassungs- und Verwaltungsrecht, II. Hauptteil: Die Kommunalverfassung und Kommunalverwaltung, Berlin 1860

Gradenwitz, Otto: Der Wille des Stifters, Zur Erinnerung an Immanuel Kant, Hrsg. Uni Königsberg, Halle 1904, S. 179 ff.

Granier, Hermann (Hrsg.): Preußen und die katholische Kirche seit 1640, 8. Teil, in: Publicationen aus den Königlich Preussischen Staatsarchiven, 1902

Gutkas, Karl: Österreich zur Zeit Kaiser Josephs II: Mitregent Kaiserin Maria Theresias, Kaiser und Landesfürst, Stift Melk 1980

Hagemann, Hans-Rudolf: Die Stellung der Piae Causae nach justinianischem Recht, Basler Studien zur Rechtswissenschafts, Heft 37, Basel u.a. 1953

Hahn, Erich J.: Rudolf von Gneist 1816–1895: Ein politischer Jurist in der Bismarckzeit, Frankfurt am Main 1995

Hahn, Peter-Michael: Friedrich der Große und die deutsche Nation – Geschichte als politisches Argument, Stuttgart 2007

Heckel, Martin: Die Säkularisation in der Reformation, in: *Crusius, Irene (Hrsg.):* Zur Säkularisation geistlicher Institutionen im 16. und im 18./19. Jahrhundert, Göttingen u.a. 1996

Heffter, Moritz Wilhelm: Die Geschichte des Kloster Lehnin nach meist unbekannten urkundlichen Quellen zusammengestellt; nebst einem Anhange, worin die „lehninsche Weissagung“ und die „Regesten des Klosters“, Brandenburg 1851

Heimberger, Hans: Die Veränderung des Stiftungszwecks, in: Beiträge zur Geschichte des badischen Stiftungswesens, Heidelberg 1913

Heise, Arnold Georg: Grundriss eines Systems der gemeinen Civilrechts zum Behuf von Pandecten-Vorlesungen, 1. Auflage, Heidelberg 1807

Heise, Arnold Georg: Grundriss eines Systems der gemeinen Civilrechts zum Behuf von Pandecten-Vorlesungen, 3. Auflage, Heidelberg 1818

Herre, Franz: Montgelas: Gründer des bayerischen Staates, Weilheim 1988

Heusler, Andreas: Institutionen des deutschen Privatrechts, Band I., in *Binding, Karl (Hrsg.):* Systematisches Handbuch der Deutschen Rechtswissenschaft, Leipzig u.a. 1885

Hilpert, Johann Wolfgang: Geschichte der Entstehung und Fortbildung des protestantischen Kirchenvermögens der Stadt Nürnberg, Nürnberg 1848

Hinrichs, Ernst: Fürsten und Mächte – Zum Problem des europäischen Absolutismus, Göttingen 2000

Hinschius, Paul: Das Preußische Kirchenrecht im Gebiete des Allgemeinen Landrechts, Berlin und Leipzig 1884

Hintze, Otto: Der österreichische und der preußische Beamtenstaat im 17. und 18. Jahrhundert – Eine vergleichende Betrachtung, in: *Meinecke, Friedrich (Hrsg.):* Historische Zeitschrift, 86. Band, München und Leipzig 1901

Hock, Carl Freiherr von / Bidermann, Hermann Ignaz: Der Österreichische Staatsrat (1760–1848), Wien 1879

Hoffmann, Brunhilde: Die Aufhebung der Kartause Gaming, Salzburg 1981

Holtzendorff, Franz von (Hrsg.): Encyclopädie der Rechtswissenschaft in systematischer und alphabetischer Bearbeitung, Leipzig 1870

Holzknecht, Georgine: Ursprung und Herkunft der Reformideen Kaiser Josephs II. auf kirchlichem Gebiete, in: Forschungen zur jüngeren Geschichte Österreichs, Heft XI, Innsbruck 1914

Hopt, Klaus J. / Reuter, Dieter (Hrsg.): Stiftungsrecht in Europa: Stiftungsrecht und Stiftungsreform in Deutschland, den Mitgliedsstaaten der Europäischen Union, der Schweiz, Liechtenstein und den USA, Hamburg u.a. 2001

Hubatsch, Walter (Hrsg.): Freiherr vom Stein: Briefe und amtliche Schriften, Band I, Studienzeit. Eintritt in den Preußischen Staatsdienst. Stein in Westfalen (1773–1804), Stuttgart 1957

Hubatsch, Walter: Verwaltungsentwicklung 1713–1803; in: Deutsche Verwaltungsgeschichte, Band I, Vom Spätmittelalter bis zum Ende des Reiches, Stuttgart u.a. 1983

Hübner, Heinz: Allgemeiner Teil des Bürgerlichen Gesetzbuches, 2. Auflage 1996

Hugo, Gustav: Lehrbuch des Naturrechts, als einer Philosophie des positiven Rechts, besonders des Privatrechts, Berlin 1819

Jakob, Dominique: Schutz der Stiftung – Die Stiftung und ihre Rechtsverhältnisse und Widerstreit der Interessen, Jus Privatum – Beiträge zum Privatrecht, Band 111, München 2006

Jacobs, Eduard: Geschichte der in der Provinz Sachsen vereinigten Gebiete, Wernigerode 1883

Jedin, Hubert (Hrsg.): Handbuch der Kirchengeschichte, Band V, Die Kirche im Zeitalter des Absolutismus und der Aufklärung, Freiburg u.a. 1970

Jeserich, Kurt G. A. / Pohl, Hans / Unruh, Georg-Christoph von (Hrsg.): Deutsche Verwaltungsgeschichte, Band I, Vom Spätmittelalter bis zum Ende des Reiches, Stuttgart u.a. 1983

Jeserich, Kurt G. A. / Pohl, Hans / Unruh, Georg-Christoph von (Hrsg.): Deutsche Verwaltungsgeschichte, Band II, Vom Reichsdeputationshauptschluss bis zur Auflösung des Deutschen Bundes, Stuttgart u.a. 1983

Jhering, Rudolf von: Scherz und Ernst in der Jurisprudenz: Eine Weihnachtsgabe f. d. juristische Publikum, Leipzig 1884

Kaiser, Gerhard: Erscheinungsformen der Säkularisierung in der deutschen Literatur des 18. Jahrhunderts, in: *Rauscher, Anton (Hrsg.):* Säkularisierung und Säkularisation vor 1800 (Beiträge zur Katholizismusforschung Reihe B), Paderborn u.a. 1976

Kampf, Karl: Sophie La Roche. Ihre Briefe an die Gräfin Elise zu Solms-Laubach 1787–1807, Offenbach 1965

Kann, Robert Adolf: Kanzel und Katheder: Studien zur österreichischen Geistesgeschichte vom Spätbarock zur Frühromantik, Wien 1962

Kant, Immanuel: Metaphysik der Sitten, in: *Vorländer, Karl (Hrsg.)*: Philosophische Bibliothek, Bd. 42, 4. Auflage, Leipzig 1922

Kant, Immanuel: Metaphysische Anfangsgründe der Tugendlehre, Metaphysik der Sitten, Zweiter Teil, Philosophische Bibliothek Band 430, 3. Auflage, Hamburg 2017

Kastner, Karl: Die große Säkularisation in Deutschland, Paderborn 1925

Kink, Rudolph: Die Geschichte der kaiserlichen Universität zu Wien, Band I, 1. Theil, Wien 1854

Klueting, Harm: Enteignung oder Umwidmung? Zum Problem der Säkularisation im 16. Jahrhundert, in: *Crusius, Irene (Hrsg.):* Zur Säkularisation geistlicher Institutionen im 16. und im 18./19. Jahrhundert, Göttingen u.a. 1996

Köhler, Joachim (Hrsg.): Säkularisationen in Ostmitteleuropa – zur Klärung des Verhältnisses von geistlicher und weltlicher Macht im Mittelalter, von Kirche und Staat in der Neuzeit, Würzburg u.a. 1984, in: Forschungen und Quellen zur Kirchen- und Kulturgeschichte Ostdeutschlands, Band 19, *Hrsg. Bernhard Stasiewski*

König, Josef Hermann: Die katholischen Körperschaften des Unterelsasses vor und während der großen Revolution, Straßbourg 1915

König, Leo: Pius VII. Die Säkularisation und das Reichskonkordat, Innsbruck 1914

Körber, Esther-Beate: Die Zeit der Aufklärung – Eine Geschichte des 18. Jahrhunderts, Darmstadt 2006

Körber, Kurt: Kirchengüterfrage und Schmalkaldischer Bund, Leipzig 1913

Koselleck, Reinhart: Preußen zwischen Reform und Revolution – Allgemeines Landrecht, Verwaltung und soziale Bewegung von 1791 bis 1848, Stuttgart 1967

Kröll, Helmut: Beiträge zur Geschichte der Aufhebung der Gesellschaft Jesu in Wien und Niederösterreich, Dissertation, Wien 1964

Krumwiede, Hans-Walter: Kirchengeschichte. Geschichte der evangelischen Kirche von der Reformation bis 1803, Göttingen 1996

Kühn, Manfred: Kant – Eine Biografie, München 2003

Lammeyer, Joseph: Die juristischen Personen der katholischen Kirche, Paderborn 1929

Langner, Albrecht (Hrsg.): Säkularisation und Säkularisierung im 19. Jahrhundert, München u.a. 1978

Laschitzer, Simon: Die Verordnungen über die Bibliotheken und Archive der aufgehobenen Klöster in Österreich, in: Mitteilungen des Instituts für Österreichische Geschichtsforschung, Band II, Wien 1881

Laspreyes, E.A.Th.: Geschichte und heutige Verfassung der katholischen Kirche Preußens, 1. Teil, Halle 1840

Latzke, Walther: Die Klosterarchive, in: *Bittner, Ludwig (Hrsg.):* Gesamtinventar des Wiener Haus-, Hof- und Staatsarchivs, Teilband III, Wien 1938

Laum, Bernhard: Stiftungen in der griechischen und römischen Antike, Band I, Leipzig 1914

Ledebur, Leopold Freiherr von (Hrsg): Allgemeines Archiv für die Geschichtskunde des preußischen Staates, Berlin 1830–1836

Lehmann, Hartmut: Säkularisierung: Der europäische Sonderweg in Sachen Religion, 2. Auflage, Göttingen 2007

Liermann, Hans: Geschichte des Stiftungsrechts, 2. Auflage, unveränderter Nachdruck der ersten Auflage 1963, ergänzt durch ein Geleitwort von *Axel Frhr. v. Campenhausen* und eine Abhandlung von *Michael Borgolte:* Von der Geschichte des Stiftungsrechts zur Geschichte der Stiftungen, für den Bundesverband Deutscher Stiftungen, *Hrsg. Campenhausen, Axel Frhr. v. / Mecking, Christoph*, Berlin 2002

Liermann, Hans: Die Stiftung als Rechtspersönlichkeit, in: *Franz, Albert K. / Liermann, Hans / Nedden, Hans Helmut zur / Pölnitz, Götz Freiherr von (Hrsg.)*: Deutsches Stiftungswesen 1948–1966 – Wissenschaft und Praxis, Tübingen u.a. 1968

Link, Christoph: Die habsburgischen Erblande, die böhmischen Länder und Salzburg, in: *Jeserich (Hrsg.)*: Deutsche Verwaltungsgeschichte, Band I, Stuttgart u.a. 1983

Linke, Otto: Friedrich Theodor von Merkel im Dienste fürs Vaterland, Teil 2, Breslau 1910

Loening, Edgar: Geschichte des deutschen Kirchenrechts, Band 2, Straßburg 1878

Longard, Johann Nepomuk: Die Secularisation des Kirchengutes in Teutschland durch den Reichs-Deputations-Hauptschluss vom 25.02.1803 und der § 37 dieses Rezesses, mit besonderer Beziehung auf die Stadt Coblenz, Coblenz 1856

Luig, Klaus: Das Privatrecht im „Allgemeinen Landrecht für die preußischen Staaten" von 1794, in: Archiv für die civilistische Praxis, 194. Band, H. 6 (1994)

Maaß, Ferdinand: Der Josephinismus, Band I, Quellen zu seiner Geschichte in Österreich, 1760–1790, Amtliche Dokumente aus dem Wiener Haus-, Hof- und Staatsarchiv, Wien 1951

Maaß, Ferdinand: Der Josephinismus, Band II, Entfaltung und Krise des Josephinismus, 1770–1790 Wien 1953

Maaß, Ferdinand: Der Josephinismus, Band III, Das Werk des Hofrats Heinke, 1768–1790, Wien 1956

Maaß, Ferdinand: Der Josephinismus, Band IV, Der Spätjosephinismus, 1790–1820, Wien 1957

Martini, Karl Anton von: Allgemeine Staatslehren, 1754

Marx, Jakob: Geschichte des Erzstifts Trier, d. i. der Stadt Trier und des Trier. Landes, als Churfürstentum und als Erzdiöcese, von den ältesten Zeiten bis zum Jahre 1816, Band V, Lintz 1864

Mathiez, Albert: Die Französische Revolution, Band I, Hamburg 1950

Mathiez, Albert: Die Französische Revolution, Band II, Hamburg 1950

Mathiez, Albert / Lefébvre, Georges: Die Französische Revolution, Band III, Hamburg 1950

Maurer, Georg Ludwig von: Geschichte der Städteverfassung in Deutschland, Band III, Erlangen 1871

Mayer, Anton: Geschichte der geistigen Cultur in Niederösterreich, Wien 1878

Mayer, Ernst: Juristische Personen, in: *Stengel, Freiherr Karl von (Hrsg.):* Wörterbuch des deutschen Verwaltungsrechts, Band I, Freiburg 1890

Mecenseffy, Grete: Geschichte des Protestantismus in Österreich, Graz 1956

Meyer, Kristin: Die Abgrenzung der kirchlichen Stiftung von der weltlichen Stiftung im staatlichen Recht, München und Berlin 2012

Mitterwieser, Alois: Geschichte der Stiftungen und des Stiftungsrechts in Bayern, in: Forschungen zur Geschichte Bayerns, Band 14, München 1906, zugleich Würzburger Jur. Diss. 1907

Möhler, Justus Adam: Einige Gedanken über die zu unserer Zeit erfolgte Verminderung der Priester, und damit in Verbindung stehender Punkte, in: Theologische Quartalschrift 8, 1826

Mühlenbruch, Christian Friedrich: Rechtliche Beurteilung des Städelschen Beerbungsfalles, Halle 1828

Münchener Kommentar zum Bürgerlichen Gesetzbuch, Band I, *Hrsg. Säcker, Franz Jürgen / Rixecker, Roland / Oetker, Hartmut / Limpberg, Bettina,* 9. Auflage 2021

Müller, Helmut: Schlaglichter der deutschen Geschichte, 2. Aufl. 2003

Müller, Karl: Die Eßlinger Pfarrkirche im Mittelalter, in: Württembergische Vierteljahrshefte für Landesgeschichte N.F. XVI, S. 237ff., Stuttgart 1907

Neuhoff, Klaus: Kant und die Stiftungen, in: Zeitschrift zum Stiftungswesen, 2. Jg., Nr. 3/2004

Pehem, Joseph Johann Nepomuk: Praelectionum in Jus ecclesiasticum universum, Wien 1786

Pernice, Alfred: Labeo, Band III, 1. Abteilung, Halle 1892

Pleimes, Dieter: Die Rechtsproblematik des Stiftungswesens, Weimar 1938

Pleimes, Dieter: Weltliches Stiftungsrecht – Geschichte der Rechtsformen, Weimar 1938

Pleimes, Dieter: Irrwege der Dogmatik im Stiftungsrecht, Münster u.a. 1954

Plongeron, Bernard: Das Ringen um eine „Theologie der Säkularisation" in Frankreich von 1789 bis 1801, in: *Rauscher, Anton (Hrsg.):* Säkularisierung und Säkularisation vor 1800 (Beiträge zur Katholizismusforschung Reihe B), Paderborn u.a. 1976

Pölnitz, Götz Freiherr von: Der erste Entwurf der bayerischen Säkularisation, in: Staat und Volkstum, Festgabe für *Karl Alexander von Müller*, Diessen vor München 1933

Poschinger, Heinrich von: Das Eigentum am Kirchenvermögen, München 1871

Raab, Heribert: Auswirkungen der Säkularisation auf Bildungswesen, Geistesleben und Kunst im katholischen Deutschland, in: *Langner (Hrsg.):* Säkularisation und Säkularisierung im 19. Jahrhundert, München u.a. 1978

Raab, Heribert: Clemens Wenzeslaus und seine Zeit (1739–1812), Band I, Dynastie, Kirche und Reich im 18. Jahrhundert, Freiburg 1862

Raab, Heribert: Der Untergang der Reichskirche in der großen Säkularisation, in: *Jedin, H. (Hrsg.):* Handbuch der Kirchengeschichte, Band 5, Freiburg 1970

Raab, Heribert: Geistige Entwicklungen und historische Ereignisse im Vorfeld der Säkularisation, in: *Rauscher, Anton (Hrsg.):* Säkularisierung und Säkularisation vor 1800 (Beiträge zur Katholizismusforschung Reihe B), Paderborn u.a. 1976

Raab, Heribert: Reich und Kirche in der Frühen Neuzeit – Ausgewählte Aufsätze, Freiburg Schweiz 1989

Raab, Heribert: Staatskirchentum und Aufklärung in den weltlichen Territorien des Reiches – Theresianismus und Josephinismus, in: *Jedin, H. (Hrsg.):* Handbuch der Kirchengeschichte, Band 5, Freiburg 1970

Rauscher, Anton (Hrsg.): Säkularisierung und Säkularisation vor 1800, (Beiträge zur Katholizismusforschung Reihe B), Paderborn u.a. 1976

Reicke, Siegfried: Artikel Säkularisation, in: Die Religion in Geschichte und Gegenwart (RGG), 1961

Reicke, Siegfried: Das deutsche Spital und sein Recht im Mittelalter, Band 1, Stuttgart 1932

Reicke, Siegfried: Das deutsche Spital und sein Recht im Mittelalter, Band 2, Stuttgart 1932

Reicke, Siegfried: Stiftungsbegriff und Stiftungsrecht im Mittelalter, in: ZRG, 53. Band, Weimar 1933, S. 247–276

Reinhard, Rudolph: Der Wandel des Geschichtlichen Verhältnisses von Kirche und Staat, in: *Köhler, Joachim (Hrsg.):* Säkularisationen in Ostmitteleuropa – zur Klärung des Verhältnisses von geistlicher und weltlicher Macht im Mittelalter, von Kirche und Staat in der Neuzeit; Würzburg u.a. 1984

Reinhard, Wolfgang: Die Verwaltung der Kirche, in: Deutsche Verwaltungsgeschichte, Band I, Stuttgart u.a. 1983

Riedel, Adolph Friedrich (Hrsg.): Codex diplomaticus Brandenburgensis oder Geschichte der Städte, Klöster und geistlichen Stiftungen, adlichen [sic!] Familien, Burgen und Schlösser der Mark Brandenburg, bearbeitet und durch eine Sammlung neu aufgefundener Urkunden erläutert, Berlin 1838–1869

Rieser, Herbert: Der Geist des Josephinismus und sein Fortleben: der Kampf der Kirche um ihre Freiheit, Wien 1963

Roßhirt, C.F.: Über die Einsetzung der sogenannten juristischen Personen, namentlich der Stiftungen zu Erben, in: Zeitschrift über Abhandlungen civilistischen und criminalistischen Inhalts, Heidelberg 1843

Roßhirt, C.F.: Ueber juristische Personen, in Archiv für die civilistische Praxis, Band 10, Heidelberg 1827

Roth, Paul: Über Stiftungen, in: *Jhering, Rudolf von (Hrsg):* Jahrbücher für Dogmatik, Band 1, Jena 1857

Rudolphi, Wilhelm: Zur Kirchenpolitik Preußens, 2. Auflage, Paderborn 1897

Rütten, Wilhelm: Das zivilrechtliche Werk Justus Henning Böhmers, Tübingen 1982

Sammlung der kaiserlich-königlichen landesfürstlichen Gesetze und Verordnungen in Publico-Ecclesiasticis, Wien (1782–1905)

Savigny, Friedrich Carl von: System des heutigen Römischen Rechts, Zweyter Band, Berlin 1840

Schäfer, Dietrich: Deutsche Geschichte, Band II: Neuzeit, Jena 1916

Schelle, Gustave (Hrsg.): Fondation, Article de l'Encyclopédie, Tome VII (1757), in: Oeuvres de Turgot, Band I, Paris 1913

Schleglmann, Alfons Maria: Geschichte der Säkularisation im rechtsrheinischen Bayern, Band I, 1903

Schlüter, Andreas / Stolte, Stefan: Stiftungsrecht, 3. Auflage, 2016

Schmitt, Josef: Staat und Kirche. Bürgerlichrechtliche Beziehungen infolge von Säkularisation, Freiburg 1919

Schmitt-Vorster, Angelika: Pro Deo et Populo: Die Portraits Josephs II. (1765–1790), Untersuchung zu Bestand, Ikonographie und Verbreitung des Kaiserbildnisses im Zeitalter der Aufklärung, München 2006

Schreiber, Georg: Kurie und Kloster im 12. Jahrhundert, Band I, Stuttgart 1910

Schreiber, Georg: Kurie und Kloster im 12. Jahrhundert, Band II, Stuttgart 1910

Schreuer, Hans: Das Recht der Toten: Eine germanistische Untersuchung, in: Zeitschrift für vergleichende Rechtswissenschaft 33 (1915), S. 333–432

Schulze, Reiner: Die Gegenwart des Vergangenen - Zu Stand und Aufgaben der Stiftungsrechtsgeschichte, in: *Hopt, Klaus J. / Reuter, Dieter (Hrsg.):* Stiftungsrecht in Europa: Stiftungsrecht und Stiftungsreform in Deutschland, den Mitgliedsstaaten der Europäischen Union, der Schweiz, Liechtenstein und den USA, Hamburg u.a. 2001

Schulze, Reiner: Historischer Hintergrund des Stiftungsrechts, in: *Hauer, Rolf / Goerdeler, Reinhard / Kreuser, Kurt / Pölnitz-Egloffstein, Winfried Freiherr von (Hrsg.):* Deutsches Stiftungswesen 1977–1988 – Wissenschaft und Praxis, Augsburg u.a. 1989

Sciout, Ludovic: Histoire de la Constitution civile du clergé (1790–1810) – L'église et L'assemblée Constituante, Tome premier, Paris 1872

Seifart, Werner (Hrsg.): Handbuch des Stiftungsrechts, 1. Auflage, Hannover u.a. 1986

Seifart, Werner / Campenhausen, Axel Freiherr von (Hrsg.): Handbuch des Stiftungsrechts, 2. Auflage, Hannover u.a. 1998

Seifart, Werner / Campenhausen, Axel Freiherr von (Hrsg.): Stiftungsrechtshandbuch, 3. Auflage, Hannover 2008

Sello, Georg: Lehnin: Beiträge zur Geschichte von Kloster und Amt, Berlin 1881

Semler, Johannes / Stengel, Arndt / Leonard, Nina (Hrsg.): Umwandlungsgesetz Kommentar, 5. Auflage, 2021

Spieker, Christian Wilhelm: Kirchen- und Reformationsgeschichte der Mark Brandenburg, Berlin 1839

Srbik, Heinrich von: Die Beziehungen von Staat und Kirche während des Mittelalters, Forschungen zur innere Geschichte Österreichs, Band I, Innsbruck 1904

Srbik, Heinrich von: Die Schicksalsstunde des alten Reiches - Österreichs Weg 1804–1806, Jena 1937

Srbik, Heinrich von: Zum ius primariarum precum, in: Zeitschrift der Savigny-Stiftung für Rechtsgeschichte, Kanonistische Abteilung, 4, 1914, S. 486–497

Stallmann, Martin: Was ist Säkularisierung?, Tübingen 1960

Stobbe, Otto: Handbuch des Deutschen Privatrechts, Band I, Berlin 1893

Stockhorst, Stefanie: Aufklärung – Epoche, Projekt und Forschungsaufgabe, in: *Stockhorst, Stefanie (Hrsg.):* Epoche und Projekt – Perspektiven der Aufklärungsforschung, Göttingen u.a. 2013

Strachwitz, Rupert Graf: Die Stiftung – ein Paradox? Zur Legitimität von Stiftungen in einer politischen Ordnung, Stuttgart 2010

Strätz, Hans-Wolfgang: Wegweiser zur Säkularisation in der kanonistischen Literatur, in: *Rauscher, Anton (Hrsg.):* Säkularisierung und Säkularisation vor 1800, (Beiträge zur Katholizismusforschung Reihe B), Paderborn u.a. 1976

Stutz, Ulrich: Geschichte des kirchlichen Benefizialwesens, Berlin 1895

Stutz, Ulrich: Kirchenrecht, in: *Holtzendorff-Kohler:* Enzyklopädie der Rechtswissenschaft, Band V, 1914

Svarez, Carl Gottlieb: Vorträge über Recht und Staat, *Hrsg. Brand, Leo / Conrad, Hermann / Kleinheyer, Gerd,* Köln u.a. 1960

Tacke, Andreas: Lehnin – Von der mittelalterlichen Klosterkirche zum national-dynastischen Denkmal im 19. Jahrhundert, in: *Bollé, Michael (Hrsg.):* Von Berlin nach Weimar, Band 1: Kunstgeschichte und Museum: Beiträge zu Ehren von Rolf Bothe, S. 62–83, München und Berlin 2002

Taine, Hippolyte Adolphe: Die Entstehung des modernen Frankreich, autorisierte deutsche Bearbeitung von *Leopold Katscher,* Band I, Leipzig 1877

Taine, Hippolyte Adolphe: Die Entstehung des modernen Frankreich, autorisierte deutsche Bearbeitung von *Leopold Katscher,* Band II, 1. Teil, Leipzig 1878

Treitschke, Heinrich von: Deutsche Geschichte im Neunzehnten Jahrhundert, Band I, Leipzig 1927

Turba, Gustav: Die Grundlagen der pragmatischen Sanktion, Wien u.a. 1911

Valjavec, Fritz: Der Josephinismus: Zur geistigen Entwicklung Österreichs im achtzehnten und neunzehnten Jahrhundert, 2. Auflage, München 1945

Vierhaus, Rudolf: Die Säkularisation in der Reformation, in: *Crusius, Irene (Hrsg.):* Zur Säkularisation geistlicher Institutionen im 16. und im 18./19. Jahrhundert, Göttingen u.a. 1996

Vierhaus, Rudolf: Was war Aufklärung?, Wolfenbüttel 1995

Vogel, Werner: Die Entwicklung der brandenburgischen Verwaltung bis zum Regierungsantritt König Friedrich Wilhelms I. (1713); in: Deutsche Verwaltungsgeschichte, Band I, Stuttgart u.a. 1983

Volbehr, Theodor: Der Ursprung der Säkularisationsprojekte in den Jahren 1742 und 1743, in: Forschungen zur deutschen Geschichte 26, Osnabrück 1968

Vorländer, Karl: Immanuel Kant – Der Mann und das Werk, Hamburg 2004

Walter, Friedrich: Die Österreichische Zentralverwaltung, II. Abteilung, Band I, 1. Halbband: Die Geschichte der österreichischen Zentralverwaltung in der Zeit Maria Theresias (1740–1780), in: Veröffentlichungen der Kommission für neuere Geschichte Österreichs 32, Wien 1938

Walter, Friedrich: Die Österreichische Zentralverwaltung, II. Abteilung, Band IV: Von der Vereinigung der Österreichischen und Böhmischen Hofkanzlei bis zur Einrichtung der Ministerialverfassung (1749–1848) – Die Zeit Josephs II. und Leopolds II. (1780–1792), Wien 1950

Warnatsch, Stephan: Geschichte des Klosters Lehnin 1180–1542, in: Studien zur Geschichte, Kunst und Kultur der Zisterzienser, Band 12, Berlin 2000

Weischedel, Wilhelm (Hrsg.): Immanuel Kant, Werke in sechs Bänden, Band IV, S. 303–634, Wiesbaden 1956

Welzel, Hans: Naturrecht und materiale Gerechtigkeit, 4. Auflage, Göttingen 1962

Werkmüller, Dieter / Schildt, Bernd: Klage mit dem toten Mann, in: Handwörterbuch der deutschen Rechtsgeschichte, Band II, Köln u.a. 1978

Wieland, Friedrich: Die leitenden Grundsätze des Stiftungsrechts in den verschiedenen, insbesondere in den deutschen Staaten, in: Zeitschrift für Badische Verwaltung und Verwaltungsrechtspflege, Bd. 24, Heidelberg 1892

Wienfort, Monika: Patrimonialgerichte in Preußen: ländliche Gesellschaft und bürgerliches Recht 1770–1848/49, Göttingen 2001, zugleich Bielefeld, Univ., Habil.-Schr., 1998

Winner, Gerhard: Die Klosteraufhebung in Niederösterreich und Wien, Wien u.a. 1967

Winter, Eduard: Der Josefinismus und seine Geschichte, Berlin u.a. 1943

Winter, Franz: Die Cistercienser des nordöstlichen Deutschlands: ein Beitrag zur Kirchen- und Culturgeschichte des deutschen Mittelalters, Gotha 1871

Wintermayr, Siegfried Felix: Die Aufhebung des Chorherrenstiftes St. Dorothea in Wien, in: Mitteilungen des Vereines für Geschichte der Stadt Wien, Band 17, Wien 1938

Wolf, Adam: Die Aufhebung der Klöster in Innerösterreich 1782–1790 – Ein Beitrag zur Geschichte Kaiser Josephs II., Wien 1871

Wolfsgruber, Cölestin: Christoph Anton Kardinal Migazzi: Fürsterzbischof von Wien. Eine Monographie und zugleich ein Beitrag zur Geschichte des Josephinismus, Ravensburg 1897

Zeumer, Karl: Quellensammlung zur Geschichte der Deutschen Reichsverfassung in Mittelalter und Neuzeit, Leipzig 1924

www.ingramcontent.com/pod-product-compliance
Ingram Content Group UK Ltd.
Pitfield, Milton Keynes, MK11 3LW, UK
UKHW021125041026
8980IPUK00026B/574

9 783631 941034